· 毛泽东谈文论史全编 ·

顾 问：龙新民 郑欣淼 陈 晋 阎晓宏

评点中国古代名诗赏析

MAOZEDONG PINGDIAN ZHONGGUO
GUDAI MINGSHI SHANGXI

5

毕桂发 主 编

陈锡祥 副主编

中国文史出版社

目　录

白居易

白居易（772—846），字乐天，号香山居士。祖籍太原（今山西太原），后迁居下邽（今陕西渭南东北下吉镇）。生于河南新郑。贞元进士，曾任校书郎、赞善大夫等职，后贬江州。长庆时，出守杭州、苏州。后任太子少傅，分司东部。唐武宗会昌三年（843），以刑部尚书致仕。死后葬于洛阳之香山。文学主张"文章合为时而著，歌诗合为事而作"，是新乐府运动的倡导者。其诗语言通俗，相传老妪皆解。与元稹并称"元白"。有《白氏长庆集》。

【原文】

琵琶行　并序

元和十年，予左迁九江郡司马[1]；明年秋，送客湓浦口[2]，闻舟中夜弹琵琶者，听其音，铮铮然有都声；问其人，本长安倡女[3]，尝学琵琶于穆曹二善才[4]，年长色衰，委身为贾人妇[5]。遂命酒，使快弹数曲[6]，曲罢悯然[7]。自叙少小时欢乐事，今漂沦憔悴[8]，转徙于江湖间[9]。予出官二年，恬然自安[10]；感斯人言[11]，是夕始觉有迁谪意[12]。因为长句[13]，歌以赠之。凡六百一十二言[14]，命曰《琵琶行》[15]。

浔阳江头夜送客[16]，枫叶荻花秋瑟瑟[17]。主人下马客在船[18]，举酒欲饮无管弦[19]。醉不成欢惨将别，别时茫茫江浸月。忽闻水上琵琶声，主人忘归客不发。寻声暗问弹者谁[20]？琵琶声停欲语迟[21]。移船相近邀相见，添酒回灯重开宴[22]。千呼万唤始出来，犹抱琵琶半遮面。转轴拨弦三两声，未成曲调先有情。弦弦掩抑声声思[23]，似诉平生不得志。低眉信手续续弹[24]，说尽心中无限事。轻拢慢撚抹复挑(25)，初为《霓裳》后《六幺》(26)。大弦嘈嘈如急雨(27)，小弦切切如私语(28)；嘈嘈切切错杂弹，大珠小珠落玉盘。间关莺语花底滑(29)，幽咽泉流冰下难(30)。冰泉冷涩弦凝绝，凝绝不通声暂歇(31)。别有幽情暗恨生(32)，此时无声胜有声。银瓶乍破水浆迸(33)，铁骑突出刀枪鸣(34)。曲终收拨当心画(35)，四弦一声如裂帛。东船西舫悄无言，唯见江心秋月白。

沉吟放拨插弦中，整顿衣裳起敛容(36)。自言本是京城女，家在虾蟆陵下住(37)。十三学得琵琶成，名属教坊第一部(38)。曲罢曾教善才服，妆成每被秋娘妒(39)。五陵年少争缠头(40)，一曲红绡不知数(41)。钿头银篦击节碎(42)，血色罗裙翻酒污。今年欢笑复明年，秋月春风等闲度。弟走从军阿姨死(43)，暮去朝来颜色故(44)。门前冷落鞍马稀(45)，老大嫁作商人妇。商人重利轻别离，前月浮梁买茶去(46)。去来江口守空船，绕船月明江水寒；夜深忽梦少年事，梦啼妆泪红阑干(47)。

我闻琵琶已叹息，又闻此语重唧唧(48)。同是天涯沦落人，相逢何必曾相识！我从去年辞帝京，谪居卧病浔阳城。浔阳地僻无音乐，终岁不闻丝竹声(49)。住近湓江地低湿，黄芦苦竹绕宅生(50)。其间旦暮闻何物，杜鹃啼血猿哀鸣(51)。春江花朝秋月夜，往往取酒还独倾。岂无山歌与村笛，呕哑嘲哳难为听(52)。今夜闻君琵琶语，如听仙乐耳暂明。莫辞更坐弹一曲，为君翻作《琵琶行》(53)。感我此言良久立，却坐促弦弦转急(54)。凄凄不似向前声，满座重闻皆掩泣。座中泣下谁最多？江州司马青衫湿(55)。

【毛泽东圈评等情况】

在一本清蘅塘退士编《注释唐诗三百首》中《琵琶行》这首诗的天头上，毛泽东批注说："江州司马，青衫泪湿，同在天涯。作者与琵琶演奏者有平等心情。白诗高处在此，不在他处。其然岂其然乎？"他在标题上连画三个大圈，并在从开头至"名属教坊第一部"一段偶句句末和"前月浮梁买茶去""梦啼妆泪红阑干""相逢何必曾相识""为君翻作琵琶行"及末句末都画了一根斜横线，在"同是天涯沦落人，相逢何必曾相识"二句右侧各画四个旁圈。

[参考] 中央档案馆整理：《毛泽东评点诗词曲精选（上册）》，
中国档案出版社 1998 年版，第 51—54 页。

毛泽东还手书过这首诗。

[参考] 中央档案馆编：《毛泽东手书选集·古诗词（上）》，
北京出版社 1996 年版，第 225—233 页。

【注释】

（1）予，同"余"，我。左迁，贬官的婉转说法。汉代尊右而卑左，故降官称左迁，后世因此沿用。九江郡，隋郡名，即诗中浔阳、江州，治所在今江西九江。司马，官名，是州刺史的副职。

（2）湓（pén）浦口，在今九江西，是湓江水流入长江的地方，又叫湓口。

（3）长安，今陕西西安。倡女，指古代以歌舞曲艺为职业的女人。

（4）善才，唐代将弹琵琶的艺人或曲师叫善才。

（5）委身，将自身托付给别人。旧时代妇女依附男子，故称出嫁为"委身"。贾（gǔ）人，商人。

（6）快弹，尽情地弹奏。

（7）悯然，悲愁的神色。一作"悯默"。

（8）漂沦，漂泊，沦落。憔悴，容貌憔损。

（9）转徙（xǐ），辗转迁徙，即流浪之意。

（10）恬（tián）然自安，心境平静而舒适之态。

（11）斯人，其人。

（12）迁谪（zhé），贬官。

（13）因为，因而撰作。

（14）凡，总共。六百一十二言，全诗实为六百一十六字。二当是"六"字之误。

（15）命，取名。

（16）浔阳江，长江的一段，在九江北。

（17）荻（dí），芦苇一类植物。瑟瑟，指风吹枫叶、荻花的声音。一作"索索"。

（18）主人，白居易自称。

（19）管，管乐器。弦，弦乐器。

（20）暗问，低声问。

（21）欲语迟，想答话而又有些迟疑。

（22）回灯，移灯。

（23）掩抑，指弹奏时发出的低沉声音。

（24）信手，随手，很自然地。续续，连续。

（25）拢，抚弦。撚，即捻，指以手指揉弦。抹，顺手下拨。挑，反手回拨。

（26）霓裳，指《霓裳羽衣曲》，六幺，大曲名，亦作《绿腰》《乐世》《录要》，为当时京城流行的曲调。

（27）大弦，指最粗的弦，其余三条弦一条比一条细。嘈嘈，声音沉重悠长。

（28）小弦，指最细的弦。切切，幽细声。

（29）间关，鸟叫声。滑，形容莺声的婉转流利。

（30）冰下难，一本作"水下滩"，又作"冰下滩"。流泉，一作"泉流"。

（31）暂，一作"渐"。

（32）幽情，一作"幽愁"。

（33）银瓶，汲水器。乍（zhà），忽然。迸，溅射。

（34）铁骑（jì），精锐的骑兵。

（35）拨，拨弦的用具。画，同"划"。

（36）敛容，收敛起内心激动的表情，表现出严肃而恭敬的神态。

（37）虾蟆陵，在长安城南曲江附近，当时是歌女聚居的地方。旧说是董仲舒墓，人经过其门皆下马，谓之下马陵，后人讹为虾蟆陵。

（38）教坊，唐代置左右教坊，掌管优伶杂技。名属教坊，即挂名教坊，临时入宫供奉。部，队。

（39）秋娘，当时长安很负盛名的歌女，此是唐代歌伎的通称。

（40）五陵年少，长安城外汉代五个皇帝的陵墓。后来皇帝迁贵族于此，使这里成为贵族住居的地方。

（41）绡，指精细轻美的丝织品。

（42）钿，用金银珠宝等制成花朵形的首饰。钿头银篦，指华贵的篦形发饰。

（43）阿姨，当指姐妹。

（44）颜色故，姿色衰老。

（45）鞍马，一作"车马"。

（46）浮梁，县名，今江西景德镇。当时为茶叶集散地。

（47）梦啼，因梦境而伤心地哭。妆泪，眼泪和脂粉混在一起。阑干，纵横，遍流。

（48）唧唧，叹息声。

（49）丝，弦乐器。竹，管乐器。

（50）黄芦，芦苇。苦竹，又称伞柄竹，笋味苦不能吃。

（51）杜鹃，子规鸟，其鸣声凄厉。

（52）呕哑嘲哳（zhā），形容声音杂乱刺耳。难为听，难以听下去。

（53）翻作，指按曲调写成歌词。

（54）却坐，回到原来坐处。却，退回。促弦，拧紧弦。

（55）青衫，唐制八、九品官服青色。作者虽任州司马，但官阶只是从九品，官位最低。

【赏析】

唐宪宗元和十年，白居易因得罪权贵被贬为江州司马，这首诗写于贬官江州的第二年（816）秋。

诗前小序交代了创作时间、地点、诗人的政治处境和创作动机，概括了人物和主要故事情节，点出主旨："感斯人言，是夕始觉有迁谪意。"这是一首"事物牵于外，情理动于中，随感遇而形于叹咏"（《与元九书》）的感伤诗。

全诗分为四部分。

第一部分（开头至"犹抱琵琶半遮面"）写秋夜送客，引出琵琶女出场。首句点出送客的时间、地点，接着写"枫叶荻花秋瑟瑟"的秋夜之景，"举酒欲饮无管弦"的扫兴之情和"醉不成欢惨将别"的离别之意。这三方面紧扣人物内心活动，有力渲染出凄清冷落的环境气氛，为全诗谱下了悲凉感伤的基调，为情节发展创造了条件，为琵琶女的出场作了铺垫。正思管弦，"忽闻水上琵琶声"，这是情节发展的一个转折。这声音很富魅力，竟使"主人忘归客不发"。未见其人，先闻其演奏之音乐，暗示琵琶女弹技出色。主人和客自然要"寻声暗问"，但琵琶女"琵琶声停欲语迟"，欲说又止。等不得人家同意，先布置好筵席再坚请。"寻声暗问""移船相近""添酒回灯""千呼万唤"这一连串的动作描写，表现了诗人喜出望外、急欲见到琵琶女的心情。与此相对，琵琶女是"欲语迟""始出来""半遮面"，把一个女子的迟疑、腼腆，既难忍独守空闺之寂寞，又不便夜间与陌生人相会的矛盾心情十分细致地刻画出来了。一急一缓，形象生动，经过层层铺垫，至此，琵琶女的出场水到渠成。这部分描写很富戏剧性，与舞台上主要人物出场时所制造的环境氛围很相似。

第二部分（"转轴拨弦三两声"至"唯见江心秋月白"）写琵琶女的演奏。诗人以深厚的音乐修养和卓越的艺术才能，从不同角度、用不同手法，进行了独到的音乐描写，创造了一个美妙感人的音乐境界。音乐形象是难以捕捉的，如何借助语言把它变成读者易于感受的具体形象呢？诗人运用了三种写法：首先是通感。诗人写弹者和听者的感情交流，如"未成曲调先有情""弦弦掩抑声声思，似诉平生不得志""说尽心中无限事""别有幽情暗恨生"等，都让人感到那琵琶声中有琵琶女的形象，也有听者的共鸣。声情结合，以情绘声，产生了强烈的艺术效果。其次是比喻。"大弦嘈嘈如急雨，小弦切切如私语；嘈嘈切切错杂弹，大珠小珠落玉盘。间关莺语花底滑，幽咽泉流冰下难。……银瓶乍破水浆迸，铁骑突出刀枪鸣。"这些诗句都是用生活中具体的声音作比喻，形象地描绘了各种不同的音乐节奏和旋律。"大珠小珠落玉盘"句，用珠玉相击之声摹拟琵琶拨弹的音响效果，恰切传神，使人联想到乐曲珠圆玉润般的和谐、婉转。再次是写出了有声及无声之境。"冰泉冷涩弦凝绝，凝绝不通声暂歇。别有幽愁暗恨生，此时无声胜有声。"用乐曲休止时的余韵来强调乐曲效果，虚中见实。乐曲结束了，好像整个大自然及大自然中的人都进入了一种神妙的音乐世界："东船西舫悄无言，唯见江心秋月白。"特别是后一句景物描写，不仅照应了开头"别时茫茫江浸月"，而且深化了意境：万籁俱寂，只有秋月江水，袅袅余音在月夜秋江上回荡，江面清静，秋月皎洁，烘托了琵琶乐声的高雅美妙，令人听后沉醉，回味悠悠。

第三部分（"沉吟放拨插弦中"至"梦啼妆泪红阑干"）写琵琶女的身世。"沉吟""整衣""敛容"写自叙前琵琶女的动作神情，这些细节描写着墨不多，却让人处处感到她的风度、教养、经历非同一般。接着以自叙的方式，对比的手法，介绍她昔盛今衰，由欢至悲的身世变迁，揭示其性格形成的基础。首先自述籍贯：她家本在京城，出身教坊，色艺双全。少年时与贵族子弟打交道，过着豪华放纵的生活。诗人没有具体写她技艺如何高，容貌怎样美，只是用了对比：善才艺高，她使善才佩服；秋娘本美，她使秋娘嫉妒，其技高貌美不言而喻。"争缠头"的"争"字，可想见当时五陵年少争先恐后追逐她的场面。再自述嫁作商人妇的经过，写得很概括，一带而过。最后自述嫁贾后的生活。有两点值得注意：一是诗人用反衬手法，以景写情。"绕船月明江水寒"，渲染反衬了琵琶女孤单寂寞、凄苦抑郁的境遇。一是梦的描写，说明她不甘现实寂寞，对"少年事"留恋难忘，因思成梦。梦里往事更使她感到现在的凄凉，于是才有船上张弦代语，排愁遣怀，照应了"忽闻水上琵琶声"一语，也是说明为什么会"未成曲调先有情""说尽心中无限事"。这部分写得如怨如慕，如泣如诉，是琵琶女半生遭遇的一曲凄苦之歌。这与上部分描写的琵琶曲互为补充，前后映衬，从而完成了琵琶女形象的塑造。

第四部分（"我闻琵琶已叹息"至篇终）写诗人的感慨。开头四句是过渡。"同是天涯沦落人，相逢何必曾相识"是全诗的主旨，是诗人发自肺腑的呼喊！语真情笃，戚戚感人。然后写诗人自己的遭遇和处境，虽无一语及政事，但通过对居住自然环境的描写，表现了诗人强烈的苦闷、牢骚之情。"浔阳地僻无音乐"又与开头"举酒欲饮无管弦"相照应。最后写琵琶女与诗人感情相通，重弹一曲互相安慰，以"凄凄不似向前声"

一笔带过，与首之前弹奏的详写相映衬。诗人用"皆掩泣"对照前面的"悄无言"，表明这次弹奏的感染力胜过前次，它已超出"似诉平生不得志"的范围，而融进了"同是天涯沦落人"的更为强烈的愤懑之情。所以座中要数"江州司马"白居易感慨最深，竟至泪湿青衫，产生了更强的感情共鸣。

全诗通过对琵琶女的描述，表现了诗人对遭凌辱、被蹂躏的妇女的同情，抒发了自己被贬失意的牢骚不满。一个封建士大夫，能从当时被侮辱、被损害的艺伎身上，发现共同的感情，是难能可贵的。

这是一首优美的叙事长诗，表现了诗人高超的叙事技巧：首先是情节曲折动人，往往绝处逢生，别开生面。如要分别了，又"主人忘归客不发"；音乐结束了，又自叙身世；作者感慨完，又重弹一曲等，造成全诗曲折跌宕，波澜起伏。其次结构缜密，层次清晰，前后呼应，详略得当，虚实相间，诗人因送客而闻曲声，缘曲声而邀演奏，听演奏而问身世，知身世而生感慨。层层相生，过渡自然，前后呼应。首段简略，次段详尽，三段写琵琶女"少年事"是详，年老色衰、老大嫁贾是略。叙己境遇，贬前只字不提，全写谪居生活，尤突出无乐之苦。写琵琶女再次演奏则一笔带过。

另外，独到的音乐描写、成功的气氛渲染、鲜明的人物形象、明白晓畅、"用常得奇"的诗歌语言，都是此诗艺术上的独到之处。

这首诗借一个沦落天涯的琵琶女的一生遭遇，抒发了诗人自己政治上的坎坷身世，及与琵琶女共鸣的思想感情。深刻的理解和同情，使白居易的这首诗散发着异样的光彩，"同是天涯沦落人，相逢何必曾相识"，是饱含着诗人血泪的传世佳句。毛泽东说白居易与弹琵琶女子"有平等的心情"，并称赞这是"白诗高处"，即作品人民性的具体表现。毛泽东曾说："无产阶级对于过去时代的文学艺术作品，也必须首先检查他们对待人民的态度如何，在历史上有无进步意义，而分别采取不同的态度。"（《在延安文艺座谈会上的讲话》）诗人作为一个封建官吏，对一个沦落社会底层的艺人的深刻同情，强烈的感情共鸣，他对人民采取的正确的态度，是难能可贵的，是作品人民性的突出表现，因而受到毛泽东的赞扬。此外，毛泽东还用红线竖格的"中国人民革命军事委员会"的稿纸，书写了《琵琶行》全诗，从个别相异的字词来看，他是在默诵中书写的。

需要说明的是，毛泽东批语中"江州司马，青衫泪湿，同在天涯"系借用金人吴激《人月圆·南朝千古伤心事》词中成句，仅将"是"字误记为"在"字。借一个人的成句批注另一个人的作品，是毛泽东习用的一种方法。

毛泽东在读清代吴景旭的《历代诗话》时，也很注意古人对《琵琶行》中的一些字词和地名的疏解。如《琵琶行》中的"枫叶荻花秋瑟瑟"一句，有人解释"瑟瑟"是形容秋天的萧瑟。《历代诗话·庚集》一文中说："杨升庵曰：枫叶红，荻花白，映秋色碧也。瑟瑟，珠宝名，其色碧，故以瑟瑟影指碧字。"作者列举对"瑟瑟"的各种注释："《博雅》，瑟瑟，碧珠也。《杜阳杂编》，有瑟瑟幕，其色轻明虚薄，无与为比。《唐语林》，卢昂有瑟瑟枕，宪宗估其价曰：至宝无价。《水经注》，水木明瑟。"又举韦庄等人的诗加以论证。毛泽东对此，逐句加了圈点。白居易《琵琶行》中"自言本是京城女，家在虾蟆陵下住。"《历代诗话·庚集》中有《虾蟆陵》一文说，杨升庵考证，虾蟆陵在长安。作者认为："《国史补》谓董仲舒墓门，人过要下马，以故号下马陵，而语讹为虾蟆陵。白公诗亦循俗之过。"并举苏东坡的诗论证自己的观点。毛泽东对此，也是逐句加了圈点。由此可见他不是一般地阅读和了解《琵琶行》，而是进行了相当深入的研究。（毕桂发）

【原文】

寄殷协律

五岁优游同过日[1]，一朝消散似浮云。

琴诗酒伴皆抛我，雪月花时最忆君[2]。

几度听《鸡》歌《白日》[3]，亦曾骑马咏红裙[4]。

吴娘暮雨萧萧曲[5]，自别苏州更不闻！

毛泽东曾背诵、手书这首诗。

[参考]中央档案馆编:《毛泽东手书古诗词选》,文物出版社、档案出版社1984年版,第105页。

【注释】

(1)优游,悠闲自得。《诗经·大雅·卷阿》:"伴奂尔游矣,优游尔休矣。"

(2)雪月花时,雪天、十五月满与春花盛开游赏时。

(3)几度听《鸡》歌《白日》,意即诗人与殷协律多次共听《黄鸡》与《白日》等歌曲。《白居易集》卷十二《醉歌》:"谁道使君不解歌?听唱《黄鸡》与《白日》。"本诗所讲,即指此事。

(4)"亦曾"句,《白居易集》卷二十《代卖薪女赠诸妓》:"乱蓬为鬓布为巾,晓踏寒山自负薪。一样钱塘江畔女,著红骑马是何人?"此句所讲即指此事。

(5)"吴娘"句用典。明杨慎《升庵诗话》卷四:"吴二娘,杭州名妓也。有《长相思》一词云……空房独守时。"

【赏析】

本诗作于唐文宗太和二年(828),诗人时年57岁。殷协律,据朱金城《白居易集笺校》,指殷尧藩。殷尧藩,苏州嘉兴人,元和九年(814)进士,后"居易刺苏、杭,尧藩先后为郡佐"。前年即敬宗宝历二年(826)十月,白居易苏州刺史任满,调京任秘书监之职;太和二年二月,除刑部侍郎。经几十年的人生曲折,加之朝中党争激烈,他已倦怠朝事,不再谔谔直言。因此思念任职江南时无拘无束的生活,和陪伴自己弹琴、吟诗、饮酒的诸多好友。

前四句,总叙与殷协律的离别思念之情。"五岁优游同过日,一朝消散似浮云",首言以往在苏、杭之时,五年同事,公干之余,优游相处,共同打发时日,称心惬意,相过甚密;宝历二年自己调离苏州,回京任职，一朝分手，如天上浮云，各自西东。"琴诗酒伴皆抛我，雪月花时最忆君"，继言往日在一起弹琴、赋诗、饮酒的好友，今日皆弃我而去，没有一时一刻不在思念，特别是在严冬雪天无聊之时、十五月满团圆之际与春花盛开游赏之日，最忆念您。"五岁优游""琴诗酒伴"，写二人关系至密、交游甚久；"似浮云""皆抛我"，极言分散之远、离别之苦。本来是诗人调离苏州，别友而去；却说是友人"抛我"，嗔怨之中，愈见深情。"雪月花时最忆君"，既说明平日思念之情，又说明"雪月花时"思之尤甚。总之，前四句总叙离别思念。

后四句紧承颔联"雪月花时最忆君"进行发挥，具体回忆诗人与殷协律"五岁优游同过日"的美好岁月。"几度听《鸡》歌《白日》"，意即诗人与殷协律往昔在杭州时，曾经多次在一起共听《黄鸡》与《白日》等歌曲。《白居易集》卷十二《醉歌》写诗人任杭州刺史时，听歌伎商玲珑歌唱之毕，作有诗曰："谁道使君不解歌？听唱《黄鸡》与《白日》。"本诗所讲，即指此事。"亦曾骑马咏红裙"，意即诗人与殷协律往昔在杭州时，曾经与歌伎一起游山赋诗，来歌咏体着红裙、身骑高马的歌伎。《白居易集》卷二十《代卖薪女赠诸妓》："乱蓬为鬓布为巾，晓踏寒山自负薪。一样钱塘江畔女，著红骑马是何人？"本诗所讲，即指此事。"吴娘暮雨萧萧曲"，意即诗人与殷协律往昔在杭州时，曾经一起共听杭州名妓吴二娘歌唱《长相思》之歌曲。明杨慎《升庵诗话》卷四："吴二娘，杭州名妓也。有《长相思》一词云：'……巫山高，巫山低，暮雨萧萧郎不归。空房独守时。'"本诗所讲，即指此事。"自别江南更不闻"，自从江南分别之后，这样的歌曲再也听不到了。这一句既是尾联的结语，又是本诗后四句的结语：与殷协律一起听歌赋诗、携伎游玩，情意相投，亲密无间的生活、交往，自从分别之后，再也见不到了！于无限遗憾惋惜之中，寄寓了深切真挚的思慕之情。

毛泽东曾背诵手书过这首诗，说明对此诗十分熟悉。（毕桂发）

【原文】

赋得古原草送别

离离原上草⁽¹⁾，一岁一枯荣。

野火烧不尽，春风吹又生。

远芳侵古道⁽²⁾，晴翠接荒城⁽³⁾。

又送王孙去⁽⁴⁾，萋萋满别情。

【毛泽东圈评等情况】

毛泽东对四五个集子中的此诗都作过圈画。其中在一本中华书局印行的清蘅塘退士原编《注释唐诗三百首》"五言律诗"中此诗题目上方天头空白处连画了三个小圈，又在右侧正文开头处画了一个大圈。

[参考]中央档案馆整理：《毛泽东评点诗词曲精选（上册）》，

中国档案出版社 1998 年版，第 92 页。

毛泽东手书过此诗前四句。

[参考]中央档案馆编：《毛泽东手书选集·古诗词（上）》，

北京出版社 1996 年版，第 246—247 页。

【注释】

（1）离离，草长垂之状。《诗经·小雅·湛露》："其桐其椅，其实离离。"毛传："离离，垂也。"

（2）远芳，指远处的草。

（3）晴翠，指阳光下反映的碧草之色。晴，这里是清朗之意。荒城，边远的城镇。

（4）王孙，古代对贵族子弟的通称，这里泛指出门远游的人。萋萋，草长得很茂盛的样子。这两句诗意，本自《楚辞·招隐士》："王孙游兮不归，春草生兮萋萋。"

【赏析】

本诗作于唐德宗贞元三年（787），诗人时年16岁。从题目也可以断定，这是一首应考的习作。因为按科举考试规定：凡指定、限定的题目前须加"赋得"两字，起承转合要得体自然，对仗要精工，韵律要和谐。所以，以此标准写诗窠臼甚多，很难写出传世之作。然而，白居易的《赋得古原草送别》却令人耳目一新。诗题，蘅塘退士原编《注释唐诗三百首》作《草》。这首命题诗的重点很明确：草、古原、别情。自从《楚辞·招隐士》"王孙游兮不归，春草生兮萋萋"出现后，"草"与"别"似乎结下了不解之缘。

首联的第一句即点破题面的"古原草"三字。"离离原上草"，即多么繁茂的原上草啊！这句看似平常，其实它告诉我们这是春草而非秋草，意义深远。它使读者由春草而想起盎然的春天的生机……第二句，诗人以敏锐的观察力和恰当的语言，活现了草的生命轨迹——"一岁一枯荣"，也就是秋枯而春荣。两个"一"字复叠，形成咏叹，又先状出一种生生不已的情味，这就为颔联诗意的出现，做了很好的铺垫。

颔联"野火烧不尽，春风吹又生"，其实是首联"枯荣"的进一步发掘。秋风一来，万木凋零，野火一烧，万木皆空。无怪乎楚人宋玉在《九辩》中早就写道："悲哉秋之为气也，萧瑟兮草木摇落而变衰。"然而，宋玉看到的只是"草"的表层现象，而白居易则抓住了古原草的深层特征，那就是它有着顽强的生命力，锄不尽，斩不绝，只要有一点根须，来年定会更繁更茂。诗人以"野火"进行场面烘托，用"春风"暗喻小草极强的生命。颔联的"野火""春风"两句，形象地告诉我们：古原上之草将在春风浩荡，野火焚烧中得到永生。颔联可谓神来妙笔。唐人张固的《幽闲鼓吹》云："白尚书应举，初至京，以诗谒顾著作况，况睹姓名，熟视白公曰：'米价贵，居亦弗易。'乃披卷首篇（按：即此诗）即嗟赏曰：'道得个语，居即易矣。'因之延誉，声名大振。"宋人笔记《复斋漫录》也有记载。虽然唐宋人的记载未必为真，但至少说明此诗影响之深之大。

如果说首联是"起"，颔联是"承"，重点写"草"，那么颈联则是转，重点写"古原"。"远芳侵古道，晴翠接荒城"道出了古原的景色，"古道"

和"荒城"二词点出古原，"远芳"和"晴翠"装饰古原，一个"远"字突出了芳草的清香弥漫，一个"晴"字，又体现了春草沐浴着阳光，清晰可见。"古道"因"远芳"的延伸而显出勃勃生机，"荒原"由"晴翠"的装点而显得格外诱人。"侵""接"又进一步渲染了春草的旺盛的生命力，比起"乱巷鸣古堑，残日照荒台"（僧古怀《原上秋草》）的秋原，该是如何的生机勃勃！

但是，诗人并不是为写古原而写古原，目的是给送别渲染一个环境：冬去春来，万物复苏，春草绿绿，万木峥嵘。如此大好春色，可谓春色一分值千金，无怪乎王江宁（昌龄）《闺怨》写道"忽逢陌头杨柳色，悔教夫婿觅封侯"，可见春色之诱人。然而，就在这娇艳的春色、明媚的春光中，诗人要送别友人了。"又送王孙去，萋萋满别情，"这里化用《楚辞·招隐士》的诗句，原意是看见萋萋（繁盛）的芳草而怀思行游未归之人；而《赋得古原草送别》的尾联写的则是见萋萋芳原而顿生送别的愁情，似乎那春草一片，都是诗人的离别情，那真是"离恨恰如春草，更行更远还生"（李煜《清平乐》）。尾联的这一描写，刚好关合了全篇，突出了别情。因此，我们完全可以这样说，全诗起承转合天衣无缝，诗境浑然天成。古原、草、送别，有机地融合在一起。

毛泽东对此诗在四五个集子中都作过圈画并手书过此诗的前几句，说明他对这首诗十分欣赏。（毕桂发　范东东）

【原文】

长恨歌

　　汉皇重色思倾国，御宇多年求不得⑴。杨家有女初长成，养在深闺人未识⑵。天生丽质难自弃，一朝选在君王侧。回眸一笑百媚生，六宫粉黛无颜色⑶。春寒赐浴华清池⑷，温泉水滑洗凝脂⑸。侍儿扶起娇无力，始是新承恩泽时⑹。云鬓花颜金步摇⑺，芙蓉帐暖度春宵⑻。春宵苦短日高起，从此君王不早朝。承欢侍宴无闲暇⑼，春从春游夜专夜⑽。后宫佳丽三千人⑾，三千宠爱在一身。金屋妆成娇侍夜⑿，玉楼宴罢醉和春。姐妹弟兄皆列土⁽¹³⁾，可怜光彩生门户。遂令天下父母心，不重生男重生女⁽¹⁴⁾。骊宫高处入青云⁽¹⁵⁾，仙乐风飘处处闻。缓歌慢舞凝丝竹⁽¹⁶⁾，尽日君王看不足。渔阳鼙鼓动地来，惊破《霓裳羽衣曲》⁽¹⁷⁾。九重城阙烟尘生⁽¹⁸⁾，千乘万骑西南行。翠华摇摇行复止⁽¹⁹⁾，西出都门百余里。六军不发无奈何，宛转蛾眉马前死⁽²⁰⁾。花钿委地无人收，翠翘金雀玉搔头⁽²¹⁾。君王掩面救不得，回看血泪相和流。黄埃散漫风萧索，云栈萦纡登剑阁⁽²²⁾。峨眉山下少人行⁽²³⁾，旌旗无光日色薄。蜀江水碧蜀山青，圣主朝朝暮暮情。行宫见月伤心色，夜雨闻铃肠断声⁽²⁴⁾。天旋日转回龙驭，到此踟蹰不能去⁽²⁵⁾。马嵬坡下泥土中⁽²⁶⁾，不见玉颜空死处⁽²⁷⁾。君臣相顾尽沾衣，东望都门信马归。归来池苑皆依旧，太液芙蓉未央柳⁽²⁸⁾。芙蓉如面柳如眉，对此如何不泪垂。春风桃李花开夜，秋雨梧桐叶落时。西宫南内多秋草⁽²⁹⁾，落叶满阶红不扫。梨园弟子白发新，椒房阿监青娥老⁽³⁰⁾。夕殿萤飞思悄然，孤灯挑尽未成眠。迟迟钟鼓初长夜，耿耿星河欲曙天⁽³¹⁾。鸳鸯瓦冷霜华重⁽³²⁾，翡翠衾寒谁与共⁽³³⁾？悠悠生死别经年，魂魄不曾来入梦⁽³⁴⁾。临邛道士鸿都客⁽³⁵⁾，能以精诚致魂魄。为感君王辗转思，遂教方士殷勤觅。排空驭气奔如电，升天入地求之遍。上穷碧落下黄泉⁽³⁶⁾，两处茫茫皆不见。忽闻海上有仙山⁽³⁷⁾，山在虚无缥缈间⁽³⁸⁾。楼阁玲珑五云起⁽³⁹⁾，其中绰约多仙子⁽⁴⁰⁾。中有一人字太真，雪肤花貌参差是⁽⁴¹⁾。金阙西厢叩玉扃⁽⁴²⁾，转教小玉报双成。闻道汉家天子使，九华帐里梦魂惊⁽⁴³⁾。揽衣推枕起徘徊⁽⁴⁴⁾，珠箔银屏迤逦开⁽⁴⁵⁾。云鬓半偏新睡觉⁽⁴⁶⁾，花冠不整下堂来。风吹仙袂飘飘举⁽⁴⁷⁾，犹似《霓裳羽衣》舞。玉容寂寞泪阑干⁽⁴⁸⁾，梨花一枝春带雨。含情凝睇谢君王⁽⁴⁹⁾，一别音容两渺茫。昭阳殿里恩爱绝⁽⁵⁰⁾，蓬莱宫中日月长。回头下望人寰处，不见长安见尘雾。唯将旧物表深情，钿合金钗寄将去⁽⁵¹⁾。钗留一股合一扇⁽⁵²⁾，钗擘黄金合分钿⁽⁵³⁾。但教心似金钿坚，天上人间会相见。临别殷勤重寄词，词中有誓两心知。七月七日长生殿⁽⁵⁴⁾，夜半无人私语时。在天愿作比翼鸟⁽⁵⁵⁾，在地愿为连理枝⁽⁵⁶⁾。天长地久有时尽，此恨绵绵无绝期。

【毛泽东圈评等情况】

毛泽东很喜爱这首诗，至少圈画过五遍。他在一本中华书局影印本，清蘅塘退士原编《注释唐诗三百首》"七言古诗"中此诗题目上方画了一个大圈。

[参考] 中央档案馆编：《毛泽东手书选集·古诗词（上）》，北京出版社 1996 年版，第 234—244 页。

【注释】

（1）汉皇，汉家皇帝，本指汉武帝刘彻，实指唐明皇李隆基。倾国，妇女美色足以倾动全国，指美女。《汉书·外戚传》载李延年歌："北方有佳人，绝世而独立。一顾倾人城，再顾倾人国。"御宇，治理天下。

（2）"杨家"句，杨玉环是蜀州司户杨玄琰的女儿，幼时养在叔父杨玄珪家。唐玄宗开元二十三年（735），册封为寿王（玄宗之子李瑁）妃。二十八年（740），玄宗度为女道士，住太真宫，改名太真。天宝四年（745）册封贵妃，养在深宫，这是替唐玄宗遮羞。

（3）六宫，古代皇帝有六宫，正寝在前，燕寝（五个）在后。后泛指皇后妃嫔的住处。粉黛，本指妇女敷面画眉的化妆品，因用以称妇女。

（4）华清池，今陕西临潼骊山华清宫的温泉。开元十一年建温泉宫，天宝六年改名华清宫。

（5）凝脂，指女子白嫩柔滑的皮肤。《诗经·卫风·硕人》："肤如凝脂。"

（6）承恩泽，指得到皇帝的宠遇。

（7）金步摇，金质的步摇。步摇，首饰名，上有垂珠，行步便摇。

（8）芙蓉帐，带有荷花图案的帐子。春宵，春夜。

（9）承欢，承玄宗的欢爱。

（10）夜专夜，指杨贵妃夜夜得到玄宗的欢爱。

（11）后宫，后妃所住宫室。三千人，《旧唐书·后妃传》记玄宗自武惠妃死后，"后庭数千，无可意者"。

（12）金屋，汉武帝幼时，曾对其姑母长公主说："若得阿娇（长公主女）作妇，当作金屋贮之。"后多用作给予宠妾所居之屋。

（13）"姐妹弟兄"二句，杨玉环受封后，大姐封韩国夫人，三姐封虢国夫人，八姐封秦国夫人，宗兄杨铦为鸿胪卿，杨锜为侍御史，杨钊（国忠）为右丞相。列土，指分封土地。可怜，可爱，值得羡慕的意思。

（14）"不重生男重生女"，语出《史记·外戚世家（褚少孙补）》："生男无喜，生女无怒，独不见卫子夫，霸天下。"陈鸿《长恨歌传》："当时谣咏有云：'生女勿悲酸，生男勿喜欢。'"

（15）骊宫，即骊山华清宫。

（16）慢舞，一作"谩舞"。凝丝竹，喻歌舞能紧扣音乐声。

（17）"渔阳"二句，渔阳，唐郡名，辖今北京平谷和天津蓟州一带，当时属于平卢、范阳、河东三镇节度使安禄山辖地。霓裳羽衣曲，舞曲名，本名《婆罗门》，开元时从印度传入中国。《霓裳羽衣歌》作者自注："开元中，西凉节度杨敬述造。"

（18）九重城阙，指京城长安。《楚辞·九辩》："君之门以九重。"阙，宫门前的望楼。烟尘，尘土与烽烟相接，指战火。

（19）翠华，指皇帝仪仗中用翠鸟羽毛装饰的旗子。

（20）"六军"二句，周制，王有六军，每军一万二千五百人，后泛指皇帝的军队。蛾眉，古时称妇女姣好的眉毛为蛾眉，做美女的代称。此处指杨贵妃。

（21）"花钿"二句，贵族妇女戴的嵌镶珠宝的花朵形的首饰。翠翘，像翠鸟羽毛形状的妇女首饰。金雀，用金子制成雀形的一种钗。玉搔头，玉制的簪类。

（22）剑阁，在今四川剑阁东北大剑山、小剑山之间，为川陕间的交通要道，即南栈道的一部分。云栈，高入云端的栈道。萦纡，回环曲折。

（23）峨眉山，今四川峨眉山境内。唐明皇没有经过此山，这里是泛指蜀地之山。

（24）夜雨，《明皇杂录（初遗）》："明皇既幸蜀，西南行。初入斜谷，属霖雨涉旬，于栈道雨中闻铃音，隔山相应。上（玄宗）既悼念贵妃，采其声为《雨霖铃曲》，以寄恨焉。"铃，钱道上所挂铃铛，以使行人闻铃声照应。

（25）"天旋日转"二句，指肃宗至德二载十二月大局转变，玄宗返京。龙驭，皇帝的车驾。此，贵妃自尽处。天旋日转，喻国家从倾覆后得到恢复。踌躇（chóu chú），徘徊。

（26）马嵬坡，在今陕西兴平西。

（27）玉颜，美丽的容颜。

（28）太液，池名，在长安城大明宫内。未央，汉宫名，遗址在今西安西北郊。

（29）西宫，指太极宫，唐时称西内。南内，即兴庆宫，唐玄宗回京后住在此。《新唐书·地理志》："兴庆宫在皇城东南，谓之南内。"

（30）椒房，以椒和泥涂壁，取其香暖，是后妃居住的地方。阿监，指宫中女官。青娥，年轻美貌的意思，指上椒房阿监。

（31）耿耿，明亮。河，银河。

（32）鸳鸯瓦，两片瓦一仰一俯配成对。霜华，霜花。

（33）翡翠衾，绣着翡翠鸟的被子。翡翠衾寒，一作"旧枕故衾"。

（34）魂魄，指杨贵妃的魂魄。

（35）临邛（qióng），今四川邛崃。鸿都，洛阳北宫门名，本是教学及藏书的地方，这里代指京都长安。鸿都客，是说临邛道士来京城做客。

（36）穷，穷尽的意思。碧落，道教所说的东方第一天始青天，叫碧落，此是天上的代称。黄泉，挖地很深的水叫黄泉，此是地下的代称。

（37）仙山，指蓬莱山。

（38）缥缈，隐隐约约。

（39）五云，五色的彩云。

（40）绰约，轻盈柔美之状。

（41）太真，杨贵妃的道号。真，道家与"仙"字同义。参差，这里是仿佛、约略的意思。

（42）金阙，金碧辉煌的宫殿门楼。玉扃（jiǒng），玉石做的门。转教，指托侍女通报。小玉，吴王夫差的女儿。双成，董双成，相传是西王母的侍女。这两人都是指杨贵妃在天上的侍女。

（43）九华帐，鲜艳的花罗帐。

（44）揽衣，披衣。

（45）珠箔（bó），珠帘。屏，屏风。逦迤（yǐ lǐ），形容珠帘分开斜垂的样子。

（46）新睡觉（jué），刚睡醒。觉，醒。东汉许慎《说文》："觉，寤也。"寤，睡醒。

（47）袂（mèi），衣袖。

（48）寂寞，暗淡。阑干，纵横，遍流。

（49）凝睇，凝视。

（50）昭阳殿，本指汉代赵飞燕所居宫殿，这里指杨贵妃生前居处。蓬莱宫，传说中海上仙山的宫殿，这里指杨贵妃所住的仙境。

（51）钿合，镶嵌金花的盒子。

（52）钗留一股合一扇，钗有两股，捎去一股，留下一股。一扇，一片。

（53）钗擘（bò）黄金，把金钗分开。合分钿，将盒子分为两半。

（54）七月七日，传说是牛郎织女相会的日子。长生殿，华清宫殿名，天宝元年建，原名集灵台，用以祀神。

（55）比翼鸟，相传产于南方的一种鸟，雌雄不比不飞。常用来比喻恩爱夫妻。

（56）连理枝，不同根的两棵树，枝干连在一起。理，纹理。

【赏析】

此诗作于唐宪宗元和元年（806），诗人时为盩厔（zhōu zhì）县尉。一次与友人游马嵬附近的游仙寺时，谈到早已在民间流传的唐玄宗李隆基与杨贵妃的故事，触发诗情，有感而作。

全诗以安史之乱为界分两大部分。开头至"惊破《霓裳羽衣》曲"是前一部分，写安史之乱以前李隆基与杨贵妃的相聚及荒淫糜烂的宫廷生活。

开篇"汉皇重色思倾国"一句，统摄全篇，既揭示了故事的悲剧因素，又唤起和统领着全诗。作为"汉皇"的男主人公不是"重德思贤才"，却"重色思倾国"，只七字就概括了男主人公的主要特点，确立了情节发展的方向，体现了诗人对人物的态度。

　　李隆基的主要性格特征是"重色"。诗人紧紧抓住这一点，展开了人物形象的塑造。首先写主人公"求色"，因重色所以想找到一个"倾国"的美女，在杨玉环入选以前，他"求"倾国之色已有"多年"。"后宫佳丽三千人"就是他多年求来的，但都不是"倾国"之"色"，所以还在继续"求"，终于求到了杨玉环。接下来写李隆基沉湎于色："春寒赐浴华清池""始是新承恩泽时"，是沉湎之始，后来以至"芙蓉帐暖度春宵""春宵苦短日高起，从此君王不早朝"了。接着诗人又推进一步，写他醉迷于色，"春从春游夜专夜""三千宠爱在一身""尽日君王看不足"。而诗人对杨玉环的刻画是从表现李隆基"重色"的角度来着笔的，男主人公以"重色思倾国"的形象出场，女主人公自然以"倾国"之"色"作为"思"的对象而跟着出场。首先诗人写了她的"倾国"之"色"，但并没有在杨贵妃容貌上花很多笔墨，"回眸"二句，是通过对比手法来写的。"六宫粉黛"是经过选求而来，自然不是寻常女子，而杨贵妃竟能使她们黯然失色，突出了杨氏的容貌之美。"回眸一笑百媚生""侍儿扶起娇无力""金屋妆成娇侍夜"等许多诗句，不仅写她有"色"，而且着重写她以"色"取宠。诗人这样写，主要是表现李隆基是如何"重色"：仅仅由于杨玉环有"色"而"姐妹兄弟"就"皆列土"，杨家就"光彩生门户"，李隆基荒淫误国，不言而喻。

　　题目曰《长恨歌》，实际就是歌长恨之意。"长恨"是全诗主题。安史之乱以前，李、杨"乐"至如此程度，有什么"恨"？然而事物往往是物极必反，乐极生悲。在诗的艺术构思上，前一部分就是通过李隆基的重色，乐而忘国，乐而忘政，写出了"长恨"之因。因诗重点是写"长恨"，所以这个致"恨"之因写得很集中，用去了全诗四分之一的篇幅。即以"渔阳鼙鼓动地来，惊破《霓裳羽衣》曲"两句收上启下，引出了李、杨的"长恨"哀歌。

　　由"九重城阙烟尘生"至结尾，写"长恨"本身。这一部分诗人是用三层意思来叙述的。紧随前半篇的结句，诗人首先写出了李、杨在安史之乱和马嵬兵变中荒淫生活的毁灭，写长恨之起。接着从人间、仙境两个方面写二人"此恨绵绵无绝期"的"长恨"。诗歌的主题也由批判二人的荒淫误国，转而歌颂二人爱情的坚贞不渝。从塑造二人形象看，如果说前半部分是合写，后半部分则为分述。从美感看，前半部分给读者的感受是恨，后半部分则是要让读者由恨转而又对二人的同情了。

"九重城阙烟尘生"至"回看血泪相和流"，诗人描绘了李、杨生离死别的一幕。"六军不发"的原因，据史书载主要是要杀酿成安史之乱、导致潼关失陷的祸首杨国忠及其"同恶"。但真正的祸首实际是李隆基。诗人难能可贵之处正表现在他没有像有些封建文人那样不惜掩盖马嵬兵变的真相，为李隆基开脱，而是如实地写出了李隆基被逼"无奈何"，只好让"宛转蛾眉马前死"。不仅如实地写出了赐心爱的妃子死，是出于被逼，而且用"君王掩面救不得""回看血泪相和流"，来表现对杨贵妃的恋恋不舍之情，这样，李隆基的性格开始向前发展，由"重色"转为"重情"，为以下写"长恨"张目。这一段在全诗结构中，起了转折作用。

从"黄埃散漫风萧索"至"魂魄不曾来入梦"，写人间"长恨"，着重刻画李隆基对杨贵妃的刻骨相思，塑造男主人公情种的形象。诗人用凄恻动人的语调，描述杨贵妃死后玄宗在蜀中的寂寞悲伤，还都路上的追怀忆旧，回宫以后睹物思人，触景生情及其一年四季，朝朝暮暮所产生的"物是人非事事休"的感触与情怀。缠绵悱恻的相思之情，使人回肠荡气。正是这种对杨贵妃刻骨铭心的思念，才引出下面一段杨贵妃仙境相思的浪漫主义描写。

从"临邛道士鸿都客"至诗的结尾，主要写仙境"长恨"，重点刻画杨玉环。诗人采用浪漫主义的手法，极铺陈夸张之能事。寻找杨妃是"上穷碧落下黄泉"，结果"两处茫茫皆不见"，后来在虚无缥缈的仙山找到了。诗人是怎样塑造杨妃的形象呢？诗人带着同情怜悯的心情，首先，写她听到天子使节到来时的表现："九华帐里梦魂惊"，一个"惊"字，生动地表现了她正苦思而不得消息之时，忽听天子使节到来时那种出乎意外、难以置信、喜从天降的心理状态。继而写她一系列动作"揽衣推枕起徘徊"，一连三个动作，利落，敏捷，好像根本不是"侍儿扶起娇无力"的杨贵妃，甚至连睡偏的云鬓也来不及梳理，连花冠也顾不得戴正，就匆匆下堂来了。那种急于见到天子使节的迫切心情表现得异常充分、生动。接着写她的体态、表情，"飘飘举"的体态仍不减当年"霓裳羽衣舞"时的优美，而表情更是凄楚动人："玉容寂寞泪阑干，梨花一枝春带雨。""寂寞"是写精神状态，是因孤苦相思所致，"泪阑干"，是外部表情，正是因为内心有不可排遣的痛苦，在听到天子使节到来的消息后，才会止不住泪水流淌。"梨花带雨"的形象为人们所熟悉、喜爱，而同杨贵妃带泪的容貌联系起来，不仅表现了她容貌的娇美似梨花，而且表现了她泪珠的晶莹有如春雨，新颖贴切地表现了杨贵妃想念玄宗的万种风情。最后，诗人通过女主人公的语言来揭示她的内心世界，她向使者讲述了别后生活"蓬莱宫中日月长"，她觉得这种仙家生活如熬如煎、度日如年。这种心情的产生，正是"昭阳殿里恩爱绝"，失去爱情的结果。她向使者讲述了她对唐玄宗的留恋、思念——"下望人寰"，想看一眼往日的住处和玄宗，但"不见长安见尘雾"，想望而望不到。现在亲人使节就在面前，她将怎样向亲人表达思念之情呢？一是寄去钗一股，合一扇，这些"旧物"可以使玄宗"睹物思人"，作为感情的安慰。二是重申了他们的誓言："在天愿作比翼鸟，在地愿为连理枝。"这就把李、杨爱情推上了高峰。

最后诗人仅以"天长地久有时尽，此恨绵绵无绝期"十四个字，带着无限感慨遗憾点明"长恨"，总结全诗。

这首被誉为"古今长歌第一"（明人何良俊语）、"千古绝作"（清人赵翼语）的叙事诗，既有现实主义的深细描绘，又有浪漫主义的瑰丽想象，严谨的艺术构思，生动的故事描写，鲜明的人物性格刻画和哀婉、浓烈的感情抒发，使此诗达到了很高的艺术境界。

毛泽东很喜爱这首诗，至少圈画过五遍，并手书过开头一大段文字，说明他对这首诗十分欣赏。（毕桂发）

【原文】

上阳白发人　愍怨旷也

上阳人，红颜暗老白发新。绿衣监使守宫门 (1)，一闭上阳多少春。明皇末岁初选入 (2)，入时十六今六十 (3)。同时采择百余人，零落年深残此身⁽⁴⁾。忆昔吞悲别亲族，扶入车中不教哭⁽⁵⁾。皆云入内便承恩⁽⁶⁾，脸似芙蓉胸似玉。未容君王得见面，已被杨妃遥侧目⁽⁷⁾。妒令潜配上阳宫⁽⁸⁾，一生遂向空房宿。宿空房，秋夜长，夜长无寐天不明⁽⁹⁾。耿耿残灯照壁影⁽¹⁰⁾，萧萧暗雨打窗声⁽¹¹⁾。春日迟⁽¹²⁾，日迟独坐天难暮。宫莺百啭愁厌闻，梁燕双栖老休妒⁽¹³⁾。莺归燕去长悄然，春往秋来不记年。唯向深宫望明月，东西四五百回圆。今日宫中年最老，大家遥赐尚书号⁽¹⁴⁾。小头鞋履窄衣裳，青黛点眉眉细长⁽¹⁵⁾。外人不见见应笑，天宝末年时世妆⁽¹⁶⁾。上阳人，苦最多。少亦苦，老亦苦，少苦老苦两如何？君不见，昔日吕向《美人赋》⁽¹⁷⁾，又不见，今日上阳白发歌！

【毛泽东圈评等情况】

毛泽东在读清沈德潜编选《唐诗别裁集》卷八"七言古诗"时圈阅了这首诗。

[参考]张贻玖：《毛泽东评点、圈阅的中国古典诗词》，
中国工人出版社 1992 年版，第 232 页。

【注释】

（1）绿衣监使，指管理宫闱事务的太监。唐制，京都诸苑各设监官一人，从六品下，副监一人，从七品下。六品衣深绿，七品衣浅绿。

（2）明皇，一本作"玄宗"。

（3）今，指贞元中。

（4）残，残余、剩下。

（5）教（jiāo），让。

（6）内，大内，皇宫。承恩，承受皇帝的恩宠。

（7）杨妃，杨玉环。侧目，怒视，因嫉妒而斜眼看。

（8）潜，秘密地。配，分配到。

（9）无寐（mèi），睡不着觉。

（10）耿耿，明亮。照，一作"背"。

（11）萧萧，象声词，此指雨声。

（12）春日迟，因孤寂无聊而感到昼夜难以度过。

（13）休，停止。

（14）大家，古代宫中口语，侍从亲近对皇帝的称呼。尚书号，三国、北魏时宫内都设有女尚书，宫内女官。唐代宫中有六尚（尚宫、尚仪、尚服、尚食、尚寝、尚功），各管一面。

（15）青黛，青黑色的石粉。

（16）天宝，唐玄宗年号（742—756）。

（17）吕向《美人赋》，作者原注："天宝末，有密采艳色者，当时号花鸟使，吕向献《美人赋》以讽之。"吕向在唐玄宗开元十年（722）召入翰林，兼集贤院校理，献《美人赋》亦在开元间。

【赏析】

宫怨诗是中国古典文学的传统题材，在白居易的笔下，宫怨诗却显现出其巨大的艺术生命力。上阳宫在唐东都洛阳皇城西南，洛水、谷水之间，唐高宗上元（674—675）年间所建。唐时宫廷招选美女数量极大，高宗时，一次放出的宫女就有3000余人，太宗时，后宫宫人共有数万。这些宫女被选入宫后，极少数幸运者能够得到皇帝的宠幸，大多数女子只能终生困守冷宫，再加上贵妃妒忌，她们就更无出头之日，只能在宫中孤独地度过一生。

这首诗作者自注说："愍怨旷也"。古时称成年无夫之女为怨女，成年无妻之男为旷夫，这里"怨旷"并举，实为偏指，就是通过一个老宫女的遭遇，描写唐代宫女生活的悲惨处境。

作品一开始就直点主题："上阳人，红颜暗老白发新。"一"老"一"新"，一"红"一"白"，把宫女的一生展现了出来。人老色衰，承恩无望，取代红颜的是苍苍白发，一生已经匆匆度过，生命将要完结。因为绿衣监使把守宫门，使宫女"一闭上阳多少春""一闭"对语气起到强调作用。说明一旦踏进宫门，就绝无生还之理。这四句是对宫女一生的总概括，接下四句从面到点，"入时十六今六十"，具体解释"多少春"，给人以真实的感觉。"同时采择百余人"则又由点到面，说明宫女不止一个。"零落年深残此身"，意谓当年与我同时的百余人，如今只剩下我一个了，充分显示出宫女制度对宫女的摧残。这是第一层，概写宫女的不幸遭遇。

第二层是通过回忆"红颜暗老"的过程，表达宫女几十年孤独生活的痛苦与忧伤，以及她们精神上所受的折磨。"忆昔"四句写辞家入宫时的景象，当时是"吞悲别亲族"，而且"不教哭"，如果说宫女终生都充满绝望的话，那么至少此时还是有所希冀的，因为凭着"脸似芙蓉胸似玉"的姿质，"皆云入内便承恩"，这足以为其悲伤的辞亲抹上一圈淡淡的光环。可是希望终归是希望，事实是无情的。"未容君王得见面，已被杨妃遥侧目。妒令潜配上阳宫，一生遂向空房宿"，君王未来得及相见，却已被杨妃侧目，结果发配上阳冷宫，开始了终生残灯孤影的生活。一个"遂"字用得极其自然平淡，但是它却蕴含了宫女一生的辛酸，这种"自然"，是在未见君王却妒于杨妃的情况下发生的，宫女本人根本没有、也来不及有任何哪怕是极其些微的不满。所以一切才显得非常平淡"自然"，顺理成章！据作者原注："天宝五载（746）已后，杨贵妃专宠，后宫人无复进幸矣。六宫有美色者，辄置别所，上阳是其一也。贞元（785—804）中尚存焉。""宿空房，秋夜长，夜长无寐天不明。耿耿残灯照壁影，萧萧暗雨打窗声"，这几句，一连用了"空房""秋夜""残灯""壁影""暗雨打窗"等传统意象，这些意象都是孤独、寂寞、忧伤、清冷的象征。秋天本身就具有凄凉、萧瑟的感觉，再加上是夜里，面对孤灯冷壁，耳闻滴答夜雨，宫女的悲苦凄凉，正像一滴滴夜雨打窗一样绵延不绝。可以说，每一滴夜雨都是宫女内心无可奈何的一声忧叹！所谓"暗雨"，表面上是夜里只听雨声不见雨形，实则是指宫女内心潜藏着的无限愁绪。"春日迟，日迟独坐天难暮。宫莺百啭愁厌闻，梁燕双栖老休妒"，这几句紧承上文秋夜而抒写春日思绪。在孤寂难耐的春天，宫莺婉啭，梁燕双栖，睹物思人，触景伤情。尤其是"老休妒"三字，写尽无限幽情。陶渊明在描写自己晚年困穷的生活时，写道："造夕思鸡鸣，及晨愿乌迁。"（《怨诗楚调示庞主簿邓治中》）天色向晚便因寒冷害怕过夜，希望天色早明；而刚到早晨，又因饥饿无食而希望太阳快落。这种矛盾的思想，正体现出诗人困窘潦倒的贫寒生活。在这里，宫女的内心情感从思想内涵上讲，与陶渊明是一致的。夜里哀怨"长夜无寐天不明"，但到了白天，则叹息"日迟独坐天难暮"！陶渊明是缘于生活的窘迫，而宫女则是因为生活的孤寂。与其说她们是对幸福生活的向往，毋宁说是对痛苦生活的哀怨！"莺归燕去长悄然"四句，是针对上述春、秋两层含义的概括，同时，最后一句也是对第二层内容的总述，以此结束宫廷生活的回忆。莺归燕去，春往秋来，时光悄然失去，宫女们无复关注年月甲子，真可谓"不知有汉，无论魏晋"，但是与桃花源相比，一个无异于囚禁深宫，另一个则超然物外；一个是愁闷中仿佛失去时间记忆，一个是悠然中无须把握四季轮回，表象相类，内涵不同。在这种情况下，宫女们唯一可做的是"唯向深宫望明月"，在意境上，显得空旷、寂寥。虽然"不记年"，但月缺月圆，宫女却历历在目，"东西四五百回圆"，既紧承了上句"惟望"，又把上一句的意义阐释得更为深刻、明了。

作品第三层，又从回忆回到现实。"年最老"照应"红颜暗老"，因为"年最老"，所以得到了皇帝的"关照"。而这种"遥赐尚书号"的"关照"，就更显得可悲。"小头鞋履"四句，极写"春往秋来不记年"所产生的残酷现实，连一向以涂脂抹粉著称的宫女也不再追求衣饰的雍容华贵，以迥异于世俗的装束来打发落寞无聊的时光。其处境不由使人悲悯、辛酸。

第四层，从"上阳人"至结尾，照应主题，一唱三叹。"少亦苦，老亦苦，少苦老苦两如何"，字数不多，但字字血泪，每一字都是宫女用青春、用生命写成。她们从"脸似芙蓉胸似玉"到"红颜暗老白发新"的生命之旅全用"苦"字铺就，没有温暖，没有幸福，一切平淡如水，然却苦似黄连。结尾二句紧承"少苦老苦两如何"而来，用极其感伤的语调倾诉宫女的悲惨遭遇，同时委婉讽喻，企图达到"救济人病、裨补时缺""惟歌生民病，愿得天子知"的社会理想。

作品在艺术上最为成功的地方有三点。一是采用民歌形式，利用顶针、长短句式等淋漓尽致、回环往复地抒发对宫女的深深同情。二是作者选取中国传统诗歌中的典型意象展现宫女的孤苦、清冷、寂寞、忧伤，利用一连串的意象组合，描绘了一幅"深宫怨女图"。三是通过宫女对今昔生活的回忆、对比，用电影蒙太奇似的切割手法突出、深化主题。此外，作品还融叙事、抒情、写景、议论为一体，反复咏叹，一波三折，具有很强的艺术感染力。（贾鹏　马宝记）

【原文】

问刘十九

绿螘新醅酒⁽¹⁾，红泥小火炉。

晚来天欲雪，能饮一杯无⁽²⁾？

【毛泽东圈评等情况】

毛泽东曾在一本中华书局印行的清蘅塘退士原编《注释唐诗三百首》"五言绝句"中此诗题目上方天头空白处连画三个小圈。

[参考] 中央档案馆整理：《毛泽东评点诗词曲精选（上册）》，
中国档案出版社1998年版，第124页。

【注释】

（1）绿螘，酒的别名。新酿的米酒未过滤时，酒面浮渣，微呈绿色，细如蚁，称为"绿螘"。螘，同"蚁"。醅（pēi），没有滤过的酒。

（2）无，否，疑问词。

【赏析】

这首诗再现了诗人与老朋友刘十九朴质而真挚的交往，表达了诗人对朋友的思念之情。

"绿螘新醅酒，红泥小火炉。"前两句点出了美酒和小炉。酒是新酿的酒，未滤清时，酒面浮起酒渣，色微绿，细如蚁，故称之为"绿螘"。古人喝酒总是将酒放至火炉温一下，这样，酒冲而不伤人；炉是小炉，而且是红泥制成的。一个"小"字，割去了人多繁杂，它清楚地说明了这不是官场庞大的宴席。"绿""新""红""小"，字字跳荡诗人的喜悦深情。这新酒红火小炉着实诱人，让人不禁为之发出"多么温馨"的慨叹。然而，更令人向往的，是白居易的真情。

第三句诗人又写道"晚来天欲雪"，点出了时间（傍晚）、季节（冬天），说明了严寒之季即将来临。这一句与上两句形成了冷、热的鲜明的对比，诗歌写到这儿，已经把气氛烘托得淋漓尽致。

那么，如何打发这时光？"能饮一杯无？"作了明确的回答，能与老朋友刘十九共饮畅谈，便是最大的愿望。如果说前三句是烘托，那么，第四句的抒情便是水到渠成。

短短的四句诗，却饱含了诗人对老朋友的朴质感情，我们仿佛从新酒与火炉中，看到了诗人对刘十九的火热深情。

从达情角度而论，首先，全诗采用了正面描写与侧面反衬相结合的手法。首两句写得似春暖融融，是正面烘托，第三句以"晚来天欲雪"暗写诗人的孤单难熬，进而反衬诗人对朋友刘十九的思念。结句以一个设问句式，道出了诗人对朋友的真挚思念。其次，场景选取十分得当。全诗选取了冬天时节一个"天欲雪"的夜晚，诗人备起美酒而孤单独酌的情景，作为全诗抒情的一个大背景，熔诗意、酒意、情意于一炉。

另外，诗的结构别具一格。全诗以备酒开始，以邀者的情态作结，读来耐人寻味。诗中写备酒，使我们想起"酒逢知己千杯少""会须一饮三百杯"的酒意；绘邀者的情态，又令我们忆起"独酌无相亲"的孤单和"故人具鸡黍，邀我至田家"的朴质的人情交往。我们完全可以想象，刘十九接到白居易诗后，一定会愉快地飞车前往，而且两位友人肯定会围着火炉"忘形到尔汝"地斟起新酿的酒来。（魏发展 王树林）

【原文】

秦中吟十首

其一 议婚

天下无正声，悦耳即为娱⁽¹⁾。人间无正色，悦目即为姝⁽²⁾。颜色非相远，贫富则有殊。贫为时所弃，富为时所趋。红楼富家女，金缕绣罗襦⁽³⁾。见人不敛手，娇痴二八初⁽⁴⁾。母兄未开口，言嫁不须臾。绿窗贫家女⁽⁵⁾，寂寞二十余。荆钗不直钱⁽⁶⁾，衣上无真珠⁽⁷⁾。几回人欲聘，临日又踌蹰⁽⁸⁾。主人会良媒，置酒满玉壶。四座且勿饮，听我歌两途：富家女易嫁，嫁早轻其夫；贫家女难嫁，嫁晚孝于姑⁽⁹⁾。闻君欲娶妇，娶妇意何如？

【毛泽东圈评等情况】

毛泽东在读清沈德潜编选《唐诗别裁集》"五言古诗"时圈阅的《秦中吟十首》中有这首诗。

[参考] 中央档案馆整理：《毛泽东评点诗词曲精选（上册）》
（上册），中国档案出版社 1998 年版，第 124 页。

【注释】

（1）正声，符合音律的最标准、最好听的乐声。《六韬·五音》："宫、商、角、徵、羽，此其正声也。"

（2）正色，指青、赤、黄、白、黑五种纯正的颜色，对间色而言。《礼记·玉藻》："衣正色，裳间色。"孔颖达疏引皇侃曰："正谓青、赤、黄、白、黑五方正色也。"姝，美丽。

（3）金缕，金线。罗襦，用丝绸做的短衣。

（4）敛手，拱手，行礼的一种动作，表示恭敬。娇痴，娇小天真、不懂事理的意思。二八初，刚满十六岁。

（5）绿窗，窗前多草木，指贫穷人家。

（6）荆钗，用荆木（一种普通的粗质木）制作的头钗。此是指简陋的首饰。

（7）真珠，即珍珠。

（8）踌蹰，迟疑不决的样子。

（9）姑，丈夫的母亲，即婆婆。

【赏析】

本诗是白居易《秦中吟》组诗十首中的第一首。《秦中吟》小序云：

"贞云、元和之际，予在长安，闻见之间有足悲者，因直歌其事，命为《秦中吟》。"诗人在《伤唐衢》一诗中特别提到《秦中吟》："忆昨元和初，忝备谏官位。是时兵革后，生民正憔悴。但伤民病痛，不识时忌讳。遂作《秦中吟》，一吟悲一事。贵人皆怪怒，闲人亦非訾。天高未及闻，荆棘生满地。"这些都清楚地讲出了组诗的写作背景、目的和"直歌其事"的现实主义特点。

《议婚》一作《贫家女》。这一"吟"所"悲"的是当时社会上以贫富议婚的恶习，它真实地反映了当时贫富两个阶级的子女在婚姻问题上所遭受到的不同境遇，写出了贫家女和富家女在品质上的差别，对贫家女寄予深厚的同情。

全诗共分三层。前四句为第一层。诗人采用兴的手法，先言他物，以发议论。天下没有什么纯正的乐声，只要悦耳，就是一种娱乐。天下也无须什么纯正的颜色，只要悦目，就能获得美的享受。虽没讲议婚，借对"声""色"二事的态度，清楚地表现了自己在议婚问题上的观点。

接下来诗人以十六句的篇幅，写出了现实社会贫家女和富家女在婚姻问题上的不平等待遇。前四句是总写社会陋习：同龄的女子，容貌并不是差别太大，但因贫富不同，在婚姻问题上的遭遇却悬殊判分。贫家的女子为时所弃；而富家的女子则为时所趋。接下来诗人分别从居室、衣着、品德及婚姻遭遇四个方面来分述富家女和贫家女的不同。"红楼富家女"，衣着华贵，"金缕绣罗襦"，见人趾高气扬，傲慢无礼，连手也不拱一拱。刚到 16 岁的年龄，还带着满身的娇气，还不懂人情世故，未等母兄开口，已经求亲上门，很快就嫁了出去。而"绿窗贫家女"，则"荆钗不直钱，衣上无真珠"，直到 20 余岁，还寂寞待字闺中，就是有人几回想聘娶，但到了临近婚期，又都因贫穷而犹豫不决。"荆钗"二字，表面上是说贫家女以荆枝当髻钗，装饰简陋，实际是引用东汉梁鸿妻孟光的典故。孟光随夫隐居，荆钗布裙，有妇德，食则举案齐眉。但在现实社会中，尽管有妇德，也不被人看重。作者用鲜明对比的笔法，质朴形象的语言，揭露了社会的不合理、不公平。

诗的最后十句，是第三层。写诗人在主人议婚的宴会上，站出来对择婚于富家女或择婚于贫家女的两种议婚途径直接发表议论。富家女是"轻其夫"，贫家女是"孝于姑"，对于贫家女的品德给予赞扬，对于她们的遭遇寄予同情，并对当时以资财攀缘门第，以聘礼和陪嫁之物的多寡为议婚标准的风习给予否定，达到了"卒章显其志"的目的。

小诗以兴领起，先总述，后分述的手法，不仅条理分明，且在鲜明的对比中提示社会的不合理，结尾点题，整个结构严谨，语言有一种朴实美。（王树林　马宝记）

【原文】

秦中吟十首
其二　重赋

　　厚地置桑麻，所用济生民⁽¹⁾。生民理布帛⁽²⁾，所求活一身。身外充征赋，上以奉君亲⁽³⁾。国家定两税⁽⁴⁾，本意在忧人。厥初防其淫，明敕内外臣⁽⁵⁾：税外加一物，皆以枉法论⁽⁶⁾。奈何岁月久，贪吏得因循⁽⁷⁾。浚我以求宠⁽⁸⁾，敛索无冬春。织绢未成匹，缲丝未盈斤⁽⁹⁾。里胥迫我纳⁽¹⁰⁾，不许暂逡巡⁽¹¹⁾。岁暮天地闭⁽¹²⁾，阴风生破村。夜深烟火尽，霰雪白纷纷⁽¹³⁾。幼者形不蔽，老者体无温。悲喘与寒气⁽¹⁴⁾，并入鼻中辛。昨日输残税⁽¹⁵⁾，因窥官库门。缯帛如山积⁽¹⁶⁾，丝絮似云屯。号为羡余物⁽¹⁷⁾，随月献至尊。夺我身上暖，买尔眼前恩。进入琼林库⁽¹⁸⁾，岁久化为尘！

【毛泽东圈评等情况】

　　毛泽东在读清沈德潜编选《唐诗别裁集》卷三"五言古诗"时圈阅的《秦中吟十首》中有这首诗。

　　　　[参考]中央档案馆整理：《毛泽东评点诗词曲精选（上册）》，
　　　　　　中国档案出版社 1998 年版，第 124 页。

【注释】

（1）厚地，指大地。语本《后汉书·仲长统传》："当君子困贱之时，踢高天，蹐厚地，犹恐有镇厌之祸也。"济生民，养活老百姓。济，此处是供生活之需的意思。用，一作"要"。

（2）理布帛，纺织成布帛。唐人避高宗李治的名讳，用"理"字代替"治"字。

（3）身外，指自己生活必需之外的布帛。征赋，一作"正赋"，主要的赋税。奉君亲，供奉给皇帝。

（4）两税，唐玄宗开元前，实行租（征谷）、庸（征役）、调（征布）的税法。德宗建中元年（780），采用宰相杨炎的建议，合三为二，全以钱纳税，为夏秋两季征收，即"两税法"

（5）厥初，其初、开始。淫，淫滥过度，这里指滥增税目税额。敕，皇帝的诏书。明敕，皇帝明白地规定。内外臣，内臣指朝官，外臣指地方官。

（6）枉法，违法。

（7）因循，这里指沿循旧制度，仍在两税定额之外勒索实物。

（8）浚（jùn），一作"役"，本义是煎，引申为压榨的意思。《国语·晋语》："浚民之膏脂以实之。"求宠，求得统治者的恩宠。

（9）缲丝，抽茧出丝。

（10）里胥，里正。唐制一百户为一里，设里正，掌管督察、追纳赋税。

（11）逡巡，徘徊不前。

（12）天地闭，这是古人对自然现象的不科学解释。《礼记·月令》："孟冬之月……天气上腾，地气下降，天地不通，闭塞而成冬。"

（13）霰（xiàn），雪珠。

（14）悲喘，使人悲伤喘息。一作"悲端"，悲绪。一作"悲啼"。

（15）残税，交纳未毕的租税余额。一作"余税"。

（16）缯帛，丝织品的总称。

（17）羡余，赋税的盈余部分。贞元中，盐铁使以盐铁税收买珍玩新物贡献给皇帝买宠，以求恩泽。其后益甚，岁进钱物名曰"羡余"。而经入益少，及贞元末，遂月献焉，谓之"月进"。

（18）琼林库，唐德宗曾在奉天（今陕西乾县）置琼林、大盈两个私库，私藏贡物备用（见《旧唐书·陆贽传》）。

【赏析】

本诗是《秦中吟》十首组诗中的第二首。诗以第一人称的口吻，揭露了贪吏借税买宠，农民赋重难挨的现实，讽刺了当权者的无耻贪婪，对广大人民的苦难生活寄寓了深切的同情。

此诗一作《无名税》。德宗皇帝为供宫廷享乐挥霍之用，除国库之外，在奉天行在庑下，置琼林、大盈二私库，另藏群臣贡奉之物。《文献通考》卷二十二《土贡》云："德宗既平朱泚之后，属意聚敛，藩镇常赋之外，进奉不已。剑南西川节度使韦皋有'日进'，江西观察李兼有'月进'，他如杜亚、刘赞、王纬、李锜，皆徼射恩泽，以常赋入贡，名为'羡余'，至代易又有进奉。户部财物，所在州府及巡院，皆得擅留，或矫密旨加敛，或减刻吏禄，或贩鬻蔬果，往往私自入，所进才十二三，无敢闻者。刺史及幕僚至以进奉得迁官。"本诗即据此而发。

诗开头六句，言缴纳赋税的缘由。诗人从大处着笔，先从人们休养生息的大道理说起：大地上种植桑麻，就是要供百姓生活之所需。百姓制作布帛，所要求的仅是"活一身"。一身生活所需之外的财物，才可充作赋税，供奉君亲用度。"身外"二字，极有深意，诗人认为百姓制造的物质资料，首先应满足自身的生活，剩余部分方可充作赋税。而现实社会却恰恰相反。

"国家定两税"以下十四句，明写贪官污吏目无王法，横征暴敛。唐代开元之前，剥削人民的制度是用"租（粮谷）、庸（力役）、调（布帛）法"，唐玄宗开元后因户籍废坏，户口田产都无法查核，从德宗建中元年（780）起改行"两税"法，即将三者合并而统收钱帛，一年分夏秋两次征取。其本意是为了保护百姓利益，曾明令诏敕上下官员："自艰难以来，征赋名目颇多，今后除两税外，辄率一钱，以枉法论。"（见《旧唐书·德宗本纪》）但那些贪婪的官吏却置若罔闻。榨取我"身内"之物，以博取最高统治者的欢心，横索暴敛，不仅仅是夏秋两税，甚至"织绢未成匹，缲丝未盈斤"，里胥就逼迫交纳，不允许有一刻的迟疑。

　　"岁暮天地闭"以下八句，写百姓输纳赋税以后，穷困悲苦之惨状。村落残破，烟火不继；孩子衣衫破损，不蔽形体；老人生活无着，体不保温。特别在岁暮之严冬，阴风呼啸，霰雪飞舞之际，更是"悲喘与寒气，并入鼻中辛"。本来辛苦劳作一年的百姓，到了年终，应该享受自己的劳动果实，安心温饱地度过冬季，以迎接来年的春耕春种；可是竟被官吏盘剥、"重赋"压榨得无法活命了。诗人在字里行间流露出对劳动人民的无限同情，对贪官污吏的无限憎恨！这一节关于寒冬自然景物的描写，对于展现百姓的生活背景，渲染烘托百姓穷苦悲辛，起着重要作用。

　　最后十句，诗人笔锋一转，揭露出一个触目惊心的事实：就在广大农村村落残破，数九寒天阴风怒号，百姓老幼衣不蔽体的情况下，而官府的府库中，却"缯帛如山积，丝絮似云屯"，并且这"缯帛"与"丝絮"，都是从老百姓那里搜刮而来，作为正税以外的"羡余"之物，逐年逐月奉纳给"至尊"的。写到这里，诗人已无法遏止其满腔怒火，于是愤怒地斥责道："夺我身上暖，买尔眼前恩。进入琼林库，岁久化为尘！"

　　这首诗简直是一份控诉状，它以犀利的笔锋，以实录农人口语的第一人称的写法，于朴素的白描直叙之中，将下自穷凶极恶的贪官污吏，上至贪得无厌的皇帝老儿，盘剥百姓的种种罪恶行径历历道来，不遮不掩；其间又有巧妙的对照，气氛的渲染，从而使本诗具有较高的思想性和艺术性。（马宝记　王树林）

【原文】

秦中吟十首

其三　伤宅

　　谁家起甲第，朱门大道边[1]？丰屋中栉比[2]，高墙外回环。累累六七堂，檐宇相连延。一堂费百万，郁郁起青烟。洞房温且清，寒暑不能干[3]。高堂虚且迥，坐卧见南山[4]。绕廊紫藤架，夹砌红药栏[5]。攀枝摘樱桃，带花移牡丹。主人此中坐，十载为大官。厨有臭败肉,库有贯朽钱(6)。谁能将我语,问尔骨肉间(7)。岂无穷贱者,忍不救饥寒?如何奉一身,直欲保千年?不见马家宅,今作奉诚园(8)?

【毛泽东圈评等情况】

毛泽东在读清沈德潜编选《唐诗别裁集》卷三"五言古诗"中圈阅的《秦中吟十首》时有这首诗。

[参考]中央档案馆整理:《毛泽东评点诗词曲精选(上册)》,中国档案出版社1998年版,第124页。

【注释】

(1)甲第,最高等的大宅。古代皇帝赐给勋臣的住宅有甲乙等级,甲第是赐给封侯者住的。这里泛指显贵的住宅。朱门,封建社会对有功诸侯加以"九赐",其中之一是"其居处修理,房内不泄,赐以朱户以明其别"。朱门就是红色的大门。

(2)丰屋,高大的房子。栉(zhì)比,指像梳齿一样排列,稠密而有序。

(3)洞房,幽深的房子。温且清,冬暖夏凉。干,干扰。

(4)虚,宽敞。迥(jiǒng),远。南山,即终南山。

(5)砌(qì),台阶。红药栏,种满芍药的花栏。

(6)贯朽钱,古铜钱中间有孔,每一千钱穿绳为一贯。此句是说富贵人家钱多得连绳串都烂了。贯,串钱用的绳子。

(7)将我语,传达我的话。尔,你,指甲第的主人。骨肉,此指父老乡亲。

(8)马家宅,指德宗时名将马燧的宅第。奉诚园,马燧死后,其子马畅继承宅第,马畅以宅中大杏送给宦官窦文场,窦转进德宗,德宗未尝见,颇怪畅,因令中使封其树。畅惧,进宅,改为"奉诚园"(《旧唐书·马燧传》)。

【赏析】

本篇是《秦中吟》第三首,《才调集》作《伤大宅》。所谓"伤宅"或"伤大宅"是指作者有感于当时官僚贵族竞相建造宅第而引起的愤慨、忧伤。据《旧唐书·马璘传》载："天宝中，贵戚勋家，已务奢靡，而垣屋犹存制度……及安史大乱之后，法度隳弛，内臣戎帅，竞务奢豪，亭馆第宅，力穷乃止，时谓'木妖'。璘之第，经始中堂，费钱二十万贯，他室降等无几。及璘卒于军，子第护丧归京师，士庶观其中堂，或假称故吏，争往赴吊者数百人。德宗在东宫，宿闻其事；及践祚，条举格令，第宅不得逾制；乃诏毁璘中堂及内官刘忠翼之第，璘之家园，进属官司。"之后不久，马燧的第宅也以豪奢闻名。白居易此诗即是有感于这种情况而进行的讽喻。

作品一开始就以突兀的词句提出问题："谁家起第宅，朱门大道边？"然却问而不答，而就其所见的屋宇外观进行描绘：鳞次栉比的高楼大厦，回环往复的高大围墙，高低起伏的殿堂楼阁，绵延不断的屋宇雕梁，确实非同一般，气派不凡。至此，作者意犹未足，"一堂费百万，郁郁起青烟"二句，既突出了造价的昂贵，又再次表现了其高大，高得足以上接云天。这是第一层，从外观极力渲染宅第的宏伟高大。

外观如此，内视如何呢？第二层作者从宅内描写。"洞房"，指幽深如洞的房屋。"温且清"，指冬暖夏凉。"干"，打扰。室内四季如春，所以寒来暑往毫无影响。坐在如此宽敞而高爽的殿堂之中，可以直视终南山的无限风光。而室外更是景色宜人：紫藤绕廊，芍药夹道，樱桃滴露，牡丹争春。赏心悦目，无异人间仙境；草芳花馨，胜似武陵桃源。

作者在尽情描述了室外殿内的气势、豪华之后，才回答了篇首提出的问题，原来主人就坐在室内，他之所以会有如此庞大非常的宅第，是因为"十载为大官"，不言而喻，这些侈奢享受全是"为大官"时从民间搜刮来的。白居易极善于用突兀陡转而不加任何议论的手法客观地突出主题，这里正是如此，不作任何说明，只用一句"十载为大官"便把所有谜底全部揭开，使作品显得更有力度。"厨有臭败肉，库有贯朽钱"，是对"十载为大官"的进一步揭示，有了十年官宦的积敛，肉臭贯朽也就不足为奇了。

第二层是作品的主旨所在，所谓"伤宅"之"伤"在这一层中得到体现。正因为如此，所以作者希望能将话语转告为富不仁的宅第主人，民间饥寒交迫、民不聊生，请不要再这样穷奢极欲下去了。极尽奢华，也无非享受短短的一生。昔日辉煌富丽的马家宅园，不是已经被封为奉诚园了吗？

据元稹《奉诚园》诗"萧相深诚奉至尊，旧居求作奉诚园"自注："奉诚园，马司徒旧宅。"马司徒，即马燧，唐德宗时名将，封北平郡王。《桂苑丛谈》曰："马畅（按：燧子）以第中大杏馈中人窦文场，文场以进德宗，德宗未尝见，颇怪畅，因令中使就封其树。畅惧，进宅，废为奉诚园。"白居易在此之意是希望建大宅者引以为戒，诗义劝多于讽。因此，在某种意义上，与其说是揭露批判，毋宁说是规讽劝诚。

艺术上，作品首先表现在寓讽于颂之中，表面上对高宅宏殿予以描述，实则是批评他们搜刮民脂民膏。其次，诗作结构谨严，先从外观，再向内里描写，最后点题见意，前后照应，突出重点。（马宝记　王树林）

【原文】

秦中吟十首
其四　伤宅

陋巷孤寒士，出门苦恓恓(1)。虽云志气高，岂免颜色低？平生同门友(2)，通籍在金闺(3)。曩者胶漆契(4)，迩来云雨睽(5)。正逢下朝归，轩骑五门西(6)。是时天久阴，三日雨凄凄。蹇驴避路立(7)，肥马当风嘶。回头望相识(8)，占道上沙堤(9)。昔年洛阳社(10)，贫贱相提携。今日长安道，对面隔云泥(11)。近日多如此，非君独惨悽。死生不变者，唯闻任与黎(12)。

【毛泽东圈评等情况】

毛泽东在读清沈德潜编选《唐诗别裁集》卷三"五言古诗"时圈阅的《秦中吟十首》中有这首诗。

[参考]中央档案馆整理：《毛泽东评点诗词曲精选（上册）》，中国档案出版社1998年版，第124页。

【注释】

（1）恓恓（qī），惶惶不安，凄凉。汉王充《论衡·指瑞》："圣人恓恓忱世，凤凰、骐骥亦宜率教。"恓，同"悽"。

（2）同门，同业受师，亦指同师受业者。《礼记·檀弓上》："吾离群而索居。"汉郑玄注："群，谓同门朋友也。"

（3）通籍，言在朝中有了名籍，可自由通行宫门。这里指初做官。金闺，即金马门，此指朝廷。

（4）曩（nǎng），从前。胶漆契，指彼此意气相投、亲密无间。

（5）迩，近。云雨，比喻恩泽。暌，合不来。

（6）五门，指皇宫。古代宫廷设有五门，由外而内为皋门、库门、雉门、应门、路门。

（7）蹇（jiǎn），跛足。

（8）望，一本作"忘"。

（9）沙堤，唐代专门为新任宰相铺筑的一条沙面大路，此特指区别于普通小路的官道。

（10）洛阳社，晋葛洪《抱朴子·杂应》："洛阳有道士董威辇，常止白社中，了不食，陈子叙共守事之，从学道。"后称退隐者所居为洛阳社。

（11）云泥，语出《后汉书·逸民传·矫慎》："吴苍遗书以观其志曰：'仲彦足下，勤处隐约，虽乘云行泥，栖宿不同，每有西风，何尝不叹！'"云在天，泥在地，后因用"云泥"比喻两物相去甚远，差别很大。

（12）任与黎，作者自注："任公叔、黎逢。"唐代任公叔与黎逢两人交谊很深。

【赏析】

本诗为《秦中吟》第四首，又作《伤苦节士》，《才调集》作《胶漆契》。诗歌通过世态炎凉、人情冷暖表现朋友之间因地位变化、贫富悬殊而造成的痛苦、忧伤，故名"伤友"。

开始四句为第一层。这几句写贫穷孤苦而居于陋巷者，因内心极度惶惑而走出门去，虽然说自己志向高远、气节耿介，但也难免显得孤苦、忧愁；与高官厚禄者相比，更是低微。作品从一开始就把问题提了出来，把志高而位卑者的愁思状态置于全诗首位，很自然地让读者提出"为什么如此"的问题，第二层才逐次详细回答。

"平生同门友"四句概括给予说明，原来主人公忧伤是因为同门好友成了朝廷要员，这样一来，过去情谊相投的朋友，如今形同路人，得到高官厚禄之后，竟然把患难朋友抛弃！友情全无，怎不令人伤心痛苦！"通籍"，谓在朝中已有了名籍，可以自由通行宫门。"金闺"，即金马门，此指朝廷。"睽"，违背，合不来。有了这几句概括叙述，读者已基本了解了原因，但作品又进一步给予具体说明。"正逢下朝归"八句即是事情发生的来龙去脉。正当朝中官僚下朝而出时，主人公看到昔日朋友乘坐车马出宫。这时正值阴云覆盖、小雨霏霏。此处的景物描写很好地衬托了主人公的思想活动，阴沉沉的天气，更加深了主人公内心的抑郁不平。"蹇驴避路立，肥马当风嘶"，同门好友相见，却全无昔日同甘共苦时的情真意切。相反，二人倒是尊卑分明，贫富迥然。一个骑着蹇驴避路站立，恭身退让，面无喜色，容颜枯槁；一个乘着肥马，迎风嘶鸣，雄姿英发，高傲异常，志满意得。驴马不同，主人自异。富贵者不屑一顾，傲然走上沙堤，贫寒者悔恨交加，黯然回归旧路。"沙堤"，是唐代专门为新任宰相铺筑的一条沙面大路，此特指区别于普通小路的官道。通过这一段同门之友的"会面"，作者把世情如纸薄的社会现实，非常形象地展现在读者面前。

"昔年洛阳社"八句是作者在回顾了与同门之友的交往情谊之后，就今昔对比所发表的议论。过去的"贫贱提携"，与今日的"对面云泥"相比，说明友情已经一去不返，留下的只有对过去的悲伤回忆与对现实的痛苦思索。"云泥"，云在天上，泥在地下，比喻相差极远。末四句是作者规劝主人公的话语，貌似看破红尘，超然物外，其实，它与作者的思想互为表里。所以，这些安慰劝诚之类的话，完全可以视为作者用以排遣胸中郁闷之语。

作品结构的安排有条有理，第一层先提出问题，第二层详细解答问题，第三层安慰劝诚。作者采用倒叙（回忆）的方法，使中心更加突出，尤其是第二层"路遇"一节通过对比，使作品回环往复，曲尽其妙，典型、准确、集中地表达了作者对生活的理解及其诗歌反映现实的理论主张。（马宝记 王树林）

【原文】

秦中吟十首
其五　不致仕

七十而致仕，礼法有明文。何乃贪荣贵，斯言如不闻？可怜八九十，齿堕双眸昏。朝露贪名利，夕阳忧子孙。挂冠顾翠缕[(1)]，悬车惜朱轮[(2)]。金章腰不胜[(3)]，伛偻入君门[(4)]。谁不爱富贵？谁不恋君恩？年高须告老，名遂合退身。少时共嗤笑[(5)]，晚岁多因循[(6)]。贤哉汉二疏[(7)]，彼独是何人！寂寞东门路[(8)]，无人继去尘。

【毛泽东圈评等情况】

毛泽东在读清沈德潜编选《唐诗别裁集》卷三"五言古诗"时圈阅的《秦中吟十首》中有这首诗。

[参考] 中央档案馆整理：《毛泽东评点诗词曲精选（上册）》，中国档案出版社 1998 年版，第 124 页。

【注释】

（1）挂冠，挂起官帽，表示辞官不干。顾，顾惜。缕（ruí），一作"缨"，古代冠带结在下巴下面的下垂部分。

（2）悬车，吊起车子，表示辞官家居。古人一般至七十岁辞官家居，废车不用，故云。汉班固《白虎通·致仕》："臣年七十悬车致仕者，臣以执事趋走为职，七十阳道极，耳目不聪明，跛踦之属，是以退去避贤者……悬车，示不用也。"

（3）金章，指古代高级官员的官服标志。唐制：三品以上赐佩金鱼袋，五品以下佩金腰带。腰不胜，指腰直不起来。

（4）伛偻（yǔ lǚ），驼背。

（5）嗤（chī）笑，讥笑。

（6）因循，疏懒，怠惰，闲散。

（7）二疏，指疏广、疏受叔侄，在汉宣帝时分别任皇太子的太傅和

少傅，朝廷以为荣。居官五年两人一起告退。告退时沿途人称赞："贤者二大夫。"（《汉书·疏广传》）

（8）东门路，指长安东都门外道路。二疏告退时，公卿大夫和乡人在这条路上为他们饯行。

【赏析】

此诗是《秦中吟》第五首，《才调集》作《合致仕》。作品针对唐代大官僚年迈而贪恋功名利禄的现象进行嘲讽与批判。

开篇四句即以礼法之旧有规矩质问这些贪心不足者。"致仕"，又作致事，指辞却官职。《礼记·曲礼上》曰："大夫七十而致仕。"所以本诗说"礼法有明文"。尽管如此，但这些人仍居尊占荣，不肯离位，对于礼法规矩装聋作哑。那么，结果如何呢？

"可怜八九十"八句把这些人的丑态及内心潜在意识剖析得淋漓尽致。八九十岁了，可怜巴巴，齿落目昏，气力全无，连小小的金章也无力佩戴，终日弯腰驼背进出宫门。尽管他们像朝露一样转瞬即逝，像夕阳一样日薄西山、余日无多，可是仍然贪图名利，为子子孙孙忧苦嗟怨。想挂冠而去，悬车而归，但又顾惜翠绶，迷恋朱轮，担心安富尊荣的日子一去不返。这些细微入神的描写，辛辣地嘲讽了剥削阶级贪恋寄生生活的丑恶心迹。

"谁不爱富贵"十句，是作者针对这种现象所发表的议论。人人都欲富贵，人人都恋君恩，但是人的能力是有限的，体力、才智并非取之不尽、用之不竭。所以年高告老、名成身退，是自知之明的表现，而不该明知力竭智穷还要执迷不悟。更何况，这些人年轻时共同嗤笑别人老不致仕，发苍苍视茫茫却仍居官不放。到了现在自己年老了却仍因循老路，重蹈覆辙！这就更加说明了这些人的目的无非是想多享受穷奢极欲的生活，而丝毫不为社稷民生着想。因此，他们不仅极为可怜，也更加可恶！"贤哉"四句是作者针对昔日贤者致仕的规矩而今充耳不闻所发的感叹。"二疏"，汉宣帝时名臣疏广与侄子疏受，广为太傅，受为少傅，二人同时以年老乞求归乡，时人贤之。归乡之日，送行者车数百辆，并于东都门外祖道（为出行者祭祀路神，并饮宴送行）、供张（供帐，陈设供宴会用的帷帐、用具、饮食等物）。今昔对比，作者感慨良多，只有你们二疏是甘愿舍弃富贵者；现在的东都门外冷清寂寞，再也没有那样热闹隆重的场面了，再也无人步你们的后尘了！哀叹伤悲之音痛心疾首。

本诗在表现老而贪恋富贵者的心理活动方面极为成功，如"贪""忧""顾""惜"等动词细腻地刻画了他们的心态，同时"齿堕双眸昏""金章腰不胜""伛偻入君门"等描写也非常形象。（马宝记　王树林）

【原文】

秦中吟十首
其六　立碑

勋德既下衰，文章亦陵夷[1]。但见山中石，立作路旁碑。铭勋悉太公[2]，叙德皆仲尼[3]。复以多为贵，千言直万赀[4]。为文彼何人？想见下笔时。但欲愚者悦，不思贤者嗤[5]。岂独贤者嗤，仍传后代疑。古石苍苔字，安知是愧词[6]？我闻望江县[7]，麹令抚茕嫠[8]。在官有仁政，名不闻京师。身殁欲归葬，百姓遮路歧。攀辕不得归[9]，留葬此江湄[10]。至今道其名，男女皆涕垂。无人立碑碣[11]，唯有邑人知[12]。

【毛泽东圈评等情况】

毛泽东在读清沈德潜编选《唐诗别裁集》卷三"五言古诗"时圈阅的《秦中吟十首》中有这首诗。

[参考] 中央档案馆整理：《毛泽东评点诗词曲精选（上册）》，中国档案出版社 1998 年版，第 124 页。

【注释】

（1）勋德，文章，暗用《左传》："太上有立德，其次有立功，其次有立言：虽久不废，此之谓不朽。"陵夷，如丘陵之变为平地，含有文风衰颓之意。

（2）铭勋，记功勋。太公，指吕尚，辅佐周武王灭商有功，封于齐，有太公之称，俗称姜太公。

（3）仲尼，孔子的字。孔子名丘，春秋鲁国人，儒家学派的创始人。

（4）直，通"值"。赀，通"资"，钱财。

（5）嗤（chī），讥笑。

（6）安知，怎么知道。愧词，在碑文中替人家乱吹捧而感到内心有愧。愧，一本作"媿"，惭愧。

（7）望江，今安徽望江。

（8）鞠（qū）令，姓鞠的县令。诗人自注："鞠令名信陵。"抚，抚恤，照顾。茕（qióng），鳏夫。嫠（lí），寡妇。

（9）攀辕，拉着车（灵车）的辕。归，一本作"去"。

（10）江湄，江边。

（11）碑碣，方的为碑，圆的称碣。隋唐制度，凡五品以上的官立碑，七品以上立碣。清沈德潜《唐诗别裁集》此诗尾注云："鞠信陵，吴县西洞庭山人。"

（12）邑人，同县的人。邑，县。

【赏析】

《立碑》是《秦中吟》第六首，《才调集》题为《古碑》。诗作针对汉代以后形成、至唐代大盛的"谀墓"之风进行讽喻。汉代以后，遇有达官显贵死亡，其子孙便为之立碑作颂，夸耀门阀，歌其功德，实际上大多名不副实。到唐代，这种情况更甚，如《唐语林》曰："……近代碑碣稍众，有力之家，多辇金帛以祈作者，虽人子罔极之心，顺情虚饰，遂成风俗。"这种风俗，直接培植了一部分"谀墓"文人，如蔡邕、韩愈等。与此相对，则是一些真正值得树碑立传的中下层官僚，死后却寂然无声，甚至连名字也无人知晓。本诗即有感于此种社会现实而发。

全诗分两部分，从开始到"安知是愧词"为第一部分，直刺有碑有文而无德无政者。首二句暗用《左传·襄公二十四年》语："太上有立德，其次有立功，其次有立言：虽久不废，此之谓不朽。"古代是德、功、言俱备，而今天则是勋德下衰，文章陵夷，三者无一。所以才"但见山中石，立作路旁碑"，虚妄夸饰，无所不能。所刻铭文皆如姜太公那样的功劳，所叙德行全似孔夫子那样的典范，无不如此，千篇一律，失去了树碑立传的本来意义。再加上谀墓文人在为贵族亡灵称功颂德时，往往有丰厚的报酬，所以他们便极尽阿谀奉承之能事，肆意推崇。这就造成了"文章陵夷"的事实。"为文"四句写谀墓作者在为死者吹捧时的动机。下笔之时，完全是为了"愚者（立碑者）"的意愿，而不想其文是否合乎事实，也不想其文将受到有识之士的嘲笑。"岂独"四句紧承上意，说明不但贤者嗤笑，正因为言过其实，过于完美无缺，所以即便是不了解实情的后来人，也会因而怀疑其真实性。他们怎么也不会想到，长满苍绿苔藓而传至后代的石碑古字，原来是不切实际的羞愧之词！

　　第二部分从"我闻望江县"至结尾。针对有碑有文而无德无政的现象，颂扬有德有政却无碑无文的下层官僚，并为之深抱不平。麹令，即舒州望江县令麹信陵，德政俱佳。《容斋五笔·书麹信陵事》曰："信陵以正（贞）元元年鲍防（榜）下及第为第四人，以六年做望江令。读其《投石祝江》文云：'必也私欲之求，行于邑里，惨黩之政，施于黎元：令长之罪也！神得而诛之，岂可移于人而害其岁？'详味此言，其为政无愧于神天可见矣。"茕嫠即鳏寡。这几句意在说明，鞠令虽有惠政，但"名不闻京师"，有实而无名。"身殁"四句，极写为官一任、造福一方之麹令真正无愧于人民，因此，其死之日，百姓拥道而送，以至于攀辕而阻，使其不得归葬，最终被迫留下，葬于望江县长江之滨，永远陪伴望江县百姓。"至今"四句，写麹令对当地百姓之影响，正因其政绩卓越，才使今天的望江百姓提其名而涕泪横流。语句虽稍嫌夸张，但真实反映了望江人民对麹令的深切怀念。最后二句，作者把麹令有德政而无碑碣的现象与有碑无实者作对比，表现了作者对麹令遭遇的不平。

　　作品以截然相反的两种事实相互比较，一个是无德无行而有碑有文，一个却是有德有行而无碑无文。一方面批判讽刺了不务实际、专事邀名获利之徒，另一方面颂扬了政绩显赫、流惠百姓、万世称颂的廉洁奉公之士，并对后者寄予了深深同情。诗中用铺陈、夸张的手法，使恶者愈恶，正者更正，尤其是麹令归葬几句，写得尤其感人。（马宝记 王树林）

【原文】

秦中吟十首
其七 轻肥

意气骄满路⁽¹⁾，鞍马光照尘。借问何为者⁽²⁾？人称是内臣⁽³⁾。朱绂皆大夫⁽⁴⁾，紫绶悉将军⁽⁵⁾。夸赴中军宴⁽⁶⁾，走马去如云⁽⁷⁾。樽罍溢九酝⁽⁸⁾，水陆罗八珍⁽⁹⁾。果擘洞庭橘⁽¹⁰⁾，脍切天池鳞⁽¹¹⁾。食饱心自若，酒酣气益振。是岁江南旱，衢州人食人⁽¹²⁾！

【毛泽东圈评等情况】

毛泽东在读清沈德潜编选《唐诗别裁集》卷三"五言古诗"时圈阅的《秦中吟十首》中有这首诗。

[参考] 中央档案馆整理：《毛泽东评点诗词曲精选（上册）》，中国档案出版社1998年版，第124页。

【注释】

（1）意气，指意态神气。骄满路，言其行走间意气骄纵，好像把道路都"充满"了。极写目中无人。

（2）何为者，干什么的。

（3）内臣，皇帝的左右近臣，此指宦官。

（4）朱绂（fú），系印的丝带，此指大夫穿的红色朝服。《文选》曹植《求自试表》"俯愧朱绂"，李善注："《礼记》曰：'诸侯佩山玄玉而朱组绶。'《仓颉篇》曰：'绂，绶也'。"唐制三品以上服紫，四五品以上服绯。

（5）紫绶，系印的紫色丝带。悉，皆，一作"或"。

（6）中军，京师的军队。一作"军中"。

（7）走马，跑马。去，一作"疾"。

（8）樽罍（léi），两种古代盛酒的器具，即酒壶和酒瓶。九酝（yùn），美酒名。《西京杂记》卷一："以正月旦作酒，八月成，名曰酎，一名九酝。"

（9）水陆，指水陆所产的各种珍贵食物。八珍，八种珍贵食品。俗以熊掌、豹胎、狸唇、龙肝、凤髓、鲤尾、鸮炙、酥酪蝉为八珍，说法不一。

（10）擘（bāi），剖，分开。洞庭橘，江苏太湖洞庭山产橘，质好，熟得早。

（11）脍（kuài），切细的鱼肉。天池鳞，指天池所产鱼。天池，海的别称。《庄子·逍遥游》："南冥者，天池也。"皇甫谧《释劝》："浴天池以濯鳞。"

（12）衢（qú）州，唐代州名，治所在信安（今浙江衢州）。

【赏析】

本篇为《秦中吟》第七首，《才调集》作《江南旱》。"轻肥"本出《论语·雍也》："赤之适齐也，乘肥马，衣轻裘。"杜甫《秋兴八首》也有"同学少年多不贱，五陵裘马自轻肥"之句。因此，"轻肥"常用来比喻达官显贵及其阔绰、豪奢的生活。

本篇一开始就推出了一个大大的特写镜头：贵族气焰嚣张，骄横跋扈，不可一世。这两句一方面是说贵族意气昂扬，唯我独尊，所行之处，威仪赫赫，一路长驱，威风八面。另一方面，是说人物非一，聚众而行，珠光宝气，相互映照，光耀尘寰。有了这个特写做铺垫，次四句一问一答，顺理成章。原来是内臣（宦官）外出，果然气度不凡。绂、绶都是官僚系印或佩玉的丝织绳带，颜色因官级而不同。据《旧唐书·舆服志》："亲王缥朱绶，四彩……一品绿绲绶，四彩；……二品、三品紫绶，三彩。"四品以下依次为青绶、黑绶。由此可见，原来这些宦官非朱即紫，掌握军政大权，难怪他们气骄满路，鞍马照尘。"夸赴"二句写这些宦官要员外出不是处理军政大事而是赴宴，他们成群结队，飞马而去。这是第一层，写宦官们外出赴宴途中所显示出来的威势。

"樽罍"六句为第二层，具体写宴会之珍贵丰盛，全用细节描写。酒杯中溢满美酒，水陆奇味珍肴齐全，洞庭橘果、天池鱼脍，应有尽有，无不毕备。通过这些集中的细节描写，充分体现了这些宦官的骄奢淫逸的生活。酒足饭饱之后又怎样呢？他们是"心自若，气益振"，既照应了开首嚣张的气焰，又突出了他们极力挥霍之后心安理得的状态。

"是岁江南旱，衢州人食人"是最后一层，紧承宦官们极其奢华的生活，悲愤而客观地描述了与他们享乐奢侈的生活完全相反的民间灾难。一边是吃尽山珍海味，食饱酒酣，意气自若；而另一边却是江南大旱，民不聊生，以至于人人相食，惨不忍闻！这种客观现实的对比，使大旱之年的官民生活形成强烈对照，一欢一悲，一穷一奢，深化了作品的主题，突出了作品所具有的批判意义。

艺术上，其突出的手法就是对比，通过客观的描写，不作任何议论说明，让这么一种残酷不平的社会现实自然地打动读者的内心，让读者去品评、回味，形成强烈的艺术感染力。其次，作品采用细节进行传神描写，通过能达到最佳效果的动作及字、词来加强感染力量，如"满""皆""恶""走""如云""溢""自若""益"等，用这种特写手法给读者以更为深刻的印象。另外，作品开门见山，空中起步，以显其"猛"；接着是客观描述，实地落脚，以状其"实"；结尾是凌空一跃，陡然作结，以抒其"愤"。因此，本篇在白居易现实主义诗作中极具代表性。（马宝记　王树林）

【原文】

秦中吟十首
其八　五弦

清歌且罢唱(1)，红袂亦停舞(2)。赵叟抱五弦(3)，宛转当胸抚(4)。大声粗若散，飒飒风和雨(5)。小声细欲绝，切切鬼神语(6)。又如鹊报喜，转作猿啼苦。十指无定音，颠倒宫商羽(7)。坐客闻此声，形神若无主。行客闻此声，驻足不能举。嗟嗟俗人耳(8)，好今不好古。所以北窗琴(9)，日日生尘土。

【毛泽东圈评等情况】

毛泽东在读清沈德潜编选《唐诗别裁集》卷三"五言古诗"时圈阅的《秦中吟十首》中有这首诗。

[参考]中央档案馆整理：《毛泽东评点诗词曲精选（上册）》，
中国档案出版社1998年版，第124页。

【注释】

（1）清歌，不用乐器伴奏的歌唱。汉张衡《思玄赋》："双才悲于不纳兮，并咏诗而清歌。"

（2）红袂（mèi），红袖。袂，衣袖。

（3）五弦，亦作"五绞"，古代乐器名。《韩非子·外储说左上》："昔者舜鼓五，歌《南风》之诗而天下治。"《新唐书·礼乐志十一》："五绞如琵琶而小，北国所出，旧以木拨弹，乐工裴神符初以手弹。"

（4）宛转，形容声音抑扬动听。

（5）飒飒，象声词。《楚辞·九歌·山鬼》："风飒飒兮木萧萧，思公子兮徒离忧。"

（6）切切，象声词。形容声音轻细。《诗经·桧风·素冠》："我心蕴结兮。"毛传："授琴而弦，切切而哀作。"

（7）宫商羽，借指古代的五声音阶。五声为宫、商、角、徵、羽。

（8）嗟嗟，叹息声。

（9）北窗，语出晋陶潜《与子俨等疏》："常言：五六月中，北窗下卧，遇凉风暂至，自谓是羲皇上人。"抒写了陶然自乐的隐逸情趣，后用作吟咏隐逸生活的典故。

【赏析】

《五弦》是《秦中吟》第八首，《才调集》作《五弦琴》。其内容主要是通过诗歌这种艺术手法，再现音乐的奇妙效果，同时，与其标榜、学习古乐府一致，要求人们继承古典精华，实际上这是为其古乐府运动呐喊。但是，作品并非单纯地进行说教，而是通过形象、故事来表现。

本篇一开始，从歌停舞终写起，清歌罢唱，红袂停舞，慢慢推出赵叟抱琴出场，并当胸抚弹。这正如电影的序幕，人物一出场时是全场静穆异常，都在静静等待下一个更好的节目。果然，老翁的弹奏精妙异常：琴声突来如飒飒风雨，遮天盖地，气势汹涌，转瞬间浅斟低酌，如鬼似神，切切私语；一会儿又如喜鹊报喜，一会儿转如猿啼苦。"十指无定音，颠倒宫商羽"，又通过这种弹奏的动作对音乐效果加以补充、完善，使老翁的弹奏显得更加真实、形象更加丰富，艺术力量更加感人。

光有文字的表述还不足以显示老翁的绝妙技巧及音乐的奇异力量。因此，作者从另外一个角度——听众的反应来加强这种音乐效果："坐客闻此声，形神若无主；行客闻此声，驻足不能举"，音乐已深深地吸引了听众，使他们沉浸在如醉如痴当中，尽情享受，甚至连过往客人闻听此声也驻足不前，凝神倾听。这些出神入化、奇妙无穷的音乐描写，使本诗取得了极高的成就，与《琵琶行》中的音乐描写，同样具有高的艺术价值。

诗作结尾四句，采用了"卒章显志"的手法。作者认为，虽老翁所弹古曲异常奇妙，但是，今之俗人却不谙古曲，所以这种有无穷力量的古乐不能得以充分发扬，那架北窗之下的五弦琴，也只好年长日久，堆满尘土，冷落一旁。

本篇的主要艺术成就是对音乐的奇妙描写，以及在音乐描写中所使用的比喻、衬托等手法，尤其是"坐客"四句对听众的描写，从侧面衬托，用以宾形主的方法展示了音乐的奇妙力量。（王树林　马宝记）

【原文】

秦中吟十首

其九　歌舞

秦城岁云暮⁽¹⁾，大雪满皇州⁽²⁾。雪中退朝者⁽³⁾，朱紫尽王侯⁽⁴⁾。
贵有风云兴⁽⁵⁾，富无饥寒忧。所营唯第宅，所务在追游⁽⁶⁾。朱轮车马客⁽⁷⁾，红烛歌舞楼。欢酣促密坐，醉暖脱重裘⁽⁸⁾。秋官为主人⁽⁹⁾，廷尉居上头⁽¹⁰⁾。日中为一乐，夜半不能休。岂知阌乡狱⁽¹¹⁾，中有冻死囚！

【毛泽东圈评等情况】

毛泽东在读清沈德潜编选《唐诗别裁集》卷三"五言古诗"时圈阅的《秦中吟十首》中有这首诗。

[参考] 中央档案馆整理：《毛泽东评点诗词曲精选（上册）》，中国档案出版社 1998 年版，第 124 页。

【注释】

（1）秦城，指京都长安城。因长安战国时属秦地，故称。岁云暮，岁暮，年底。云，语助词。

（2）皇州，封建时代指皇帝所在的京城。此处即长安。

（3）退朝者，指上朝朝见皇帝回来的人。

（4）朱紫，朱绂、紫绶。公侯，公爵，侯爵。泛指大官。

（5）风云兴，一作"风雪兴"。

（6）追游，追逐遨游，恣为荒唐之事。

（7）朱轮，车轮涂上红色，贵官乘朱轮者。朱轮，一作"朱门"。

（8）重（chóng）裘，好几件皮衣。

（9）秋官，指刑部官员，掌刑法。唐光宅元年（684）曾改刑部为秋官，沿用周代名称。

（10）廷尉，秦、汉时管刑狱审判的官员。唐代相当的官为大理寺卿、少卿。《新唐书·百官志三》："大理寺：卿一人，从三品；少卿二人，从五品下：掌折狱详刑。"居上头，坐在首席上。

（11）阌（wén）乡，古县名，其他在今河南灵宝西北部。

【赏析】

本篇为《秦中吟》第九首，《才调集》作《伤阌乡县囚》。阌乡，在河南灵宝西北阌乡镇。作品从都城岁末、大雪纷飞，王公大臣"退朝"之后写起，重点写他们的"歌舞""欢饮"，将歌台舞榭、朝夕欢宴与狱囚冻死作对比，揭露统治者的享乐腐化生活。

开始二句，以时令起笔，点明时间、地点、季节：都城岁末，大雪纷飞。这是全诗的背景。以下对公侯欢宴、狱中死囚的描写，都是在这样的条件下发生的，所以有提纲挈领的作用。"雪中"六句，点明退朝王公，风云际会，逸兴满怀，披红戴紫，饥寒无忧。他们所过的生活完全是无忧无虑的富贵生活，他们所致力追求的，不是关心民生疾苦，而是营建高宅大院，整日优游逸乐，醉生梦死。这几句为下面的歌舞欢宴做好了铺垫。

"朱轮"八句，具体、详细地描述了这些王公大臣奢侈享乐的生活。朱轮，汉代规定，公、列侯、二千石以上官爵得乘朱轮车。这些高官厚禄者在红烛歌舞中尽情享受，酒酣耳热之际将裘皮大衣脱去，再现了他们极度纵情狂欢的场景。"秋官"，指刑部官员，专掌刑法。唐武后光宅元年（684）曾将刑部改称秋官。"廷尉"，秦汉时管刑狱审判之官，唐代同职则名为大理寺卿、少卿。《新唐书·百官志三》："大理寺：卿一人，从三品；少卿二人，从五品下：掌折狱详刑。"这两句是说，在此歌舞酒宴中，身份地位最高的是秋官与廷尉。他们"日中为一乐，夜半不能休"，从中午开始欢宴，直到半夜还不能停止，可见这些官僚花天酒地到何种程度！作者之所以将这首诗题名为"歌舞"，意在渲染他们不顾民间生计、极力纵欲淫乐的丑恶腐化行为。如果诗歌到此为止，那么，也就无非是说明他们有这种生活，最多可以说过于奢华。而作品最后两句使作品的意义得到升华，加强了作品的震撼力量，"岂知阌乡狱，中有冻死囚"，在达官贵人纵情淫乐时，难道不知道在阌乡的大狱内，囚徒正在挨冻，甚至被冻死了吗？两相对比，取得了强烈的艺术效果。作者写末二句诗是有根据的，其《奏阌乡县禁囚状》曰："县狱中有囚十数人，并积年禁系，其妻儿皆乞于道路，以供狱粮；其中有身禁多年、妻已改嫁者，身死狱中，取其男收禁者。云是度支转运下，囚禁在县狱，欠负官物，无可填陪（赔），一禁其身。虽死不放。""欠负官钱，诚合填纳，然以贫穷孤独，唯各一身，债无纳期，禁无休日，至使夫见（现）在而妻嫁，父已死而子囚。自古罪人，未闻此苦；行路见者，皆为痛伤。"在这样的背景下，这首诗反映了作者对下层人民疾苦的关心，及其对无视人民疾苦的官吏的强烈批判。（马宝记 王树林）

【原文】

秦中吟十首
其十 买花

帝城春欲暮⁽¹⁾，喧喧车马度⁽²⁾。共道牡丹时，相随买花去。贵贱无常价，酬直看花数⁽³⁾：灼灼百朵红⁽⁴⁾，戋戋五束素⁽⁵⁾。上张幄幕庇⁽⁶⁾，旁织笆篱护⁽⁷⁾。水洒复泥封，迁来色如故。家家习为俗，人人迷不悟。有一田舍翁⁽⁸⁾，偶来买花处。低头独长叹，此叹无人喻⁽⁹⁾：一丛深色花，十户中人赋⁽¹⁰⁾！

【毛泽东圈评等情况】

毛泽东在读清沈德潜编选《唐诗别裁集》卷三"五言古诗"时圈阅的《秦中吟十首》中有这首诗。

[参考]中央档案馆整理：《毛泽东评点诗词曲精选（上册）》，中国档案出版社 1998 年版，第 124 页。

【注释】

（1）帝城，指唐京城长安。春欲暮，春将尽。

（2）喧喧，声音嘈杂。度，经过。

（3）酬直，买花者给予价款。看花数，看花的品种易得与否而定。数，计算之意。

（4）灼灼（zhuó），鲜明之状。《诗经·周南·桃夭》："桃之夭夭，灼灼其华。"

（5）戋戋（jiān），众多委积的样子。素，精细洁白的绢。语本《易经·贲卦》"束帛戋戋"，形容众多。

（6）幄幕，帐幕。《左传·昭公十三年》："子产以幄幕九张行。"杜预注："幄幕，军旅之帐。"庇，护。

（7）笆篱，即篱笆。

（8）田舍翁，指老农。

（9）喻，知道，理解。

（10）中人，中等人家。赋，赋税。唐代赋税制度按百姓家产多少分为上户、中户、下户。

【赏析】

《买花》是《秦中吟》最后一首，《才调集》作《牡丹》。作品通过长安街头贵族官僚花巨款买牡丹的现象，反映了当时下层人民的贫困。据唐人李肇《国史补》载："京城贵游尚牡丹三十余年矣，每春暮，车马若狂，以不耽玩为耻；执金吾铺官围外寺观种以求利，一木有直数万者。"宋代钱易在《南部新书·丁》中亦云："长安三月十五日，两街看牡丹，奔走车马。慈恩寺、元果院牡丹先于诸牡丹半月开，太真院牡丹后诸牡丹半月开。"可见，本诗是有着深刻的社会背景的。

全诗分为三层，首四句写暮春时节贵族官僚车马喧闹，结伴买花。"贵贱无常价"等八句写花市所见所闻，详细描写了牡丹花的价格、花色的艳丽以及花主的精心保护等。花因品种、数目不一而价格迥异，整个花市显得光彩照人，热闹异常。正因花价昂贵，所以花束均以帷幕、笆篱（犹篱笆）相保护，小心翼翼，水洒泥封，所以移至花市仍然鲜艳如初。这几句通过花匠对花的精心护理的态度，来反衬当时长安京城贵族官僚对花的宠爱，并为下一层老翁的长叹作好铺垫。"家家"以下八句为第三层，因买花赏花成为京城官宦的一种时髦之举，所以各家各户无不如此。"家家习为俗，人人迷不悟"在此起到过渡作用，一方面概述前面内容，另一方面又为下文埋下伏笔。虽然在京城贵族看来习以为常，但在田舍翁看来，其价格之昂贵，足以抵上十户中等人家一年的赋税！贫富差距如此悬殊！劳动者一年辛苦所得的血汗钱，全部让这些贵族拿来挥霍浪费了，怎能不痛心疾首？作品在描写田舍翁时，用"偶来"一词，说明他不是常来，衣食不保，何以有此闲情逸致？同时用"独长叹"来表现老翁看到花价如此昂贵时的心理反应，有感叹，更有哀伤。

作者在本篇表现贫富不均的社会现实时，抓住老翁细微的心理反应，从小处着手，窥斑知豹，揭露了黑暗社会的残酷无情，又以老翁感叹作结，余味无穷，具有深刻的现实意义。（马宝记　王树林）

【原文】

放言五首　并序

元九在江陵时[(1)]，有《放言》长句诗五首，韵高而体律，意古而词新。予每咏之，甚觉有味；虽前辈深于诗者，未有此作，唯李颀有云[(2)]："济水自清河自浊，周公大圣接舆狂。"斯句近之矣。予出佐浔阳[(3)]，未届所任[(4)]，舟中多暇，江上独吟，因缀五篇[(5)]，以续其意耳[(6)]。

放言五首　其一

朝真暮伪何人辨[(7)]？古往今来底事无[(8)]？

但爱臧生能诈圣[(9)]，可知宁子解佯愚[(10)]？

草萤有耀终非火，荷露虽团岂是珠？

不取燔柴兼照乘[(11)]，可怜光彩亦何殊？

【毛泽东圈评等情况】

毛泽东曾圈点此诗。他在读一本平装《白香山集》时圈阅的《放言五首》中有这首诗。

[参考] 中央档案馆整理：《毛泽东评点诗词曲精选（上册）》，中国档案出版社1998年版，第124页。

【注释】

（1）元九，元稹，他被贬为江陵士曹参军，是在元和五年至元和九年。

（2）李颀（690—751），颍阳（今河南许昌附近）人，一说赵郡（今河北赵县）人。开元进士，曾任新乡县尉。所作边塞诗，风格豪放，七言歌行尤具特色。有《李颀诗集》。"济水"两句诗见于他的《杂兴》诗。济水，源出河南济源王屋山，其故道过黄河而南，东流入今山东境。河，黄河。周公，即姬旦。接舆，春秋楚隐士，佯狂不仕。《论语·微子》："楚狂接舆，歌而过孔子。"邢昺疏："接舆，楚人，姓陆名通，字接舆也。昭王时，政令无常，乃被发佯狂不仕，时人谓之'楚狂'也。"

（3）出佐浔阳，指作者元和十年（815）被贬为江州司马。

（4）未届所任，还没有到达任所。

（5）缀，撰写。

（6）以续其意，继元稹原作之意。

（7）辨，一本作"辩"。

（8）底事，何事。

（9）臧生，名纥，字武仲，春秋鲁国人，曾任司寇。诈圣，伪作圣人。

（10）宁子，名俞，字武子，卫国人。《论语·公冶长》："宁武子，邦有道，则智；邦无道，则愚。其智可及也，其愚不可及也。"解佯愚，懂得装傻。

（11）燔柴，烧柴。照乘，指"照乘珠"，据说珠光可照亮四匹马拉的车。

【赏析】

白居易的《放言五首》是一组政治抒情诗。据诗前序文可知，为白居易于唐宪宗元和十年（815）被贬赴江州途中所作。当年六月，诗人因上疏急请追捕刺杀宰相武元衡的凶手，遭到当权者的忌恨，被贬为江州司马。序中的元九，即作者的挚友元稹。元稹于元和五年（810）因得罪权贵被贬为江陵士曹参军。元稹的《放言五首》，即他被贬至江陵时发出的不平之鸣。白居易在贬官途中，风吹浪打，感慨万千，也写下了这组《放言五首》的政治抒情诗，无所顾忌地就社会人生的真伪、祸福、贵贱、贫富、生死诸问题纵抒己见，倾泻他对当时朝政的不满和对自身遭遇的愤懑不平，以与元稹的诗相和。

第一首是放言政治上的辨真伪，即当今所谓识别两面派问题的诗。

诗的首联"朝真暮伪何人辨？古往今来底事无？"单刀直入，指出有些人早上还装得俨然堂堂君子，晚上就暴露了虚伪的真面目，从古到今，什么样的"花招"没有出现过呢？这开头两句概括指出那些阳奉阴违者的两面派嘴脸是古今皆有、人莫能辨的。这里，两个反问句式的连用，加强了肯定语气，一开始就给读者以鲜明的印象，引起了人们的高度重视。

颔联"但爱臧生能诈圣，可知宁子解佯愚"两句，皆是在用典。"臧生"，即春秋时期的臧武仲，他曾以自己的封邑防地要挟国君，可表面上却装得无限忠诚，在当时的贵族中有"圣人"之称，孔子一针见血地斥之为奸诈之徒；"宁子"，即宁武子，他"邦有道则知（智），邦无道则愚（装痴）"（见《论语·公冶长》），孔子称赞他为乱世中的大智若愚者。这里，臧生奸而诈圣，宁子智而佯愚，两者性质完全不同，却形成了鲜明对比。然而，可悲的是世人只爱臧武仲式的假圣人，哪里晓得人世间还有宁武子那样装痴作傻的高贤呢？

颈联两句"草萤有耀终非火，荷露虽团岂是珠"都是在用比。草丛间的萤虫虽有光亮，可那毕竟不是火焰；荷叶上的露水虽呈球状，难道能说它是珍贵的明珠吗？然而，它们却偏偏能以闪光、晶莹的外观去骗人，人们又往往为这些假象所蒙蔽。

通过以上的反问、对比，提醒读者注意观察世间的复杂现实，再用两个比喻使人们如梦初醒，认识到看人待物应有全面的观点，不应被那些假象所迷惑。

正是在这个基础上，尾联紧承颈联之喻而明示辨伪之法。"不取燔柴兼照乘，可怜光彩亦何殊？""燔柴"，语出《礼记·祭法》："燔柴于泰坛。"这里用作名词，意为大火光焰；"照乘"，明珠也。这两句是说，倘若不用燔柴大火的光焰和照乘明珠的光彩作比较，又何从发现它们的区别呢？这是诗人提出的辨别真伪的重要方法。当然，如果昏聩到连燔柴照乘也茫然无识，比照也就失掉了依据，最后只有发出"可怜"的感叹了。

总之，这首诗通篇议论，却不使人感到乏味。诗人借助于形象，运用比喻，阐明哲理，把抽象的议论表现为具体的艺术形象，而且八句之中出现五次反问，似疑实断，以问为答，这种咄咄逼人的态势中，充满了愤懑不平之慨叹。全诗从头至尾，起伏跌宕，跳荡着无法遏止的激情，给读者以骨鲠在喉、一吐为快之感。联系诗人直言取祸之冤案，读者自会领悟到作者并非空发宏论，而是对当时黑暗政治的否定，是抒发内心忧愤的强烈的呐喊。（冯西乾）

【原文】

放言五首　其二

世途倚伏都是定⁽¹⁾，尘网牵缠卒未休。

祸福回还车转毂，荣枯反复手藏钩⁽²⁾。

龟灵未免刳肠患⁽³⁾，马失应无折足忧⁽⁴⁾。

不信君看弈棋者⁽⁵⁾，输赢须待局终头。

【毛泽东圈评等情况】

毛泽东曾圈点此诗。他在一本平装《白香山集》中圈阅的《放言五首并序》中有这首诗。

[参考] 中央档案馆整理：《毛泽东评点诗词曲精选（上册）》，中国档案出版社 1998 年版，第 124 页。

【注释】

（1）《老子》："祸兮福之所倚，福兮祸之所伏。"

（2）藏钩，古代的一种游戏。相传汉昭帝母亲钩弋（gōu yì）夫人少年手拳，入宫后武帝展其手，得一钩，后人作藏钩之戏。《艺经》："义阳腊日饮祭之后，叟妪儿童为藏钩之戏，分为二曹，以交胜负。"

（3）龟灵，谓灼龟甲占卜吉凶十分灵验。刳（kù），剖开并挖空。

（4）马失，即失马，塞翁失马之略语。语本《淮南子·人间训》："塞上之人有善术者，马无故亡而入胡，人皆吊之。其父曰：其何遽不为福乎？居数月，其马将胡骏马而归。"比喻祸福可以互相转化，坏事可能变成好事。

（5）弈（yì）棋，下棋。

【赏析】

这是一首放言人生际遇祸福荣辱在所难免，并阐述人应如何对待灾难的诗。

开头"世途倚伏都是定，尘网牵缠卒未休"，即是说明人生旅途福中有祸，祸中有福，它们都是相互依存、相互影响，相互转化的；人间的种种约束和羁绊总是像"尘网"一样牵连缠绕着。这些都是客观存在，而且永无休止，谁也逃脱不了。作这首诗的时候，白居易正值不惑之年，他大半生的坎坷经历使他对待人生的看法有了深切的体会，所以他毫不隐晦地用两个肯定判断提出了自己对"世途倚伏"的看法。

为了说明自己的看法，作者在三、四两句"祸福回还车转毂，荣枯反复手藏钩"中用两个比喻作了进一步阐发。人们的"祸福""荣枯"总是像"车转毂"那样转来转去，像"手藏钩"的游戏反而复始。"藏钩"，乃古代的一种游戏。相传汉昭帝的母亲钩弋夫人少年手拳，入宫后，汉武帝展其手，得一钩，后人作藏钩之戏。戏时人分两曹，每曹数人，钩藏一曹数人手中，令对方相猜；猜中又令对猜，反复无穷，以较胜负。这里，作者意在说明人间的祸福荣辱都是回环往复的，是任何人也逃避不了的。这样就把前边的"倚伏"有"定"和"牵缠"没"休"交代清楚了。

五、六句"龟灵未免刳肠患，马失应无折足忧"，是在进一步说明人们应该如何正确对待这些"福祸"与"荣枯"。诗人认为号称"四灵"（鳞、凤、龟、龙）之一的龟尚且避免不了"刳肠"之"患"，那么，我们即使遇到"马失"之祸也不应有折足之忧啊！他告诉我们，灾祸的到来是不以个人的意志为转移的，即使大难临头，我们也不应抑郁悲伤，怨天尤人，痛失转机。

诗写到这里道理已明，最后两句“不信君看弈棋者，输赢须待局终头”，用了设问的方法，提出问题，又用“弈棋者”的结局作了回答，言简意赅，干净利索。

这首诗把人间祸福荣辱这样复杂难解的问题，用短短的一首小诗，将几种修辞手法综合起来运用，使其观点鲜明，说理充分，周详明直，娓娓动人，具有很强的说服力。（冯西乾）

【原文】

放言五首　其三

赠君一法决狐疑⁽¹⁾，不用钻龟与祝蓍⁽²⁾。

试玉要烧三日满⁽³⁾，辨材须待七年期⁽⁴⁾。

周公恐惧流言日⁽⁵⁾，王莽谦恭未篡时⁽⁶⁾。

向使当初身便死⁽⁷⁾，一生真伪复谁知？

【毛泽东圈评等情况】

要奋斗到死，没有死就还没有达到永久奋斗的目标。从前有一首诗说：“周公恐惧流言日，王莽谦恭下士时，倘使当年身便死，一生真伪复谁知？”这在我们的历史学家那里叫做“盖棺论定”，就是说，人到死的时候，才能断定他是好是坏。假使周公在那个谣言流传的时候就死了，人家一定会加他一个“奸臣”的头衔；又若王莽在那个谦让卑恭的时候死了，那后世人一定会赞扬他的。不过我们现在不是讲历史，那两个人究竟孰好孰坏，我们不论，然而它说明了人只有到死，才可以论定他的功罪是非。我们说：永久奋斗，就是要奋斗到死。

[参考]毛泽东：《毛泽东文集》第二卷，人民出版社1993年版，第191页。

毛泽东在一本平装《白香山集》的《放言五首并序》的第三首上，对全诗用红笔画满了着重线。

1972 年，在批判林彪时，还引用了这首诗的后四句（周公恐惧流言日，王莽谦恭未篡时。向使当年身便死，一生真伪复谁知？），并以此说明：一个人错误的发展是有一定过程的，我们要认识一个人是真革命还是假革命也是有一定过程的。

[参考] 张贻玖：《毛泽东评点、圈阅的中国古典诗词》，
中国工人出版社 1992 年版，第 117 页。

【注释】

（1）狐疑，犹豫不决。

（2）钻龟与祝蓍（shī），古代占卜的两种办法。钻龟，指钻龟壳后看它的裂纹以卜吉凶。祝蓍，指用蓍草的茎来占卜。

（3）"试玉"句作者原注："真玉烧三日不热。"《淮南子·俶真训》："钟山之玉，炊以炉炭，三日三夜而色泽不变。"

（4）"辨材"句，作者原注："豫章木，生七年而后知。"《史记·司马相如列传》："其北则有阴林巨树楩柟豫章。"正义："豫，今之枕木也；章，今之樟木也。二木生至七年，枕樟乃可分别。"豫章，枕木和樟木。

（5）周公，名旦，周武王之弟，成王之叔。武王死，周公旦摄政，管、蔡、霍三叔作流言，说周公要篡位。周公避之，后成王悔悟，迎周公归。三叔叛乱，成王命周公平定东南。

（6）王莽，字巨君，前汉末孝元皇后之侄，封新都侯，为大司马、秉政。哀帝死，莽立平帝，以己女为皇后，独揽朝政，号"安汉公"；旋弑平帝，立孺子婴，摄政；不久篡位自立，改国号"新"。后为刘秀所败。《汉书·王莽传》："（莽）爵位益尊，节操愈谦。散舆马衣裘，振施宾客，家无所余。收赡名士，交结将相卿大夫甚众。……欲令名誉过前人，遂克己不倦。"

（7）向使，假如，假使。

【赏析】

这是一首富有哲理趣味的好诗，也是作者为自身遭遇的不幸用诗的形式进行的总结。

"赠君一法决狐疑，不用钻龟与祝蓍。"诗的第一联就说出要告诉人们一个"决狐疑"的方法，运用一个"赠"字，突出这个方法的宝贵，且是他的经验之谈，一下子就抓住了读者，谁都希望得到这个无价之宝，因为人们在实际生活中不好做出正确判断的事情太多了。然而这个方法究竟是什么呢？作者先连说两个不用什么，用什么，却不直接说出。这就使诗歌显得曲折有致，增加了吸引力。

第二联的"试玉要烧三日满，辨材须待七年期"中的"试玉""辨材"，都在说明事物需要时间的考验。这就具体形象地把"决狐疑"的方法介绍出来了。道理非常简单，因为事物的真伪优劣只有靠时间的检验，经过仔细的比较，他的本质才能真正地表现出来。

然而，如果再以历史上的人物给以证实，岂不更令人信服？于是作者在第三联"周公恐惧流言日，王莽谦恭未篡时"就是明证。周公在辅佐成王时，有人曾经怀疑他有野心，但实践证明他忠心耿耿，一片赤诚对成王；而王莽未代汉时，假装谦恭，曾经迷惑了不少人，《汉书》本传上说他"爵位愈尊，节操愈谦"，然而历史证明，他的谦恭是假，代汉自立才是其真面目。这一对历史上相反人物的鲜明对比，使读者进一步认识到实践检验的无比重要。

第四联"向使当初身便死，一生真伪复谁知"的反问，斩钉截铁，更为有力。"决狐疑"的目的是分辨真伪。真伪辨清了，狐疑自然就解决了。如果过早地下结论，岂不冤枉好人，漏掉奸凶！

这首诗以极其通俗的语言讲明了一个道理：对人或事要正确认识，必须经过时间考验，从他的整个历史中去衡量和判断，不能只靠一时一事下结论，否则就可能是非颠倒，真假不分了。在这里，诗人正是表示像他自己和元稹这样遭受诬陷的人，是经得起时间考验的。他充满信心，认为事实的真伪，终究是会澄清辨明的。

诗的含义非常明确，出语却纡徐委婉，一系列的实例，形象极其鲜明，寓哲理于形象之中，耐人寻味。

这首诗所揭示的识人论事需长久全面地考察才能判断正确的朴素真理，是颇富教育意义的。毛泽东 1939 年 5 月 30 日在延安庆贺模范青年大会作的题为《永久奋斗》的演讲中，把这首诗讲的道理归结为"盖棺论定"，并鼓励人们要永久奋斗，奋斗到死，因为"没有死就还没有达到永久奋斗的目标"。1972年，在批判林彪反革命罪行时，毛泽东又援引这首诗的后四句，用以说明：一个人错误的发展是有一定过程的，认识一个人是真革命还是假革命也是有一定过程的，从而阐明了时间的考验将给予公正的裁决这一识别一个人真伪的道理，是极其深刻的。（毕桂发）

【原文】

放言五首　其四

谁家第宅成还破？何处亲宾哭复歌[1]？
昨日屋头堪炙手[2]，今朝门外好张罗[3]。
北邙未省留闲地[4]，东海何曾有定波？
莫笑贱贫夸富贵，共成枯骨两如何？

【毛泽东圈评等情况】

毛泽东曾圈阅此诗。他在一本平装《白香山集》中圈阅的《放言五首并序》里有这首诗。

[参考]张贻玖：《毛泽东评点、圈阅的中国古典诗词》，
中国工人出版社1992年版，第117页。

【注释】

（1）亲宾，亲戚和宾朋。南朝齐梁江淹《别赋》："左右兮魂动，亲宾兮泪滋。"

（2）堪，能。炙（zhì）手，即炙手可热之略语，伸手一摸就会感到热得发烫，旧时比喻权贵气焰盛极一时。炙手，烤手。

（3）张罗，是设罗张网以捕捉鸟雀，比喻荒凉冷落、人迹罕至之状。

（4）北邙，在今河南洛阳北，山名，即邙山。汉朝以来王侯公卿贵族多在此寻找葬地。省，察看。

【赏析】

这首诗表现了作者对人生"贱贫"与"富贵"的看法，发泄了他对当时朝政的不满和对自身遭遇的愤愤不平。

在这首诗里，作者对贫富贵贱的看法是在最后两句提出来的："莫笑贱贫夸富贵，共成枯骨两如何？"作者规劝那些有权势者不要讥笑那些贫贱者来显示自己的荣华富贵，到头来不都是枯骨一堆，别的还能有什么不同！这里的反问使结论更加有力，观点更加鲜明。

这个结论是在前边反复对比议论的基础上得出来的。

"谁家第宅成还破？何处亲宾哭复歌？""第宅"，指贵族豪门的高第大宅。作者在诗的开头就连用两个疑问句排列起来，以引起人们的高度重视。"哭复歌"表面看来是为了与上句的"歌复哭""成还破"相对应，是为了韵脚的要求而颠倒成"哭复歌"的；仔细想来作者在这里给人的是循环往复的意思，因为成者歌，破者哭，是实情，而这里的"破"又有别人的"歌"，岂不更发人深思吗？

颔联"昨日屋头堪炙手，今朝门外好张罗"两句用的是夸张手法。"炙手"是"炙手可热"的紧缩，用以比喻权势和气焰之盛；"张罗"乃设罗张网以捕捉鸟雀，比喻荒凉冷落、人迹罕至之状，是说即使权势再大的门庭，也可能一下子变得破落不堪、一败涂地。

作者以为这样还不能尽其意，于是又以"北邙未省留闲地，东海何曾有定波"两句再度让人深思。"北邙"在今河南洛阳东北，因汉朝以来王侯公卿贵族们往往在此寻找葬地而著称，"省"（xǐng）是察看的意思。"何曾有"，是"哪里有"即"没有"。诗人告诉我们，北邙的闲地总是有，而东海的定波却无处寻。因此，人们不应该终日妄想富贵荣华，永不败落，以至于落到可悲的下场。人贵直，文贵曲。以上的描写、议论，作者意在劝善，从多方面讲明道理，就为提出自己的观点奠定了坚实的基础，于是他以深沉的思想感情，规劝那些暂时处于富贵地位者，不要去讥笑那些贱贫低下的人。这样自然就使人们口服心服，读起来也顺理成章，自然和谐了。（冯西乾）

【原文】

放言五首　其五

泰山不要欺毫末⁽¹⁾，颜子无心羡老彭⁽²⁾。

松树千年终是朽，槿花一日自为荣⁽³⁾。

何须恋世常忧死，亦莫嫌身漫厌生。

生去死来都是幻，幻人哀乐系何情⁽⁴⁾？

【毛泽东圈评等情况】

毛泽东曾圈阅这首诗。他在一本平装《白香山集》中圈阅的《放言五首并序》中有这首诗。

[参考] 张贻玖：《毛泽东评点、圈阅的中国古典诗词》，

中国工人出版社 1992 年版，第 117 页。

【注释】

（1）毫末，毫毛的末端，比喻极其细微。《老子》："合抱之木，生于毫末；九层之塔，起于垒土。"

（2）颜子，即颜回，孔门高贤弟子，乐道安贫，死时年仅三十一岁。老彭，即彭祖钱铿（kēng），尧封之于彭城，自称已八百岁。后因用作咏长寿的典故。

（3）槿花，即木槿花，朝开暮谢。

（4）幻，假象，虚无。《列子·周穆王》："昔老聃之徂西也，顾而告予日：'有生之气，有形之状，尽幻也。'"

【赏析】

这是作者放言人的生死观点的一首诗。对待生死，诗人持乐观态度，也借诗规劝人们自找乐趣，不必悲观厌世。

如何看待生死的问题，历来是人们关注的主题，白居易在这首诗里态度明朗，寄意深刻。

"泰山不要欺毫末，颜子无心羡老彭。"诗的开篇即拿"泰山"之高大与"毫末"之微小放在一起，形成鲜明的对比，又用"不要欺"构成否定判断，表明他反对大欺小、强凌弱的明确态度。"老彭"即彭祖钱铿，尧封之于彭城，年800岁；"颜子"，即颜回，孔门高贤弟子，乐道安贫，粗茶淡饭也从不改其乐，而年仅31岁，他以道德为归宿，从不过于追求像彭祖那样的高寿。

"松树千年终是朽，槿花一日自为荣。""槿花"，即木槿花，它朝开暮谢。这里"松树"的"千年"和"木槿"的"一日"可谓差之天壤了，然而，"千年"者"终是朽""一日"者"自为荣"。诗人认为：有些人朝思暮想要追求像松树那样的高寿，不也终究是腐烂？而有的人虽然像槿花那样花开一日，只要花朵鲜丽，过得充实，不也很有意义吗？

因此，诗人的结论是："何须恋世常忧死，亦莫嫌身漫厌生。"这就是说，对待生和死，既无须"恋世""忧死"，也不应"嫌身""厌生"，人们要辩证地对待之。

"生去死来都是幻，幻人哀乐系何情？"幻，梦幻，虚幻。"幻人"，善为幻术之人，犹今之魔术师。此言人之生死去来，皆如梦幻一般；譬如善为幻术之人，他在玩弄虚假的人体肢解、移头换项之术时，并无真正的哀乐之情。诗人晚年信道参禅，把人生看作一场梦幻，如在《想东游五十韵》云："幻世春来梦，浮生水上沤。百忧中莫入，一醉外何求？"这种观点，无疑是消极的。

总之，正像白居易在他的《策林》中所说的："人之感于事，则必动于情，然后兴于嗟叹，而形于诗歌矣。"这即是说，诗的创作是由于"事"触动了人的情感的结果。他的《放言五首》正是他大半生经历的深刻总结和概括。他饱蘸深厚的情感是由许许多多的"事"触动起来的，所以他在诗中恳切地告诫人们，社会是复杂多变的，人生自然也不会是一条平坦大道，以此给读者以深刻的启示。

"诗言志,歌永言"，这是人们对自古以来诗歌创作的目的和意义的概括和总结。白居易的《放言五首》志在劝善、惩恶、传道、解惑，读后确实能够给人以深思和启迪，直至今天也仍然是值得我们细心研读的。（冯西乾）

【原文】

燕子楼

徐州故张尚书有爱妓曰盼盼[(1)]，善歌舞，雅多风态。予为校书郎时[(2)]，游徐、泗间[(3)]。张尚书宴予，酒酣，出盼盼以佐欢[(4)]，欢甚。予因赠诗云："醉娇胜不得，风嫋牡丹花。"一欢而去。迨后绝不相闻[(5)]。迨兹仅一纪矣[(6)]。昨日司勋员外郎张仲素绩之访予[(7)]，因吟新诗，有《燕子楼》三首[(8)]，词甚婉丽。诘其由，为盼盼之作也。绩之从事武宁军累年，颇知盼盼始末，云："尚书既殁[(9)]，归葬东洛[(10)]。而彭城有张氏旧第，第中有小楼名燕子。盼盼念旧爱而不嫁，居是楼十余年[(11)]，幽独块然[(12)]，于今尚在。"予爱绩之新咏，感彭城旧游，因同其题，作三绝句。

满窗明月满帘霜，被冷要残拂卧床[(13)]。
燕子楼中霜月夜，秋来只为一人长[(14)]。

【毛泽东圈评等情况】

1957年3月19日上午，毛泽东……赴南京。途中毛泽东用铅笔在林克正在读的一本书的扉页上写下了萨都剌的《木兰花慢·彭城怀古》，讲解到词"燕子楼"时说："燕子楼"为唐朝驻徐州节度使张愔所建。张愔父职驻节徐州，结识彭城名姬关盼盼，收取为妾。她歌舞双绝，尤工诗文。张死后归葬洛阳，盼盼恋张旧情，独守空楼十余年。小楼多燕子，故名"燕子楼"。诗人白居易过徐州，因此故事写一首七绝（略）。

[参考] 李林达：《情满西湖》，中央文献出版社1993年版，第236—238页。

【注释】

（1）张尚书，指张愔，愔为名臣张建封之子，曾任武宁军节度使、检校工部尚书，后又征为兵部尚书，未到任就死了。

（2）予，一作"余"，白居易自称。白做校书郎为贞元十九年至元和元年（803—806）。

（3）徐、泗，今江苏徐州、泗洪。

（4）佐欢，助兴。

（5）迩后，从此以后。迩，一作"尔"。

（6）迨（dài），及，到达。兹，此。一纪，岁星（木星）绕地球一周约需十二年，故古称十二年为一纪。《国语·晋语四》："文公在秋十二年，狐偃曰：'蓄力一纪，可以远矣。'"韦昭注："十二年，岁星一周为一纪。"

（7）张仲素，字绩（一作"绩"）之，河间（今河北河间）人。贞元进士，官翰学士，中书舍人。《全唐诗》存其诗三十九首，多为乐府歌词。

（8）张仲素《燕子楼》诗三首是：

> 楼上残灯伴晓霜，独眠人起合欢床。
> 相思一夜情多少，地角天涯未是长。
>
> 北邙松柏锁愁烟，燕子楼中思悄然。
> 自埋剑履歌尘散，红袖香销已十年。
>
> 适看鸿雁洛阳回，又睹玄禽逼社来。
> 瑶瑟玉箫无意绪，任从蛛网任从灰。

（9）殁（mò），死，去世。

（10）东洛，指洛阳。唐时的洛阳为东都，故称。

（11）是楼，指燕子楼。是，此，这个。

（12）幽独，静寂孤独。《楚辞·九章·涉江》："哀吾生之无乐兮，幽独处乎山中。"块然，独处之状。《荀子·君道》："块然独坐而天下从之如一体。"

（13）要，通"腰"。

（14）一人，指盼盼。

【赏析】

　　燕子楼的故事及张仲素和白居易两人作诗的缘由，见于白居易诗的小序。两位诗人唱和的两组诗，各三首。此是白居易诗的第一首，是和张仲素第一首的。张诗第一首云："楼上灯残伴晓霜，独眠人起合欢床。相思一夜情多少，地角天涯未是长。"诗先写早起，再写失睡，再写根本无法睡，将这位"念旧爱"的痴情女子的内心世界描绘得十分生动。

白居易和诗第一首的前两句也是写盼盼晓起情景。天冷了，当然要放下帘子御寒，霜花结在帘子上，满帘皆霜，可见霜气之重。帘虽可防霜，却不能遮月，月光依旧透过帘子洒满了这张"合欢床"。天寒则"被冷"，夜久则"灯残"。被冷灯残，愁人无奈，于是只好起来收拾卧床了。古人常以"拂枕席"或"侍枕席"这类用语代指侍妾。这里写盼盼"拂卧床"，既暗示了她的身份，也反映了她生活上的变化，因为过去她是为张愔拂床，而今只不过是为自己了。原唱将楼内残灯与楼外晓霜合写，独眠人与合欢床对照。和诗则以满床月与满帘霜合写，被冷与灯残合写，又增添了盼盼拂床的动作，这就与原唱既相衔接又不雷同。

后两句也是写盼盼的失眠，但将这位独自眠人放在"张氏旧第"这个典型环境中来描写。在寒冷的有霜有月的秋夜里，盼盼辗转反侧，久久不能入睡。古诗云："愁人知夜长。"只有因愁苦相思不能成眠的人，才会深刻地体会到时间是多么难以消磨。感到燕子楼中霜月之夜如此之漫长的，只是盼盼一人而已，表现了盼盼对张愔一往情深的坚贞爱情。白诗第二首云："钿晕罗衫色似烟，几回欲著即潸然。自从不舞《霓裳曲》，叠在空箱十一年。"诗从盼盼不愿再出现在舞台歌榭这一点生发，着重写她怎样对待当年为张愔歌舞时穿戴的衣裳和首饰。白诗第三首云："今春有客洛阳回，曾到尚书墓上来。见说白杨堪作柱，争教红粉不成灰？"诗着重在"感彭城旧游"，通过张仲素告诉他的情况，以抒所感。总之，白居易的三首诗，抒发了他对盼盼"幽独块然"的生活和感念"旧爱"的深切同情和爱重以及对于今昔盛衰的感叹。

从毛泽东对燕子楼故事的讲解来看，他对白居易的这首诗是非常欣赏的。（毕桂发）

卖炭翁　苦宫市也

卖炭翁，伐薪烧炭南山中[1]。满面尘灰烟火色，两鬓苍苍十指黑[2]。卖炭得钱何所营[3]？身上衣裳口中食。可怜身上衣正单，心忧炭贱愿天寒。夜来城上一尺雪，晓驾炭车辗冰辙[4]。牛困人饥日已高，市南门外泥中歇。翩翩两骑来是谁[5]？黄衣使者白衫儿[6]。手把文书口称敕[7]，回车叱牛牵向北[8]。一车炭，千余斤，宫使驱将惜不得[9]。半匹红纱一丈绫，系向牛头充炭直[10]。

【毛泽东圈评等情况】

毛泽东熟读此诗，1954年，曾帮助警卫战士逐一改正抄录《卖炭翁》的错字："那是他默写的白居易的《卖炭翁》，毛泽东用手指甲在其中一行的下面划道：'这句怎么会？心忧炭贱愿天寒。''你写的是忧吗？哪里伸出来一只手？你写的是拢乱么。'小封（耀松）脸红了，抓挠头皮窘笑。'这句怎么念''晓驾炭车辗冰辙。''这是辙吗？到处插手，炭还没卖就大撤退，逃跑主义。这是撤退的撤。'"。

[参考]李银桥：《在毛主席身边十五年》，河北人民出版社
1991年版，第201页。

【注释】

（1）伐薪，砍柴。南山，即终南山，在长安南。

（2）苍苍，黑白混杂之状。

（3）何所营，做什么用？

（4）辗（niǎn），轧，滚过。冰辙（zhé），结了冰的车轮压的沟。

（5）翩翩（piān），轻快之状。

（6）黄衣使者，指太监。唐代品级较高的太监穿黄衣。白衫儿，指大太监手下的爪牙。唐代无品级的太监穿白衣。

（7）口称敕（chì），口里说皇帝有命令。

（8）叱（chì），吆喝。牵向北，唐代皇宫在长安城北，炭车歇在南门外，故说回车向北。

（9）宫使，指太监。驱将，把牛车赶走。将，助词。

（10）匹，唐代一匹为四丈。绫，一种薄而有花纹的丝织品。

（11）系（jì），捆扎。直，同"值"。

【赏析】

本诗是《新乐府》第三十二首。诗题下自注："苦宫市也。"宫市，是皇帝派太监劫夺人民资财的一种方式。宫廷的日用品，原由官府向民间采购。从唐德宗贞元末年起，改为直接由太监向民间采购。太监及其爪牙多至数百人，经常在市上巡逻，强买甚至硬夺老百姓的东西。韩愈《顺宗实录》曾说："名为宫市，其实夺之。"本诗通过卖炭翁的不幸遭遇，揭露了宫市的罪恶，叙事条理清晰，心理刻画复杂细腻，具有感人的艺术力量。

全诗可分为两段。从开头至"市南门外泥中歇"为第一段，写卖炭翁烧炭、卖炭的过程，表现了卖炭翁的艰苦生活。开头四句，写卖炭翁炭的来之不易。"伐薪烧炭南山中"一句，是说卖炭翁的"炭"是自己"烧"出来的，而"烧炭"的"薪"又是自己"伐"来的。"伐薪""烧炭"，概括了漫长的艰苦劳动。以"南山"作为"伐薪""烧炭"的场所，具有环境的烘托作用。"满面尘灰烟火色，两鬓苍苍十指黑"，只十四个字就活画出卖炭翁的肖像，而劳动之艰辛，也就得到了充分的表现。

"卖炭得钱何所营"以下四句，写卖炭翁卖炭的作用。卖炭翁到底要干什么，诗人并没有让卖炭翁自己出面诉苦，而是设为问答："卖炭得钱何所营？身上衣裳口中食。"这一问一答，不仅化板为活，使文势跌宕，摇曳生姿，而且扩展了作品反映民间疾苦的深度和广度，使我们清楚地看到：这位劳动者已经被剥削得别无衣食来源，千辛万苦烧成的千余斤木炭卖个好价钱，便是他的全部希望所在。唯其如此，才"可怜身上衣正单，心忧炭贱愿天寒"。"身上衣正单"，自然希望天暖。而为了让炭能卖个好价钱，在冻得发抖的时候，一心盼望天气更冷。卖炭翁的艰难处境和反常的复杂心理活动，刻画得是何等入木三分，又用"可怜"二字倾注了无限同情，真是催人泪下！

"夜来城外一尺雪"四句，写卖炭翁驾车卖炭的经过。一夜之间积雪竟达"一尺"多厚，可见这场风雪之大。这场大雪总算盼到了，也就不再"心忧炭贱"了！所以，卖炭翁不顾雪大路滑，起了个早便赶着炭车向长安进发了。在太阳高高升起的时候，已是"牛困人饥"，才来到长安南门外在泥水之中停下车子。烧炭不易，卖炭亦极其艰辛。然而这一切，卖炭翁似乎都不在乎，因为他对自己这车炭抱有太多的希望！

从"翩翩两骑来者谁"至篇末为第二段，写卖炭翁炭被宫使掠去。卖炭翁好容易烧出一车炭，盼到一场大雪，踏雪辗冰到城中去卖，一路上盘算着卖炭得钱购买衣服和粮食。然而结果如何呢？让他倒霉的是，他正好遇上了"手把文书口称敕"的"宫使"。在皇宫的使者面前，在皇帝和敕令面前，跟着那"叱牛"声，炭车却被"牵向北"拉到宫中去了。"一车炭，千余斤"，只得到"半匹红纱一丈绫"的"炭直"，卖炭翁的一切希望，都化作了泡影！当读者想到这一切的时候，就不能不同情卖炭翁的遭遇，不能不憎恨统治者的罪恶，而诗人"苦宫市"的创作意图，也收到了预期的社会效果。（毕桂发）

【原文】

杨柳枝词

一树春风千万枝，嫩于金色软于丝。

永丰西角荒园里[1]，尽日无人属阿谁？

【毛泽东圈评等情况】

毛泽东曾手书这首《杨柳枝》诗。

［参考］中央档案馆编：《毛泽东手书选集·古诗词（上）》，

北京出版社1996年版，第245页。

【注释】

（1）永丰，永丰坊，在今河南洛阳西南，为唐东都洛阳城内诸坊之一。

【赏析】

杨柳枝为唐教坊曲名，歌词形式就是七言绝句，专用于咏柳。

唐孟棨《本事诗》载："白尚书姬人樊素善歌，妓人小蛮善舞，尝为诗曰：'樱桃樊素口，杨柳小蛮腰。'年既高迈，而小蛮方丰艳，因为杨柳之词（按即咏永丰柳诗）以托意。"其中把教坊歌唱此诗及诏取永丰柳误为宣宗朝诗人死后之事，其说不可靠。

关于这首诗，当时河南尹卢贞有一首和诗，并写了题序说："永丰坊西南角园中，有垂柳一株，柔条极茂。白尚书曾赋诗，传入乐府，遍流京都。近有诏旨，取两枝植于禁苑。乃知一顾增十倍之价，非虚言也。"白居易于唐武宗会昌二年（842）以刑部尚书致仕后寓居洛阳，直至会昌六年卒；卢贞会昌四年七月为河南尹（治所在洛阳）。白诗写成到传至京都，须一段时间，然后有诏旨下达洛阳，卢贞始作和诗。据此推知，白氏此诗约作于会昌三年至五年之间。移植永丰柳诏下达后，他还写了一首《诏取永丰柳植禁苑感赋》的诗。

这首七绝前两句写柳的风姿可爱，后两句发抒感慨，是一首咏柳言志的诗。诗中写的是春日的垂柳。首句写枝条之盛，舞姿之美。"春风千万枝"，是说春风吹拂，千丝万缕的柳枝，随风起舞。一树而千万枝，可见柳之繁茂。次句极写柳枝之秀色夺目，柔嫩多姿。春风和煦，柳枝绽出细叶嫩芽，望去一片嫩黄；细长的柳枝，随风飘荡，比丝缕还要柔软。"金色""丝"，比喻形象，写尽早春新柳又嫩又软之娇态。此句上承春风，写的仍是风中情景，风中之柳，才更能显出枝条之软。句中叠用两个"于"字，接连比况，更加突出了"软"和"嫩"，而且使节奏轻快流动，与诗中欣喜赞美之情非常协调。这两句把垂柳之生机横溢，秀色照人，轻盈袅娜，写得极生动。《唐宋诗醇》称此诗"风致翩翩"，确是中肯之论。

这样美好的一株垂柳，照理应当受到人们的赞赏，为人珍爱；但诗人笔锋一转，写的却是它荒凉冷落的处境。诗于第三句才交代垂柳生长之地："永丰西角荒园里"。"西角"为背阳阴寒之地，"荒园"为无人所到之处，生长在这样的场所，垂柳再好，又有谁来一顾呢？"尽日无人属阿谁？"只好终日寂寞了。反过来说，那些不如此柳的，因为生得其地，却备受称赞，为人爱惜。诗人对垂柳表达了深深的惋惜。这里的孤寂落寞，同前两句所写的动人风姿，正好形成鲜明的对比；而对比越是鲜明，越是突出了感叹的强烈。

这首咏物诗，抒发了对永丰柳的痛惜之情，实际上就是对当时政治腐败、人才埋没的感慨。白居易生活的时期，由于朋党斗争激烈，不少有才能的人都受到排挤。诗人自己，也为避朋党倾轧，自请外放，长期远离京城。此诗所写，亦当含有诗人自己的身世感慨在内。

此诗将咏物和寓意融在一起，不着一丝痕迹。全诗明白晓畅，有如民歌，加以描写生动传神，当时就"遍流京都"。后来苏轼写《洞仙歌》词咏柳，有"永丰坊那畔，尽日无人，谁见金丝弄晴昼"之句，隐括此诗，读来仍然令人有无限低回之感，足见其艺术力量感人之深了。（毕桂发）

郑 畋

郑畋（823—882），字台文，荥阳（今河南荥阳）人。唐武宗会昌进士，任秘书省校书郎、中书舍人。懿宗时贬为梧州刺史。僖宗即位召为兵部侍郎，后拜为宰相。因遭谗毁辞官归乡，死于其子凝绩陇州刺史官舍。史称其待人荣悴如一，以德报怨。又善诗文，《全唐诗》录其诗十六首。

【原文】

马嵬坡

玄宗回马杨妃死[1]，云雨难忘日月新[2]。
终是圣明天子事[3]，景阳宫井又何人[4]？

【毛泽东圈评等情况】

毛泽东曾圈点此诗。他在一本清蘅塘退士原编《注释唐诗三百首》"七言绝句"中此诗题目上方天头空白处连画三个小圈，作为圈阅的标记。

[参考] 张贻玖：《毛泽东评点、圈阅的中国古典诗词》，中国工人出版社1992年版，第237页。

【注释】

（1）回马，指玄宗由蜀中返回长安。玄宗，一作"肃宗"。

（2）云雨，语出宋玉《高唐赋》中"旦为朝云，暮为行雨"的典故，后因指男女事。日月新，指玄宗子肃宗即位后，有中兴之望。难忘，一作"虽亡"。

（3）终，终究。圣明天子，指唐玄宗，因他被迫处死杨贵妃。

（4）景阳宫井，指陈后主和宠妃张丽华在隋兵攻打金陵时，一同躲在景阳宫井内，被隋兵捉去，成了俘虏。井在今江苏南京玄武湖畔，也名胭脂井、辱井。

【赏析】

唐玄宗迷恋杨贵妃，"从此君王不早朝"，弃国政于不顾，终于招致安史之乱。天宝十五年（756）六月，安禄山叛军攻下潼关，进逼长安。唐玄宗带着杨贵妃逃往四川，到达马嵬坡（今陕西兴平西）时，"六军不发无奈何"。唐玄宗只好答应哗变部队的要求，处死杨贵妃，造成了这一君妃爱情悲剧。安史之乱平定以后，唐玄宗才以太上皇的身份回到长安。本诗开头第一句"玄宗回马杨妃死"，就把这两件事对举出来，这就极其鲜明简练地概括了这一段历史事变的两个主要方面。从此，唐玄宗也就只好陷入自己后半生的"长恨"之中了。次句"云雨难忘日月新"，意谓玄宗、贵妃之间的恩爱虽难忘怀，而国家却已一新。

对于唐玄宗这一段悲剧生涯的评价，诗人们总是同情、谅解多于批判。白居易是这样，郑畋也是这样。所以本诗的第三句才说："终是圣明天子事。"不管怎样，唐玄宗在决定关头还是能以国事、天下事为重，接受了哗变部队的要求，所以终归还算是一位圣明的天子，这就与陈后主迷恋张丽华终于导致国破家亡不同了。当年陈后主迷恋宠妃张丽华，当隋军打进金陵后，陈后主和张丽华躲到景阳宫井中，终于被隋军查找出来，双双做了可耻的俘虏。诗人郑畋在此特用陈后主比衬唐玄宗，虽然表面上是一种赞扬唐玄宗的口气，而实际上也隐含着一种委婉的批评。

关于马嵬坡事件的咏史诗很多。郑畋这一首诗，语言平易晓畅，有自己的新意，对唐玄宗既有同情、体谅，又有委婉的批评，因此寓意较深，显然是一篇佳作，很值得细细地玩味。（朱东方　许娜）

七岁女子

七岁女子，其名姓均不详。武后时南海人。《唐诗别裁集》诗题下注云：如意中，有七岁女子能诗，武后命赋别兄，应声而成云。

【原文】

送　兄

别路云初起，离亭叶正飞[(1)]。
所嗟人异雁[(2)]，不得一行归[(3)]。

【毛泽东圈评等情况】

毛泽东曾手书这首《送兄》。

[参考] 中央档案馆编：《毛泽东手书选集·古诗词（下）》，
北京出版社 1996 年版，第 206 页。

【注释】

（1）离亭，古代建筑于离城稍远的道旁供人歇息的亭子。古人往往于此送别。南朝阴铿《江津送刘光禄不及》："泊处空余鸟，离亭已散人。"

（2）嗟，叹息。

（3）一行归，雁在空中飞行有时排成"一"字。得，一作"作"。

【赏析】

《送兄》一诗为七岁女孩之作。女孩失其姓名，仅知为南海人。原诗题下注云：武后召见，令赋送兄诗，应声而就。此诗头两句"别路云初起，离亭叶正飞"，不但点明了送别的地点、时间，而且还着力渲染了送别的环境。秦汉旧制，十里一亭，十亭为乡。亭往往被用来作为古人送别的典型场所。这两句诗，"路""亭"交代了送别的地点。"云初起""叶正飞"既暗示了送别的季节时间，又点染了送别的凄楚、悲凉的典型环境，而"别""离"二字则点明了事的中心。寥寥十字，字字扣题，显得出手不凡。后两句"所嗟人异雁，不作一行归"，在前两句景物渲染的基础上，直抒心臆，写出自己的感受和喟叹。苏东坡《水调歌头·明月几时有》云："人有悲欢离合，月有阴晴圆缺，此事古难全。"离愁别绪，世人难免。离愁别绪，最易入诗人之笔。而好的离别诗又往往最能打动人们的心。这两句诗只字不提个人的愁与苦，只是慨叹人雁有异，人不如雁，却将别离的愁与苦表达得哀婉动人。值得一提的是，这是首当场命题即席而赋的诗，所写之景、所抒之情皆为虚构，但是，人们读起来并没一点"虚"的感觉，倒觉得处处为真、处处有情。在古代多如牛毛的别离诗中，此诗能不落窠臼，而且又出于七岁女孩之手，确实是难得的。读了此诗，仿佛一位聪颖可爱、才思敏捷、感情丰富的小女孩、小诗人的形象已深深地印在了心里。（王汇涓　毕桂发）

朱　湾

朱湾（生卒年不详），字巨川，号沧洲子，蜀（今四川）人。代宗大历初隐居江南，屡召不起。大历八年（773），为李勉永平军从事。德宗建中四年（783）府罢，遂归隐江南。约卒于贞元中。

【原文】

寻隐者韦九于东溪草堂

寻得仙源访隐沦⁽¹⁾，渐来深处渐无尘⁽²⁾。

初行竹里唯通马，直到花间始见人。

四面云山谁作主？数家烟火自为邻。

路旁樵客何须问，朝市如今不是秦⁽³⁾。

【毛泽东圈评等情况】

毛泽东曾手书这首诗。

[参考] 中央档案馆编：《毛泽东手书选集·古诗词（下）》，

北京出版社 1996 年版，第 205 页。

【注释】

（1）仙源，道教称神仙所居之处。《云笈七签》卷二七："福地第四曰东仙源，福地第五曰西仙源，均在台州黄岩属地。"隐沦，神人等级之一，泛指神仙。《文选·郭璞〈江赋〉》："纳隐沦之列真，挺异人乎精魄。"李善注引桓谭《新论》："天下神人五：一曰神仙，二曰隐沦，三曰使鬼物，四曰先知，五曰铸凝。"亦指隐居。南朝宋谢灵运《入华子冈是麻源第三谷》："既往隐沦客，亦栖肥遁贤。"

（2）无尘，不着尘埃，常表示超尘脱俗。

（3）朝市，朝廷和市集，亦指朝廷。晋陶潜《读〈山海经〉》之十二："岩岩显朝市，帝者甚用才。"秦，朝代名，我国历史上第一个专制主义中央集权的封建王朝。

【赏析】

题中"韦九"，当为作者隐居时的朋友，姓韦，排行第九，其名不详。朱湾为蜀人，韦九所隐居的东溪草堂，或在今四川安岳境内之东溪；又朱湾曾隐于江南，或在今安徽宣城东之东溪（又名宛溪），或在今浙江宁海南之东溪，不可确指。这首七言律诗，通过对诗人到东溪草堂寻访隐士韦九的描写，歌颂了天下太平、社会安定的景象。

"寻得仙源访隐沦，渐来深处渐无尘。"首联点题，写诗人到东溪草堂访问隐士韦九。仙源，道教称神仙所居之处，此指东山草堂。隐沦，泛指神仙，此指隐士韦九。二句是说诗人到东溪草堂寻访隐士韦九，越往东溪深处走越觉得超尘拔俗。它写出了东溪草堂的远离尘嚣、清幽可人，如同仙境一般。这是正面描写。下面又采取移步换形手法，从侧面加以烘托："初行竹里唯通马，直到花间始见人。"颔联叙声而兼描写，是说诗人最初骑着马从竹子夹持的小道通过，直到一片花丛之中才见到了隐士韦九。这就进一步写出东溪草堂周围遍植青竹和花木，而访韦九不在草堂得见却与花中相逢，韦九的不同凡俗的隐者形象栩栩如生矣。

"四面云山谁作主？数家烟火自为邻。"颈联描写，对东溪草堂的周围环境进行了生动的描绘。你看，四面的云山都由谁作主呢？作者用一反诘句，不言自明，它都属于东溪草堂的韦九。周围仅有几户人家与他做邻居，更进一步写出了东溪草堂高洁清幽和韦九的隐士风度。

"路旁樵客何须问，朝市如今不是秦。"末联议论，这里作者用了一个典故。晋陶渊明《桃花源记》云：晋太元中，武陵一个打鱼的人，因迷路进入一个"世外桃源"。"村中闻有此人，咸来问讯。自云先世避秦时乱，率妻子邑人来此绝境，不复出焉，遂与外人间隔。问今是何世，乃不知有汉，无论魏晋。"《桃花源记》故事中的隐居者，自称他们的祖先为"避秦时乱"才来隐居，他们不知世间已几次改朝换代。后因作咏隐居的典故。这里用这个典故，是说何必问路旁打柴的人，朝廷如今不是暴虐的秦王朝。言外之意如今是圣明天子、太平世界，隐士可以出世矣。

（毕桂发）

王韫秀

王韫秀（724？—777），太原祁（今山西祁县）人，河西节度使王忠嗣女。唐玄宗天宝元年至三年（742—744）间嫁元载，劝之游学。元载后相唐肃宗、代宗。大历十二年（777），载以罪诛，王氏亦赐死。

【原文】

偕夫游秦

路扫饥寒迹，无哀志气人。

休零别离泪，携手入西秦[1]。

【毛泽东圈评等情况】

毛泽东曾手书这首《偕夫游秦》，并在诗后书："唐人王韫秀诗一首"。

[参考] 中央档案馆编：《毛泽东手书选集·古诗词（下）》，

北京出版社 1996 年版，第 207—208 页。

【注释】

（1）西秦，指关中陕西一带秦之旧地。

【赏析】

诗题《偕夫游秦》，偕，俱，同。夫指元载。元载为唐代岐山（今陕西岐山东北）人，字公辅。唐玄宗天宝初举庄老列文四子学，入高第。初授新平尉。后依附李辅国，唐代宗时累官中书侍郎，判天下元帅行军司马。辅国被杀，载阴与其谋，复结中人（宦官），使刺取密旨。纵诸子关通货贿，挤遣忠良，进贪猥。帝尽得其状，旨因其独见，深戒之。载不悛，赐自尽。元载后来至宰相，作恶多端，终被代宗赐死，是一个不足为训的人物。其妻王韫秀也被杀。但这对夫妻在未显达求取功名之时，却是有一种志气的。王韫秀作为河西节度使王忠嗣之女，毅然决然陪同丈夫元载西行到京都长安求取功名，颇有一股豪气。秦本指秦始皇建立的我国第一个统一的中央集权制的封建王朝，建都咸阳。这里借指唐都长安（今陕西西安）。

这是一首五言绝句。"路扫饥寒迹"，首句叙事，诗人和丈夫从陕西老家向京城长安进发，一路奔波，餐风露宿，难免要受饥寒之苦，但对于一个有志气的人来说，这些艰难困苦都会一扫而空，算不了什么。所以次句接着写道："天哀志气人。"天，上天，指大自然。哀，怜悯，怜爱，同情。《诗经·小雅·正月》："哿矣富人，哀此惸独。"《吕氏春秋·报更》："人主胡可以不务哀士？"高诱注："哀，爱也。""志气人"，即有志气的人。志气，作意志和精神讲。《庄子·盗跖》："目欲视色，耳欲听声，口欲察味，志气欲盈。"亦作志向和气概解。《后汉书·贾复传》："贾君之容貌志气如此，而勤于学，将相之器也。"这句是说，上天也同情有志向和气概的人，一股豪气从字里行间迸射而出，这是发自内心的豪情壮志使然。"休零别离泪"，三句继续抒情，写游秦志意已决。零，落。别离，指离别家人亲友。此句是说离别家人亲友不要落泪。这使我们想起王勃的名句"无为在歧路，儿女共沾巾！"（《送杜少府之任蜀州》）"携手入西秦"，末句叙事，点出"偕夫入秦"题意。此诗虽出自一个女子之手，却写得志气高昂，态度决绝，充溢着一股豪气。无怪于清沈德潜在《唐诗别裁集》所载此诗末批注云："作丈夫语。"实为的评。（毕桂发）

李 涉

李涉（生卒年不详），自号清溪子，洛阳（今河南洛阳）人。唐代诗人。初与弟渤同隐庐山，后应陈许辟。宪宗时官太子通事舍人，后贬谪峡州司仓参军，文宗太和时为太学博士，复以事流放康州，浪游桂林。其诗擅长七绝，语言通俗。集二卷，《全唐诗》录存其诗一卷。

【原文】

再宿武关

远别秦城万里游⁽¹⁾，乱山高下出商州⁽²⁾。
关门不锁寒溪水，一夜潺湲送客愁⁽³⁾。

【毛泽东圈评等情况】

毛泽东曾手书这首诗。

[参考] 中央档案馆编：《毛泽东手书选集·古诗词（下）》，北京出版社 1996 年版，第 212 页。

【注释】

（1）秦城，在今陕西陇县境内，这里指京城长安。

（2）商州，州名。因古为商于（於）之地，故名。治所在商洛（今陕西商洛市商洛区）。

（3）潺湲（chán yuán），水声。送，输送之意。

【赏析】

诗题一作《从秦城回再题武关》。秦城，在今陕西陇县境内，或借指唐京城长安。武关，旧商州关名，在今陕西商洛市商洛区东，为秦时南面的重要关隘，故又名南关。此诗载清沈德潜编选《唐诗别裁集》，题为《宿武关》。《全唐诗》录此诗，题为《再宿武关》。

这首诗抒发了诗人离京时的愁苦哀伤之情。"远别秦城万里游"，首句写诗人辞别京城远谪。李涉两次贬官流放到边远地区，从题目上的"再"字和诗的内容看，似是写第二次贬官时。诗人离开京城长安（秦城），这一次是"远别"。归无定期，行程万里。时日既长，路途又远，离开以做京官为荣的帝都，不仅是和皇城的永别，也是升迁的无缘；"万里游"并不是去游山玩水，而是近于流放的贬谪，心情怎会不伤感？起句直截了当地叙事，但隐含着无限情思。

"乱山高下出商州"，次句写今夜所宿之地。乱山，指商州附近的商山。商山高下曲折，旧有"七盘十二绕"的名称。"乱山高下"四字，写出了商山重峦叠嶂、回环曲折的气势和形貌，也写出了诗人沿着商山高低曲折的山路走出商州城时的心情。

"关门不锁寒溪水，一夜潺潺送客愁"，诗的三、四两句写诗人夜宿武关的情景，点醒题目，是作者用意所在。潺潺，流水声。送，输送之意。两句是说，溪水仿佛是载着离愁别恨，长流远去，关门也阻挡不了。"关门不锁"，是希望关门能够锁住；但关门能锁住千军万马，却怎能锁住流水的声音呢？诗人并非不知，但仍对"关门不锁"发出怨忧，可见其"客愁"之重了。一个"锁"字，把看不见、摸不着的"客愁"具体化、形象化了，确为写"愁"写手！况且是"一夜潺潺"，即整整一夜，诗人都没有入睡，听凭这流水声送来的"客愁"煎熬，是多么难以忍受啊！所以，末二句诗人别出心裁地通过对水声的描写，彰显了离愁别恨的主旨，可谓神来之笔。（毕桂发）

【原文】

题鹤林寺僧舍

终日昏昏醉梦间，忽闻春尽强登山。
过院逢僧闲话语⁽¹⁾，又得浮生半日闲⁽²⁾。

【毛泽东圈评等情况】

1976 年春，一个春光明媚、风和日丽的早晨，毛泽东身边的医护人员劝他去花园走走，出乎意料，他同意了。两位护士一人一边搀扶着他，来到卧室后面的一个小花园，他们边走边谈话。毛泽东沿着花园小径踽踽而行，他仔细看这花，这草，这石。那刚刚透出的鹅黄色的柳条，在轻轻摇曳，久违了，春光。毛泽东顺口念了两句诗："今我来兮，杨柳依依。"当他坐在为他准备好的椅子上，他又吟了一首诗："终日昏昏醉梦间，忽闻春尽强登山。过院逢僧闲话语，又得浮生半日闲。"

[参考] 郭金荣：《晚年时期的毛泽东》，《南方周末》1992 年 4 月 27 日。

【注释】

（1）"过院"句，《全唐诗》作"因过竹院逢僧话"。

（2）又，一本作"偷"。浮生，人生。旧时对人生的一种看法，以为世事无定，生命短促，因称人生为"浮生"。

【赏析】

这是一首记游诗。它记述了诗人春游鹤林寺的生活感受，感情真挚，文理自然。鹤林，佛教语，指佛入灭之处。佛于娑罗双树间入灭时，林色变白，如白鹤之群栖，故称。后遂以鹤林名寺。鹤林寺，古佛寺名，在今江苏镇江南部。始建于晋代，南朝宋武帝刘裕微时曾游于此。唐綦母源有《题鹤林寺》诗，宋苏轼有《游鹤林招隐》诗。宋祝穆《方舆胜览·镇江府》："鹤林寺，在黄鹤山，旧名竹林寺，宋高祖尝游，独卧讲堂前，上有五色龙章。即位，改名鹤林，今名报恩。"由此可知，鹤林寺是江南名刹，当然也成了旅游胜地。"终日昏昏醉梦间，忽闻春尽强登山。"前两句叙事，意谓诗人羁旅客舍，无情无绪，整天睡思昏昏，如同醉酒做梦一般，忽然听人说春色将尽，强打精神登山游春。至于为何心情抑郁，无心赏玩春天景色，涵蕴其间，并未明言。所谓"登山"，就是去登黄鹤山，游鹤林寺。来到这个著名佛寺，既不去烧香拜佛，也不去瞻仰寺院风物，却写寺僧闲话，所以，后二句说："过院逢僧闲话语，又得浮生半日闲。"

诗人经过僧房时遇到了相识的和尚，两人便说起了闲话，而且一说就是大半天。浮生，即人生。语本《庄子·刻意》："其生若浮，其死若休。"以人生在世，虚浮不定，因称人生为"浮生"。登山本是为了赏春，却逗留僧房与和尚说了半天闲话，心中还十分惬意。此所谓以乐境写哀，倍增其哀。诗人的抑郁不欢之情表现得十足了。

1976年春天，病魔缠身的毛泽东，身体已很弱，八十多岁的老人却面临着攸关党和国家命运的诸多问题，表现了一种暮年忧患。他在长期卧病之后，经身边工作人员劝说，来到菊香书屋后面的小花园里散步，吟诵了《诗经·小雅·采薇》中"今我来兮，杨柳依依"（原文为"昔我往矣，杨柳依依。今我来思，雨雪霏霏。"）和李涉的这首《题鹤林寺僧舍》，来表现他久病乍见春色的喜悦心情，以及作为党和国家的主要领导人日理万机，"一闲对百忙"（陈毅诗句）的苦乐观。（毕桂发）

元 稹

元稹（799—831），字微之，河南河内（今河南洛阳附近）人。十五岁明经及第，授校书郎，后来又任监察御史，与宦官及守旧官僚斗争，遭到贬谪。继起任工部侍郎、同中书门下平章事，出为同州刺史，改授浙东观察史，又官鄂州刺史、武昌军节度使等职。他与白居易同为中唐时期新乐府运动的倡导者，有"元白"之称。其乐府诗多自创诗题，揭露现实中的弊端。有《元氏长庆集》。

【原文】

闻乐天左降江州司马

残灯无焰影幢幢⁽¹⁾，此夕闻君谪九江⁽²⁾。
垂死病中惊坐起⁽³⁾，暗风吹雨入寒窗。

【毛泽东圈评等情况】

毛泽东在读清沈德潜编选《唐诗别裁集》时卷二十"七言绝句"中有这首诗。

[参考] 张贻玖：《毛泽东评点、圈阅的中国古典诗词》，中国工人出版社1992年版，第233页。

【注释】

（1）焰，火苗。幢幢（chuáng），摇曳不定之状。

（2）君，指白居易。谪（zhé），降职。

（3）垂死，将死。

【赏析】

这首诗是元稹听说白居易贬官后，元和十年（815）写的，元稹和白居易的友谊是文坛上的一段佳话。是年三月元稹贬谪通州（今四川达县），八月白居易又贬江州司马。二人同样被排斥离京，远贬异处，在政治上极不得意，心境悲凉。诗人以满腔的愁苦悲慨写下了这首七言绝句。

诗的首句写室内景物。夜深人静的时候，油灯即将燃尽，昏黄的灯火在摇曳着，阴沉昏暗的灯影映在墙壁上，室内显得格外幽寂。此情此景是何等的凄惨悲凉！诗人贬谪他乡，又身患重病，心境原就不佳。现在忽然听说挚友也蒙冤被贬，内心更是极度震惊，万般悲苦，满腹愁思齐涌心头。因此，以这种悲凉的心境观察周围的景象也都变得阴沉昏暗了。"灯"也失去光亮成"残灯"；连灯的光影也变成了"幢幢"——昏暗摇曳不定的样子。这些景象既是特定氛围的描写，同时也著上作者浓烈的主观色彩，渲染室内悲凉的气氛，为全诗涂抹了一层暗淡、感伤的色彩。

诗中"垂死病中惊坐起"一句是传神之笔。用对比的手法，以具体的形态描写，写出了自己的惊讶和痛苦之情，诗人重病缠身，卧床不起，但闻讯后竟然惊坐而起，其消息震惊诗人的心魄，诗人对挚友的关切同情，以及由此产生的愤激不平，都强烈地表现出来了。诗人善于捕捉人们刹那间的心灵震颤而引起的剧烈动态，语言看似平淡而却意味深长。听说好友被贬而陡然一惊的刹那，这是一个包孕着复杂情感的刹那，是包含着千言万语和多种情绪涌上心头的刹那，是有巨大的蓄积和容量的刹那。诗人写了这个"惊"的刹那，而"惊"的内容又不予点破，这就更使全诗含蓄蕴藉，情深意浓，诗味隽永，耐人咀嚼。

最后一句诗人笔触骤然一转。由实入虚。将浓烈的主观感情化入景物描写中。"暗风吹雨入寒窗"，凄风苦雨在昏暗的夜色中点点滴滴，叩打着寒风中的窗户。此时无声胜有声，这样，"惊"的具体内涵就蕴含于景语之中，成为深藏不露、含蓄不尽的了。诗人对白居易被贬一事究竟是惋惜，是愤懑，还是悲痛，全未说出，就留给读者去领悟、想象、思索、品味和咀嚼了。钟嵘《诗品序》说："使味之者无极，闻之者动心，诗之至也。"元稹所表现的，正是这样的审美意境。白居易在江州不久收到元稹的这首诗后，激动不已。他在给元稹的信中说："此句他人尚不要闻，况仆心哉！至今每吟，犹侧耳。"（《与微之书》）可以说白居易是元稹此诗的知音。是的，像这样一首情景交融、形神俱肖、含蓄不尽、富有包孕的好诗，它是有很强的艺术魅力的。（闫青）

【原文】

兔 丝

人生莫依倚⁽¹⁾，依倚事不成。

君看兔丝蔓，依倚榛与荆⁽²⁾。

下有狐兔穴，奔走亦纵横⁽³⁾。

樵童砍将去⁽⁴⁾，柔蔓与之并⁽⁵⁾。

【毛泽东圈评等情况】

那是 1923 年的冬天。……青年毛泽东就要离开杨开慧去遥远的地方了。那时，他们的孩子刚满周岁，他的远去，对于视毛泽东为生命依托的杨开慧是一种难以承受的情感重压。这位知识分子家庭出身的女子自从对经常来自己家听父亲讲学的毛泽东产生爱恋之后，一方面对他的远大抱负和深刻见解十分钦佩，并希望自己也能像他一样成为一个有作为的人；另一方面，倾心的钦佩使她对他十足的依恋，特别是在她的父亲杨昌济教授去世以后，这种依恋渐次地衍敷为依附。这样，矛盾便产生了。以"天下为己任"的毛泽东虽然经常地从她那温存的目光中感受到幸福和吸取人生进取的力量，但也从她依恋的缠绵里感到了拖累。儿女情长，英雄气短，毛泽东希望将自己的主要精力用在他所奋斗的事业上，因而对这种依恋有时却很难照顾得到，他甚至将元稹的《兔丝》抄了给她（略）。

[参考]谢柳青编著：《毛泽东的亲情·乡情·友情》，辽宁大学出版社1992 年版，第 261—262 页。

【注释】

（1）依倚，倚靠，依傍。

（2）榛，丛木。《文选·左思〈招隐诗〉之二》："经始东山庐，果下自成榛。"高诱《淮南子》注曰："丛木曰榛。"荆，落叶灌木。种类甚多，如紫荆、牡荆。

（3）纵横，肆意横行，无所顾忌。

（4）樵童，打柴的孩子。樵，打柴。

（5）并，相挨着，一齐。

【赏析】

这是一首咏物诗。兔丝，植物名，即菟丝子。《淮南子·说山训》："千年之松，下有茯苓，上有兔丝。"高诱注："一名女萝也。"兔丝是一种攀缘植物，附生在其他树木上，成丝状下垂。此诗通过对兔丝的描写，表现了一种摆脱依倚，独立自主成就一番事业的思想。

"人生莫依倚，依倚事不成。"起首二句议论，开宗明义，揭出本诗题旨。二句是说人的生存和生活不要依靠别人，一味依附别人就什么事情也做不成。语简意明，近乎人生格言，起得精警。至于人生为什么不能"依倚"，"依倚"为什么就不能成就事业，诗人并不从道理上加以解说，却通过对依附性极强的兔丝的形象描绘加以说明，以下文句均是对一、二句的回答。"君看兔丝蔓，依倚榛与荆。"三、四句叙事，提出兔丝蔓"依倚"榛与荆作为证据。兔丝是最典型的依附植物，常攀附在其他植物上而生。榛、荆是丛生灌木，更是兔丝攀附的对象。元稹《梦游春》亦说："朝蕣玉佩迎，高松如萝附。""下有狐兔穴，奔走亦纵横。"五、六句描写，是说兔丝依附的榛、荆丛下有狐狸和野兔的巢穴，它们跑来跑去，无所顾忌。但它们并不危害兔丝，兔丝似乎并无危险。但诗人笔锋一转，结末二句写道："樵童砍将去，柔蔓与之并。"打柴的孩子砍去榛、荆，是为了打柴，兔丝并不是柴，不在可砍之列，但因为兔丝是缠附在榛、荆树上的，自然被连带砍下，依倚之危害，不言自明。至此生动形象地揭示人生不能依倚，依倚便不能成就事业的道理，极富说理力量。

毛泽东在 1923 年把元稹的《兔丝》一诗抄示给夫人杨开慧看，希望杨开慧能独立自主地工作和学习，减少对他的依赖，使他能把自己的主要精力用在他所奋斗的革命事业上，二人产生误会，发生争吵，于是毛泽东写下了《贺新郎·挥手从兹去》一词，记录了他们这段心理历程。（毕桂发）

李 绅

李绅（772—846），字公垂，亳州谯（今属安徽亳州）人。父李晤，历任金坛、乌程（今浙江吴兴）、晋陵（今江苏常州）等县令，携家至无锡，定居梅里祇陀里。李绅幼年丧父，由母教以经义。15岁时读书于惠山。青年时目睹农民终日劳作而不得温饱，以同情和愤慨的心情，写出了千古传诵的《悯农二首》，人称悯农诗人。元和初，擢进士第，补国子助教，不乐，辄去。李锜辟掌书记，抗命，不为草表，几见害。穆宗召为右拾遗、翰林学士，与李德裕、元稹同时号三俊，历中书舍人、御史中丞、户部侍郎。敬宗立，李逢吉构之，贬端州司马，徙江州长史，迁滁、寿二州刺史，以太子宾客分司东都。太和中，擢浙东观察使。开成初，迁河南尹、宣武节度使。武宗即位，召拜中书侍郎同平章事，进尚书右仆射，封赵郡公。居位四年，以检校右仆射平章事节度淮南。卒赠太尉，谥文肃。《追昔游诗》三卷，《杂诗》一卷。今合编为四卷。

【原文】

悯农二首 之二

锄禾日当午，汗滴禾下土。
谁知盘中餐，粒粒皆辛苦。

【毛泽东圈评等情况】

父亲终生注重实践，直到晚年，不顾高龄，还经常到农村，到工厂，到连队，到矿山，走遍了社会主义祖国的万水千山；父亲一生和人民心连心、无时无刻不想着人民的疾苦、灾情、冷暖，不止一次地讲到依靠人民治山治水的远景和社会主义美好的明天；父亲终生都在学习，阅读的书本里都留有密密的圈圈点点；一生保持清水塘时期的朴素生活，多年总是铺着白色的桌布和褥单。有时饭桌上，孩子们抛洒（撒）了饭粒，他老人家就吟诵那首古老而通俗的诗篇："锄禾日当午，汗滴禾下土。谁知盘中餐，粒粒皆辛苦。"教育晚辈爱惜粮食，珍惜劳动人民的血汗。

[参考]毛岸青、邵华：《我们爱韶山的红杜鹃》，《人民文学》
1977年第九期。

【赏析】

这首诗是写劳动的艰辛，劳动果实来之不易。"锄禾日当午，汗滴禾下土"，一、二句描写在烈日当空的正午农民在田里劳动的情形。这两句诗选择特定的场景，形象生动地写出劳动的艰辛。"谁知盘中餐，粒粒皆辛苦"，三、四句议论，有了前两句具体的描写作铺垫，后两句的感叹和告诫就免于空洞抽象的说教，而成为有血有肉、意蕴深远的格言。

这首诗没有从具体人、事落笔，它所反映的不是个别人的遭遇，而是整个农民的生活和命运。诗人选择比较典型的生活细节和人们熟知的事实，深刻揭露了不合理的社会制度。

第二首"春种一粒粟，秋收万颗子。四海无闲田，农夫犹饿死。"则进一步地揭露了旧社会农民所受的残酷剥削，对农民的疾苦寄予深切的同情，与第一首相互补充。（毕桂发）

刘禹锡

刘禹锡（772—842），字梦得，洛阳（今河南洛阳）人，郡望中山（今河北定州一带）。唐德宗贞元九年（793）进士，后又登博学宏词科。初为太子校书，累迁监察御史。因参加王叔文政治革新集团，反对宦官和藩镇割据势力，被贬为朗州司马，后改任连州刺史。因裴度力荐，任太子宾客，加检校礼部尚书，世称刘宾客。和柳宗元交谊很深，人称"刘柳"，后与白居易唱和甚多，也并称"刘白"。其诗多带强烈的政治色彩。其富有民歌特色的乐府小章，清新流畅，音调和美，为唐诗中别开生面之作。有《刘梦得文集》。

【原文】

始闻秋风

昔看黄菊与君别[1]，今听玄蝉我却回[2]。

五夜飕飀枕前觉[3]，一年颜状镜中来。

马思边草拳毛动[4]，雕盼青云倦眼开[5]。

天地肃清堪四望[6]，为君扶病上高台[7]。

【毛泽东圈评等情况】

毛泽东曾手书此诗。

[参考]中央档案馆编：《毛泽东手书选集·古诗词（上）》，北京出版社1996年版，第248—250页。

【注释】

（1）君，此处系秋风称作者。

（2）我，是秋风自称。玄蝉，黑褐色的知了，也叫秋蝉。

（3）五夜，一夜分为五刻，即甲、乙、丙、丁、戊。五夜，也就是五更。飕飗，风声。

（4）拳毛，卷曲的毛（马病则毛拳）。

（5）盼，一作"眄"，视。倦眼，一作"睡眼"，《唐诗贯珠》云："凡笼鹰过夏，全眸困顿。"

（6）天地肃清，秋气严肃而清爽。

（7）君，指秋风。

【赏析】

自从战国楚人宋玉"悲哉！秋之为气也"开启"悲秋"主题之后，多数文人都沿袭此说，但刘禹锡作为一个朴素唯物主义哲学家，却大唱反调，他高唱道："自古逢秋悲寂寥，我言秋日胜春朝。"（《秋词二首》之一）这首诗他又唱出了一曲昂扬向上的秋天的赞歌。

这是一首七言律诗。"昔看黄菊与君别，今听玄蝉我却回"，首联拟人，写秋风来去的节令。这两句是代秋风设辞。"君"，是秋风称作者。"我"，是秋风自称。"黄菊"，黄色的菊花。"玄蝉"，寒蝉，秋蝉。唐杜甫《立秋后题》："玄蝉无停号，秋燕已如客。"依《礼记·月令》，秋季（九月）"鞠（菊）有黄华（花）"，孟秋（七月）"寒蝉鸣"。"看黄菊"是在农历九月，秋季已尽，所以说别；"听玄蝉"是在农历七月，秋季才开始，所以说回。在这里，诗人采用拟人手法，从对方着墨，生动地创造了一个奇妙而又情韵浓郁的意境。

"五夜飕飗枕前觉，一年颜状镜中来"，颔联叙事，写秋去秋来，一年之中自己的变化。"飕飗（sōu liú）"，象声词，风雨声。《文选·左思〈吴都赋〉》："与风飗，浏飕飗。"张铣注："飕飗，风声也。"这是从诗人自己的角度写。诗人说，五更时分，我在卧榻枕席之上，顿感凉风飕飗，就知道是"你"回来了，一年不见，我那衰老的容颜在镜中表现出来了。上句正面点出"始闻秋风"，下句写自己感慨。此联与上联构成诗人与秋风的奇妙对话。

"马思边草拳毛动，雕盼青云睡眼开"，颈联描写，写秋风使马和雕兴奋起来，借以象征人的精神奋发，想有所作为。"拳毛"，卷曲的毛。"盼"，一作"眄"，斜视。"倦"，一作"睡"。晋王瓒《杂诗》："朔风劲秋草，边马有归心。""马思"句似受王诗启发。《春秋元命苞》："立秋之日鹰鹯击。""雕盼"句写雕或与此有联想。这两句借马和鹰的雄健有力的形象，渲染了秋天的巨大魅力。

"天地肃清堪四望，为君扶病上高台"，尾联抒情，写诗人要扶病登台，观望秋风。"天地肃清"，秋气使天地严肃而清爽。"君"，指秋风。末二句是诗人对秋风之词，有感谢秋风使我能克服疾病、精神振作之意。这正是诗人之立意所在。所以清人沈德潜评曰："下半首英姿勃发，少陵操管不过如是。"（《唐诗别裁集》）（毕桂发）

【原文】

酬乐天扬州初逢席上见赠

巴山楚水凄凉地[1]，二十三年弃置身[2]。
怀旧空吟闻笛赋[3]，到乡翻似烂柯人[4]。
沉舟侧畔千帆过，病树前头万木春。
今日听君歌一曲[5]，暂凭杯酒长精神[6]。

【毛泽东圈评等情况】

毛泽东很喜爱这首诗，曾用红铅笔在标题前画圈，用黑铅笔在第一句诗前画圈，每句诗后作了圈点。在《唐诗别裁集》里，于中唐诗人刘禹锡名字上面用红笔画了一个大圈，对其《酬乐天扬州初逢席上见赠》诗用红、黑两色笔迹作了圈画。集子编者在注解中说："沉舟二语，见人事不齐，造化亦无之如何。悟得此旨，终身无不平之心矣。"毛泽东批注道："此种解释是错误的。"

[参考] 张贻玖：《毛泽东评点、圈阅的中国古典诗词》，
中国工人出版社 1992 年版，第 124—125 页。

毛泽东还用"沉舟"二语来批示中央文件。1959年4月24日，他在国务院副总理李先念《关于吕泗洋风暴事故后最近情况的报告》上批示："退总理。唐人诗云：沉舟侧畔千帆过，病树前头万木春。再接再厉，视死如归，在同地球开战中要有此种气概。"

[参考]《建国以来毛泽东文稿》第8册，中央文献出版社
1993年版，第217页。

20世纪五六十年代，毛泽东还手书过这首诗的"沉舟侧畔千帆过，病树前头万木春"。

[参考]中央档案馆编：《毛泽东手书选集·古诗词（上）》，
北京出版社1996年版，第251页。

【注释】

（1）巴山楚水，泛指诗人被贬谪的朗州（今湖南常德）、连州（今广东连州）、夔州（今重庆奉节东）、和州（今安徽和县）等地方。朗州、桂州、和州在战国时属楚地，夔州在秦汉时属巴郡。

（2）二十三年，诗人自唐顺宗永贞元年（805）被贬，到写此诗时近二十三年。弃置，指长期遭贬不被重用。

（3）闻笛赋，指西晋向秀所作的《思旧赋》。

（4）翻，反而。烂柯人，指晋人王质。传说王质到石室山砍柴，看见两个童子下棋，一局终了，身旁的斧柄已经腐烂。回到家里，已经过了百年（《述异记》）。

（5）君，指白居易。歌一曲，指白居易的赠诗。

（6）长（zhǎng），增长，振作。

【赏析】

唐敬宗宝历二年（826）冬，刘禹锡罢和州刺史，被征还京，和白居易（乐天）在扬州（今江苏扬州）相遇。白有《醉赠刘二十八（禹锡）使君》七律诗一首云："为我引杯添酒饮，与君把箸击盘歌。诗称国手徒为尔，命压人头不奈何。举眼风光长寂寞，满朝官职独蹉跎。亦知合被才名

折，二十三年折太多。"本篇就是答白诗之作。诗中表现诗人对长期遭受排挤打击的愤懑和不肯屈服的斗争精神。

"巴山楚水凄凉地，二十三年弃置身"，首联叙事，写自己长期遭受贬谪的遭际。"巴山楚水"，泛指诗人被贬谪的朗州（今湖南常德）、连州（今广东连州）、夔州（今重庆奉节东）、和州（今安徽和县）等地。朗州、连州、和州在战国时属楚地，夔州在秦汉时属巴郡，故称。"二十三年"，诗人自唐顺宗永贞元年（805）革新失败被贬连州刺史出京后，到宝历二年冬，共历二十二个年头。预计回到京城时，已跨进第二十三个年头了。"弃置"，指长期遭贬不被重用。诗人一上来，就接过白诗尾联中"二十三年"的话头，说自己谪居在这巴山楚水的地方，算来已经二十三年了。好像对面晤谈，朋友之间推心置腹，极为亲切。

"怀旧空吟闻笛赋，到乡翻似烂柯人"，颔联用典，慨叹此次回来物是人非。"闻笛赋"，晋人向秀经过亡友嵇康、吕安的旧居，听见邻人吹笛，感音悲叹，因而写了一篇《思旧赋》。"烂柯人"，指王质（《述异记》）。两句中诗人分别以向秀和王质自比，说明被贬离京二十三年，时间太久了，物是人非，有的朋友已经死去，回到家乡后可能和乡人都不认识了，感慨极深。

"沉舟侧畔千帆过，病树前头万木春"，颈联议论，自抒怀抱。白居易的赠诗中有"举眼风光常寂寞，满朝官职独蹉跎"二语，作者用这两句回答。两句中"沉舟"与"千帆""病树"与"万木"，句中自对，形象鲜明，效果强烈。在诗人看来，自己虽像"沉舟""病树"，但沉舟侧畔，有千帆竞发；病树前头，正万木峥嵘。个人的沉滞算不了什么，长江后浪推前浪，世上新人促旧人，世界还是要向前发展的，新陈代谢总是持续下去的。二语是刘氏警句，闪耀着唯物主义光辉。

"今日听君歌一曲，暂凭杯酒长精神"，尾联抒情，表示要振作起来。这两句是答白诗首联"为我引杯添酒饮，与君把箸击盘歌"的。"长精神"，有抖擞自奋之意。末二句是个表态：听了你的赠诗不胜感慨，暂且借杯酒来振奋精神吧！（毕桂发）

乌衣巷

朱雀桥边野草花⁽¹⁾，乌衣巷口夕阳斜⁽²⁾。

旧时王谢堂前燕⁽³⁾，飞入寻常百姓家⁽⁴⁾。

【毛泽东圈评等情况】

毛泽东对此诗圈画过六次并手书过。他在一本中华书局印行的清蘅塘退士原编《注释唐诗三百首》"七言绝句"中此诗题头上方画了一个大圈。

[参考] 中央档案馆编：《毛泽东手书选集·古诗词（上）》，
北京出版社 1996 年版，第 258 页。

毛泽东非常喜欢这首诗，在不同的古诗版本中，他"曾圈画过六次"。

[参考] 张贻玖：《毛泽东评点、圈阅的中国古典诗词》，
中国工人出版社 1992 年版，第 124 页。

20 世纪五六十年代，他还手书过这首诗。

[参考] 中央档案馆编：《毛泽东手书选集·古诗词（上）》，
北京出版社 1996 年版，第 258 页。

【注释】

（1）朱雀桥，也叫南航，东晋咸康时所建，金陵正南门朱雀门外横跨秦淮河的浮桥。花，开花。

（2）乌衣巷，六朝时金陵一条有名的巷子，在秦淮河南岸，其地本为东吴时军营，因军士皆穿黑衣，故名。斜（xiá），诗韵在"六麻"，与"花""家"在同一韵部。

（3）王谢，指东晋时大贵族王导和谢安，他们曾住在乌衣巷里。

（4）寻常，平常。

【赏析】

乌衣巷，在今江苏南京东南秦淮河南岸，其地本三国时吴国乌衣营所在地，营中兵士皆穿乌衣，故名。东晋时王、谢等望族居此，因以著称。

南朝宋刘义庆《世说新语·雅量》："有往来者云：'庾公有东下意。'或谓王公曰：'可潜稍严，以备不虞。'王公曰：'我与元规虽俱王臣，本怀布衣之好。若其欲来，吾角巾径还乌衣，何所稍严？'"刘孝标注引山谦之《丹阳记》："乌衣之起，吴时乌衣营处所也。"

这首诗是《金陵五题》的第二首，写乌衣巷的今昔变化，感叹世事不常。"朱雀桥边野草花，乌衣巷口夕阳斜"，一二句描写，写朱雀桥、乌衣巷一带的衰败景象。"朱雀桥"，六朝都城建康（今江苏南京）南城门朱雀门外的浮桥，横跨秦淮河上。三国吴时称南津桥，晋改名朱雀桁。桁为连船而成，长九十步，广六丈。因在台城南，又称"南航"。秦淮河上二十四航，此为最大，又称"大航"。这两句是说，在当年秦淮河上车马喧闹的朱雀桥边，如今是杂草丛生，野花盛开；当年最富丽堂皇的乌衣巷口荒凉冷落，只有一抹夕阳的余晖照射着它。两句于写景中实寓深意，但诗人以冷静的描叙口吻道出。

"旧时王谢堂前燕，飞入寻常百姓家"，三、四两句抒情，感叹今昔之变。"王谢"，指东晋以王导、谢安为代表的两大贵族集团。"寻常"，平常。后两句是说，这一带昔日王谢两大贵族宅第，早已变成了普通百姓的住宅，燕子仍能来原处筑巢，不过屋舍和主人的身份都不同了。这里写出沧桑变化的事实，自然成为对豪门大族辛辣的讽刺。诗篇从侧面着笔，借眼前景物写今昔之感，含蓄深沉，耐人寻味。以前有人以为后两句说的是王谢宅第已不再存在，所以燕子只好飞到寻常百姓家筑巢，把有深曲之意的诗句作了简单化的理解。清人施补华说："若作燕子他去，便呆。盖燕子仍入此堂，王谢零落，已化作寻常百姓矣。"（《岘佣说诗》）这意见比较好。（毕桂发）

【原文】

玄都观桃花

紫陌红尘拂面来[1]，无人不道看花回。
玄都观里桃千树[2]，尽是刘郎去后栽[3]。

【毛泽东圈评等情况】

毛泽东手书过这首诗。

[参考]中央档案馆编:《毛泽东手书选集·古诗词(上)》,

北京出版社 1996 年版,第 253 页。

【注释】

(1)紫陌,指京城长安郊野的道路。汉王褒《羽猎赋》:"济漳浦而横阵,倚紫陌而并征。"红尘,车马扬起的飞尘。

(2)玄都观,为长安城内一所道教庙宇。

(3)刘郎,作者自称。

【赏析】

唐顺宗永贞元年(805),即唐德宗贞元二十一年,刘禹锡参加王叔文政治革新失败后,被贬为朗州司马离开长安,到了唐宪宗元和十年(815),朝廷有人想起用他及其他同时被贬的柳宗元等人。诗人回到京师,看到玄都观中游人如织,想到十年之前他离京时,观中尚无一株桃花,如今却是桃花满园,占尽春光,招徕游人,颇似以革新者的牺牲来换取禄位的朝中新贵,便写下这首诗。诗中通过人们在玄都观看花,讽刺了朝中新贵。玄都观,北周、隋、唐道观名。原名通道观,隋开皇二年改名玄都观。在长安城南崇业坊(今陕西西安南门外)。此诗原题作《元和十年自朗州召至京,戏赠看花诸君子》。

这是一首七言绝句。"紫陌红尘拂面来,无人不道看花回",一、二两句描写,玄都观看花盛况生动如绘。"紫陌",指京师郊野的道路,语出汉王褒《羽猎赋》:"济漳浦而横阵,倚紫陌而并征。""红尘",车马扬起的飞尘。汉班固《西都赋》:"红尘四合,烟云相连。"二句是说,通往玄都观的道路上,车水马龙,红尘滚滚扑面而来,人们笑语喧哗,没有人不为看花而陶醉。大道上人马喧闹、川流不息的盛况,归途中人们心满意足的神态,衬托出玄都观桃花之繁荣美好。

"玄都观里桃千树,尽是刘郎去后栽",三、四两句抒情,直刺朝中新贵。"刘郎",作者自称。后两句是说,玄都观里的上千株桃树,都是刘郎我离开京城以后栽种的。这是字面的意思,在这里,诗人用的是皮里阳秋之法,虽然表面上只是叙述客观事实,未予褒贬,实则心中自有褒贬,而且言外之意,不难洞悉:千树桃花,也就是十年以来投机取巧,而在政治上越来越得意的新贵,而那些看花的人,则是些趋炎附势、攀龙附凤之辈。他们为了权势,奔走权门,就和在紫陌红尘中,凑热闹看桃花一样。而这些看起来似乎了不起的新贵,也不过是我被排挤出京城以后提拔起来的罢了。这种对新贵的辛辣的讽刺,轻蔑的态度,使他的政敌难以忍受。因而此诗一出,又引来弥天大祸,诗人及其战友们便立即受到了打击报复。唐宪宗也认为此诗"语涉讥刺"(见《旧唐书》本传),把刘禹锡贬到"恶处"播州做刺史。后因其高寿老母在堂,得柳宗元愿"以柳易播"慷慨相助,宰相裴度为其说情,才被改授为连州刺史。(毕桂发)

【原文】

石头城

山围故国周遭在⁽¹⁾,潮打空城寂寞回。
淮水东边旧时月⁽²⁾,夜深还过女墙来⁽³⁾。

【毛泽东圈评等情况】

毛泽东在读清沈德潜编选《唐诗别裁集》卷二十"七言绝句"时圈阅了这首诗。

[参考]张贻玖:《毛泽东评点、圈阅的中国古典诗词》,
中国工人出版社 1992 年版,第 233 页。

【注释】

(1)故国,旧都,古城。《史记·穰侯列传》:"齐人攻卫,拔故国,杀子良。"司马贞索隐:"卫之故国,盖楚丘也。"周遭,周围。

(2)淮水,即现在的秦淮河,六朝时为金陵最繁华的区域。

（3）女墙，城墙上呈凹凸形的短墙，即城垛。

【赏析】

这是刘禹锡的著名组诗《金陵五题》的第一首，是就石头城发怀古之情。诗一开始，就置读者于苍莽悲凉的氛围之中。"山围故国周遭在，潮打空城寂寞回。""故国"，故都，即石头城。"周遭"，环绕之意。围绕着石头城的山川城墙依然存在，而经历过六代繁华的石头城至今却是生气全无的"空城"，江潮上涨，喧阗奔腾，汹涌的潮头拍打着城郭，冰冷而荒凉。江潮有知，也只得寂寞而回。"寂寞"二字更形象地托出了石头城的凄凉。城犹如此，那些被时代潮流淘汰得无影无踪的人物的可悲可悯，也就不言而喻了。面对坚城犹在，大江仍旧，而石头城内的繁荣却荡然无存，"潮打空城"，诗人何处去寻昔日的痕迹呢？"淮水东边旧时月，夜深还过女墙来"，"旧时月"是指历史长河中之月，"夜深还过女墙来"之月，是指今人眼中之月。这两句是说，当年从秦淮河东边升起的明月，如今依旧多情地从城垛后面升起，照见这荒凉的古城。诗人特别把今人眼中的月亮称为"旧时月"，显然是为了增强吊古的情韵。"旧时月"是当年秦淮奢侈繁荣的见证，而今月下却只剩荒凉。末句的"还"字，意味着月虽还来，然而许多失去的东西已经一去不复返了，诗人的这两句诗，在艺术上受到了前人的启发。岑参《山房春事》二首之二"庭树不知人去尽，春来还发旧时花"，语极感慨含蓄，刘诗构思与之相同，而气势的苍莽，似稍过之。李白《苏台览古》"只今唯有西江月，曾照吴王宫里人"，情甚酸楚悲凉，刘诗情调与之相近，但没有"只今唯有"的限制，一切都包含在"旧时月""还过"的含蓄词语之中，诗境更浑厚深远。

这首诗基调悲哀，不管是写沉寂的群山、冰凉的潮水，还是朦胧的月夜，句句是景，但无景不显示故国的冷落萧条，不表达作者人生凄凉的感伤。白居易读此诗称赞道："我知后之诗人无复措辞矣。"这首诗，它开了后世诗家无限法门，且不说王士禛的十四首《秦淮杂诗》俱从本诗化出，就化用其意境，照搬其诗句的就有：大诗人苏轼《次韵秦少章和钱蒙仲》"山围故国城空在，潮打西陵意未平"；周邦彦《西河》词"山围故国，绕清江、髻鬓对起。怒涛寂寞打孤城";元代诗人萨都剌《凤凰台御史大夫易释重公索诗援笔应命》"千古江山围故国，几番风雨入空城";《念奴娇》"伤心千古，秦淮一片明月"等，就此可见此诗影响之一斑。（姬建敏）

【原文】

再游玄都观

百亩庭中半是苔⁽¹⁾，桃花净尽菜花开。

种桃道士归何处⁽²⁾？前度刘郎今又来⁽³⁾。

【毛泽东圈评等情况】

毛泽东曾手书此诗。

[参考] 中央档案馆编：《毛泽东手书选集·古诗词（上）》，北京出版社 1996 年版，第 254 页。

【注释】

（1）庭，堂前地，院子。苔，植物名，俗称地衣。

（2）种桃道士，传说玄都观中的桃树，是一个道士用仙桃种成的。借指当初打击王叔文集团，贬黜刘禹锡等人的当权者。

（3）度，次，回。刘郎，刘禹锡自称。

【赏析】

这首七言绝句是《元和十年自朗州至京戏赠看花诸君子》的续篇。前有小序说："余贞元二十一年为屯田员郎时，此观未有花。是岁出牧连州，寻改朗州司马，居十年，召至京师。人人皆言有道士手植仙桃满观，如红霞。遂有前意。以志一时之事。旋又出牧。今十有四年。复为主客郎中，重游玄都观。荡然无复一树，唯兔葵燕麦动摇于春风耳。因再题二十八字，以俟后游。时大和二年三月。"诗人因写了看花诗讽刺新贵，再度被贬，一直过了十四年，才又被召回京师长安任职。在这十四年中，皇帝由宪宗、穆宗、敬宗而文宗，换了四个，人事变动很大，但政治斗争仍在继续。作者写这首诗，有意旧事重提，向打击他的权贵挑战，表示决不因为屡遭报复就屈服妥协。

"百亩庭中半是苔，桃花净尽菜花开"，一、二句叙事，写玄都观中桃花的盛衰存亡。"庭"，堂前地，院子。"苔"，植物名。属隐花植物类，根、茎、叶区别不明显，有青、绿、紫等色，多生于阴湿地方，延贴地面，故亦叫地衣。"菜花"，蔬菜或油菜的花。此处指序中所说兔葵、燕麦。兔葵，植物名。《尔雅·释草》作"菟葵"。宋叶廷珪《海录碎事·草》："兔葵，苗如龙芮，花白茎紫。"燕麦，植物名。野生于废墟荒地间，燕雀所食，故名。子实亦可用以救饥。前二句是说，玄都观上百亩大的院子里，有一半的地方长满了青苔；"如红霞"的满观桃花，"荡然无复一树"，而取代它的，乃是不足以供观览的菜花。这就是说，偌大个庭院，一半因低洼潮湿、人迹罕至长满了苔藓，另一半荒地是兔葵、燕麦丛生。这两句写出玄都观一片荒凉的景色，与十四年前的"玄都观里桃千树"的景象，形成强烈对照。

"种桃道士归何处？前度刘郎今又来"，三、四两句抒情，由花事之变迁，关合到自己升沉进退，因此便联想到：不仅桃花荡然无存，游人绝迹，就是那一位辛勤种桃的道士也不知道到哪里去了？可是，上次看花题诗，因而再次被贬的刘禹锡如今又回到长安，并且旧地重游来了。后二句掷地作声，出尽胸中数十年不平之气，充满了唯物者的胜利豪情。

刘禹锡写诗善于把写实与比喻结合使用，而且融化无迹，流丽自然。此诗虽只二十八字，却将道士荣辱、桃花盛衰、玄都观庭院变迁写得生动如绘，不愧为写实高手。而诗中比喻的运用更为高妙。和上一首一样，桃花是指那些靠打击革新者而发迹的新贵，种桃道士，此处喻指宪宗时握有实权的武元衡。二十四年前永贞革新失败时，靠逼宫登基的宪宗李纯和镇压革新的宦官，处死革新派主要人物王叔文，将另一主要人物王伾和柳宗元、刘禹锡等八人贬为司马。十四年前，刘禹锡等被召回京，即将另有任用时，武元衡等人蛊惑宪宗，将其再次远窜。他们自己则弹冠相庆，互相提携，使朝廷上一时之间千桃竞放，灿若红霞。然而如今武元衡等人或仙逝，或倒戈，再也不能兴风作浪。刘禹锡再游玄都观时，朝廷中由其挚友唐名相裴度任政。新贵们作鸟兽散，被贬者笑到最后。这就是此诗中比喻所蕴含的丰富的政治内容。（毕桂发）

【原文】

听旧宫人穆氏唱歌

曾随织女渡天河[(1)]，记得云间第一歌。

休唱贞元供奉曲[(2)]，当时朝士已无多[(3)]。

【毛泽东圈评等情况】

毛泽东曾两次手书这首诗。

[参考]中央档案馆编：《毛泽东手书选集·古诗词（上）》，

北京出版社 1996 年版，第 255—257 页。

【注释】

（1）织女渡天河，古代神话传说，织女与牛郎隔天河相对，每年七夕渡河相会。《岁华纪丽》卷三引汉应劭《风俗通》佚文："织女七夕当渡河，使鹊为桥。"后常以此典咏夫妇隔离，或借以表达男女相思、相爱之情。织女，即织女星，星体名，又称天孙。共三星，即天琴座三星，形如等边三角形，在银河以西，与河东牵牛星相对。天河，银河。

（2）贞元，唐德宗李适年号（785—805）。供奉曲，指当时专门唱给德宗皇帝听的曲子。

（3）朝士，朝廷之士，泛称中央官员。汉陆贾《新语·怀虑》："战士不耕，朝士不商，邪不奸直，圆不乱方。"

【赏析】

这首七言绝句是怀旧之作。诗人飘零宦海、久历风波之后，追念往日的政治活动，感叹自己到老无成，因有是作。

"曾随织女渡天河,记得云间第一歌",前两句写昔日之盛。织女是天帝的孙女,诗中以喻郡主(唐时,指太子的女儿)。这位宫人穆氏,或许原是某郡主的侍女,在郡主出嫁之后,还曾跟着多次进入宫禁,而有机会听到、学到当时供奉德宗的天下最好的歌曲。诗人不写穆氏唱得如何美妙动听,而只说所唱之歌,学来不易,其好听则自然可知。这和杜甫写李龟年的歌,"岐王宅里寻常见,崔九堂前几回闻",其人之身价,其歌之名贵,不言而喻,有异曲同工之妙。

"休唱贞元供奉曲,当时朝士已无多",后两句写今日之衰。"贞元",唐德宗李适年号(785—805)。"供奉曲",宫廷内演奏的歌曲。"供奉",指以某种技艺或姿色侍奉帝王,这里指专门唱给德宗听的歌曲。"朝士",朝廷之士,泛称中央官员。汉陆贾《新语·怀虑》:"战士不耕,朝士不商,邪不奸直,圆不乱方。"从德宗以后,已经换了顺宗、宪宗、穆宗、敬宗、文宗等好几个皇帝,俗话说"一朝天子一朝臣",朝廷政局,变化很大。诗人虽几经沉浮,历尽坎坷,但能活到今天,已很幸运。回头看看,当年参加永贞革新运动的朝士,已经"无多"了。现在,听到这位旧宫人穆氏唱着当时用来供奉德宗的美妙歌曲,回想起诗人参与的贞元二十一年那一场充满着美妙希望但又旋即幻灭的政治斗争,加上故旧凋零,自己衰老,真是感慨万端,所以,尽管穆氏唱得极好,也只有祈求她不要唱了。诗人往事不堪回首的感慨不言可知矣!(毕桂发)

【原文】

蜀先主庙

天下英雄气⁽¹⁾,千秋尚凛然⁽²⁾。

势分三足鼎⁽³⁾,业复五铢钱⁽⁴⁾。

得相能开国⁽⁵⁾,生儿不象贤⁽⁶⁾。

凄凉蜀故妓⁽⁷⁾,来舞魏宫前⁽⁸⁾。

【毛泽东圈评等情况】

毛泽东在一本清蘅塘退士原编《注释唐诗三百首》"五言律诗"中此诗题目上方天头空白处连画三个小圈，又在右侧正文上方批注道："略好。"

[参考]中央档案馆整理：《毛泽东评点诗词曲精选（上册）》，

中国档案出版社1998年版，第92页。

【注释】

（1）天下句，《三国志·蜀书·先主传》："（曹）操语先主曰：'夫英雄者，胸怀大志，谋有良谋，有包藏宇宙之机，吞吐天地之志者也。今天下英雄，唯使君（指刘备）与操耳。'"这里是借曹操的话赞美刘备。

（2）千秋，千年。凛然，令人肃然起敬的样子。

（3）三足鼎，喻魏、蜀、吴如鼎三足并立。

（4）业复，恢复汉业之意。五铢钱，汉武帝刘彻在元狩五年（前118）铸造的一种货币，钱上有"五铢"二字。王莽代汉时，曾废五铢钱。至光武帝刘秀时，又从马援奏重铸，天下称便。这里以光武帝恢复五铢钱，比喻刘备想恢复汉室。

（5）"得相"句，指诸葛亮以丞相辅佐蜀汉。

（6）生儿，指刘备的儿子后主刘禅。不象贤，不像刘备那样英明有为。象，同"像"。

（7）蜀故妓，已经灭亡了的蜀国旧艺人。妓，一作"伎"，乐。

（8）魏宫，指曹魏的宫殿，故址在今河南洛阳。《三国志·蜀书·后主传》载，蜀汉降魏后，刘禅"东迁至洛阳，策命为安乐县公"。裴松之注引《汉晋春秋》云："司马文王（司马昭）与禅宴，为之作故蜀伎。旁人皆为之感怆，而禅喜笑自若。"

【赏析】

这首五言律诗是刘禹锡任夔州（今重庆奉节东）刺史时所作，夔州有汉先主刘备庙。这是诗人借景抒怀的咏史诗，毛泽东对此诗批注"略好"。

首联"天下英雄气，千秋尚凛然"，突兀劲挺，气势磅礴，写诗人面对庙中先主威风凛凛、叱咤风云的塑像，一种敬仰之情油然而生。"天下"二字境界雄阔，极写"英雄气"至大至刚，充斥天地之间；"千秋"二字洞穿古今，极言"英雄气"万世长存，光照汗青。首联是赞叹，是抒怀，同时也是用典。它暗用《三国志·蜀书》中曹操对刘备说的话："今天下英雄，惟使君与操耳。"用典恰当贴切，不露痕迹。

领联紧承首联，具体歌颂了刘备建立蜀国的英雄业绩。"势分三足鼎，业复五铢钱"，写刘备出身寒门，在汉末的乱世之中，结交英雄，广揽贤才，南征北战，终于和曹操、孙权三分天下。建立蜀政权后，他又力图进取中原，统一中国，充分显示了气吞山河的英雄气概。"五铢钱"是用典：汉武帝元狩五年（前118）铸五铢钱，王莽篡权时将其废除，东汉初，光武帝刘秀又予以恢复，这里诗人借五铢钱比喻刘备兴汉的勃勃雄心。

颈联是为刘备建立的蜀汉政权未能统一中国而叹惜。"得相能开国"指刘备三顾茅庐，请出了诸葛亮，在诸葛亮的辅佐下，通过艰苦奋斗，建立了蜀国。"生儿不象贤"是说刘备的儿子刘禅不能学习父亲的贤德，愚昧阔弱，亲近小人，致使刘备开创的基业被葬送。此联中，诗人用对比的手法，总结出一条历史教训：创业难，守成更难。

尾联是感叹刘禅的不成器。"凄凉蜀故妓，来舞魏宫前"，写刘禅降魏后，被迫离开蜀地，迁到洛阳，封为安乐县公。但他仍不思恢复，不感耻辱。司马昭"为之作故蜀伎。旁人皆为之感怆，而禅喜笑自若"，真是到了乐不思蜀的地步。尾联渗透着诗人对刘备大业被不肖子断送的无限伤悼之情。

全诗从结构上来看，前四句写盛德，后四句写衰业。通过鲜明的对比，造成强烈的艺术反差，让人们清楚地看出古今兴亡的一个深刻教训。刘禹锡是王叔文革新集团的骨干力量，面对唐王朝江河日下的现实，他的兴亡之感是深刻的，咏史怀古，用意良苦。（王建平）

【原文】

赠李司空妓

高髻危冠宫样妆⁽¹⁾，春风一曲杜韦娘⁽²⁾。

司空见惯浑闲事⁽³⁾，断尽苏州刺史肠⁽⁴⁾。

【毛泽东圈评等情况】

1958 年 11 月 10 日，新华社编印的《参考资料》第 2504 期上以《美官员竭力诬蔑我人民公社运动，但承认其意义重大影响深远，并说南十分注意这一发展》为题，刊载了合众国际社的电讯。毛泽东在这篇电讯的开头和旁边，抄录了唐朝诗人刘禹锡的这首诗。

[参考] 陈晋：《毛泽东之魂》，吉林人民出版社 1993 年版，第 197 页。

【注释】

（1）"高髻危冠"句，《全唐诗》作"高髻云鬟宫样妆"，一作"鬟髻梳头宫样妆"。

（2）杜韦娘，唐歌女名，唐教坊用为曲名。崔令钦《教坊记》："杜韦娘，歌曲名。非妓姓名也。"

（3）司空，官名，指李绅。绅当时任司空。浑闲事，很平常的事。

（4）苏州刺史，作者自指。

【赏析】

唐孟棨《本事诗·情感》云："刘尚书禹锡罢和州……李司空罢镇在京，慕刘名，尝邀至第中，厚设饮馔。酒酣，命妙奴歌以送之。刘于席上赋诗曰：（略）李以妓赠之。"这是一首赠给李绅的诗，诗中赞扬了李绅艺伎的美妙歌声和潇洒的风采，流露了无限深情。李司空，即李绅。司空是官名。诗题一作《禹锡赴吴台》。

这首七绝写得很精彩，是刘诗的名篇。"高髻危冠宫样装，春风一曲杜韦娘。"前两句白描，写出歌伎的不凡风姿和技艺。高髻危冠，一作"鬟髻梳头"。"鬌髻"，亦作"倭堕"，古代妇女梳的一种发式，发髻向额前俯偃。《乐府诗集·陌上桑》："头上倭堕髻，耳中明月珠。"这两句说，歌女梳的发型和皇宫里的宫女一样，在这春光明媚的季节，她唱了一曲十分流行的"杜韦娘"歌曲。首句选写歌伎的发髻，用"宫样妆"作比，给人以奇特之感。次句写歌伎唱歌，用"杜韦娘"曲，也极不普通。"惯"与"不惯"，未作议论。到了三、四两句，才采用分写的方法，作了两种不同的表露："司空见惯浑闲事，断尽苏州刺史肠。"后两句意谓，让这样打扮的人唱这种歌曲来侑酒，对你这位司空大人来说是很平常的事，但对我来说，使我反而感到悲伤到了极点，心中极不舒服。三句用"浑闲事"，写出"司空见惯"。四句用"断肠"，写出自己的悲伤。同样一种场面，"江南刺史"不大习惯，而且还有反感，而这位司空大人却是见惯了，习以为常。所以，后代人摘取诗中"司空见惯"四字，来比喻对某种事物习惯了就不以为奇的意思。

　　毛泽东为什么要用这首诗来批注合众国际社的电讯呢？因为这则电讯中说："毛泽东已经使他的国家野心勃勃地执行过去从来没有执行过的共产主义原则。这比苏联曾试验过的任何办法要厉害得多，而中国的统治者们的成败取决于这个办法是否成功。""毛泽东正在孤注一掷，看这个制度是否能养活这个国家。鉴于一再发生的旱灾和水灾——这些灾害已经使中国的饥荒，几乎成为司空见惯的事——这是一种冒险的计划。""这位共产党中国领袖正在把社会组织成最有效的生产单位——在纸面上。但是他也是把潜在的反革命基础聚集起来，在事情不顺利时推翻他。这个制度的成功或失败所产生的影响，远远地超过中国的疆界。南斯拉夫的'民族主义的'共产党人，正如渴望从莫斯科获得较多的自由的东欧卫星国家的共产党人一样，关切地注意着这一发展。"

　　合众国际社这则电讯的意思是，中国的安危存亡，系于"大跃进"和"人民公社"的成败。但它的结论是明确的，这是"冒险的计划"，从而使"反革命基础聚集起来"，很有点幸灾乐祸的味道。毛泽东在上面几段话下面画了横线，有的还做有着重号，以示注意，并在电讯的开头和旁边写下刘禹锡的《赠李司空妓》这首诗，用来批评合众国际社的上述电讯，举重若轻地作了回答——我们搞的旨在推进经济发展的"大跃进"和"人民公社"化运动，本来是"司空见惯"的平常事，却让那些别有用心的人痛心断肠，岂非咄咄怪事！（毕桂发）

【原文】

西塞山怀古

王濬楼船下益州[(1)]，金陵王气黯然收[(2)]。

千寻铁锁沉江底[(3)]，一片降幡出石头[(4)]。

人世几回伤往事[(5)]，山形依旧枕寒流[(6)]。

今逢四海为家日[(7)]，故垒萧萧芦荻秋[(8)]。

【毛泽东圈评等情况】

毛泽东非常喜爱这首诗，20 世纪五六十年代，他曾经两次手书过[①]；在不同的古诗选本中，曾先后圈画过六次[②]；在中华书局印行的清人蘅塘退士原编《注释唐诗三百首》中此诗标题上方天头空白处连画了三个小圈，又在标题右侧画了一条竖杠，还在正文开头处上方画了一个大圈[③]；在一本清人沈德潜编选《唐诗别裁集》中的此诗标题前，他用红铅笔画了一个大圈。编者在诗后注释说："时梦得与元微之、韦楚客、白乐天各赋金陵怀古。梦得诗成，乐天览之曰：'四人探骊龙，子已获珠，余皆鳞爪矣。'遂罢唱。"毛泽东对这段注释，逐字加了圈点、断句[④]。这在他圈画的唐诗中是不多的。

不仅如此，毛泽东在一次与人谈话中，还巧妙地引用了此诗。毛泽东晚年曾有一段时间双目失明，便请了时任北京大学中文系讲师的芦荻同志帮他读书。据后来芦荻回忆说：

1975 年 5 月 29 日的夜晚，明月高悬，中南海的海水静静地流着，毛泽东住居的乳白色平房笼罩在皎洁的月光中。芦荻怀着异常兴奋激动的心情，第一次来到毛泽东身边。

毛泽东高兴地说："啊，四八年参加革命的，参加过抗美援朝！"接着又微笑着问，"你大概喜欢秋天吧？"

芦获一时不知所对。

毛泽东爽朗地笑了："你为什么叫芦获？会背刘禹锡写的《西塞山怀古》这首诗吗？"

芦获把这首诗背给毛泽东听，毛泽东也铿锵有力地吟诵了这首诗："王濬楼船下益州，金陵王气黯然收。千寻铁锁沉江底，一片降幡出石头。人世几回伤往事，山形依旧枕寒流。今逢四海为家日，故垒萧萧芦获秋。"

芦获这才明白了，毛泽东是用这首诗的最后一句，幽默地说到她的名字，使她在这样一个轻松的话题中，把紧张激动的心情平静下来⑤。

此外，1975年8月下旬，毛泽东在和"四人帮"中的狗头军师张春桥谈话时，也谈到了《西塞山怀古》这首诗。谈话一开始，毛泽东问："喜欢读诗吗？"张春桥笑了笑："偶而也读点，但经常读的是主席的，公开发表的大多数都会背了。"说着背了几首。"会背《西塞山怀古》吗？刘禹锡的。""看过，背不下来。"毛泽东用手击着床帮子，铿锵有力地吟诵起来："王濬楼船下益州，金陵王气黯然收。千寻铁锁沉江底，一片降幡出石头。人世几回伤往事，山形依旧枕寒流。如今四海为家日，故垒萧萧芦获秋。""主席的记性真好！"毛泽东沉思地说："中唐的刘禹锡，是个唯物主义者，忧国忧民，立志改革，最后失败被贬为朗州司马。中国这片土地，人事沧桑变迁，惟有事业永留。……"⑥

① 中央档案馆编：《毛泽东手书选集·古诗词（上）》，北京出版社1996年版，第261—262页。

②、④ 张贻玖：《毛泽东评点、圈阅的中国古典诗词》，中国工人出版社1992年版，第124—125页。

③ 中央档案馆整理：《毛泽东评点诗词曲精选》，中国档案出版社1998年版，第110页。

⑤ 杨建业：《在毛主席身边读书——访北京大学中文系讲师芦获》，《光明日报》1978年12月29日。

⑥ 师东兵：《决定中国命运的二十八天——粉碎"四人帮"集团纪实》，河南人民出版社1993年版，第368—369页。

【注释】

（1）王濬（jùn），晋代人，字士治，弘农湖县（今河南灵宝西南）人，武帝时任益州刺史。楼船，大型战船。益州，今四川成都。

（2）金陵，三国时吴国都城，即今江苏南京。王气，帝王之气。黯然，暗淡无光的样子。

（3）千寻铁锁，指吴国在长江险要地带用铁锁链修成的阻止晋军船只的拦江工事。寻，古代八尺为寻。

（4）降幡，降旗。石头，即石头城，三国时孙权所筑，故城在今南京清凉山。

（5）往事，指吴、东晋、宋、齐、梁、陈这六个建都金陵的王朝相继灭亡的史实。

（6）山，指西塞山。枕，压着。寒流，秋天清冷的长江水。

（7）四海为家，四海归于一家。《史记·高祖本纪》："天子四海为家。"指国家统一。

（8）故垒，指西塞山，也包括六朝以来的战争遗迹。萧萧，秋风声。芦荻，芦苇。

【赏析】

人们不禁要问，毛泽东这么喜欢《西塞山怀古》，它是怎样一首诗，到底好在哪里呢？

顾名思义，这是一首怀古诗。西塞山，在今湖北大冶东，峻峭临江，形势险要，为长江中游险隘，三国时吴国西部要塞。怀古，借凭吊古籍或追怀历史事件来抒发感情。

唐穆宗长庆四年（824）七八月间，刘禹锡由夔州刺史调任和州刺史，沿江东下，途经西塞山，抚今追昔，即景抒情，写下了这首诗。

"王濬楼船下益州，金陵王气黯然收"，首联叙事，写西晋伐吴之战。王濬，字士治，弘农湖县（今河南灵宝西南）人，咸宁五年（279），晋武帝司马炎为完成统一大业，下令伐吴，在东起滁州（今安徽滁州）、西至益州（今四川成都）的漫长战线上，以贾充为大都督，组织了数路大军，向吴国发起全面进攻。处于最西端的龙骧将军王濬，率领以高大的楼船组成的水军，于晋武帝太康元年（280）正月从益州出发，顺流东下，直向吴国都城挺进，所向披靡，三月灭吴，历时仅五个月。开头完全撇开诗题，不写西塞山，而从大处着眼，远处落笔，由上游的益州写起。王濬的战船浩浩荡荡顺流飞速而下，如入无人之境，极为壮阔。一个"下"字，表现了战船直下金陵、锐不可当的磅礴气势；一个"收"字，写出了孙吴政权崩溃之速、失败之惨。

"千寻铁锁沉江底，一片降幡出石头"，颔联继续叙事，写吴军战败出降。东吴亡国之君孙皓，面对王濬的水军进攻，下令在西塞山险要处长江中暗置铁锥，并用千寻铁链横锁江面，自以为是万全之策。谁知王濬用大筏数十，冲走铁锥，以大火炬烧毁铁锁，顺流鼓棹，直取金陵。"皓乃备亡国之礼""造于垒门"（《晋书·王濬传》）。这两句形象地描绘了这次战争进程及其结果，简练而有气势。

"人世几回伤往事，山形依旧枕寒流"，颈联议论，写诗人联想起六朝兴亡事件而发出的感慨。"几回"和"往事"，不仅指这次西晋灭吴，并且由此联想到此后发生在金陵的宋、齐、梁、陈的王朝更替，可以说是三百多年的南朝兴衰史的艺术概括。"山形"，指西塞山的形状。"枕寒流"，枕字用得极传神，也切怀古之意：这场著名的战役已经成为陈迹了，只有西塞山依旧静静地躺在长江边。"寒流"，形容秋天江水。这两句用人世间不断改朝换代的变化和山川依旧互相对照，含有无限感慨之情：从三国到六朝的分裂局面，一个个地相继消失；往日在西塞山一带争雄的人物，也一个个地相继去世。世事沧桑变化，只有事业永存！感慨深沉，发人猛醒。

"今逢四海为家日，故垒萧萧芦荻秋"，尾联抒情，由怀古而鉴今。这两句是说，这些江边的营垒都已荒废无用，只有芦荻萧萧，发出悲凉的秋声。到这里似乎还有意思不曾说出，让读者自己去体会；三国六朝的分裂局面早已成为历史，唐代确实完成统一大业，但此时的藩镇割据不又成为严重的问题了么？怀古鉴今，收束全诗。（毕桂发　王汇涓）

牛僧孺

牛僧孺（779—847），字思黯，安定鹑觚（今甘肃灵台）人，唐代诗人、政治家。唐德宗贞元元年进士，宪宗时累官御史中丞，穆宗时同平章事，敬宗时，封奇章郡公。后出镇鄂渚。文宗朝，征入再相。与李宗闵、杨嗣复结成朋党，排斥异己，威震天下，与李德裕为首的另一官员集团，斗争近四十年，时人称为"牛李党争"。武宗时贬为循州长史，宣宗时还朝病死。新、旧《唐书》均有传。有传奇集《玄怪录》。

【原文】

席上赠刘梦得

粉署为郎四十春[1]，今来名辈更无人。
休论世上升沉事[2]，且斗樽前见在身[3]。
珠玉会应成咳唾[4]，山川犹觉露精神。
莫嫌恃酒轻言语，曾把文章谒后尘[5]。

【毛泽东圈评等情况】

毛泽东曾手书此诗。

[参考] 中央档案馆编：《毛泽东手书选集·古诗词（下）》，北京出版社 1996 年版，第 265 页。

【注释】

（1）粉署，汉代尚书省用胡粉涂壁，后因称尚书省为粉署。刘禹锡于贞元九年（793）中进士，登博学宏词科，授监察御史，进入尚书省。

（2）升沉事，指刘禹锡因参加"永贞革新"几度遭贬与复出的事。

（3）鬭，俗"斗"字，呼。樽前，酒杯前。樽，一本作"尊"，也作"罇"，酒杯。见，古通"现"。

（4）珠玉，喻指谈吐或诗文之美。会应，应当。《晋书·夏侯湛传》："咳唾成珠玉，挥袂出风云。"

（5）谒，请见，进见。后尘，行进时后面扬起的尘土，比喻在他人之后。

【赏析】

这首七律是首即席赠答诗。刘梦得即刘禹锡，梦得是其字。据诗中说刘禹锡"粉署为郎四十春"推算，此诗当写于唐文宗大和元年（827）。刘禹锡于唐德宗贞元九年（793）中进士，登博学宏词科，授监察御史，进入尚书省，恰恰四十年。也与牛僧孺赴举时，曾向刘禹锡进赞，历二十年，刘转汝州，枉道淮南访牛，牛设宴招待，酒酣赋诗大致相合，牛于唐德宗贞元元年（785）中进士，二十年后即唐顺宗永贞元年（805），当是牛僧孺第一次失势做外任镇淮南时。诗中规劝刘禹锡不以世上升沉为念，以长养精神为重，对刘禹锡的文学成就倍加赞扬，并追叙二人交游往事，畅叙友谊。

全诗大抵分为前后两层，前四句是对刘禹锡的宽慰。"粉署为郎四十春，今来名辈更无人。"首联叙事，直言相告：您从作为郎官进入尚书省已经四十年，当初名辈备出，人才济济，现在著名人物已经寥若晨星，所剩无几。犹言作为名流能存至今，已属不易，叙事中已寓宽慰之意。"休论世上升沉事，且鬭樽前见在身。"颔联议论，是说不要管它仕途升降之事，姑且看现在谁能多饮酒。刘禹锡参加王叔文集团，反对宦官和藩镇势力。失败后，贬朗州司马，十年后奉诏进京，因作玄都观看桃花诗讽刺新贵，再贬到更远的连州。十四年后，以裴度力荐，又被召回长安，任太子宾客，加检校礼部尚书，再次以游玄都观为题作诗，傲然宣称"前度刘郎今又来"。这种挑战的口气，表现了刘禹锡坚持斗争的精神。综观刘禹锡一生，两次升降，可谓仕途坎坷，所以诗人才劝他"休论世上升沉事"，现在只看谁能多喝酒，即身体健康之意。这是进一步的劝谏，是赠诗正意。

后四句则又翻出一层，赞扬刘禹锡的文学成就，并叙二人友谊。"珠玉会应成咳唾，山川犹觉露精神。"颈联仍用议论，是说刘禹锡咳嗽一声或吐口唾沫都成珠玉一般，这些锦绣文字使山河大地现在生气勃勃，用以赞美刘禹锡的诗文之美，这也是对这位著名文学家赠诗中的应有之义。"莫嫌恃酒轻言语，曾把文章谒后尘。"末二句议论兼叙事，"恃酒"，仗着酒力，回应题目"席上"。"轻言语"则指上述规劝的话，语气婉转，极为得体。末句则涉及二人交往的一件旧事，也与刘禹锡的文名有关。清沈德潜《唐诗别裁集》此诗尾注云："僧儒赴举时，尝投赞于刘，刘对客展卷，涂窜其文。历二十年，刘转汝州，牛镇淮南，枉道信宿，酒酣赋诗，刘方悟往年涂窜事。"末句牛僧孺叙及二十年前曾以诗文进呈刘禹锡，刘当众涂改其文的旧事，畅叙二人友谊，也是唐代文坛一段佳话。以此结束全诗，使人倍感亲切。

毛泽东曾手书此诗，可见他对这首诗十分喜爱和熟悉。此诗载于他圈阅较多的《唐诗别裁集》卷十五。（毕桂发）

贾 岛

贾岛（779—843），字阆仙，一作浪仙，自称碣石山人，范阳（今河北涿州）人。唐代诗人。曾做过和尚，法名无本。曾还俗应进士考，未中。五十九岁时坐罪贬长江（今四川蓬溪）主簿，后迁普州（今四川安岳）司仓参军，死时六十五岁。诗以五律为主，锤炼工整，具有清奇苦僻的特色，是唐代有名的"苦吟诗人"。其苦僻诗风，对宋代"四灵"和"江湖派"的影响颇大。后人将他与孟郊并提，有"郊寒岛瘦"之说。有《长江集》。

【原文】

忆江上吴处士

闽国扬帆去⁽¹⁾，蟾蜍亏复圆⁽²⁾。

秋风生渭水，落叶满长安。

此地聚会夕，当时雷雨寒。

兰桡殊未返⁽³⁾，消息海云端。

【毛泽东圈评等情况】

毛泽东曾手书"秋风生渭水，落叶满长安"一联。

[参考] 中央档案馆编：《毛泽东手书选集·古诗词（下）》，

北京出版社1996年版，第264页。

毛泽东写的《满江红·小小寰球》中"正西风落叶下长安"一句也由此二句"秋风生渭水，落叶满长安"点化而来。

[参考] 中共中央文献研究室编：《毛泽东诗词集》，中央文献

出版社1996年版，第135页。

【注释】

（1）闽国，即闽州，今福建福州。

（2）蟾蜍（chán chú），虾蟆，古代传说月中有蟾蜍，此处是月亮的代称。《后汉书·天文志》注："羿请不死之药于西王母，姮娥窃之以奔月，是为蟾蜍。"

（3）桡（ráo），桨。兰桡，用木兰树木料做的桨，形容船桨的珍贵。殊，犹。

【赏析】

这是一首五言律诗，忆念一位去了闽国的吴姓朋友。"处士"，即隐居不做官的人。

"闽国扬帆去，蟾蜍亏复圆。"首联写吴处士去闽已经一月，还没有得到他的消息。"蟾蜍亏复圆"是说月亮圆了又缺，缺了又圆。字里行间蕴含着诗人对吴处士的深切惦念，用笔平实，叙事清楚。

"秋风生渭水，落叶满长安。"颔联是说自己还住在长安。这时的长安已进入秋天，强劲的西风吹动着渭水，长安城中树叶纷纷落下，已是一片肃杀。在这个草木零落露为霜的清秋季节，更容易想起朋友的寒暖。两句纯系写景，但景中含情，把诗人对朋友的惦念又推进了一步。"秋风生渭水"，一作"秋风吹渭水"。

"此地聚会夕，当时雷雨寒。"颈联回忆夏天与吴处士的聚会。诗人那次在长安和这位姓吴的朋友聚首谈心，一直谈到傍晚。此时外面忽然电闪雷鸣，大雨滂沱。虽然正在夏天，大家也感到一阵寒意袭来，所以记忆犹新。这段对长安欢聚往事的回忆，表现了诗人与吴处士往昔过从之好。

中间四句，在章法上起承上启下的作用，既向上承接"蟾蜍亏复圆"，又引出"兰桡殊未返"，结构严谨。其中"渭水""长安"两句，是此日长安之秋，是此时诗人之情，又在地域上映衬出"闽国"之远（回应开头），以及"海云端"获得消息之不易（暗藏结尾）。"渭水""长安"联是贾岛的名句，后来为不少人引用，如宋代词人周邦彦的《齐天乐》词："渭水西风，长安乱叶。空忆诗情宛转。"

"兰桡殊未返,消息海云端。"尾联写吴处士去得很远,归期渺茫,表示思念殷切。兰桡,用木兰做的桨,这里代表船只。"殊",这里作"犹"讲。由于朋友坐的船还不见回来,诗人也无从得知他的消息,只好翘首望着天边的海云,希望从那里得到一点吴处士的消息,表现了对朋友的一往情深。

这首诗把题目中的"忆"字反复勾勒,对现在事情的叙述、对往事的追忆和对未来的悬想交织在一起,表现了对朋友的深情厚谊,读来感人至深。开头先叙述离别的事,三、四句再倒叙昔日相会之乐,这种艺术手法称"逆挽",行文曲折,笔势健举,避免了平直之病。

毛泽东圈阅此诗并手书过这首诗的"秋风吹渭水,落叶满长安"二句,并在写《满江红·小小寰球》一词时化用此二句写出"正西风落叶下长安"的名句,可见他对此诗十分欣赏。(毕桂发)

【原文】

寄韩潮州愈

此心曾与木兰舟,直到天南潮水头。
隔岭篇章来华岳(1),出关书信过泷流(2)。
峰悬驿路残去断(3),海浸城根老树秋。
一夕瘴烟风卷尽(4),月明初上浪西楼。

【毛泽东圈评等情况】

毛泽东在读清沈德潜编选《唐诗别裁集》卷十五时圈阅了这首诗。

[参考] 张贻玖:《毛泽东评点、圈阅的中国古典诗词》,中国工人出版社1992年版,第234页。

【注释】

(1) 岭,指秦岭。篇章,指韩愈在赴潮州途中写的《左迁至蓝关示侄孙湘》诗。华岳,这里代指长安。

（2）泷流，即泷水，又名建水、罗田水、南江，即广东西江支流罗定江。

（3）驿路，又称驿道，我国古代作为传车、驿马通行的大道，沿途设置驿站。

（4）瘴烟，即瘴雾，指我国南部、西南部地区山林间湿热蒸发能致命之气。《后汉书·南蛮传》："南州水土温暑，加有瘴气，致死者十必四五。"

【赏析】

韩潮州愈，即韩愈，古代常以官名及做官地称呼人。唐宪宗元和十四年（819），宪宗迎佛骨，韩愈上表谏阻，被贬为潮州刺史。潮州治所在海阳县，也就是现在的广东潮州潮安区。一代文豪韩愈从京官一下贬谪到荒凉的南海之滨，这自然牵动着他的亲朋好友的心。贾岛由于著名的"推敲"故事，受到韩愈的赏识和奖掖，因而还俗应举，两人结下了深挚的友谊，对韩愈的遭遇自然极为关切和同情。所以，当韩愈在赴任途中遇侄孙湘，写的那首著名的《左迁至蓝关示侄孙湘》传到京城之后，贾岛便写下了这首七言律诗《寄韩潮州愈》，表达了对韩愈的深切同情和慰勉。

"此心曾与木兰舟，直到天南潮水头。"诗开头两句就说，韩愈遭贬，诗人早已追随着他乘坐的木兰舟，一直到岭南潮州海边的潮水头。开头雄健有力，体现了忠臣遭贬、寒士不平、甘愿同贬官一同去受苦的深厚友谊。

"隔岭篇章来华岳，出关书信过泷流。"二句写实，直叙别后境况，韩愈的诗篇隔着秦岭传到京师长安，自己内心强烈共鸣，驰书表示慰问，进一步表现了二人的深情厚谊。

"峰悬驿路残云断，海浸城根老树秋。"韩愈《左迁至蓝关示侄孙湘》诗："云横秦岭家何在？雪拥蓝关马不前。"抒写路途的艰辛和前途的渺茫，贾岛则以"峰悬"二句的悬想作为回答。前句写望不到头的驿路，盘山而上，好像悬挂在高耸入云的悬崖峭壁上，后句说潮州滨海，地低潮湿，老树也为之含秋。道路的艰辛，处境的凄苦，通过诗人的悬想，写得极其生动。在景物的烘托中透露出诗人对韩愈的深切关怀之情，把二人生死不渝的友情推到顶峰。

"一夕瘴烟风卷尽，月明初上浪西楼。"结末二句则宕开一笔，别开生面，写对朋友的祝愿。诗人坚信南方山林间湿热蒸郁能使人生病的瘴气，总有一天会像风卷残云一样全都散尽，到那时，皓月东升，大地披上银装。潮州浪西楼上月光如洗，清平世界，友人无辜遭贬的冤狱，终将大白于天下。这是针对韩愈"好收吾骨瘴江边"的悲观情绪，对朋友的美好祝愿，使全诗笼罩上了明朗乐观的色彩。（毕桂发）

【原文】

剑 客

十年磨一剑，霜刃未曾试[1]。
今日把示君，谁为不平事[2]？

【毛泽东圈评等情况】

1959 年 11 月，毛泽东去到位于杭州郊外的德清境内的莫干山。在传说莫邪、干将铸剑的池水旁，屹立着一块巨大的磨剑石，四壁石崖有多处题刻。毛泽东驻足片刻，喃喃自吟："十年磨一剑，霜刃未曾试。"

[参考]李林达：《情满西湖》，中央文献出版社1993 年版，第 118 页。

【注释】

（1）霜刃，剑锋白光闪闪，似有寒意，故曰"霜刃"。
（2）谁为，即"为谁"。"为"一作"有"。

【赏析】

诗题一作《述剑》。剑客，即精于剑术的人。《汉书·李陵传》云："臣所将屯边者，皆荆楚勇士奇材剑客也。"南朝梁江淹《别赋》："剑客惭恩，少年报士。"剑客属于侠客一流人物，勇于牺牲，专打不平，是古代平民理想中为民伸张正义的勇士。这首五绝，采用自叙口吻，逼真地塑造了一位见义勇为的剑客形象，托物言志，抒写了自己兴利除弊的政治抱负。

"十年磨一剑，霜刃未曾试。"一、二句叙事，先着力刻画宝剑，这把剑非同一般，是花了十年工夫精心磨炼而成，其剑刃雪白如霜，寒光闪烁，是一把锋利无比还没有试过的宝剑。说"未曾试"，便有跃跃欲试之意。未见剑客，先出宝剑，为后二句作铺垫。"今日把试君，谁为不平事？"三、四句描写，着力刻画剑客形象。二句是说今天将这把宝剑拿出来让你看看，告诉我，天下谁有冤枉不平的事？一种争欲施展才能，干一番事业的壮志豪情，跃然纸上。

这首诗语言平易，诗思明快，脍炙人口，有过目成诵之效，实际也是颇见诗人"锤炼"功夫的。首句"十年磨一剑"，写出剑得来不易。二句用"未曾试"承上转下。三句由"今日"进而"示君"，四句提出"谁为不平事？"四句二十字，通过对"剑"及"剑客"的描述，极精练而集中地概括了古时剑客的侠义形象。可见，贾岛在成句炼字上是反复推敲，颇下功夫的。

显然，"剑客"是诗人自喻，而"剑"则比喻自己的才能。诗人把自己的政治抱负寄寓在"剑"和"剑客"的形象中的表现手法，是很高明的。由于这首诗影响，"十年磨剑"便成了多年刻苦磨炼的代名词，影响深远。毛泽东看到古代干将莫邪铸剑之处，便脱口而出，吟咏贾岛的咏剑名句，是很自然的。（毕桂发）

刘 皂

刘皂（生卒年不详），唐德宗贞元年间人。咸阳（今陕西咸阳）人。工诗，以绝句见长。《全唐诗》录存其诗五首。

【原文】

旅次朔方

客舍并州已十霜⁽¹⁾，归心日夜忆咸阳。

无端更渡桑干水⁽²⁾，却望并州是故乡。

【毛泽东圈评等情况】

毛泽东在清沈德潜编选《唐诗别裁集》卷二十圈阅的贾岛《渡桑干》即是此诗。

[参考] 张贻玖：《毛泽东评点、圈阅的中国古典诗词》，中国工人出版社 1992 年版，第 234 页。

【注释】

（1）舍，居住。并州，今山西太原。十霜，十年。

（2）无端，没来由。桑干水，即桑干河，今永定河，源出山西管涔山，经河北东境流入渤海。

【赏析】

本篇一作贾岛诗，题作《渡桑干》，但学术界多认为系刘皂之作。

这是一首诗人思乡之作，抒写了诗人在外长期客住不能回归故乡，却被迫到更远的地方去的深沉情思和惆怅之情。

"客舍并州已十霜，归心日夜忆咸阳。"一、二句中的"并州"，就是现在的山西太原。"十霜"，十年。"咸阳"，就是现在的陕西咸阳。诗人十年客住并州，远离故乡和亲人，思乡之情与日俱增。既然思念故乡，就应该回归故乡——这才是解决矛盾的办法，如今却是"十霜"而不能一返，就难怪诗人"归心日夜思咸阳"了。一种对故乡的深深眷恋和有家而不能归却又不便明言的隐衷意在言外。

"无端更渡桑干水，却望并州是故乡。"三、四句中的"无端"，没有来由。"桑干水"，就是桑干河，即今永定河，源出山西管涔山，经河北东流入海。两句进一步说，诗人不仅有家不能归，而且连十年滞留的并州也不能再住下去，不知道什么原因，还得北渡桑干河，到更远的地方去。在无可奈何的情况下，诗人只好回头望着长期客住的并州这个"第二故乡"而权且当作自己的故乡了。"无端"句，表现了诗人对那种不由自主地被迫远行生活的无限感慨。这里面包含着不止刘皂一个人的遭遇，也不是一个人的感情，而有着一定的时代氛围。"却望并州是故乡"，意思是"更知无计返故乡"了，但却较之有更大的激动人心的力量。其原因是，这样说是把一种思想感情形象化了，构成了一种诗的意境；而且又把我们的感情引进了一步，使我们不能不更加关切诗人的命运。诗意说得曲折，就更加耐人寻味，所谓诗忌直贵曲，就是这个道理。清沈德潜批注此诗曰："谓并州且不得久住，况咸阳乎？仍是思咸阳，非不忘并州也。"俞陛云《诗境浅说续编》也说："此诗曲写客中怀抱也。言家本秦中，自赴东北之并州，屈指已及十载，正日夕思归，乃又北渡桑干，望秦关更远，而并州久住，未免有情，南云回首，亦权作故乡矣。"评说比较精当。从艺术上来看，诗人主要用了反衬的手法，把空间上的并州与咸阳和时间上的过去与将来交织在一起，而又以现在桑干河畔中途所感穿插其中，互相衬托，宛转关情，把诗人对故乡的眷念写得十分动人。（毕桂发）

朱庆馀

朱庆馀（生卒年不详），名可久，以字行，越州（今浙江绍兴）人。唐敬宗宝历二年（826）进士，官秘书省校书郎。曾客游边塞，与张籍、贾岛、姚合、顾非熊、僧无可等交游。其诗多是五律，颇能刻画景物，与张籍诗风相近。《全唐诗》录存其诗二卷。

【原文】

近试上张籍水部

洞房昨夜停红烛⁽¹⁾，待晓堂前拜舅姑⁽²⁾。
妆罢低声问女婿，画眉深浅入时无⁽³⁾？

【毛泽东圈评等情况】

毛泽东曾在读清蘅塘退士原编《注释唐诗三百首》"七言绝句"时于此诗题目上方天头空白处连画三个小圈。

[参考]中央档案馆整理：《毛泽东评点诗词曲精选（上册）》，
中央档案出版社 1998 年版，第 135 页。

【注释】

（1）洞房，新婚卧室。停，停放，此处为点燃之意，唐人口语，通夜长明之意。

（2）舅姑，丈夫的父母，即公婆。

（3）画眉，以黛饰眉，泛用汉张敞为其妻画眉的典故。《汉书·张敞传》："敞无威仪……又为妇画眉，长安中传张京兆眉妩。有司以奏敞。上问之，对曰：臣闻闺房之内，夫妇之私，有过于画眉者。"后以画眉喻夫妻感情融洽。

【赏析】

《全唐诗话》载:"庆馀遇水部郎中张籍,知音。(籍)索庆馀新旧篇二十六章,置之怀袖而推赞之。时人以籍重名,皆缮录讽咏。庆馀作《闺意》一篇以献,籍酬之云云。由是朱之名流于海内矣。"一首诗,竟使一个举子声名大振,在诗史上也是一段佳话。

封建时代的科举制,往往是决定举子一生命运的关键,因此在临近考试的时刻,举子们总是想探询自己未来的命运。作者那时想应进士科考试,又怕不能中选,于是就先写了诗文呈献给张籍,问问他的意见。此诗就借闺房情事为意,描写了这件事和当时的心情。

这首饶有趣味的小诗又题为《闺意献张水部》。"水部",官职名。作者在诗中只是剪取了新嫁娘生活中一个小小的侧面,加以细致勾勒,深入开掘,使读者如见其人,如闻其声。全诗以彼喻此,作者在诗中把考官比作公婆,把张籍比作夫婿,将自己比作新娘子,又将自己的文章比作所画之眉。所咏在此,寄意在彼,旨在言外,十分巧妙,很能引人玩味。

"洞房昨夜停红烛,待晓堂前拜舅姑。"起首二句洗练工巧。寥寥几字,渲染特定情境。新婚宴尔的喜庆气氛,暖融融的华丽洞房,案桌上的红烛从昨夜直烧至拂晓,整个洞房里洋溢幸福、欢乐的气氛,新婚夫妇满怀对未来的向往。"昨夜""待晓"四字,表明了由晚至晓整整一个通宵。"昨夜停红烛",是说红烛从昨夜开始烧起来。"停",点燃,带有安置的意思。"拜舅姑",是说拜见公婆。从"洞房昨夜停红烛",到"待晓堂前拜舅姑",表现了时间的推移和地点的转换,也展示了人物内心感情的变化。新婚的娘子还有个拜见公婆的大事在等着她。俗话说"丑媳妇总要见公婆",这个事不能掉以轻心,能否在堂上取得公婆喜欢,这需要认真对待。于是,小两口就在一清早便精心打扮起来。诗人抓住"拜舅姑"这一动作进行描写,然而又不直接写她去拜见,而是写拜见之前的环境和心理活动。诗句中的"待"字,不仅具有"将要"的意思,而且侧重于等待和期待。新媳妇初次拜见公婆,心中总是不免忐忑。在拜见公婆之前,内心里必将充满期待而又不安、兴奋而又担心的复杂感情。"待"将这一复杂的感情概括出来了。诗人用了"昨夜""待晓""洞房""堂前""停红烛""拜舅姑"，寥寥数字，交代了时间、地点、人物、事件，一下子把读者带进了一个迷人的洞房世界，烘托出将见公婆的紧张气氛，无一字多余，极为工巧。

"妆罢低声问夫婿，画眉深浅入时无？"后两句中"妆罢"二字，从上句"待"字生出，隐隐点出她已梳妆了好长时间，无疑这些都是在"待"的过程中进行的。诗人没有描写新娘的妆扮过程，如其对镜顾盼的娇态，其迷人的情影，也没有直接描写其心理活动；而只是用白描的手法，选取妆扮结束后的一句问话，就极为传神地把新娘子的语言、心理，乃至那娇羞的神态，活灵活现地表现出来了。如同看到新娘子在梳妆台前对镜精心梳妆，新郎在旁边专情注视着，她从镜里看到脂粉涂抹得光彩照人，妆扮得美貌动人，艳丽异常，可心中还是忐忑不安，容貌化妆得如何？公婆是否满意？这时转过脸来羞涩地低声问身边的如意郎君："你看我这柳眉画得合适吗？"这"低声"二字用得极其准确。因为旧时女子，幼年受闺训，举止不得轻浮，在夫家环境是生疏的，她才压低了嗓子，表现出拘谨、娇羞的神态。这句把俊媳妇的忧虑心情惟妙惟肖地表现了出来，委婉地表达了诗人自己那既自负又焦急的心情。结尾"画眉"一句，是全篇命意所在，前面环境的铺叙也好，心理刻画也好，都是为了归结到这一句。这一问，增加了无穷的诗意。此诗以问作结，不让夫婿作答，而留给读者去想象，颇有言尽而意不尽、意尽而情不尽的余味。（毕英男）

张仲素

张仲素（约769—819），字绘之，河间（今河北河间）人。唐贞元十四年（798）进士，又中博学宏词科，官翰林学士、中书舍人。与王涯、令狐楚同为舍人，同长五七言绝句，编有《三舍人集》。《全唐诗》存其诗三十九首，大部分是乐府歌词，以写闺情见长。

【原文】

塞下曲

朔雪飘飘开雁门⁽¹⁾，平沙历乱卷蓬根⁽²⁾。

功名耻计擒生数⁽³⁾，直斩楼兰报国恩⁽⁴⁾。

【毛泽东圈评等情况】

毛泽东在读清沈德潜编选《唐诗别裁集》卷二"七言绝句"时圈阅了这首诗。

[参考]张贻玖：《毛泽东评点、圈阅的中国古典诗词》，
中国工人出版社1992年版，第238页。

【注释】

（1）朔雪，北方的雪。朔，北方。雁门，关名，也叫西径关。唐置。故址在今山西雁门关西雁门山上。东西峭峻，中路盘旋崎岖。

（2）平沙，指广阔的沙原。历乱，纷乱，杂乱。蓬，草名。叶形似柳叶，边缘有锯齿，花外围白色，中心黄色。秋枯根拔，遇风飞旋，故又名飞蓬。卷，一作"转"，据《全唐诗》改。

（3）擒生数，活捉俘虏的数目。

（4）楼兰，本西域城国，国都在扜泥城，在今新疆尉犁东罗布泊西北孔雀河畔（一说即今新疆若羌）。后迁都伊循城（今若羌东木兰），改名鄯善。

【赏析】

《塞下曲》，新乐府辞，由汉横吹曲辞演化而来。汉武帝时李延年据西域乐曲改制而成，声调悲壮。现存歌辞都是南北朝以来人的作品，内容多写将士的边塞生活情况。这首七言绝句，描写了边防将士的生活境况和报国决心。

"朔雪飘飘开雁门，平沙历乱卷蓬根。"一、二句描写，写出冬季西北边防将士的艰苦情状。二句意谓放眼望去，雁门关外，北风劲吹，大雪纷飞，广阔的沙原上，蓬草被连根拔起，吹得像车轮一般不停地旋转。沙漠上留下纷乱的痕迹。天寒地冻，雪飘沙飞，这应该是荒无人烟之处，而却是边防将士的戍守之地。恶劣的环境描写，已为抒写边防将士的报国雄心作了铺垫。所以接下来诗人写道："功名耻计擒生数，直斩楼兰报国恩。"三、四句抒情，写将士的雄心壮志。擒生数，活捉敌人的数目。楼兰，古西域国名。汉武帝元封三年（前108）内附。王居扜泥城，遗址在今新疆若羌县境，罗布泊西，处于汉代通西域道上。因居汉与匈奴之间，常持两端，或杀汉使，阻通道。汉昭帝元凤四年（前77），遣傅介子斩其王安归，另立尉屠耆为王，更为鄯善。傅介子以立功封侯。事见《汉书·西域传上》及《傅介子传》。后亦借用为杀敌立功的事典。二句是说，边防将士以活捉敌人多少立功扬名为耻，而决心荡灭敌人来报效国家。决心报国，揭示了本诗题旨。王昌龄《从军行》云："青海长云暗雪山，孤城遥对玉门关。黄沙百战穿金甲，不斩楼兰终不还。"此诗与王昌龄的这首《从军行》同一机杼，可以对看。

对于王昌龄的这首《从军行》，毛泽东十分爱读。他曾多次圈点并手书过这首诗。1958年他还给正在生病的女儿李讷写信时鼓励她："意志可以克服病情，一定要锻炼意志。"信中书写了王昌龄这首《从军行》，并说："这里有意志，知道吗？"张仲素的这首《塞下曲》亦应是"有意志"

的好诗，因而赢得了毛泽东的好感。（毕桂发）

【原文】

凉州词

凤林关里水东流⁽¹⁾，白草黄榆六十秋。

边将皆承主恩泽，无人解道取凉州⁽²⁾。

【毛泽东圈评等情况】

毛泽东在读清沈德潜编选《唐诗别裁集》卷二十"七言绝句"时圈阅了这首诗。

[参考] 张贻玖：《毛泽东评点、圈阅的中国古典诗词》，
中国工人出版社 1992 年版，第 238 页。

【注释】

（1）凤林关，唐属凤林县，在今甘肃临夏西北黄河南岸。

（2）解道，懂得，知道。凉州，州名，治所在今甘肃武威。

【赏析】

此诗《全唐诗》作张籍诗，《乐府诗集》卷七九同。按：张籍《凉州词》共五首，此为第五首。《凉州词》，亦作《凉州曲》。乐府近代曲名，属宫调曲。原是凉州一带的地方歌曲，唐开元中由西凉府都督郭知运进，内容多描写西北边陲的风光及战争情景。这首诗也不例外。它对当时我国西北凉州一带的边防松弛提出了委婉批评。这里按照《唐诗别裁集》作张仲素诗。

这是首七言绝句。"凤林关里水东流"起句点明戍守地点。地点是凤林关内，也就是西北边防前线。防守的对象当是回纥。回纥初受突厥统辖，唐玄宗天宝三年（744）灭突厥后建立可汗政权，安史之乱中，唐王朝曾借兵回纥，唐文宗开成五年（840）被黠戛斯所灭，余部一支仍占据河西

走廊一带，即凉州所在地。"白草黄榆六十秋"，次句点明戍守时间。时间长达六十年之久。白草、黄榆皆西北边地景物。白草，牧草。干熟时呈白色，故名。《汉书·西域传上·鄯善国》："地沙卤，少田，寄田仰谷傍国。国出玉，多葭苇、柽柳、胡桐、白草。"颜师古注："白草似莠而细，无芒，其干熟时正白色，牛马所嗜也。"黄榆，树木名。落叶乔木，树皮有裂罅，早春开花，产于我国西北、华北、东北等地。诗人列举西北边疆两种具有特征的植物，来写戍守时间之久。

"边将皆承主恩泽，无人解道取凉州。"三、四句议论，对边将承恩邀宠，无意收复失地提出委婉批评。凉州在唐代曾一度被回纥占领，这些边防将士本来的任务是收复失地，而他们却只知承恩享乐，没有人懂得收复凉州。用语虽婉曲，但讽刺之意甚明。白居易《西凉伎》云："缘边空屯十万卒，饱食温衣闲过日。遗民肠断在凉州，将卒相看无意收。"其用意与此诗相同，其对边将的批评更加直率。清沈德潜在《唐诗别裁集》所刊此诗末批注道："高常侍亦云：'岂无安边书，诸将已承恩。'高说得愤，此说得婉。"恰切地指出了这首诗的表现手法的特点。（毕桂发）

柳宗元

柳宗元（773—819），字子厚，河东（今山西运城解州）人，唐文学家、哲学家。德宗贞元九年（793）进士，授校书郎，调蓝田尉，升监察御史里行。与刘禹锡等参加代表庶族地主阶层利益的王叔文革新集团，任礼部员外郎。失败后贬为永州司马，后迁柳州刺史，故又称柳柳州。与韩愈等倡导古文运动，同被列入"唐宋八大家"，并称"韩柳"。其散文峭拔矫健，说理之作，以谨严胜；山水游记，写景状物，多所寄托。又工诗，风格清峭。有《柳河东先生集》。

【原文】

别舍弟宗一

零落残魂倍黯然，双垂别泪越江边。

一身去国六千里，万死投荒十二年。

桂岭瘴来云似墨，洞庭春尽水如天。

欲知此后相思梦，长在荆门郢树间。

【毛泽东圈评等情况】

20 世纪五六十年代，毛泽东曾手书这首诗。

[参考]中央档案馆编：《毛泽东手书选集·古诗词（上）》，

北京出版社 1996 年版，第 263 页。

【赏析】

诗题《别舍弟宗一》，舍弟，弟弟。舍是对自己的家或卑幼亲属的谦称。三国魏曹丕《与钟大理书》："恐传言未审，是以令舍弟子建，因荀仲茂时从容喻鄙旨。"唐宪宗元和十一年（816）春，柳宗元的堂弟宗一从柳州（今广西柳州）到江陵（今湖北江陵）去，诗人写了这首七律为其送别，抒发了自己在政治上不得意和生活上艰辛的愤慨。

"零落残魂倍黯然，双垂别泪越江边"，首联叙写兄弟惜别之情。首句中的"零落"，作衰颓败落讲。"残魂"，犹残生，指备受摧残的身心。"黯然"，感伤沮丧之态。语出《文选·江淹〈别赋〉》："黯然销魂者，惟别而已矣。"李善注："黯，失色将败之貌。"此句化用其意，且更进一层，是说自己被漂泊所折磨的"残魂"，再遇离别，倍觉悲伤。次句中的"越江"，即粤江。这里指柳江。这句说，在送兄弟到越江江边时，两人双双落泪，依依不舍。

"一身去国六千里，万死投荒十二年"，颔联写自己的坎坷遭遇。上句中"去国"的"国"，指京城长安。下句中的"投荒"，是放逐、流放之意。"十二年"，柳宗元自唐顺宗永贞元年（805）十一月贬永州司马，到写此诗时恰好十二年。从字面上看，这两句似乎只是诗人贬谪生活的客观描写，实际上，在"万死""投荒"这些极富感情色彩的词语修饰下，一个人远离京城有六千里之遥，而时间竟长达十二年之久，诗人的抑郁不平之气，怨愤凄厉之情，已蕴含在字里行间，不露痕迹，人们可以思而得之。诗人一心为国，却长期被贬谪到如此偏远的蛮荒之地，这是多么不公平，又多么令人愤慨呀！

"桂岭瘴来云似墨，洞庭春尽水如天"，颈联分写兄弟二人今后的处境。上句中的"桂岭"，在今广西贺县东北，这里泛指柳州附近的山岭。"瘴"，即瘴气，我国南部、西南部地区山林间湿热蒸发能致病之气。下句中的"洞庭"，即洞庭湖，在湖南北部、长江南岸。面积2820平方千米，为我国第二大淡水湖，素有"八百里洞庭"之称。此是柳宗去江陵必经之地。二句是说，诗人所在的柳州地区瘴气弥漫，天空乌云翻滚，处境十分险恶。宗一北去途经洞庭，春尽水涨，水阔天长，凶险也在所难免。

"欲知此后相思梦，长在荆门郢树间"，末联写诗人对兄弟的牵念。"荆门"，山名，其地古属荆州，在今湖北宜都西北。"郢"，春秋时楚国的都城，在今湖北江陵附近。"荆门郢树"，指柳宗一今后所居之地。末二

句是说，今后诗人只能在相思梦中，经常见到郢地一带的烟树。此处情意深切，意境迷离，诗意浓郁，彰显了题旨。（毕桂发）

【原文】

登柳州城楼寄漳汀封连四州刺史

城上高楼接大荒，海天愁思正茫茫。
惊风乱飐芙蓉水⁽¹⁾，密雨斜侵薜荔墙⁽²⁾。
岭树重遮千里目⁽³⁾，江流曲似九回肠⁽⁴⁾。
共来百越文身地⁽⁵⁾，犹自音书滞一乡⁽⁶⁾。

【毛泽东圈评等情况】

毛泽东在读清沈德潜编选《唐诗别裁集》卷十五时圈阅了这首诗。

[参考]张贻玖：《毛泽东评点、圈阅的中国古典诗词》，
中国工人出版社 1992 年版，第 232 页。

【注释】

（1）飐（zhǎn），吹动。芙蓉，荷花。

（2）薜荔，一种常绿的蔓生植物，常缘壁而生。

（3）此句一作"云驶去如千里马"。重，层层。千里目，远望之目。晋孙楚《之冯翊祖道诗》："举翮抚三秦，抗我千里目。"

（4）九回肠，愁肠反复翻转，比喻忧思郁结难解。语出司马迁《报任少卿书》："是以肠一日而九回。"

（5）百越，即"百粤"，泛指五岭以南的少数民族。文身，在身上刺花，古时南方少数民族，有"文身断发"的传统习俗。

（6）滞（zhì），阻隔。

【赏析】

这首七律系赠友名作，是柳宗元在唐宪宗十年（815）夏天，刚任柳

州刺史时写的。漳州刺史韩泰、汀州刺史韩晔、封州刺史陈谏、连州刺史刘禹锡，和柳宗元一样，都是参与王叔文革新集团的重要人物。宪宗元年（806），他们一同被贬远方，十年过去了，岁月的流逝，丝毫不能磨灭真挚的友情，因为他们是坚持改革的战友，因为他们是心心相印的朋友，诗题一个"寄"字，表达了怀念友人的主题。

"城上高楼接大荒，海天愁思正茫茫。"诗的开篇，首联点明地点柳州城楼。登楼眺望，气象雄浑；荒僻无垠的乡野，辽阔无边的海天，远景近景，尽收眼底。"愁思"二字，为全诗的诗眼，它为全诗定下了凄凉激楚的基调。柳宗元等人因坚持改革而屡遭守旧派的贬斥，历经十载，虽九死而不悔，激楚之情，溢于言表；正直遭贬，心中充满郁郁不平之气，一个"海天愁思"，用大自然茫茫愁思，来寄托心中的郁闷，来发泄心中的不满，情与景达到完美的融合。沈德潜在《唐诗别裁集》中夹注二句说："从登城起，有百端交集之感。"

"惊风乱飐芙蓉水，密雨斜侵薜荔墙"，诗的颔联两句写景。"惊风"突起，夏雨急骤，一"飐"一"侵"，令人目不暇接。亭亭玉立的荷花，无穷碧的荷叶，被风吹动，在雨中颤动；如麻的雨脚，斜打着薜荔缠绕的院墙。这里既是实写，又含有深意。柳宗元秉承屈原的传统，用荷花香草（薜荔）比喻美好的事物，比喻坚贞的节操，比喻美好的理想（也许他以之自比），又用"惊风""密雨"影射得势的守旧势力，妙在"赋中之比，不露痕迹"。沈德潜说："'惊风''密雨'，言在此而意不在此。《岭南江行》诗中'射工''飓母'亦然。"（《唐诗别裁集》）

"岭树重遮千里目，江流曲似九回肠。"诗的颈联五、六句是写远景。重，即层层。五岭一层层的树遮住了凝视远方的眼睛，弯弯曲曲的柳江像那愁思百结的"九回肠"。这真是妙笔，妙在景中寓情，情中有景，绿树有情也愁思，柳江有情也愁思，树、江、人三位一体，借树写出了想望的殷切，借江写出了相思的痛苦。

"共来百越文身地，犹自音书滞一乡。"尾联揭出寄诗问候之意。这是暖心的话语，这是殷切的问候。遭贬的共同命运，坚持革新的理想的纽带，把我们联结在一起。"滞"，是"阻隔""滞一乡"是殷切的问候，对

朋友的绵绵思念，尽在不言之中。毛泽东喜欢柳宗元的诗，大概与柳关心民间疾苦，受到群众爱戴有关。（吴建勋）

【原文】

酬曹侍御过象县见寄

破额山前碧玉流⁽¹⁾，骚人遥驻木兰舟⁽²⁾。
春天无限潇湘意，欲采蘋花不自由⁽³⁾。

【毛泽东圈评等情况】

毛泽东在读清沈德潜编选《唐诗别裁集》卷二十时圈阅了这首诗。

[参考] 张贻玖：《毛泽东评点、圈阅的中国古典诗词》，
中国工人出版社1992年版，第232页。

【注释】

（1）破额山，在今湖北黄梅西北。从诗题看此山当是指象县柳江边的一座山。

（2）骚人，屈原著《离骚》，后世遂称诗人为骚人，这里指曹侍御。木兰舟，古代诗人对船的美称。木兰是一种香木，以木兰为舟取其芳洁之意。

（3）潇湘，水名，湘江流到湖南零陵西合潇水，称潇湘。"春风"两句是用南朝柳恽《江南曲》诗意。《江南曲》："汀州采白蘋，日暖江南春。洞庭有归客，潇湘逢故人。故人何不返？春花复应晚。不道新知乐，只言行路远。"蘋，多年生水草，有花，白色。茎横卧在浅水的泥沼中，四片小叶，组成一个复叶，像田字，也叫田字草。

【赏析】

这首诗是诗人在任柳州刺史时所作。诗人在长安时的旧友曹姓侍御路过象县（今广西象州），作诗寄给柳州刺史柳宗元，表达对柳氏的思念。这首七绝是诗人对曹侍御的回赠之作。一、二句切题中的"曹侍御过象县

见寄"，三、四句切"酬"。

"破额山前碧玉流，骚人遥驻木兰舟"，起首二句写曹侍御所处的美好环境。"破额山"在今湖北黄梅西北，但由诗题中的"过象县"可看出"破额山"当是指象县柳江边的一座山。"碧玉流"指流经柳州和象县的柳江。"骚人"，屈原作《离骚》，被称为骚人，后世用作诗人的代称，这里指曹侍御。"木兰舟"，木兰是一种香木，以木兰为舟，取其芳洁之意，木兰舟是古代诗人对船的美称。这两句是说：破额山前流过碧绿清澈的柳江，曹侍御你停留在远方的木兰舟上。诗人称曹侍御为"骚人"，赞誉之意不言自明。"骚人"本可一边游山玩水，一边赶路；可当他想到被贬逐柳州的友人时，便于木兰舟上作诗为束，寄寓深情，表达他对柳宗元的无限深情思念。

"春风无限潇湘意，欲采蘋花不自由"，三、四句则转换角度写"我"对曹侍御的无限思念。"春风"一词点明曹侍御寄诗是在春天。"潇湘"一带，是屈子行吟之地。"无限意"的"意"究竟是什么"意"呢？迷离朦胧，似无着落。但若细究起"潇湘意"来，就不难发现，这"意"指的是不能会面的思念之情。取自于屈原的《湘君》和《湘夫人》诗意：湘君和湘夫人互相思念，沿着潇湘彼此寻找，但始终望之不见，遇之无因，双方都陷入了极度悲痛之中。"无限意"有了着落，它表现的是作者怀念"骚人"之情：春风吹拂勾起了我对您的无限思念。

虽然思念无限，但却不能相见，连采花相赠的自由都没有。作者叹道："欲采蘋花不自由。"此句中的"欲采蘋花"汲取了南朝梁柳恽的《江南曲》诗意。《江南曲》说："汀洲采白蘋，日暖江南春。洞庭有归客，潇湘逢故人。故人何不返？春花复应晚。不道新知乐，只言行路远。"由此可见，后两句主要抒写怀念故人之意。

这首诗语言简练，写景如画。"碧玉流"一词不仅准确地表现出柳江的色调和质感，而且展现出一幅微波不兴、水平如镜的柳江静谧图。这和下文的"春风""蘋花"呼应协调，有一种和谐美感。

从全篇看，其主要写作特点是比兴连用，虚实相生。沈德潜在《唐诗别裁集》中说："欲采蘋花相赠，尚牵制不能自由，何以为情乎？言外有欲以忠心献之于君而未由意，与《上萧翰林书》同意，而词特微婉。"结合柳宗元被贬的原因、经过和被贬以后继续遭受诽谤、打击的处境，这首诗的言外之意大概就是"欲以忠心献之于君而未由意"吧。（毕国民）

【原文】

与浩初上人同看山寄京华亲故

海畔尖山似剑铓，秋来处处割愁肠⁽¹⁾。
若为化作身千亿⁽²⁾，散上峰头望故乡⁽³⁾。

【毛泽东圈评等情况】

毛泽东在读清沈德潜编选《唐诗别裁集》卷二十时圈阅了这首诗。

[参考] 张贻玖：《毛泽东评点、圈阅的中国古典诗词》，
中国工人出版社 1992 年版，第 232 页。

【注释】

（1）尖山，柳州一带山多峻峭壁立。剑铓，剑锋。苏轼《白鹤峰新居欲成，夜过西邻翟秀才》诗有"割愁还有剑铓山"句。自注云："柳子厚云：'海畔尖锋若剑铓，秋来处处割愁肠'，皆岭南诗也。"

（2）若为，怎能。

（3）上，原作"作"，据《全唐诗》改。

【赏析】

柳宗元早年参加了以王叔文为首的"永贞革新"运动，失败后被贬谪为永州司马。十年之后，又被放逐到比永州更遥远的边荒之地柳州。壮盛之年的柳宗元，政治上不断遭受沉重的打击，因此心情愤激不平，终年生活在忧危愁苦之中。他的诗里常常充满"堙厄感郁"之情，这首诗里一连串的奇异想象，便是他这种心情的写照。

一个秋高气爽的日子，柳宗元的好友浩初和尚从临贺到柳州来拜望柳宗元。浩初和尚是潭州（今湖南长沙）人，文化层次高，又喜爱游山玩

水。于是，柳宗元陪同浩初登山临水。在翘首北望京华之时，因不见京城长安，不禁触动了诗人的隐衷，真是"登高欲自舒，弥使远念来"，便随口吟成这首七言《与浩初上人同看山寄京华亲故》。"上人"原本指佛教中有道德的人，这里是对和尚的尊称。诗中表达诗人对京城亲故的强烈思念，诉说自己迫切的归思。

"海畔尖山似剑铓"，诗的第一句是写实，突兀奇特是广西的独特风光。这如同锐利剑芒的山峰是引起下句奇特联想的巧妙设喻。诗人从"愁肠欲断"这一意念出发，着眼于四周围山峰的陡峭，从而将群山的形象转化为无数利剑的锋芒，在这悲秋的季节，这"愁肠"仿佛要被割断一样。"海畔尖山"足见诗人离故乡之远。身在贬所，"一身去国六千里，万死投荒十二年"，怎么不想念京华的亲友呢，然而"望故乡"不能归，当然是痛苦的。

在强烈的思乡、思亲人的感情支配下，望着无数座"剑铓"一样的"尖山"，觉得山山都可以望见故乡，可自己只有一个身子，怎么办呢？精通佛典的柳宗元想到佛经中"化身"的说法，就想入非非，突生奇想，若能把自身化作千千万万个，我就要散上群峰去眺望故乡！

这首诗比喻的新颖，设想的离奇，别具特色。明人焦竑赞此诗说："此诗子厚已开宋人门户。"可见此诗对后世影响之大。（毕国民）

【原文】

江　雪

千山鸟飞绝，万径人踪灭[1]。

孤舟蓑笠翁[2]，独钓寒江雪。

【毛泽东圈评等情况】

毛泽东读清蘅塘退士原编选《注释唐诗三百首》"五言绝句"时在此诗题目上方天头空白处连画三个小圈。

[参考]中央档案馆整理：《毛泽东评点诗词曲精选（上册）》，中国档案出版社1998年版，第123页。

【注释】

（1）径，小路。踪，脚印。

（2）蓑笠翁，披蓑衣、戴雨笠的渔翁，指作者自己。

【赏析】

在永贞革新失败后，作为王叔文集团的骨干分子，柳宗元被贬为永州（今湖南永州零陵）司马。柳宗元被贬之后，精神受到很大刺激，心情抑郁悲愤。于是，他借歌咏描绘山水景物，来寄托自己清高而孤傲的情感，抒发自己在政治上失意的郁闷苦恼。五绝《江雪》就是这样的一首诗。

诗题"江雪"似乎是写景，其实是写人。

"千山鸟飞绝，万径人踪灭"写雪。诗的一、二句并不局限于江间，而是展开了千山万径的辽阔背景。诗人以夸张而又高度概括的艺术手法，择取"鸟飞绝""人踪灭"这种最能表现山野荒寒的典型事物，勾勒出大雪严寒、天地幽寂的典型环境。群山众壑，大雪漫天，空中只有飞雪，不见鸟雀飞旋；大雪封山，使人无法登临，行人踪迹泯灭。"鸟飞绝""人踪灭"，没有直接写"雪"，而雪自见，使人如见铺天盖地的大雪，感觉到凛冽逼人的寒气。而"千山""万径"的夸张，则把这酷烈而荒寒扩展得无比广大，简直是整个宇宙无处不荒寒，无处不凛冽了。

"孤舟蓑笠翁，独钓寒江雪"，三、四句则在上述最广阔的背景上，描绘了江寒天冷、孤舟独钓的渔翁形象。风雪满川，宇宙荒寒，湘江上风雪弥漫，在风雪迷茫的江面上，有一条小船，船上坐着一位披蓑戴笠的渔翁，端坐船头，专心地垂钓，面对漫天的大雪和江上的奇寒，却傲然独立，毫无畏惧。这表现了渔翁的坚毅、顽强、傲岸与孤高。"钓雪"一词造语形象、新奇，深刻地表现出渔翁与恶劣环境对抗的气度和精神。诚然，孤舟独钓有一种孤独感，但这并不能掩盖此诗积极斗争的一面。这个孤舟独钓的形象，曲折地反映了作者在政治失败遭贬后傲然不屈而又孤独寂寞的精神风貌。

诗的前两句勾画广阔的背景，一一点出了山、鸟、径、人迹等物，并使它们与下文的"孤舟""蓑笠翁"以及"寒江雪"相互映衬，造成一种深远的意境和远近景物交织而又统一的画面。整个画面上的一切东西上都是雪，山上是雪，路上也是雪，就连船头渔翁的蓑笠上也是雪。可作者并没有把这些景物同"雪"明显地联系起来。相反，画面上只有江，只有江心。雪下到江里会立刻变成水，可作者却偏偏用"寒江雪"三个字，把"江"和"雪"两个关系最远的形象联系到一起，给人一种比较空蒙、遥远的感觉。这就使得诗中的主要描写对象更集中、更灵巧、更可爱，连不存雪的江里也仿佛下满了雪，这就把大雪纷飞、天地苍茫一色的气氛完全烘托出来了。"寒江雪"三字中的"寒"字，不但点明了气候，而且突出了老渔翁不怕天冷雪大的顽强精神。老渔翁的形象，实际上是柳宗元自身形象的写照。显而易见，"寒江雪"三字乃是"画龙点睛"之笔，它把全诗的前后两部分有机地联系在一起，既形成一幅广阔、简洁、凝练的画面，又塑造了渔翁完整而突出的形象。

这首诗以大衬小，以广阔衬孤独，注意了环境的勾画和气氛的渲染，融化比兴寄托于具体而形象的场面描写之中，语近情遥，在淡泊朴质中蕴含着丰富的内容，充分显示了柳宗元的艺术独创性。（毕国民）

【原文】

初秋夜坐赠吴武陵

稍稍雨侵竹，翻翻鹊惊丛[(1)]。美人隔湘浦[(2)]，一夕生秋风。积雾杳难极，沧波浩无穷。相思岂云远？即席莫与同[(3)]。若人抱奇音[(4)]，朱弦缫枯桐[(5)]。清商激西颢[(6)]，泛滟凌长空[(7)]。自得本无作[(8)]，天成谅非功[(9)]。希声闳大朴[(10)]，聋俗何由聪[(11)]？

【毛泽东圈评等情况】

毛泽东在读清沈德潜编选《唐诗别裁集》卷四时圈阅了这首诗。

[参考] 张贻玖：《毛泽东评点、圈阅的中国古典诗词》，
中国工人出版社 1992 年版，第 232 页。

【注释】

（1）翻翻，鸟飞之状。战国楚屈原《九章·悲回风》："漂翻翻其上下兮，翼遥遥其左右。"

（2）美人，品德美好的人。《诗经·邶风·简兮》："云谁之思，西方美人。"郑玄笺："思周室之贤者。"此指作者怀念的吴武陵。湘浦，湘江之滨。

（3）即席，当座，当场。莫与同，不相同，指志趣。

（4）若人，这个人，指吴武陵。若，这，这个。《论语·宪问》："君子哉若人！尚德哉若人！"奇音，新奇的音律。

（5）朱绖，红色丝做的弦。《礼记》："清庙之瑟，朱弦而疏越。"絙（gēng），亦作"纮"，紧，急。枯桐，指琴。

（6）清商，古五音之一，商声。南北朝时，中原旧曲及江南吴歌、荆楚四声，统称清商。西颢，秋季。西方曰颢天（秋位在西，故称）。

（7）泛滟，谓歌曲中婉转引长其声。宋程大昌《演繁露·嘌》："凡今世歌曲……近又即旧声而加泛滟者，名曰嘌唱。"

（8）"自得"句，意为写作靠自己体会，本来不靠做作。自得，自己有所体会。

（9）"天成"句，意为写作本靠自然成就而不靠人为功力。天成，天然成就，不假人工。

（10）希声，无声，听而不闻的声音。《老子》："大音希声。"此指奇异的声音。闷（bì），终尽。大朴，原始质朴的大道。大，通"太"。

（11）聋俗，不辨美恶的世风。何由，即由何，靠什么。聪，听觉灵敏。

【赏析】

这是一首怀人五言古诗。诗中表现了对吴武陵的深切怀念，也借琴以喻文才，写了自己写作的体会。吴武陵，信州（今重庆奉节东）人，唐宪宗元和二年（807）进士。曾劝阻吴元济叛乱，后又通过韩愈献策平叛。唐文宗大和初（827）为太学博士。后出为韶州刺史，贬潘州司户参军，卒。元和三年（808）吴武陵来永州，曾与诗人同游小石潭等景观，柳宗元有此诗为赠，又有《零陵赠李卿之侍御简吴武陵》诗。

　　诗可分为前后两个部分。前八句为第一部分，写诗人初秋夜坐而生怀吴之思。"稍稍雨侵竹，翻翻鹊惊丛。"起首二句状写细雨飘洒，沾湿丛竹，喜鹊受惊，翩然飞去，既写出了雨夜氛围，又有起兴作用。所以三、四两句诗人接着写道："美人隔湘浦，一夕生秋风。"二句由写景转到怀人。美人，品德美好的人，这里指作者怀念的吴武陵。吴武陵时在广东韶州，作者在湖南永州（今湖南永州零陵），二人隔湘江相望，故说"隔湘浦"。"一夕生秋风"，切题"初秋夜坐"之义。二句自然流畅，神完意足，所以清沈德潜夹注说："风神。"（《唐诗别裁集》）"积雾杳难极，沧波浩无穷。"五、六句描写，是说浓重的雨雾弥漫无际，清绿的江水浩淼无边，既是眼前实景的描绘，仿佛又有弦外之声，使诗人所处的氛围更加浓重。"相思岂云远？即席莫与同。"二句议论，意谓自己与吴武陵虽远隔千里，但因志同道合，思念起来便不觉得远；反之，如果志趣相异，即使坐在一个席面上，也是同床异梦，二句好像泛论朋友关系，实写自己对吴武陵思念之深。

　　后八句为第二部分，借琴以喻文才，赞美吴武陵文才出众。"若人抱奇音，朱绂绲枯桐。""若人"，这个人，指吴武陵。"枯桐"，指琴。二句是说吴武陵怀抱红弦的琴，能弹奏出与众不同的新奇乐律。"清商激西颢，泛滟凌长空。"二句描状，写吴武陵琴技高妙。他在秋夜里弹奏激越高亢的清商之曲，乐音婉转悠长、声震长空。这是说吴武陵的音乐造诣很高。"自得本无作，天成谅非功。"二句议论，表面上是针对吴武陵的琴技而言，实际是作者创作经验的结晶。二句是说弹琴要自己有所体会，本来不靠做作，只靠天然成就而不假人之所为。沈德潜批注曰："千古文章神境。"可谓一语中的。"希声阒大朴，聋俗何由聪？"末二句仍是议论，但较前二句又深入一层，二句意谓奇异的声音可以穷尽原始质朴的大道，让人受益匪浅，不辨善恶的世风靠什么使人听觉灵敏呢？末句以反问出之，一正一反，既赞美了弹琴有益于世，又批判了媚俗的靡靡之音遗害之穷，结出"赠吴武陵"题旨。沈德潜在篇末批注道："下半借琴以喻文才，董庭兰一辈人，未能知也。"（《唐诗别裁集》卷十五）董庭兰，唐代琴家，陇西（今甘肃）人，宰相房琯门客。唐玄宗开元年间以善弹胡笳名于时。诗人李颀曾作诗赞美之。《神奇秘谱》言其"善为沈家声、祝家声，以琴写胡笳声，为大、小《胡笳》"。该谱所载《颐真》一曲，据说亦为董庭兰所作。沈氏认为像董庭兰这样高明的琴演奏家，只解琴曲本身，未必能懂得诗人以琴喻文才的弦外之音，进一步赞扬了吴武陵的远见卓识，别于常人，这是很高的评价，于此也可见诗人与吴武陵相知之深。（毕桂发）

【原文】

得卢衡州书因以诗寄

临蒸且莫叹炎方⁽¹⁾，为报秋来雁几行⁽²⁾。

林邑东回山似戟⁽³⁾，牂牁南下水如汤⁽⁴⁾。

蒹葭淅沥含秋雾⁽⁵⁾，橘柚玲珑透夕阳。

非是白蘋州畔客⁽⁶⁾，还将远意问潇湘⁽⁷⁾。

【毛泽东圈评等情况】

毛泽东在读清沈德潜编选《唐诗别裁集》卷十五时圈阅了这首诗。

[参考] 张贻玖：《毛泽东评点、圈阅的中国古典诗词》，中国工人出版社1992年版，第232页。

【注释】

（1）临蒸，衡州县名，治今湖南衡阳。炎方，南方，因南方炎热，故称。

（2）"为报"句，是说这首诗是为了报答卢衡州的来信。衡阳有回雁峰，相传雁至此不过，因此以衡阳来雁比喻书信。雁几行，即指卢衡州书。

（3）林邑，汉象林县，伏波将军马援铸铜柱处。在今越南中南部，名占城。戟，古代兵器名，合戈矛为一体，略似戈，兼有横击直刺两种作用。

（4）牂牁（zāng kē），水名，又名濛水，合北盘江，经广西入广东为右江，注入南海。汤，沸水，热水。《论语·季氏》："见善如不沐芳，见不善如探汤。"

（5）蒹（jiān），水草。葭（jiā），芦苇。《诗经·秦风·蒹葭》："蒹葭苍苍，白露为霜。"

（6）白蘋洲畔客，指南朝梁柳恽。此是作者自指。白蘋，亦作"白萍"，水中浮草。

（7）潇湘，湘江与潇水的并称。多借指今湘南地区。此指卢衡州所在地。

【赏析】

这是一首赠答的七言古诗，诗中表现了对南方风物的歌赞和对卢衡州的思念。卢衡州，生平未详。衡州是州名，以衡山得名，治所在衡阳（今湖南衡阳）。卢衡州是以官职称人，衡州即衡州刺史，这是古代一种习惯。

"临蒸且莫叹炎方，为报秋来雁几行。"首联点题，叙得卢衡州书，寄诗慰问之意。卢衡州可能是初来南方，不耐炎热，来信中或有嫌其驻守的临蒸（衡阳）炎热之语，所以诗起句加以安慰，意谓临蒸算不上炎热。次句用典，大雁飞翔时时而排成"人"字，时而排成"一"字，我国古代又有鸿雁传书的故事，所以把赠诗说成"为报秋来雁几行"。"秋来"又点明写诗时令。

"林邑东回山似戟，牂牁南下水如汤。"颔联描写，林邑句用汉伏波将军马援于汉光武帝建武十七年（41）率军镇压交趾征侧、征贰起义，铸铜柱纪功而返的典故。诗人在另一首诗亦有"伏波故道风烟在，翁仲遗墟草树平"（《衡阳与梦得分路赠别》）之句，也提到马援之事，可见诗人对汉代立功异域的马援十分敬仰，同时也包含不能为国效力的忧愤。林邑往东崇山峻岭，犹如刀剑，牂牁江南下入海，水热得煮沸了一般。二句是说林邑、牂牁更在临蒸之南，山更险，水更热，才称得上真正的"炎方"，深化了首联诗意。

"蒹葭淅沥含秋雾，橘柚玲珑透夕阳。"颈联仍用描写，承上对炎方山光水色描写之后，而写炎方之物产：水边蒹葭丰茂，原野橘柚飘香，炎方自有其风光诱人的一面，这是对卢衡州的进一步宽慰。

"非是白蘋洲畔客，还将远意问潇湘。"尾联用典，点明寄诗慰问题旨。南朝梁诗人柳恽《江南曲》云："汀洲采白蘋，日暖江南春。洞庭有归客，潇湘逢故人。故人何不返？春花复应晚。不道新知乐，只言行路远。"这是一首闺怨诗，描绘了一位丈夫远在异地的江南妇女思念亲人的怅惘心情。这里诗人巧用此典，"白蘋洲畔客"是诗人自指，"远意问潇湘"，是指诗人写诗慰问卢衡州。衡州属湘南，而潇湘为湖南两条主要河流，诗文中经常用以指代湖南，所以这里用以指卢衡州。用典恰切，含蓄蕴藉，余味不尽，确是一首好诗。（毕桂发）

【原文】

岭南江行

瘴江南去入云烟，望尽黄茆是海边⁽¹⁾。
山腹雨晴添象迹⁽²⁾，潭心日暖长蛟涎⁽³⁾。
射工巧伺游人影⁽⁴⁾，飓母偏惊旅客船⁽⁵⁾。
从此忧来非一事⁽⁶⁾，岂容华发待流年⁽⁷⁾！

【毛泽东圈评等情况】

毛泽东读清沈德潜编选《唐诗别裁集》卷十五时圈阅了这首诗。

[参考]张贻玖：《毛泽东评点、圈阅的中国古典诗词》，
中国工人出版社1992年版，第232页。

【注释】

（1）茆（mǎo），莼菜。《诗经·鲁颂·泮水》："薄采其茆。"孔颖达疏："茆……江南人谓之莼菜。"《唐诗别裁集》作"茅"。《周礼·天官·醢人》"茆菹"汉郑玄注："郑大夫读茆为茅。"

（2）"山腹"句，清何焯《义门读书记》："近峰闻略：'广西象州，雨后山中遍成象迹，而实非有象也。'"

（3）蛟，古代传说中的动物。民间相传南方池塘沟港中往往有蛟，

所吐涎水能致人不能离去，遂没江中。

（4）射工，一种名叫蜮的毒虫。传说蜮能含沙射人，人被它射中即发疮，人的影子被射中也会害病，即所谓"含沙射影"。《春秋·庄公十八年》："有蜮。"疏云："含沙射人影也。"又见《博物志》等典籍。

（5）飓（jù）母，预兆飓风出现的云晕，形似虹霓。亦用以指飓风，即今称热带风暴。唐李肇《国史补》下："南海八月，海风四面而至，名曰飓风。飓风将至，则多虹蜺，名曰飓母。"唐刘恂《岭表录异记》卷上也有类似记载："南中夏秋多恶风，彼人谓之飓。"

（6）"从此"句，是说从此可忧虑的不只是自己被贬谪这一件事了（还有射工、飓母等事）。

（7）华发，花白头发，指年老、老年人。《后汉书·文苑传下·边让》："伏维幕府初开，博清英，华发四德，并为元龟。"李贤注："华发，白首者。"流年，如水般流逝的光阴、年华。南朝宋鲍照《登云阳九里埭》："宿心不复归，流年抱衰疾。"

【赏析】

这是一首记游诗。岭南，即岭表、岭外，指五岭以南地区，相当今广东、广西及越南北部一带。岭南，在唐时为方镇名，肃宗至德元年（756）置，治所在广州（今广东广州）。柳宗元未到过广东。唐宪宗元和十年（815）三月柳宗元被贬为柳州（今广西柳州）刺史，六月到任，直至元和十四年十一月病故，在柳州度过了他最后几年岁月。此诗当写于贬柳时期。柳州城西有龙江，"江行"当指沿龙江而言。这首七言律诗通过对南方奇异风物习俗的描绘，抒写贬谪生活中的哀怨之情。

"瘴江南去入云烟，望尽黄茆是海边。"首联描写，紧扣"江行"之题。写江而不出江名，而直书"瘴江"，意为瘴气弥漫之江。瘴气是一种我国南部、西南部地区山林间湿热蒸发能致病之气。《后汉书·南蛮传》载："南州水土温暑，加有瘴气，致死者十必四五。"在唐代岭南还是瘴疠之地，谪宦者视为畏途。韩愈在被贬潮州时也对其侄孙韩湘说："知汝远来应有意，好收吾骨瘴江边。"（《左迁至蓝关示侄孙湘》）韩愈以为会死在潮州，所以预嘱咐韩湘"收骨"。诗人身处瘴疠之地，正沿江而行，放眼望去，龙江南流直入云雾之中，最终流入南海，因而想到海边盛产"黄茆"。

"山腹雨晴添象迹，潭心日暖长蛟涎。"颔联继续描写南方景象。广西象州，雨后山中遍成象迹。蛟是古代传说中的动物。民间传说南方潭水中往往有蛟，所吐涎水能使人陷入水中。二句把南方写得更加可怖。

"射弓巧伺游人影，飓母偏惊旅客船。"颈联则用描写兼叙事，写出南方最令人担惊害怕的事：射工是一种名叫蜮的毒虫，传说它能含沙射人，不要说是人体，就是人的影子被射中也会生病，即所谓"含沙射影"。飓母是飓风出现前的云晕，用以指代飓风，即今之热带风暴，它的破坏力更是令人瞠目结舌，不寒而栗。这更是南方特有的自然灾害。清沈德潜说："中二联俱写风土之异，不分浅深。"（《唐诗别裁集》卷十五）

"从此忧来非一事，岂容华发待流年！"结束二句议论，是说从此可忧虑的不只是自己被贬谪这一件事了，还有射工、飓母等事，哪里容得老年人空对如水般流逝的岁月。清诗论家沈德潜在诗人另一首诗《登柳州城楼寄漳汀封连四州刺史》末批注曰："'惊风''密雨'，言在此而意不在此。《岭南江行》诗中'射工''飓母'亦然。"（《唐诗别裁集》卷十五）沈氏指出诗人这里是"言在此而意在不在此"，是很对的。远谪边荒的诗人，虽然远离帝京，远离政治斗争的旋涡，但他必须随时防备他的政敌的加害，这绝不是杞人忧天。（毕桂发）

【原文】

天 对

本始之茫，诞者传焉[1]。鸿灵幽纷，曷可言焉[2]！智黑晰眇，往来屯屯[3]，厖昧革化，惟元气存，而何为焉[4]！合焉者三，一以统同[5]。吁炎吹泠，交错而功[6]。无营以成，沓阳而九[7]。转辇浑沦，蒙以圜号[8]。冥凝玄釐，无功无作[9]。乌徯系维，乃縻身位[10]！无极之极，漭弥非垠[11]。或形之加，孰取大焉[12]！皇熙亹亹，胡栋胡宇⁽¹³⁾！宏离不属，焉恃夫八柱⁽¹⁴⁾！无青无黄，无赤无黑，无中无旁，乌际乎天则⁽¹⁵⁾！巧欺淫诳，幽阳以别⁽¹⁶⁾。无限无隅，曷憛厥列⁽¹⁷⁾！折笒刬筳，午施旁竖⁽¹⁸⁾，鞠明究曛，自取十二⁽¹⁹⁾。非余之为，焉以告汝⁽²⁰⁾！规熿魄渊，太虚是属⁽²¹⁾。萘布万荧，咸是焉讬⁽²²⁾。辐旋南画，轴奠于北⁽²³⁾。孰彼有出次，惟汝方之侧⁽²⁴⁾！平施旁运，恶有谷汜⁽²⁵⁾！当焉为明，不逮为晦⁽²⁶⁾。度引久穷，不可以里⁽²⁷⁾。熿炎莫俪，渊迫而魄⁽²⁸⁾，退违乃专，何以死育⁽²⁹⁾！玄阴多缺，爰感厥兔⁽³⁰⁾。不形之形，惟神是类⁽³¹⁾。阳健阴淫，降施蒸摩，歧灵而子，焉以夫为⁽³²⁾！怪淼冥更，伯强乃阳⁽³³⁾，顺和调度，惠气出行⁽³⁴⁾；时届时缩，何有处乡⁽³⁵⁾？明焉非辟，晦焉非藏⁽³⁶⁾。孰旦孰幽，缪躔于经⁽³⁷⁾。苍龙之寓，而迁彼角亢⁽³⁸⁾。

惟鈜诶诶，邻圣而蕚⁽³⁹⁾。恒师庞蒙，乃尚其圮⁽⁴⁰⁾。后惟师之难，晱颏使试⁽⁴¹⁾。盗埋息壤，招帝震怒。赋刑在下，而投弃于羽⁽⁴²⁾。方陟元子，以胤功定地⁽⁴³⁾。胡离厥考，而鸱龟肆喙⁽⁴⁴⁾！气蕚宜害，而嗣续得圣⁽⁴⁵⁾，汙涂而薁，夫固不可以类⁽⁴⁶⁾。胝躬躄步，桥楯勘踣⁽⁴⁷⁾。厥十有三载，乃盖考丑⁽⁴⁸⁾。宜仪刑九畴，受是玄宝⁽⁴⁹⁾。昏成厥蕚，昭生于德，惟氏之继，夫孰谋之式⁽⁵⁰⁾！行鸿下隤，厥丘乃降⁽⁵¹⁾。焉填绝渊，然后夷于土⁽⁵²⁾！从民之宜，乃九于野⁽⁵³⁾，坟厥贡艺，而有上中下⁽⁵⁴⁾。胡圣为不足，反谋龙智⁽⁵⁵⁾？奋锸究勤，而欺画厥尾⁽⁵⁶⁾！圜橐廓大，厥立不植⁽⁵⁷⁾。地之东南，亦巳西北⁽⁵⁸⁾。彼回小子，胡颠陨尔力⁽⁵⁹⁾？夫谁骇汝为此，而以愍天极⁽⁶⁰⁾？州错富媼，爰定于趾⁽⁶¹⁾。躁川静谷，形有高庳⁽⁶²⁾。东穷归墟，又环西盈⁽⁶³⁾。脉穴土区，而浊浊清清⁽⁶⁴⁾。坟垆燥疏，渗渴而升⁽⁶⁵⁾。充融有余，泄漏复行⁽⁶⁶⁾。器运浟浟，又何溢为⁽⁶⁷⁾？东西南北，其极无方⁽⁶⁸⁾。夫何鸿洞，而课校修长⁽⁶⁹⁾！茫忽不准，孰衍孰穷⁽⁷⁰⁾？积高于乾，昆仑攸居⁽⁷¹⁾。蓬首虎齿，爰穴爰都⁽⁷²⁾。增城之高，万有五千⁽⁷³⁾。清温燠寒，迭出于时⁽⁷⁴⁾。时之丕革，由是而门⁽⁷⁵⁾。辟启以通，兹气之元⁽⁷⁶⁾。脩龙口燎，爰北其首，九阴极冥，厥朔以炳⁽⁷⁷⁾。惟若之华，禀义以耀⁽⁷⁸⁾。狂山凝凝，冰于北至⁽⁷⁹⁾。爰有炎洲，司寒不得以试⁽⁸⁰⁾。石胡不林？往视西极⁽⁸¹⁾！兽言嘐嘐，人名是达⁽⁸²⁾。有虬蛴蛇，不角不鳞，嬉夫玄熊，相待以神⁽⁸³⁾。南有怪厖，罗首以噬⁽⁸⁴⁾。倏忽之居，帝南北海⁽⁸⁵⁾。员丘之国，身民后死⁽⁸⁶⁾。封峎之守，其横九里⁽⁸⁷⁾。有萍九歧，厥图以诡⁽⁸⁸⁾。浮山孰产？赤华伊枭⁽⁸⁹⁾。巴蛇腹象，足觐厥大⁽⁹⁰⁾。三岁遗骨，其脩已号⁽⁹¹⁾。黑水淫淫，穷于不姜⁽⁹²⁾。玄趾则北，三危则南。仙者幽幽，寿焉孰慕⁽⁹³⁾！短长不齐，咸各有止⁽⁹⁴⁾，胡纷华漫汗，而僭谓不死⁽⁹⁵⁾！鲮鱼人貌，逐列姑射⁽⁹⁶⁾。魁堆峙北号，惟人是食⁽⁹⁷⁾。焉有十日，其火百物⁽⁹⁸⁾！羿宜炭赫厥体，胡庸以枝屈⁽⁹⁹⁾！大泽千里，群鸟是解⁽¹⁰⁰⁾。

禹惩于续，螽妇巫合⁽¹⁰¹⁾。肢离厥肤，三门以不眠⁽¹⁰²⁾，呱呱之不盡，而孰图厥味⁽¹⁰³⁾！卒燥于野，民攸宇攸墅⁽¹⁰⁴⁾。彼呱克臧，俾姒作夏⁽¹⁰⁵⁾。献后益于帝，谆谆以不命⁽¹⁰⁶⁾。复为叟耆，曷戚曷荨⁽¹⁰⁷⁾！呱勤于德，民以乳活⁽¹⁰⁸⁾。扈仇厥正，帝授柄以挞凶穷⁽¹⁰⁹⁾。圣庸夫孰克害⁽¹¹⁰⁾！益革民艰，咸粲厥粒⁽¹¹¹⁾。惟禹授以土，爰稼万亿⁽¹¹²⁾。违溺践埋，休居以康食⁽¹¹³⁾。姑不失圣，胡往不道⁽¹¹⁴⁾！启达厥声，堪舆以呻⁽¹¹⁵⁾。辨同容之序，帝以贺嫔⁽¹¹⁶⁾。禹母产圣，何黾厥旅⁽¹¹⁷⁾！彼淫言乱嚣，聪职以不处⁽¹¹⁸⁾。夷羿滔淫，割更后相⁽¹¹⁹⁾。夫孰作厥孽，而诬帝以降⁽¹²⁰⁾！震皞厥鳞，集矢于皖⁽¹²¹⁾。肆叫帝不谌，失位滋嫚⁽¹²²⁾。有洛之嫣，焉妻于狡⁽¹²³⁾！夸夫快杀，鼎豨以虑饱⁽¹²⁴⁾。馨膏腴帝，叛德恣力⁽¹²⁵⁾。胡肥台舌喉，而滥厥福⁽¹²⁶⁾！寒逞妇谋，后夷卒戕⁽¹²⁷⁾。荒弃于野，俾奸民是臧⁽¹²⁸⁾。举土作仇，徒怙身弧⁽¹²⁹⁾！鲧殛羽岩，化黄而渊⁽¹³⁰⁾。子宜播稙穉，于丘于川⁽¹³¹⁾。维莞维蒲，维菰维芦⁽¹³²⁾，丕彻以图，民以谨以都⁽¹³³⁾。尧酷厥父，厥子激以功，克硕厥祀，后世是郊⁽¹³⁴⁾。王子怪骇，蜕形苿裳⁽¹³⁵⁾。文裼操戈，犹憺夫药良⁽¹³⁶⁾。终鸟号以游，奋厥筐筐⁽¹³⁷⁾。智漠莫谋，形胡在胡亡⁽¹³⁸⁾。阳潜而爨，阴蒸而雨⁽¹³⁹⁾，萍凭以兴，厥号爰所⁽¹⁴⁰⁾。气怪以神，爰有奇躯⁽¹⁴¹⁾。胁属支偶，尸帝之隅⁽¹⁴²⁾。宅灵之丘，掉焉不危⁽¹⁴³⁾，鼍厥首而恒以恬夷⁽¹⁴⁴⁾？要释而陵，殆或谪之，龙伯负骨，帝尚窄之⁽¹⁴⁵⁾！

浇嫽以力，兄麀聚之⁽¹⁴⁶⁾。康假于田，肆克宇之⁽¹⁴⁷⁾。既裳既舍，宜咸坠厥首⁽¹⁴⁸⁾。汤奋癸旅，爰以伛拊⁽¹⁴⁹⁾。载厥德于葛，以诘仇饷⁽¹⁵⁰⁾。

康复旧物，寻焉保之？覆舟喻易，尚或艰之(151)！惟桀嗜色，戎得蒙妹(152)。淫处暴娱，以大启厥伐(153)。瞽父仇舜，鲧以不俪(154)。尧专以女，兹俾胤厥世(155)。惟蒸蒸翼翼，于妫之汭(156)。纣台于璜，箕克兆之(157)。惟德登帝，师以首之(158)。娲躯虺号，占以类之(159)。胡日化七十，工獲诡之(160)！舜弟眠厥仇，毕屠水火(161)。夫固优游以圣，而孰殆厥祸(162)！犬断于德，终不克以噬(163)。昆庸致爱，邑鼻以赋富(164)。嗟伯之仁，逊季旅岳(165)。雍同度厥义，以嘉吴国(166)。空桑鼎殷，诒羹厥鹄(167)。惟轲"知言"，瞯焉以为不(168)。仁易愚危，夫曷揆曷谋(169)。咸逃丛渊，虐后以刈(170)。降厥观于下，匪挚孰承(171)！条伐巢放，民用渍厥疣，以夷于肤，夫曷不谣(172)！訾狄祷禖，契形于胞(173)。胡乙鷇之食，而怪焉以嘉(174)！该德胤考，蕂收于西(175)。爪虎手钺，尸刑以司懘(176)。牧正矜矜，浇扈爱踣(177)。阶干以娱，苗革而格(178)。不迫以死，夫胡狃厥贼(179)！辛后骇狂，无忧以肥(180)。肆荡弛厥体，而充膏于肌(181)，訔宝被躬，焚以旗之(182)。扈释于牧，力使后之(183)。民仇焉寓，启床以斯(184)。殷武踵德，奚获牛之朴(185)。夫惟陋民是冒，而丕号以瑞(186)，卒营而班，民心是市(187)。解父狄淫，遭憝以报(188)。彼中之不目，而徒以色视(189)。象不兄龔，而奋以谋盖(190)。圣孰凶怒，嗣用绍厥爱(191)。莘有玉女，汤巡爱获。既内克厥合，而外弼于德(192)。伊知非妃(193)，伊之知臣，曷以不识(194)！胡木化于母，以蝎厥圣(195)！喙鸣不良，谩以诡正(196)。尽邑以垫，孰译彼梦(197)？汤行不类，重泉是囚。违虐立辟，实罪德之由(198)。师凭怒以割，癸挑而雠(199)。胶鬲比蘩，雨行践期(200)。捧盎救灼，仁兴以毕随(201)。鹰之咸同，得使萃之(202)。颈纣黄钺，旦孰喜之(203)！民父有釐，嗟以美之(204)。位庸庇民，仁克荏之(205)。纣淫以害，师殛圮之(206)。咸逭厥死，争徂器之(207)。翼鼓颠御，谨舞靡之(208)。水滨觌昭，荆陷弑之(209)。缪迁越裳，畴肯雄之(210)！穆憳祈招，猖洋以游(211)。轮行九野，惟怪之谋(212)，胡绐娱戴胜之兽，觞瑶池以迭谣(213)！孺贼厥诜，爱桀其弧(214)。幽祸挈以夸，惮褒以渔(215)。淫嗜蔑杀，谏尸谤屠(216)。孰鳞薮以徵，而化黾是辜(217)！天邀以蒙，人么以离(218)。胡克合厥道，而诘彼尤违(219)？桓号其大，任属以傲(220)。

幸良以九合，逮孽而坏[221]。纠无谁使惑，惟志为首。逆图倒视，辅
谖以僇宠[222]。干异召死，雷济克后[223]。文德迈以被，芮鞠顺道[224]。
醢梅奴箕，忠咸丧以丑厚[225]。弃灵而功，笃胡爽焉[226]？翼冰以炎，
盍崇长焉[227]！既岐既巇，宜庸将焉[228]。纠凶以启，武绍尚焉[229]。
伯鞭于西，化江汉浒[230]，易岐社以太，国之命以祚武[281]。逾梁橐囊，
羶仁蚁萃[232]，妲灭淫商，痡民以亟去[233]。肉梅以颁，乌不台诉[234]！
孰盈癸恶，兵躬殄祀[235]！牙伏牛渔，积内以外萌[236]。岐目厥心，
瞭眡显光[237]。奋刀屠国，以髀髋厥商[238]。发杀曷逞，寒民于烹[239]。
惟栗厥文考，而虔子以徂征[240]，中谮不列，恭君以雄[241]。胡螟讼蟓贼，
而以变天地[242]！天集厥命，惟德受之。胤怠以弃，天又佑之[243]！
汤挚之合，祚以久食。昧始以昭末，克庸成绩[244]。光征梦祖，憾离
以厉。彷徨激覆，而勇益德迈[245]。铿夔于帝，圣孰嗜味！夫死自暮，
而谁飨以俾寿[246]！魄啮已毒，不以外肆[247]。细腰群螫，夫何足病[248]！
萃回偶昌，鹿曷佑以女[249]！铖欲兄爱，以快侈富[250]，愈多厥车，
卒逐以旅[251]。

　　咨吟于野，胡若之很[252]？严坠谊殄丁厥任，合行违匿固若所，
咿嚘悆毒意谁与[253]？丑齐徂秦啖厥诈，谖登狡庸咈以施[254]。甘恬
祸凶亟锄夷，愎不可化徒若罳[255]。阓绰厥武，滋以侈颓[256]。於菟
不可以作，怠焉庸归[257]？欸吾敖之阋以旅尸[258]，诚若名不尚，曷
极而辞[259]？

【毛泽东圈评等情况】

　　毛泽东十分赞赏柳宗元的哲学思想，说柳子厚出入佛老，唯物主义。
他的《天对》，从屈原的《天问》以来，几千年只有这一个人做了这么一篇。

　　[参考] 毛泽东1964年8月18日同哲学工作者的谈话。陈晋：《毛泽东
　　　　　与文艺传统》，中央文献出版社1992年版，第307页。

　　柳宗元是一位唯物主义哲学家，见之于他的《天论》。

　　[参考] 龚育之等著：《毛泽东的读书生活》，生活·读书·新知
　　　　　三联书店1986年版，第258页。

【注释】

（1）本始，天地形成以前。茫，通"恍"，恍惚。诞者，荒诞的人。

（2）鸿，巨大。灵，神灵。古代传说天地是神开辟的，这开天辟地的巨神就是鸿灵。曷，何。幽，昏暗不明。纷，紊乱。

（3）智（hū）黑，黑暗，指夜。晰（zhé）眇，日光远照，指白天。往来，指昼夜交替。屯屯，不停息之状。

（4）厖（máng）昧，蒙昧。革化，变革发展。元气，古代朴素唯物主义认为宇宙是"元气"构成的。柳宗元在《天说》中指出，"元气"和"果蓏（luǒ）、痈痔、草木"一样，都是没有意识的物质。

（5）合焉者三，柳宗元自注："《谷梁传》：独阴不生，独阳不生，独天不生，三合后生。"一，指"元气"。统，统率。同，指阴、阳、天三者的结合。

（6）吁（xū），缓慢地吹气。吹，迅疾地呼气。泠（líng），清凉。功，指促使万物变化的作用。

（7）营，经营。沓（tà），重沓，积聚。阳，阳气。九，古人以七、九为阳数，六、八为阴数，并称九为老阳。柳宗元不同意天有九层的说法，他认为"九重"的"九"，是指阳气极盛，"重"是阳气重沓。二句意思是说，天并不是谁经营创造，而是阳气的无限积聚。

（8）转辁（huì），转动车轮。浑沦，广大而不分明之状。两句是说，天并不是圆的，因为构成天的阳气像车轮般转动，迷蒙一片，使人产生圆的感觉。

（9）冥、玄，指自然。釐（lí），整治，这里有结构、组织之意。两句是说，阳气凝聚而组成天，全出于自然，没有谁为此建过功绩，做过工作。

（10）乌，何。傒（xī），等候。縻（mí），系。身，自己。位，指天所在的位置。

（11）无极之极，指天的际极没有尽头。漭瀰（mǎng mí），广大。垠（yín），边际。

（12）或，某种。形，形体。孰，何。

（13）皇，大。熙，广。亹亹（wěi），运动不息。胡，何。栋，栋梁。宇，边沿。

（14）离，分散，指不粘连。属（zhǔ），连接。

（15）则，平均划分。《说文》："则，等分物也。"

（16）淫诞，弥天大谎。幽阳，指王逸注所说的"幽天"和"阳天"。

（17）隈（wēi），弯曲的地方。厥，其。列，指数字的序列。

（18）笭（zhuān），古代楚地方言。结草折竹用来占卜叫"笭"。剡（yǎn），削。筳（tíng），占卜用的小竹片。午施旁竖，纵横交错。

（19）鞠（jū），寻根究底。曛，太阳落山时的余光。自，自己，指"折笭剡筳"和"鞠明究曛"的人。

（20）余，我，这里是假托天的口气来回答的，故"余"就是指天。焉，何。

（21）规燧，太阳。魄渊，月亮。太虚，天。《文选·孙绰〈游天台山赋〉》："太虚辽阔而无阂，运自然之妙有。"李善注："太虚，谓天也。"

（22）棊布，像棋子一样排列。棊，同"棋"。万荧，众星。咸，都。是，此，指天。焉，是。

（23）辐，古代车轮中凑集于中心毂上的直木，即辐条。此二句以辐和轴的关系比喻太阳和人的方位变化。画，划。轴，轮轴。奠，定，放置。

（24）彼，指太阳。侧，侧影，偏移。这里含有明显的地动思想。

（25）施，移。平施，指大地围绕着太阳运移。旁运，指大地本身从一侧向另一侧的转动。谷，汤（yáng）谷，一作"旸谷"，古代传说中的日出处。汜（sì），濛汜，古代神话中西方日落之处。

（26）当，对。不逮，不及，指太阳照不到。

（27）度引，测量。穷，尽头。

（28）燧（huǐ）炎，太阳的强烈火光。俪（lì），并，偶。莫俪，无比。渊，月亮。魄，指月亮无光。

（29）遐违，远离。专，满，指月光盈满。二句说，月本无光，无所谓生灭。

（30）玄阴，指月亮。爰，于是。厥，甚，代月亮。

（31）不形之形，上一个"形"字指兔子的形象，下一个"形"字指月亮中阴影的形象。类，类似。

（32）阳，阳气。阴，阴气。淫，大。施，展开。蒸，气上升。灵，神灵。夫，丈夫。为，语气助词。

（33）沴（lì），即"沴"，指阴阳二气不协调而生成的有害的厉气。冥更，盛大，弥漫。伯强，古代传说中的风神，一说为疫鬼名。阳，生。

（34）调，协调。度，适度。惠气，祥和之气。

（35）届，来临。缩，收敛。

（36）辟，开。

（37）幽，指天黑。缪（miù），荒诞，错误。躔（chán），太阳运行。西汉扬雄《方言》十二："日运国躔。"经，径路。

（38）苍龙，角、亢、氐、房、心、尾、箕七宿的总称，它们在夜里出现在天的东方。古代传说，苍龙是天的东宫，亢是庙庭。迋（kuáng），欺骗。

（39）鲧，亦作"鯀"，禹父。譊譊（náo），争吵声。邻，亲近。圣，指尧。《史记·五帝本纪》和《夏本纪》载，尧父帝喾是黄帝曾孙，鲧也是黄帝曾孙，所以和尧是叔侄。"邻圣"即指鲧与尧的这种关系。孽（niè），凶恶。

（40）厖蒙，不明白。厖，大。圮（pǐ），毁坏。

（41）后，君主，此指尧。矉（pín），通"颦"。頞（è），鼻梁。矉頞，蹙额皱眉。使，派遣。试，指尧派鲧治水本是对他的试验。

（42）堙（yīn），堵塞。息壤，旧说息壤是一种能自己增长的神土，柳宗元认为是自然现象，并非神土。在下，指鲧。鲧是尧臣，故称。羽，羽山。

（43）方，正。陟（zhì），提升，任用。元子，嫡妻所生的长子。这里指鲧之子禹。鲧被处刑后，舜又用禹治水。胤（yìn），继续。功，工程，指治理洪水。定地，确定疆域。禹治水后确定了九州区划。

（44）离，陈列。考，父亲。喙（huì），嘴。

（45）气，气质。嗣续，后嗣。

（46）汙，即污。涂，泥。蕖，芙蕖，即荷花。

（47）胝（dǐ），即胝，老茧。躬，身。躄（bì）步，跛行。桥（qiāo），一种走山路的工具。楯，一种走泥路的工具。勚（yì），劳苦。踣（bó），跌仆。

（48）十有三载，《史记·夏本纪》载，禹治水共十三年。

（49）仪刑，法式。畴，类。相传禹在治好洪水后，制定了关于治理天下的各处刑法，共分九类，即"九畴"。是，此。玄宝，玄圭。圭是一种上圆下方的玉。《史记·夏本纪》载，禹治水成功，舜赐禹玄圭。

（50）氏，姓氏。式，效法。

（51）行鸿，疏通水道，使洪水得以排泄。隤（tuí），自高下坠，指水向低处流。丘，山丘，指水势盛大时的洪峰。降，削弱。

（52）渊，深水。夷，平。

（53）宜，指宜于从事何种生产。九于野，指禹把全国的土地分成九等。

（54）坟，区分。贡，赋税。艺，种植，指农业生产。上中下，把九州的土地和田赋分成九等，即上上、上中、上下、中上、中中、中下、下上、下中、下下。

（55）圣，指禹。谋，谋求。

（56）畚（běn），盛土器。锸（chā），挖土工具。画厥尾，传说禹治水有应龙帮助，应龙以尾划地，指出疏导洪水路线。厥，其，指应龙。

（57）圜，同圆。圜焘（dào），指天。廓，广。植，依靠。

（58）巳，相似。

（59）回，康回，即共工，古代神话传说中的人物。相传他与颛顼争帝，怒触不周之山，天柱折，地维绝，"天倾西北""地不满东南"。颠陨，坠下，指天倾地陷。

（60）骇，惊骇。汝，你，指屈原。惛（hùn），扰。极，高远。

（61）州错，九州交错。富媪（ǎo），土地。《汉书·礼乐志》所载《郊祀歌》称土地为"富媪"。爰，发语词。定，指确定九州疆域。于，以。趾，足。

（62）躁，急疾。一般来说，川的水势比谷大，流得快，故称为"躁川"；谷水则水势较小而缓，故称"静谷"。庳（bēi），低。

（63）穷，尽。归墟，在渤海东面"不知几亿万里"之处，有一个名叫归墟的大壑，所有的水都注入其中，却不见增减（见《列子·汤问》）。环，环行。盈，充满。

（64）脉，这里指土地中水流行的孔道。土区，泥土的缝隙。浊，浊水。清，清水。

（65）坟，高地。垆，黑而硬的土。燥疏，指土质干燥疏松。渴，指这种泥土极需水分。

（66）充，充实。融，长。

（67）器，容器，是把江河比作水的容器。浟浟（yōu），水流动之状。

（68）极，尽头。方，处所。

（69）鸿洞，无边无际，这里指天地。课，考核。校，计量。

（70）茫，广大。忽，迅疾。此指天地在迅速变动。准，度量。穷，尽头。

（71）乾（qián），西北。攸（yōu）居，所居。

（72）蓬首虎齿，指古代传说中的西王母（见《山海经·西山经》）。爰，乃。都，居处。《山海经·大荒西经》说西王母穴居于昆仑山。柳宗元把西王母看作兽类。

（73）增城，《淮南子·队形训》载，昆仑山上有增城九重，其高一万一千余里。王逸注引《淮南子》作一万五千里。

（74）清（qìng），冷。燠（yù），热。迭，交替。时，指季节。

（75）丕革，大变革。是，此。门，用如动词，设置门。

（76）气之元，指元气。

（77）燎，明亮。口燎，指口中发光，并非衔烛。爰，乃。首，方向。九阴，阴气极重。冥，暗，指照不到太阳。朔，北方。炳，光亮。

（78）若之华，若木的花。若木是神话中的一种神树，其花光照大地。禀，受。羲，即羲和，指太阳。

（79）狂山，《山海经·北山经》载，狂山不生草木，冬夏有雪。凝凝，冰多而厚。北至，夏至。

（80）炎洲，《十洲记》载，南海中有炎洲。司寒，相传是掌管寒冷的北方之神，此指寒气。试，用。

（81）西极，西方极远之地。

（82）嘐嘐（jiāo），本指鸟鸣声，此指猩猩的叫声。达，通晓。人名是达，《山海经·海内南经》载，猩猩能够知道人的姓名。

（83）虯（qiú），传说中没有角的龙。蝼蛇（wěi yí），龙蛇游动之状。嬉，游戏。玄熊，黑熊。待，共，拼凑。

（84）虺（huǐ），一种毒蛇。罗首，指怪虺排列着九个头。《楚辞·招魂》："南方之害，雄虺九首，往来倏忽，吞人以益其心。"

（85）倏忽，《庄子·应帝王》："南海之帝旬倏，北海之帝旬忽。"倏，同"倏（shū）"。倏忽，飘忽迅疾之意。柳宗元自注："倏、忽在《庄子》甚明，王逸以为电，非也。"柳说不确。

（86）员丘，《山海经·海外南经》载，交胫国东，有不死之民。郭璞注：因当地有员丘山，山上有不死树，人食其果实，能长寿。后死，指长寿。

（87）封嵎，封山和嵎山。横，横卧。

（88）萍，水草。九歧，九个分叉。厥图，指绘有九歧之萍的图画。诡，欺骗。

（89）浮山，柳宗元自注："又：（《山海经》言）浮山有草焉，其叶如麻，赤华，即枲华也。"伊，是。

（90）腹，用如动词，指吞入腹中。足，足以。觌（dí），见。

（91）遗，排泄之意。号，称号，说明的意思。

（92）黑水，水名。淫淫，水向远处流。不姜，古代传说中的山名，它是黑水的尽头，见《山海经·大荒南经》。

（93）玄趾，山名。三危，山名。幽幽，渺茫。

（94）止，指寿命终止。

（95）胡，何。纷华，从多之状。漫汗，无边际，指讲话不着边际。僭（jiàn），虚假。

（96）鲮（líng）鱼，即陵鱼，一种怪鱼。《山海经·海内北经》载，陵鱼，人面人手人足，鱼身，在海中。迩（ěr），近。列姑射（yì），古代传说中的山名。

（97）鶀（qí）堆，即鶀雀，一种怪鸟。《山海经·东北经》载，其状如鸡，白头，鼠足，虎爪，吃人。堆，当为"雀"。北号，山名。

（98）其，它，指十日。火，燃烧。

（99）炭赫，火赤的炭。庸，用。枝，同"肢"。

（100）群鸟，柳宗元自注："《山海经》曰：大泽千里，群鸟是解。"解，指羽毛脱离。

（101）惩，惧，担忧。续，后嗣。盦（tú），盦山，古国名。盦，同"涂"。巫合，结婚。

（102）胈（bá），腿上的汗毛。《庄子·天下》载，禹在治水时，小腿的汗毛都落光了。三门，据《孟子·滕文公上》载，禹治水时，三过家门而不入。以，而。眂，同"视"。

（103）呱呱，小孩哭声。《尚书·益稷》载，禹治水路过家门，听到儿子的哭声，也不进去。盡（xì），伤痛，痛惜。厥味，指情欲。

（104）卒，终于。燥于野，使原野干燥。宇，屋宇，用作动词，造屋之意。墍（jì），安息。

（105）呱，指启。克，能。臧，善。俾，使。姒（sì），启的姓氏。夏，指夏王朝。

（106）后益，即益。因益在禹死后担任三年君王，故称后益。《孟子·万章上》载：禹"荐益于天"。帝，指天帝。谆谆，诚恳的样子，不命，指不愿意为帝。

（107）叟耆（qí），老人。曷，何。戚、孽，都作忧解。

（108）德，指德政。乳，生。

（109）扈，有扈氏。正，正道。帝，指启。柄，《说文》段玉裁注："柄之本义，专训斧柯。"此指武器。凶穷，穷凶极恶，指有扈氏。

（110）圣、庸，均指启而言。圣，通，有智慧。庸，善。克，能。孰，谁。

（111）革，革除。粲，通"餐"。粒，指米粒。《史记·夏本纪》载：禹在治理洪水时，曾命益把稻种发给百姓。

（112）惟，但。授以土，把土地授予人民，指禹平洪水，大家有地可耕。爰，乃。

（113）违，远离。垍（jì），坚土。休居，安居。康，安。

（114）姑且，且。失，错。胡往不道，没有什么地方不合正道。

（115）达，通晓。厥声，指音乐。堪舆，天地之道。呻，吟，指歌唱。

（116）辨，整理，排列。容，音乐所表达的感情。《史记·乐书》："欣驩喜爱，乐之容也。"同容，感情相同的乐曲。帝，指启。贺，即"贸"，换。嫔，通"宾"，陈列。

（117）圣，指禹。罷（pì），裂。旅，通"膂"，脊骨。

（118）噣（zhòu），口。乱噣，乱说。聝（guó），耳朵。处，居留。

（119）滔，傲慢。淫，放荡。割，夺取。更，取代。

（120）孰作厥孽，谁造成了他的罪孽。

（121）震，震动。皜（hào），白。皖，当作"睆"，大眼睛。

（122）肆，所以。叫帝，指河伯被射伤后向天帝控诉羿的传说。不谌（chén），不真实。滋嫚，遭到轻侮。

（123）嫭（hù），美好，此指美人。妻，嫁给。狡，狂，指羿。

（124）夸夫，狂妄的人，指羿。快，乐，欢喜。杀，指杀戮野兽。相传羿喜欢打猎。屈原《离骚》："羿淫游以佚畋兮，又好射夫封狐。"鼎，古代在祭祀和宴会时用以装盛食物的器具，也作烹饪用具。豨（xī），大野猪。虑，求。

（125）馨，香。腴，肥。恣，放肆。

（126）肥，油腻之意。台（yí），我。这里是假托天的口气。滥，过度，非分。厥，其。

（127）寒，寒浞。后夷，即夷羿。因他曾经为君，故称后夷。戕（qiāng），杀害。

（128）荒弃于野，荒废国政而野外打猎。俾，使。奸民，奸人。臧，善，指好处。

（129）举，全。徒，徒然。身，自己。弧，弓。

（130）殛（jí），诛罚，这里指流放。羽，羽山。黄，黄土。《说文》："黄，地之色也。"柳宗元《天说》："下而黄者世谓之地。"

（131）子，指鲧子禹。宜，合适，恰当。稙，早种早熟的庄稼。稺，晚种晚熟的庄稼。丘，丘陵。川，平原。

（132）维，语助词。芫、蒲、菰、芦，都是多年生草本植物，大多生在浅水中。

（133）丕，大。彻，除去。图，计划。谨，欢喜。都，赞美。

（134）厥父，指禹父鲧。克，能。硕，大。祀，祭祀，兼指祖系。郊，祭天，这里指祭天时祖先受到配享。柳宗元《非国语》："鲧之为夏郊也，禹之父也，非为熊也。熊之说，好事者为之。"

（135）王子，指王子侨。怪骇，奇形怪状，令人害怕。蜺（ní），同"霓"，虹霓。芾（fú）裳，衣裳像芾。芾，一种边缘曲折的云。

（136）文，指崔文子。褫（chǐ），剥夺衣服。《说文》："褫，夺衣也。"操，拿起。憭，不明白。

（137）号，鸣。游，指在空中翱翔。筐（fěi）筐，泛指竹器，方的叫筐，圆的叫筐。

（138）曶（hū）漠，昏暗，天没有亮。莫谋，弄不清。

（139）阳，阳气。爨（chàn），火上升。阴，阴气。

（140）萍，即"萍"。凭，凭借。爰，于。爰所，于其所，在它那里。

（141）以，而。神，怪异。有奇躯，有了奇怪的躯体，指协鹿，即两头鹿。

（142）属，连在一起。支，同"肢"。偶，成对。协属支偶，指鹿一身、两头、八足。尸，陈列。帝，帝王。隅，边疆。据《文选·蜀都赋》五臣注引《南中志》，两头鹿出于云南。

（143）宅，居。灵，神仙。宅灵之丘，指传说中神仙所居的蓬莱等仙山。掉，摇，指海水动荡。

（144）恒，常常。恬，安静。夷，平。

（145）要，取。殆，或许。谪，谴责。窄，狭，缩小。《列子·汤问》载，龙伯国巨人钓走六鳌后，天帝减少其国土，缩小其人的身躯。

（146）浇，寒浞子。嫪（lào），恋情。麀（yōu），雌鹿。麀聚，形容人的两性关系像禽兽那样混乱，这里指浇和其嫂通奸。

（147）康，少康，夏朝君主相的儿子。假，假借。田，打猎。肆，遂，因之。宇，居，占据之意。

（148）咸，同样，指浇嫂女歧也同样被杀。

（149）汤，商王成汤。奋，发动。癸，夏桀名。爰，乃。伛（yǔ）拊，爱抚。

（150）载，施行。葛，古国名。诘，责问。饷，拿食物给人。仇饷，把给他食物的人当仇敌。

（151）康，指夏少康。旧物，指被寒浞灭掉的夏朝。寻，斟寻，夏的诸侯国。焉，怎么，哪里。

（152）桀，夏代最末一个君主。戎，兵戈，军事。蒙，蒙山，古国名。妹（mò），妹嬉，蒙山国美女。

（153）淫处，荒淫无道。暴娱，纵乐。启，导致。厥伐，指汤的讨伐。

（154）瞽父仇舜，舜父瞽叟仇视舜。鳏（guān），无妻的人。《书·尧典》："有鳏在下，曰虞舜。"俪，配偶。

（155）尧，上古帝王，唐尧。女，以女嫁人。胤（yìn），子孙相承续。

（156）蒸蒸，形容孝顺。翼翼，恭敬之态。妫（guī），水名。汭（ruì），河流弯曲的地方。

（157）纣，殷代最后一个君主。于，以。璜，玉石。箕，箕子，殷的贤臣。兆，征兆。

（158）师，众人。首，君主。

（159）娲（wā），女娲，传说中的上古女帝名，人头蛇身。虺（huǐ）号，是说女娲有蛇身的称号。占，推测。类，形象。

（160）胡，何。日化七十，传说女娲一日七十变。工，指画工。獲，得以。诡，怪异。

（161）舜弟，名象。眡，古"视"字。毕，全，都。屠，杀害。水，指堵死井口。火，指火烧仓库。

（162）优游，从容。孰，谁、哪。殆，受害。

（163）犬，比喻凶暴的象。龂（yín），齿根。德，有德行的人，指舜。噬（shì），咬。

（164）昆，兄，指舜。庸，用。邑，封邑，封地。鼻，地名。《史记·五帝本纪》正义引《帝王纪》载，舜弟象封于有鼻。赋，收纳贡税。

（165）嗟，叹美。伯，太伯。逊季，让位给季历。旅，旅居。岳，指南岳衡山。

（166）雍，仲雍，即虞仲。度，度量。义，指太伯、仲雍让位季历所表现的品德。吴国，春秋时国名。

（167）空桑，借指伊尹。相传伊尹母居伊水之旁，怀孕后，遇到大水泛滥，其身化为空心桑树。后有莘氏女采桑，得婴儿于空桑之中，即伊尹。殷，指汤。汤国号商，传至盘庚迁于殷，故商也称殷。鼎殷，即借助于鼎而接近汤。谄，谄媚。

（168）轲，孟子名。知言，孟子曾自称"知言"，意思是自己能认识到言论的是非得失，并理解其本质。睍（jiàn），视，观察。不，同"否"。

（169）易，变革。曷，何，哪。揆，计量。

（170）逃丛渊，比喻人民逃避桀而归向汤，好像鸟逃向树丛，鱼逃归深渊。《孟子·离娄上》："为汤武驱民者桀与纣也。"虐后，暴虐的君主，指桀。刘，杀。

（171）匪，非。挚，伊挚，即伊尹。

（172）条，即鸣条，地名。汤灭夏后放逐桀于鸣条。一说，汤击败桀于鸣条，把他放逐于南巢。用，因。溃，决破。疣（yóu），皮肤上的一种赘生物。谣，歌谣，歌颂。

（173）訾狄，简狄，有娀氏女。祷，祈求。禖（méi），禖神，古代以为向禖神祈祷可以生子。契（xiè），传说中的商族始祖。《诗经·商颂·玄鸟》毛传："简狄配高辛氏帝，帝辛与之祈于郊禖而生契。"胞，指胎胞。

（174）乙（yà），即"鳦"，燕。㲉（ké），将要孵出小鸟的卵。怪，当作神怪。嘉，称许，赞美。

（175）该，即亥，殷人远祖，契六世孙。柳宗元自注："该为蓐改，王逸注误也。"胤（yìn），子孙相承。蓐收，掌管刑罚的官。

（176）钺（yuè），大斧。尸，主。慝（tè），邪恶。《山海经·海外西经》："西方蓐收，左耳有蛇，乘两龙。"郭璞注："金神也，人面虎爪白毛，执钺。"

（177）牧正，指夏少康，他曾任有仍牧正。矜矜，坚强的样子。爰，乃。扈，有扈，浇的国名。踣（bó），僵仆，指死亡。

（178）苗，有苗氏。格，至，来。

（179）狃（niǔ），习惯了不知改变。贼，害。

（180）辛后，即纣。辛，纣的本名。骇（ái），呆，愚蠢。

（181）肆，遂。荡弛，放纵，无节制地追求逸乐之意。膏，脂肪。

（182）啬（sè），吝啬。被，披。旗，用作动词，悬挂在旗上。《史记·殷本纪》：周武王伐纣，纣兵败，"衣其宝玉衣，赴火而死。武王遂斩纣头，悬之太白之旗。"

（183）扈，有扈氏。释，放弃。后之，成为君主。

（184）焉，是。寓，寄放。启，夏后启。斲（zhuó），斩。

（185）殷武，即商汤。汤号武王。踵，脚后跟，用作动词，跟在后面。奚，何。牛之朴，牛之大者，即大牛。

（186）冒，蒙蔽。丕，大。瑞，祥瑞。

（187）班，普遍分赐。市，买。

（188）解父，解居父（甫），晋大夫。出使宋国，经过陈国，调戏采桑妇女。狄淫，淫佚。愨（què），诚实。赧（nǎn），因羞愧而脸红。

（189）彼中，指陈国妇女的内在品德。目，看见，徒，但，只。色，指外貌。

（190）象，舜的弟弟。龚，同"恭"。盖，盖井，指舜浚井时象和瞽叟把井堵死的事。

（191）圣，指舜。用，因。绍，继续。嗣，后嗣。

（192）莘（shēn），有莘，古国名。玉女，指有莘之女。汤，商汤。克，能。弼，辅佐。

（193）伊，即伊尹。知，得。此句是说，伊尹并不是随有莘女陪嫁而得。

（194）知，同"智"。曷，何。识，赏识。

（195）蝎（hé），木中蠹虫，用作动词，蠹害诬蔑之意。圣，有圣德的人，指伊尹。

（196）喙鸣，指伊尹母亲化为空桑等传说。喙，嘴。谩，欺骗。诡，欺诈。正，正道，事实的真相。

（197）垫，沉溺。译，转述。

（198）重泉，地名，桀囚禁汤之地。违，背离正道。辟，刑法。

（199）师，众人。凭怒，盛怒。割，刻剥，指桀所施的虐政。癸，桀的名。雠，同"仇"，仇恨。

（200）胶鬲（gé），纣臣，被派去观察武王的军队。比，接近。螯，当作螯（lí），涎沫，传说中龙的涎沫。

（201）盎（àng），瓦盆。灼，烧灼。毕，全。

（202）鹰，指勇猛如鹰的将帅。萃，集合。

（203）旦，即周公姬旦。

（204）民父，指武王，古代美化统治者为民之父母。釐（xī），福。指武王平定天下。

（205）位，指王位。庸，用。庇，护。克，能。莅（lì），临，担任之意。

（206）殛，诛杀。圮（pǐ），倒塌，毁坏。

（207）逭（huàn），逃。徂，往。器，指武器，用作动词，拿起武器。

（208）颠御，抵御。謼，呼噪。靡，披靡，指士兵溃散。

（209）滨，水边。翫，通"玩"，戏弄。昭，指周昭王。荆，指楚国。陷，陷害。弑，古代统治者称臣杀君、子杀父为弑。

（210）缪，同"谬"，荒唐。迓（yé），迎接。越裳，古国名。畴，谁。

（211）穆，周穆王。《祈招》，诗篇名。《左传·昭公十二年》载，周穆王欲驾车周游天下，祭公谋父作《祈招》之诗，劝其有所节制。猖洋，放纵。

（212）九野，泛指天下。惟，助词。怪，怪异之物。

（213）绐（dài），欺骗。胜，女人首饰。戴胜之兽，指西王母。觞（shāng），酒杯，此指饮酒。瑶池，传说中西王母的住处。迭谣，轮流歌唱。

（214）孺，小孩。贼，戕害。诜（shēn），向人讲话。爰，曰，说。柘（yǎn）其弧，用山桑做弓。

（215）幽，周幽王。帑（nú），乱。夸，奢侈。惮，恐怖。褒，指褒国。渔，侵夺。

（216）薎，同"蔑"，灭。尸、屠，皆杀戮之意。谏尸谤屠，谏劝和表示不满的人都被处死。

（217）鳞，指龙。潗，龙的唾沫。征，征兆。黿，鳖科，俗称癞头黿。辜，罪。

（218）邈（miǎo），远。蒙，昏昧。么（yāo），小。离，分离，指人事与天无关。

（219）诘，责问。尤违，过失。

（220）桓，齐桓公，春秋五霸之一。号，号称。傲，傲慢。

（221）良，良臣，指管仲。九合，九合诸侯。即九次召集诸侯盟会，发号施令，成为霸主。逮，及。孽，指奸臣。

（222）纣，殷纣王。逆图，考虑问题违背正道。倒视，观察事物颠倒黑白。辅，辅弼。谗，谗谄。僇，同"戮"，杀。僇宠，指分别加以杀戮（辅弼）和宠信（谗谄）。

（223）干，比干，纣的忠臣，因谏纣被杀。异，不一致。雷开，结的奸臣。济，帮助。后，古代对诸侯也称后。

（224）文，周文王。迈，远行。被，及。迈以被，指文王的德行流布很远，施及众人。芮，古国名。据《史记·周本纪》载，虞、芮两国之君争田，进入周界后，看到周人谦让而感到惭愧。鞠（jū），审问案件。

（225）醢（hǎi），肉酱。梅，梅伯，纣臣。箕，箕子，纣臣。箕子谏纣不听，佯狂做人家奴隶。厚，增厚。

（226）弃，即后稷，名弃。灵，善。笃，厚，指天帝厚待稷。胡，什么。爽，明。

（227）炎，热。盍（hé），何，为什么。崇，厚。

（228）岐、嶷，均形容小儿聪慧。《诗经·大雅·生民》称后稷"克岐克嶷"。庸，用。

（229）启，开启，引导。武，周武王。绍，继承。尚，久远。

（230）伯，伯昌，西伯侯姬昌，即周文王，纣时为西方诸侯之长，号西伯。江汉，长江和汉水。浒，水边。

（231）岐社，建于岐地的社庙。太，太社。据《礼记·祭法》，王为群姓所立的社叫作太社。国之命，指在国家中发布命令的权力。祚，赐。

（232）逾，跨越。梁，梁山。橐（tuó）、囊，都是袋，大的叫橐，小的叫囊。羴（shān），羊身上的气味。

（233）妲（dá），妲己，纣宠妃。商，商朝，即殷。痡（pū），病。亟，急。

（234）肉梅，把梅剁成肉酱。梅，梅伯。颁，分送，分赐。乌不，为什么不。台（yí），我，假托天的口吻。

（235）癸，即夏桀。一说"癸"为"纣"之误。兵躬，身体被兵器所斩杀。殄（tiǎn），消灭。殄祀，祭祀断绝，即国家灭亡。

（236）牙，姜子牙，即吕尚。伏，隐伏。《史记·齐太公世家》及《索隐》载，姜子牙曾隐于屠牛渔钓的行业中。萌，草木发芽，此指才干外露。

（237）岐，周建国于岐，此指周文王。瞭，眼睛明亮。眂，古"视"字。显，光明。

（238）髀（bì），大腿骨。髋（kuān），大腿上面宽大的骨。

（239）发，姬发，即周武王。曷，何，哪。逞，快意。寒，使凉快。烹，煮，这里指纣对民众的迫害。

（240）栗，栗木，古人常以栗木做神主。考，父。虔子，虔诚的儿子，指武王。徂，往。

（241）谮（zèn），捏造事实说人坏话，指骊姬说申生的坏话。列，分辨。牂牛鼻绳，指申生以绳自尽。

（242）螾，同"蚓"，蚯蚓。讼，诉讼，此指骊姬的诬告。蛲（náo），一种寄生虫。贼，戕害。

（243）天集厥命，指统治天下的权力。胤，后嗣。以，因此。

（244）汤挚，伊尹名。胙，通"胙"，祭祀时所用的肉。胙以久食，长期享受祭肉。昧，昏暗。昭，光明。庸，用。绩，功。

（245）光，阖庐（同）名，他在称王前称公子光。梦，寿梦，吴王，阖庐的祖父。激覆，激发。

（246）铿，彭铿，即彭祖。帝，指帝尧。

（247）螝，同“虺”。已毒，螝一身两口，争食两口相咬，以至相杀。

（248）细腰，蜂名。螫（zhē），虫类用嘴咬或针刺。

（249）萃，止，停留。昌，兴旺。曷，何。古时有一女采薇，突然受惊逃跑，向北停留在水湾处偶获一鹿，她的家从此就兴旺起来，哪里是天对她的祐赐呢?

（250）鍼，秦景公弟。兄，指春秋时秦国国君秦景公。鍼欲兄爱，秦景公有猛犬，要以百辆交换，景公不予。快，快意，称心。侈，奢侈。

（251）卒，终于。逐，驱逐。旅，旅居国外。

（252）咨，嗟叹。若，你。很，恨。

（253）严，威严。坠，坠落。谊，即“义”。丁，当，遭遇。厥，其，指屈原。匿，隐藏。咿嚘（yī yōu），叹声。忿毒，怨恨。与，相与，合得来。

（254）丑，恶。丑齐，得罪齐国。徂秦，到秦国去。啖（dàn），吞食。厥，指秦国。诈，欺诈。《史记·屈原列传》载，楚国原来和齐联合抗秦，楚怀王听信张仪游说，和齐绝交，结果受骗，发兵击秦，大败。后来怀王又到秦国和秦昭王相会，屈原劝阻不听，结果被扣留，死在秦国。

（255）恬，安。亟，急。夷，削平。愎（bì），固执，不听劝告。罢，通“疲”。

（256）阖，吴王阖庐。绰，宽绰，扩充之意。滋，通“兹”，此，指楚。侈，骄侈。颓，衰落，倒塌。

（257）於菟（wū tú），指令尹子文。《左传·宣公四年》载楚令尹子文生时被弃于郊野，老虎给他喂乳，楚人叫乳为“谷”，叫“虎”为“於菟”，所以叫斗谷於菟。作，起。怠，懒惰，松懈。

（258）欸（āi），叹。敖，堵敖。柳宗元自注：“楚人谓未成君而死曰敖。堵敖，楚文王（当作楚成王）兄也。今哀怀王将如堵敖不长而死，以此告之。”吾敖，我的短命的王。阏（è），壅塞，此有蒙蔽之意。旅，作客。尸，死。

（259）诚，的确。若，你，指屈原。尚，崇尚。极，穷尽。而，你，指屈原。辞，指《天问》。

【赏析】

《天问》是战国时期楚国大诗人屈原写的一首长篇怪诗。屈原在《天问》中，对于奴隶主阶级关于宇宙、自然和历史的传统观念提出了怀疑和质问，热情地抒发了诗人的爱国思想和积极的浪漫主义精神。怀疑是批判的起点。正如鲁迅所说，屈原"怀疑自遂古之初，直至百物之琐末，放言无惮，为前人所不敢言"（《摩罗诗力说》）。

从屈原《天问》产生以来，经历了一千多年的漫长岁月，从来没有人敢出来回答这些深奥难答的问题。到了中唐，哲学家、诗人柳宗元挺身而出，逐一回答了屈原提出的问题，这就是我国文学史上另一首长篇怪诗《天对》。柳宗元的《天对》，循着屈原《天问》的思想，探讨宇宙根本，提出世界最初是"惟元气存"，一切现象都是自然存在，把宇宙看成是物质的，而且是无限的，是一种朴素唯物主义宇宙观。同时他对上古以来许多历史事件和人物提出了大胆的看法，表现了鲜明的无神论和反对天命的思想，值得称道。

《天问》和《天对》这两篇作品在中国的哲学史和科学史上，都具一定的地位。

《天对》对屈原在《天问》中提出的一百六十多个问题，逐一作了回答，几乎每答都包含着一个神话传说或历史故事，内容十分丰富，结构也很谨严。全诗共分为四个部分。

第一部分，回答有关"天文"的问题，即有关宇宙的形成以及天象方面的一系列问题。这部分又可分三层。从开头至"而迁彼角亢"为第一层，是对天体神话的答问。柳宗元不相信神灵开天辟地的传说。他认为，白天黑夜，往来交替不停，万物从蒙昧状态中发展变化，是因为其中有元气存在。阴、阳、天三者的结合，是靠统一元气来统率支配的。元气呼出热气，吹出冷气，冷热气（阴阳气）交错而产生作用，发生万物。屈原在《天问》里提出的两个哲学上的根本问题，即什么是宇宙的本体，什么是宇宙的变化，而柳宗元的回答很明确：元气是宇宙的本体，阴阳二气的交错是宇宙的变化。柳宗元还进一步认为，天并不靠谁经营创造而成。它是积聚了无数的阳气而成"九重"的。阳气像车轮般地转动，所以天被蒙上圆的称号。阳气凝聚而构成天，全靠冥漠玄深的自然规律。近代天文学把弥漫于广大恒星空间的气体和尘埃物质，称为星际迷物质。柳宗元的阳气积聚说是凭直觉判断推理而来，居然接近科学真理，令人惊讶！

柳宗元认为天本来就有固定的位置，否定了天柱说；指出没有青黄红黑等颜色的区别，也没有中间和旁边的区别；指出十二辰是从事占卜活动和研究天文历法的人规定的。特别是太阳的升起和落下，只是人所处的地方在不断地发生位置的变化。大地既围绕着太阳运动，本身又在转动（"平施旁运"），哪儿有什么汤谷和蒙汜！在大地运动的时候，对着太阳的一面就明亮（白天），太阳光达不到的地方就晦暗（黑夜）。测量太阳每天走多远，早就无法搞下去了，这是根本无法用里数来计算的。在柳宗元之前，我国古代的天文学，早就建立了地圆说和地动说。比如浑天说认为天像蛋壳，地像蛋黄，这不是证明他们自己认为大地是圆形的吗？又如汉代人所著的《尚书考灵曜》说："地有四游：冬至，地上北而西三万里；夏至，地下南而东复三万里；春秋分，则其中矣。地恒动不止，人不知；譬如人在大舟中，闭牖而坐，舟行不觉也。"而柳宗元在《天对》中，则进一步将地圆说和地动说结合起来，向科学的真理又迈进了一步。

此外，他还廓清了金乌、玉兔的传说，女歧无夫坐子、伯强为疫鬼施放冷气的传说，以及角星、亢星为天门、庙廷之类的谬说。柳宗元已经直觉地认识到昼夜的形成在于大地本身的运动，并不是由于太阳的运动。这一认识，虽然幼稚，但有其合理的因素，与太阳是恒星、地球行星的科学结论是吻合的。

从"惟兹诡诡"至"而以愿天极"为第二层，是对鲧、禹治水问题的答问。关于鲧禹治水的许多传说本来是难以回答的，柳宗元根据《尚书》《史记》的有关记载，度情合理地作了解答：他不相信息壤、天帝、殛鲧等带有迷信色彩的传说，所以他把天帝改为帝尧，将怪诞的情节改成符合生活逻辑的情节，从而作出合乎情理的推测。他指出鲧的昏庸使他治水失败而造孽天下，禹的圣明使他治水成功而有德于天下。禹采取疏通水道的方法取得了成功。他根据人民之所宜，将全国土地分成九等，又根据农业生产的具体情况，把赋税分成九等，体现了一种实事求是精神。洪水是靠大禹率领人民用畚锸辛勤劳动才治好的，而应龙以尾画地指示疏洪路线是一种欺人之谈。他还指出，圆形的天是无比广大的，它的存在并不依靠什么天柱支撑着。地之东南较低，西北较高，都非人力所为。而关于共工（康回）头触不周山从而造成天倾西北、地陷东南的神话传说是不足信的。

从"州错富媪"至"禀羲以耀"为第三层，是对地形神话传说的答问：九州交错地分布在大地上，是禹经过亲自考察以后确定的。水向东流，是由地形的高低形成的。江河百川等容器就是这样不停地循环流动。柳宗元看出了水的循环，但他所说水的循环方式和途径，完全是一种猜想，并不符合实际。而现代科学的解释是：江河川谷之水流入海洋，海洋中水又蒸发为水汽，水汽兴云作雨，又降回陆地，汇入江河川谷，复流入海洋，如此循环不息而无止境。柳宗元还把蓬头虎齿的西王母说成是穴居于昆仑山的一种怪兽，将神话变成了实际物产的叙述。他用元气说解释四时气候的变化，反对所谓"四方之门"的怪异说法。

从"狂山凝凝"至"群鸟是解"为第四层，是对各地风土、物产神话传说的解答：狂山到处是冰，炎洲毫无寒气；怪石林立，就在西方；猩猩人言，道人姓名；龙蛇游动，黑熊游戏；怪鱿排列着九个头；倏、忽住在南海和北海；员丘有不死之民；身卧九里的长人，守卫着封、嵎二山；水中长有九个分叉的萍；浮山生长开赤花的枲；巴蛇吞象，三年出骨，足见蛇身之长；不姜山是黑水的尽头；仙人渺茫无凭，即使长寿，也不值得羡慕；各人的寿命长短不齐，都是要死的，为什么瞎说有不死的仙人；鲛鱼人貌，生活在海中；魆雀在号山，如鸡，虎爪，食人；天上哪有十个太阳把百物烧焦！如果真是那样，羿的身体也该像火赤的炭一样了，哪里还能射箭呢？大泽千里，羽毛脱落。

从"禹惩于续"至"帝尚窄之"为第二部分，所答由天事转入人事，为过渡段。其中至"后世是郊"为第一层，是对天上派来的鲧、禹、益、启、羿五个半神半人事迹的解答：禹娶涂山女为妻，却在新婚第四天就离开妻子去治水，为什么不像常人那样贪图男女之欢呢？禹赶快和涂山女结婚，是担心后嗣。禹勤劳得腿上的汗毛都掉光了，三过家门而不入，连听到儿子启的哭声，也不进去，终于使洪水退去，为人民建造了房屋，得到了安居；启通晓音律，按照天地之道来判定音乐以供歌唱，他把感情相同的乐曲加以整理，编定次序，成为《九辩》《九歌》；禹母生禹时裂开她的背脊纯是胡言乱语；羿傲慢而放荡，夺取了相的帝位，并射伤了一条龙，洛水的美人不会做他的妻子，他迷恋于打猎，用肥肉祭祀上帝，不可能得福；寒浞娶了纯狐，乘羿在外打猎，将羿射死，自立为君；鲧被流放在羽山而死，尸体化为黄土埋在深渊，否定鲧化黄熊之说；尧严酷地处分鲧，鲧子禹因其父被刑，奋发努力而获成功，能光大他的祖宗，使鲧得配于天而受后代的祭祀。从"王子怪骇"至"帝尚窄之"为第二层，是对地上的人或物能否成神战仙的答问：王子侨的形状和服饰奇特，手中持药，崔文子要剥下他的衣服，拿戈击他，却被良药弄得晕头转向。后来一只大鸟鸣号奋飞而去，掀翻了地上的竹器，在昏暗中也弄不清王子侨的身体是留着还是消失了。自然界阴阳变化导致下雨，萍是因下雨才起而呼号；两头怪鹿是禀受了自然的怪异之气，产于边远地区；蓬莱等仙山据说是大龟所负，神仙所居，然而巨鳌的头能永远保持平衡吗？这样的巨鳌竟然被钓起来离开水而背到陆地上去，这大概是"天帝"在处罚它吧，然而钓鳌的龙伯国人又受到了天帝的处分。

第三部分，所答重在人事，并集中在尧舜特别是夏商周三代兴亡问题，为全诗的核心部分。这一部分又可分为七层。从"浇嫂以力"至"邑鼻以赋富"为第一层，是对少康、汤、舜史实的答问：浇和其嫂通奸，夏少康假借打猎袭杀浇，收复了失去的土地；汤用施恩惠的手段来争取夏桀的部众，并征服葛国，少康恢复被寒浞灭亡的夏朝，轻而易举；桀嗜好女色，兴兵伐蒙，得到妹嬉，他的荒淫无道，引起汤的讨伐；舜父瞽叟仇视舜，使舜鳏居不得娶妻，尧把女儿嫁给舜，是为了使舜有后代；女娲号称蛇身，是后人根据推测制造出来的形象；舜弟象千方百计谋害舜，舜对象仍有友爱，把鼻封给他，使象收纳赋税获得富贵。从"嗟伯之仁"至"嗣用绍厥爱"为第二层，是对商王朝祖先发迹的答问：太伯奔吴，贤者得国；伊尹相殷，能者建功；汤伐桀于鸣条并把他流放到南巢；帝喾和简秋曾向禖神祷告求子，所谓简狄吞燕卵而生纯是传说；该继承了前辈的德行，在西方任蓐收，他的职务是主管刑罚，处理犯罪之事；少康坚强，遂杀浇而灭有扈；舜舞干戚娱乐，有苗来归服。帝后（纣）愚狂放纵，一味淫乐，终致国亡身丧；有扈氏凭霸力成为君主，夏启把他杀死在床上；殷武（汤）追踵其祖先契的德行获得成功，获得一头大牛算不得什么祥瑞；解居父调戏陈国妇女，被那位诚实的妇女正言相弹，因而感到惭愧；象不但对其兄舜不恭敬，而且阴谋堵死井口谋害舜。从"莘有玉女"至"师殛妃之"为第三层，是对汤、武改朝换代的答问：汤得伊尹和他娶有莘氏之女没有关系；把伊尹的母亲化成空桑的说法是诬蔑圣人；汤把桀囚于重泉，是桀罪有应得；武王伐纣是救人于苦难，大家都跟随他；武王以黄钺斩纣的头，周公并不高兴，但周公对武王的平定天下，则极为赞叹；纣荒淫无道而害人，所以众人把他推翻。从"咸道厥死"至"逮孽而坏"为第四层，是对周朝子孙的答问：百姓在纣的压迫下纷纷拿起武器，一举击溃纣的军队；荆楚的人在汉水边戏弄周昭王，存心杀掉他；周穆王不懂《祈招》所讲的道理，周游天下，追求怪异事物，他和西王母这种怪兽一起娱乐，在瑶池饮酒唱和的传说是骗人的；周幽王昏乱奢侈，威逼褒国，遭到杀身之祸；齐桓王得良臣辅佐而九合诸侯，遭逢奸臣，导致失败。从"纣无谁使惑"至"忠咸丧以丑厚"为第五层，是对商之子孙的答问：纣的国亡身丧，是咎由自取，并非受了谁的迷惑；比干因为与纣的意见不合而招致死亡，雷开因助纣为虐而被封侯；周文王德政远播，帮助虞、芮两国解决了争端；纣把梅伯剁成肉酱，迫使箕子为奴，丑恶行为变本加厉。从"弃灵而功"至"天又祐之"为第六层，是对周朝祖先发迹的答问：弃行为善良而有功，并不是天帝特别厚爱，鸟的翅膀遮蔽冰上的弃，只是个偶然事件；后稷从小聪明，自然成为领袖；周武王继承了后稷的事业，所以能使后代久长；周文王当殷衰微时，执掌西部地区大权，用太社代替岐社，全国的统治权落到了周武王身上；周人从邠地越过梁山迁居到岐山之下；妲己使荒淫的商纣王灭亡；纣把梅伯剁成肉酱，恶贯满盈，自取灭亡；隐于屠钓的姜子牙执掌军政大权，辅佐周文王父子灭掉殷商；周武王杀纣，是救民于水火，他奉着文王的木主，去征讨商纣王；申生中了骊姬的奸计而被迫自缢，骊姬的害人勾当不会引起天的变化；总之，只有有德行的人，才能得到统治天下的权力，他的后嗣如果荒废政事，就会失去统治权，天不会保佑。从"汤挚之合"至"卒逐以旅"为第七层，是对历史和神话中人事变化的综合答问，汤和伊挚的遇合，使他们在宗庙中长期受到祭祀；阖闾以为自己应该继承寿梦的事业；帝尧吃了彭祖的雉羹，因而赐他长寿；两头相咬，自己毒害自己，害不了别人，一群细腰蜂的螫刺，不值得担忧；那个女子偶然得鹿使其家兴旺，不是什么天对她的祐赐；公子铖想得到秦景公的爱犬，来满足自己的欲望，终被驱逐旅居国外。

从"咨吟于野"至篇末为第四部分，是关于楚国前途的答问：其中至"愎不可化徒若罢"几句，是对于屈原与楚国统治者决绝态度的答问：屈原的任事正当楚国衰落之时，如能和时势相合就出来做事，如不合时势就藏匿隐蔽，不需要悲叹怨恨，得到谁的同情；楚怀王和齐国绝交而跑到秦国去，中了秦国欺诈之计，你的忠告和忧叹，是白白煎熬自己。"阖绰厥武"等四句是说，阖闾在扩充武力，楚却骄侈，因而败颓；像令尹子文这样的贤才不可复生，执政者都怠于政事，有谁可以归向？末倒三句是代屈原作答：我那短命的楚怀王受了蒙蔽，将客死于秦国了。末二句是柳宗元对屈原的反问：你如果确实不追求忠名，为什么还要淋漓尽致地写作《天问》呢？

前人对《天对》褒贬不一。贬之者认为《天对》完全可以不作，柳宗元是多此一举。他们的主要理由是认为屈原《天问》本身包含了答案。这是站不住脚的。因为《天问》中只有少数反问句本身包含答案，而大多数疑问句是不包含答案的。何况，柳宗元与屈原的哲学思想并不相同，屈原尽管怀疑天命，但并不彻底否定天帝和怪异之说，柳宗元则比较彻底地否定天命和一切怪异之说，是我国唐代一位著名的唯物论者。柳氏写《天对》的目的是剥去历史传说的所有神圣外衣，还历史以本来面目。当然，其中也有一些牵强生硬的解释，特别是对于上古那些优美的神话故事，柳宗元未能从审美的视角去欣赏、去肯定，令人遗憾。

至于《天对》的成就，前人论述得较多。叶少蕴《避暑录话》说："子厚《天对》……之类，高出魏晋，无后世因缘卑陋之风。"这是肯定《天对》的创新精神。黄长璿《校定楚辞序》说："《天问》之章，辞严义密，最为难诵。柳柳州于千祀后，独能作《天对》以应之，深弘杰异，析理精博。"这是赞扬《天对》的博大精深。这些评价，皆非溢美之词。

　　毛泽东十分赞赏柳宗元的哲学思想，称他"出入佛老，唯物主义"，是唐代"一位唯物主义哲学家"。其主要论据，便是柳宗元的《天对》。《天对》是对屈原《天问》中所提出问题的解答。由于《天问》中提出的有关上古天文、地理、历史方面神话传说的诸多问题，高深莫测，所以产生以后的一千多年间，无人作答，只是到了中唐时期，柳宗元才写了一篇《天对》，此后又过了一千多年，仍无人再写第三篇解答。"几千年只有这么一个人做了这么一篇"，所以，可以毫不夸张地说，《天对》和《天问》一样，都是空前绝后的杰作，它的创作性不言自明。《光明日报》1959年3月1日刊载了一位文学史家写的《柳宗元的诗》，简要分析了柳宗元的政治讽谕、反映民生疾苦、抒发个人牢骚、离乡去国的悲愁几类题材的作品。毛泽东读后，对工作人员谈了自己的看法："柳宗元是一位唯物主义哲学家，见之于他的《天论》（按柳只有《天说》《天对》，而无《天论》，但《天说》是论文，《天对》才是诗歌，毛泽东认为柳宗元的诗应该谈到的，可见是指《天对》），……而这篇文章无一语谈到这一个大问题。是个缺点。"由此也可以看出毛泽东对《天对》的重视。（毕桂发）

张　祜

张祜（生卒年不详），字承吉，清河（今河北清河）人，一作南阳（今河南南阳）人。唐代诗人。元和、长庆年间，深为令狐楚所知。后至京，为元稹所排挤，后以处士终身。他以侠客自命，写过《侠客传》。绝句清华明艳，情思婉约，以宫词著名。《全唐诗》录存其诗一卷。

【原文】

雨霖铃

雨霖铃夜却归秦，犹是张徽一曲新[(1)]。

长说上皇和泪教[(2)]，月明南内更无人[(3)]。

【毛泽东圈评等情况】

毛泽东在读清沈德潜编选《唐诗别裁集》卷二十时圈阅了这首诗。

[参考] 张贻玖：《毛泽东评点、圈阅的中国古典诗词》，中国工人出版社1992年版，第233页。

【注释】

（1）张徽，唐梨园乐工，据说曾从唐玄宗受《雨霖铃》曲。

（2）上皇，指唐玄宗李隆基。

（3）南内，即兴庆宫，因在蓬莱宫以南，故名。

【赏析】

《雨霖铃》，唐人制作的杂曲名。宋代郭茂倩编的《乐府诗集》引录《明皇别录》云："帝幸蜀，南入斜谷。属霖雨弥旬，于栈道雨中，闻铃声与山相应。帝既悼念贵妃，因采其声为《雨霖铃曲》，以寄恨焉。时独梨园善觱篥乐工张徽从至蜀，帝以其曲授之。洎至德中，复幸华清宫，从宫嫔皆非旧人。帝于望京楼命张徽奏《雨霖铃》，不觉凄怆流涕。"本诗对传说进行了提炼加工，使故事的场景更具特色。

"雨霖铃夜却归秦，犹见张徽一曲新"，诗前二句叙事。"雨霖铃"原指玄宗赴蜀途中的凄风苦雨的环境。诗人把《雨霖铃夜》这令人引起思绪的景，移接到玄宗又重回秦地之时，今昔之感的气氛有力地渲染了出来。《雨霖铃》是乐曲，这支曲是玄宗赴蜀途中在那凄风苦雨之声中采制而成并授给张徽的。当玄宗从蜀返秦又幸华清宫时让张徽在望京楼这个地方再奏这个曲子。这特定的时间和环境难免让人想起以前此时此地之情发出无限的感慨。另外华清宫还是玄宗和杨贵妃在此寻欢作乐之地，也是他们密誓"在天愿作比翼鸟，在地愿为连理枝"的地方，今天归来已经是地在人空，只有"雨霖铃"这首哀曲令人感叹不已。前句"却归秦"的"却"字，后句"犹见"的"犹"字，都是再、还的意思。这些虚字都起着沟通今昔的作用。张徽梨园乐工"一曲新"的"新"字，衬出杨贵妃早已死去，而玄宗念念不忘的旧情之状，凄怆悲慨的今昔之情如在目前。

"长说上皇和泪教，月明南内更无人"，诗的后两句接着叙事。作者用"长说"二字，使直接的叙事变为间接的传说，诗意曲折有致。"长说上皇和泪教"仍是以"雨霖铃"为主线写下去，起承上启下的作用。"上皇"指唐玄宗李隆基。"和泪"，可见玄宗对杨贵妃哀怜之情、思念之深。玄宗为什么"和泪"呢？诗最后一句露出真情，揭开幕后之谜："月明南内更无人"。玄宗无限感慨"和泪"的缘由在于此。玄宗自蜀返京，受到肃宗手下人的监视。这个太上皇初居南内兴庆宫，尝月夜登楼南望，烟云满目，身边唯有高力士及贵妃的侍者红桃。诗中未详写这些细节。但玄宗凄凉的晚景从诗句"无人"二字已经给我们留下想象余地。

诗人对历史人物的态度没有明说，但从诗中玄宗的形象可以看出作者的同情是寓含在诗句中的，含而不露是本诗的显著特色。（毕英男）

【原文】

宫 词

故国三千里⁽¹⁾，深宫二十年。

一声《何满子》⁽²⁾，双泪落君前⁽³⁾。

【毛泽东圈评等情况】

毛泽东在读清沈德潜编选《唐诗别裁集》卷十九时圈阅了这首诗。

[参考]张贻玖：《毛泽东评点、圈阅的中国古典诗词》，

中国工人出版社 1992 年版，第 233 页。

【注释】

（1）故国，故乡。

（2）何满子，唐代教坊曲名，唐玄宗时歌人何满子临刑曾歌此曲，后此曲即名何满子。唐段安节《乐府杂录》："何满子，开元中歌者，临刑歌乐府以赎死，竟不得免。曲即名《何满子》。又，文宗时，宫人沈阿翘为帝舞此曲，亦舞曲也。"

（3）君，皇帝。

【赏析】

这首短小精悍的五言绝句，写宫女的幽怨，意境深邃，底蕴丰富，倾诉了宫人的无穷哀怨。

"故国三千里，深宫二十年。"诗的前两句不仅有高度的概括性，而且有强烈的感染力，从深宫与故国间的距离落笔，不仅把诗中女主角的千愁万恨一下子集中地显示出来，而是进一层、加一倍地表达了她的愁恨。一个豆蔻年华的少女不幸被选入宫中，与家人分离，失去自由，失去幸福，青春美貌已在与世隔绝、家人暌违的深宫岁月中消逝。本已经够悲惨了，何况故乡迢遥又在千里之外，岁月消逝在宫中已有 20 年之久，就使我们感到其命运更加悲惨，其身世更可怜，也更值得同情。一个"深"字加重了宫门重重，难见天日的压抑感，平淡描写里包含着无尽的辛酸。诗从深

宫与故国间的距离落笔，再从离乡至今的漫长岁月着眼，这遥远的空间，漫长的时间，构成了诗中人悲惨的命运。

"一声《何满子》，双泪落君前。"诗的三、四两句通过鲜明的形象塑造来直抒人物心中的怨情。一曲婉转、伤感的《何满子》使得泪水如泉涌一般洒在君前。以一声悲歌、双泪齐落的事实，直截了当地写出了诗人蓄积已久、埋藏极深的怨情。"何满子"，唐教坊曲名，后用为词牌。唐玄宗时歌人何满子临刑前哀歌一曲以自赎，竟不得免，后来此曲即以歌者何满子为名。从全篇看一、二两句叙事已将诗中人的悲惨处境写出，接着就直抒胸臆。久居深宫，听到悲歌顿起思乡之念，然而后宫深院如樊笼，天涯望断，难与亲人相见，只有珠泪斑斑。这就把宫女们的无奈的处境和哀怨心情充分展现出来了。从中可以体会出封建制度对于宫中女子的深重摧残和压抑。

此诗写法上的特点是，数量词的运用巧妙精致，诗中几乎一半的字是数量词如以"三千里"表明距离，以"二十年"表明时间，以"一声"写歌唱，以"双泪"写泣下。诗人巧夺天工的安排不仅体现出形式上的对仗工整和音韵上的婉转流畅，而又能简括切实，准确有力地表达内容，叠用数目字而无堆砌之感则更为难得。（毕英男）

【原文】

集灵台二首之二

虢国夫人承主恩[1]，平明骑马入宫门[2]。

却嫌脂粉污颜色，淡扫蛾眉朝至尊[3]。

【毛泽东圈评等情况】

毛泽东在读清蘅塘退士原编《注释唐诗三百首》"七言绝句"时，于此诗首句右侧画了一个大圈，作为圈阅的标记。

[参考] 中央档案馆整理：《毛泽东评点诗词曲精选（上册）》，中央档案出版社 1998 年版，第 135 页。

【注释】

（1）虢（guó）国夫人，杨贵妃三姐的封号，嫁给裴家。

（2）平明，天刚亮时。《明皇杂录》："虢国夫人每入禁中，常乘骢马，使小黄门御。紫骢之骏健，黄门之端秀，皆冠绝一时。"

（3）"却嫌"两句，宋乐史《太真外传》："虢国不施朱粉，自衒美艳，常素面朝天子。"却，反而。颜色，美好的容颜。淡扫，淡淡地描画。朝，朝拜。至尊，皇帝，指唐玄宗。

【赏析】

唐玄宗宠爱杨贵妃，杨氏一家均受封爵。《旧唐书·杨贵妃传》载：其大姐封韩国夫人，三姐封虢国夫人，八姐封秦国夫人，"并承恩泽，出入宫掖，势倾天下"。这首七言绝句是描写虢国夫人入朝见唐玄宗时的情景，讽喻他们之间的关系暧昧和杨氏专宠的气焰。

"虢国夫人承主恩"，诗的首句"承主恩"已将虢国夫人的身份暗示出来了。虢国夫人不是玄宗的嫔妃，居然承主恩宠，唐玄宗与她的不正常关系昭然若揭了。"平明骑马入宫门"，第二句对"承主恩"的进一步描述。"平明"，是天已大亮之时，已不是贵戚朝见皇帝的时辰，虢国夫人竟然能去朝见皇帝，如果没得皇帝恩准，她敢违例吗？况且皇宫禁地，岂容人骑马越过，虢国夫人可以骑马出入禁苑中，这如果没有皇帝的特许，她敢这样妄为？只指出这一点，"承主恩"则跃然纸上了。这一句看来是一般的叙述语气，却令读者寻味。在大白天虢国夫人骑着马走过岗哨林立、戒备森严的宫苑，违犯常规竟不受干预阻拦，这是多么反常的事件！虢国夫人与皇帝之间的暧昧关系就不言而喻了。"却嫌脂粉污颜色"，第三句诗人将笔锋一转，把虢国夫人朝见皇帝时的容貌描述出来了。"脂粉"是妇女为了增加美色用的化妆品。而虢国夫人"却嫌脂粉"沾污了她的容貌，真是怪事！据宋乐史《太真外传》说："虢国不施妆粉，自衒美艳，常素面朝天子。"这是说她的自然美色胜似用脂粉化妆。一般说嫔妃等在朝见帝王时虽有浓妆淡妆之别，但总要擦胭脂抹花粉的，以在皇帝面前衒耀争宠。而虢国夫人却一反常态"不施妆粉"，以自己的天然美色取悦君王。这与浓妆艳抹取悦君王的描写有异曲同工之妙。"淡扫蛾眉朝至尊"，最后一句写她只是轻描一下蛾眉就朝见皇帝了，这是"却嫌脂粉污颜色"的结果。与第一、二句相呼应，又回归朝见上来。最后两句从字面上看，纯粹是夸耀虢国夫人有超越一般人的美貌。但从"却嫌脂粉"的"淡扫蛾眉"这个因果句就含蓄地把虢国夫人那轻佻风骚、刻意承欢的形象刻画出来了。写其不施脂粉，而用"却嫌""污"来反衬，写其画眉止于"淡扫"，不但刻画了她漂亮的姿容，而且更重要的，是曲折地传出了她恃宠而骄的精神状态。而玄宗之好色和对她之特别爱怜，也无须更加描绘，自可意会。

此诗如不细加玩味，则只是一首描写这位贵妇自矜美艳、素面朝天的诗，一幅生动的美人图而已。但细加品味，就觉出语言中的讽刺意思。明末清初唐汝询《删订〈唐诗解〉》云，"此直赋其事，讽刺自己"。此评甚是，也是本诗艺术技巧高超之处。（赵玉玲）

【原文】

题金陵渡

金陵津渡小山楼⁽¹⁾，一宿行人自可愁⁽²⁾。
潮落夜江斜月里，两三星火是瓜洲⁽³⁾。

【毛泽东圈评等情况】

毛泽东在读清蘅塘退士原编《注释唐诗三百首》"七言绝句"时，于此诗题头上方天头空白处连画三个小圈，作为圈阅的标记。

[参考]中央档案馆整理：《毛泽东评点诗词曲精选（上册）》，
中央档案出版社1998年版，第135页。

【注释】

（1）津渡，津口。小山楼，建在金陵渡口的小楼。作者旅居之所。

（2）一宿，住一夜。行人，旅行在外的人。可，合，当。

（3）瓜洲，在长江北岸，今江苏邗江南，与镇江隔江相对。

【赏析】

这是张祜漫游江南时写下的一首七绝。

"金陵渡"是江苏镇江北长江南岸的一个渡口。唐时镇江也称金陵，所以渡口也叫"金陵渡"。"瓜洲"，在今扬州南长江北岸，和南岸的"金陵渡"隔江相对。

"金陵津渡小山楼"，首句描写渡口小楼，点出了地点。"津"指渡口。点题轻灵，不着痕迹。"小山楼"坐落在金陵渡，依山临水，是诗人客旅寄居之地，是诗人触目产生羁旅之思的地方。"一宿行人自可愁"，次句叙事是说时间已是晚上，游子行人，无法过江，只得投宿于此。"行人"，即诗人自称。"自可愁""可"，唐人口语，是应、含的意思。"自可愁"，见得楼头景致虽好而行人自有羁愁旅意，前两句起笔平淡而轻松，作者用了一个"愁"字，欲扬先抑，为后文作衬托。

"潮落夜江斜月里，两三星火是瓜洲。"三、四两句推开眼前的情绪，转入对长江夜景的直接描写。"潮落夜江斜月里"，写从楼上下望江中。夜阑人静，潮落江平，皓月横空，斜辉脉脉。"斜月"之"斜"，与上句"一宿"呼应，显示出"行人"在江湖夜月中已看了许久，听了许久，"里"字使"月光"与"江水"融为一体。就在夜色之中，一望无际的江面上，突然有两三点的火光闪烁着，使整个画面充满了生机。"两三星火是瓜洲"，以朴素的言语写出天然佳景，非常动人，江湖、夜月是自然物体的运动，彼岸的"星火"不管是渔火，还是灯火，它总是人所点燃的，诗人为我们创造了一幅清亮的山水画面，水、火光、沙洲，色彩的搭配点缀，点与面的虚实相间，使整个夜景极富韵致。两句一是近景一是远景，那朦胧月光下的江面、落潮与闪烁对岸的"两三星火"明暗相映，融成和谐的整体，诗人用"是瓜洲"三个字作了回答，这个地名与首句"金陵渡"相应，首尾呼应。

此外，这三个字还包藏着诗人的惊喜和慨叹，传递出一种悠远的神情。我们可以体会到诗人独立在楼上边，心旷神怡的喜悦之情。

这首七绝诗句构思精巧，境界清美，语言清丽，引人玩味。（韩明英）

杜 牧

杜牧（803—852），字牧之，京兆万年（今陕西西安）人，著名学者杜佑之孙。文宗太和年间进士，曾为江西观察使、宣歙观察使沈传师和淮南节度使牛僧孺的幕僚，历任监察御史，黄、池、睦、湖等州刺史，后入朝为司勋员外郎，官终中书舍人。

杜牧关心朝政，早年很有抱负，其理想社会是盛唐时期的社会，追求国家统一，强大繁荣。他注释过兵家《孙子》，还在其他著作中探讨过财赋、战争、治乱等问题，希望有所为，但在唐王朝江河日下、日趋腐败的情况下，已无可能。

杜牧的古诗，大都写社会、政治题材，对于藩镇的跋扈和吐蕃、回纥的攻掠，多有指陈，诗风豪健跌宕，清丽之中骨气遒劲。写景抒情的小诗，多清丽生动。他的咏史绝句，或再现历史事件的某些情景，寄寓自己的感慨和评价，或以咏叹的语调，融入较多的史论成分，无不精彩纷呈，在晚唐咏史的作品中极具有代表性。

【原文】

过华清宫　其一

长安回望绣成堆，山顶千门次第开[1]，
一骑红尘妃子笑[2]，无人知是荔枝来。

【毛泽东圈评等情况】

毛泽东曾两次手书这首诗。

[参考] 中央档案馆编：《毛泽东手书选集·古诗词（下）》，北京出版社1996年版，第2—3页。

【注释】

（1）千门，形容宫门之多。《后汉书·班固传》："张千门而立万户，顺阴阳以开阖。"次第，一个接一个地。

（2）红尘，扬起的尘土。妃子笑，妃子指杨贵妃，据说杨贵妃喜欢吃鲜荔枝，后岭南有荔枝树，名"妃子笑"。

【赏析】

华清宫是杜牧爱写的题材，在他的诗集中，有五言排律《华清宫三十韵》一首，又有七言绝句《华清宫》一首、《过华清宫》三首。此首是最出色的一篇。

华清宫，一名骊宫，唐宫殿名，在今陕西临潼城南骊山麓，其地有温泉。唐贞观十八年（644）建汤泉宫，唐高宗咸亨二年（671）改名温泉宫。天宝六载（747）再行扩建，改名华清宫。唐玄宗天宝十五载（756）宫殿毁于兵燹。华清宫是唐玄宗、杨贵妃的游乐之地。这首诗的主旨是揭露荒淫无道的唐玄宗及其宠妃杨玉环的奢侈生活给人民带来的苦难。

本题共三首，此是第一首。"长安回望绣成堆"，首句描写，华清宫所在地骊山的景色如在目前：树木葱茏，花草繁茂，宫殿楼阁耸立其间，宛如团团锦绣。诗从临潼到长安的途中着笔，已过骊山的华清宫，快到长安了，而又回头眺望，可见感触之深。"绣成堆"，是形容骊山的风物之美。长安离临潼已远，事实上是望不见的，所以这头一句也和以下三句一样，不过是诗人回忆想象之词。

"山顶千门次第开"，次句叙事而兼描写，是写骊山宫殿的宏伟深邃。语出《后汉书·班固传》："张千门而立万户，顺阴阳以开阖。"为了迎接进贡荔枝的使者，山上的宫门，一个个逐层地打开，这不仅说明使者的重要，更说明唐玄宗、杨贵妃对私人生活享受的重视。

"一骑红尘妃子笑"，三句叙事，这是正写。这时，在远处大路上，尘土飞扬，一位使者，快马加鞭，正向骊山顶上的华清宫飞奔而来。因为千门万户已经打开，杨贵妃也就看得见，知道自己马上就可以吃到家乡的爱物了，不禁嫣然一笑。

"无人知是荔枝来"，末句议论，揭露事实真相：使者原来是给杨贵妃送荔枝吃。《新唐书·杨贵妃传》："妃嗜荔枝，必欲生致之，乃置骑传送，走数千里，味未变，已至京师。"结句不但点明一骑红尘是为了进贡荔枝，而且说出无人知道。这就是说，这些寄生虫的奢侈生活，是一般人无法想象的。人们看到这位使者拼命地奔跑，还以为可能是传送攸关国家大事的紧急情报呢！谁知却是皇帝老儿为讨宠妃的欢心，让使者给她送荔枝吃。这样，这些最高统治者的丑恶嘴脸便暴露无遗了，指斥十分冷峻。（毕桂发）

【原文】

山 行

远上寒山石径斜，白云生处有人家。

停车坐爱枫林晚，霜叶红于二月花。

【毛泽东圈评等情况】

20 世纪五六十年代，毛泽东曾先后两次手书这首诗。

[参考] 中央档案馆编：《毛泽东手书选集·古诗词（下）》，
北京出版社 1996 年版，第 12—15 页。

1962 年的一天，毛泽东和周恩来、陈毅等同志来到香山别墅的凉亭上，纵眺香山秀色。此时的香山，正当枫叶红透的季节，满山的红叶如西方的晚霞在燃烧，绚丽，耀眼。……陈毅乘机说："主席，良辰美景，不来他一首，怕是要辜负这大好秋光哟！"毛泽东笑着说："要得，要得。"接着故意沉吟了一下，便朗声诵道："西山红叶好，霜重色急浓。革命亦如此，斗争见英雄。"陈毅一听毛主席吟诵的是自己的诗，慌忙拦住说："取笑了，取笑了，还是您来一首吧。"毛泽东摆摆手说："眼前有景道不得，陈毅题诗在上头。"

[参考] 孙晓、陈志斌：《喜玛拉雅山的雪——中印战争实录》，
北岳文艺出版社 1991 年版，第 94—95 页。

隋唐五代诗

【赏析】

这是一首记游诗。诗人用白描手法，写目之所见景色，语言明快，情景逼真，为我们描绘了一幅秋山行旅图。诗题"山行"，是在山中行走之意。

"远上寒山石径斜，白云生处有人家"，一二两句写远景。"寒山"，寒天的山，冷落寂静的山。南朝宋谢灵运《入华子冈是麻源第三谷》："南州育炎德，桂树凌寒山。"此处指秋天的山。"石径"，山间石路。径，步道，小路。《说文解字·彳部》："径，步道也。"段玉裁注："此云步道，谓人及牛马可步行而不容车也。"由此我们可知，诗人是乘车从山脚下路过，并非要登山旅游。这两句是说，诗人乘车从山下路过，远远望去，一条石头小道，盘旋曲折地向有些寒意的山顶伸展；在山上升起白云的地方，隐约可见有人家居住。首句用"远"写山之深，用"上"写山之高。"远上"二字，便写出了"山行"的艰辛。"斜"字，既写出山势之陡峭，亦写出石径之盘曲，使我们仿佛看到了向上延伸的石头小路，十分逼真。"寒山"二字，一则点明季节时令，与下文的"霜"字遥相呼应；一则总写秋山之色调，其中也包括火红耀眼的枫叶在内，故亦为下文之"红"字暗作铺垫。

"停车坐爱枫林晚，霜叶红如二月花"，三、四两句写近景。"坐"，因为，由于。"枫林"，枫树林。枫叶至秋经霜而变红，甚美。古诗文中常以枫林来表现秋色。唐杜甫《寄柏学士林居》："赤叶枫林百舌鸣，黄花野岸天鸡舞。""霜叶"，经霜的树叶，此指经霜变红的枫叶。这两句是说，诗人看到近处山道旁一大片枫树林，在晚霞中显得极其灿烂，不禁停车观赏；他觉得深秋时节经过霜染的枫叶，比春天二月的鲜花还要红艳啊！

作者行经山麓，为何停下车子来？盖因秋山景色好，而枫林红叶尤其惹人喜爱，对此美景，诗人要仔细领略观赏，故须把车子停下。停车之后，诗人由于留恋秋山红叶，观看景色直到天色已"晚"，仍然迟迟不肯离去。而观赏枫林之后，诗人又有什么感受呢？末句"霜叶红如二月花"作了回答。二月春花，其色娇艳，人所共知，以之作比，最为醒豁。在诗人看来，枫林之红叶鲜艳明丽，较之二月的花朵之美，有过之而无不及。

"霜叶红于二月花"，是杜牧的名句。此句之所以为人传诵，不只因其精巧明丽，更因其概括精练，含义深厚，富于哲理意味，能够以之说明具有普遍意义的事理，引起读者许多的联想。例如陈毅元帅作《题西山红叶》诗，有云："红叶遍西山，红于二月花。"直是缩写杜牧此句。他以红叶比喻革命者，说他们经得起困难和挫折的磨炼与考验，变得更加坚强，正如"经霜色愈浓"的红叶，其崇高品质更为光彩照人。而陈毅同志这首《题西山红叶》，毛泽东同志非常喜爱。（毕桂发）

【原文】

江南春

千里莺啼绿映红，水村山郭酒旗风⁽¹⁾。

南朝四百八十寺⁽²⁾，多少楼台烟雨中。

【毛泽东圈评等情况】

毛泽东在读清沈德潜编选《唐诗别裁集》卷二十时圈阅了这首诗。

[参考]张贻玖：《毛泽东评点、圈阅的中国古典诗词》，
中国工人出版社1992年版，第237页。

【注释】

（1）酒旗，酒帘，俗称酒望子，是高悬在酒店外面的标记。山郭，山城。

（2）南朝，东晋后的宋、齐、梁、陈四朝合称南朝。四百八十寺，南朝帝王尤其是梁武帝萧衍崇尚佛教，在京城大建佛寺。《南史·循吏·郭祖深传》说："时帝大弘释典将以易俗，故祖深无言其事，条以为都下佛寺，五百余所，穷极宏丽，僧尼十余万，资产丰沃。所在郡县，不可胜言。"此指大概数字。

【赏析】

此诗作于唐文宗大和七年（833）春间，诗人由宣州（今属安徽）经建康（今江苏南京）到扬州的往返途中。诗从江南景色着笔，首句用"千

里"二字对江南风物作了浓缩的描写，到处是莺啼鸟语，红花绿叶。二句紧承"千里"，继续描写：到处是水乡山庄，酒旗在迎风飘扬。迷人的江南春景，经过诗人生花妙笔的点染，真令人心神摇荡了。但诗人还要精益求精，再加上精彩的一笔："南朝四百八十寺，多少楼台烟雨中。"金碧辉煌，屋宇重重的佛寺，本来就给人一种深邃的感觉，现在诗人又特意让它出没于迷蒙的烟雨之中，这就更增加了一种朦胧迷离的色彩。"南朝"二字给画面增添了悠远的历史色彩。

这首《江南春》，千百年来素负盛誉，既写出了江南春景的丰富多彩，也写出了它的广阔、深邃和迷离。还有人认为，这首诗既是一首写景诗，也是一首讽喻诗：诗人用极简练的手法，艺术地概括了整个江南的风景。同时，又重点描写和嘲讽了南朝统治集团，从皇帝到世家大族，大兴寺院楼台的景况。告诉人们，历朝的反动统治者都逃脱不了覆亡的命运。千里莺啼，红绿相映的江山，却依然完好，水乡山庄，酒旗迎风，仍旧存在。诗的题名在咏《江南春》，也包含了诗人的吊古之情，但更主要的是诗人发出了对南朝覆亡的慨叹。（徐全太）

【原文】

寄题甘露寺北轩

曾上蓬莱宫里行，北轩栏槛最留情。

孤高堪弄桓伊笛⁽¹⁾，缥缈宜闻子晋笙⁽²⁾。

天接海门秋水色⁽³⁾，烟笼隋苑暮钟声⁽⁴⁾。

他年会著荷衣去，不向山僧道姓名。

【毛泽东圈评等情况】

毛泽东在读清沈德潜编选《唐诗别裁集》卷二十五时圈阅了这首诗。

[参考] 张贻玖：《毛泽东评点、圈阅的中国古典诗词》，

中国工人出版社 1992 年版，第 237 页。

（1）桓伊，谯国人，字叔夏。历任淮南太守、豫州刺史，工音律，尤善吹笛，名满江左，藏有蔡邕柯亭笛。

（2）子晋，汉刘向《列仙传》说：王子乔即周灵王的太子晋，他爱好吹笙，周游洛、伊之间，由仙人浮丘公接上嵩山修道。

（3）海门，在今江苏镇江、扬州之间。

（4）隋苑，隋炀帝时建，故址在今江苏江都西北。

【赏析】

此诗是诗人托人传送的一首题于甘露寺北轩的诗。甘露寺，在江苏镇江北固山上。三国时吴国甘露年间所建。相传建寺时，甘露适降，因而得名。唐李德裕扩建。宋乐史《太平寰宇记》："润州丹徒县甘露寺，在城东角土山上，下临大江，晴明轩栏，上见扬州历历，诗人多留题。""北轩"，这里指甘露寺北面的长廊。这是一首写景的七言律诗，但也有很浓的抒情成分。

首联紧扣题目，概述题诗北轩的原因。"蓬莱宫"，古代传说中东方的海中仙山上的仙宫。《史记·淮南王安传》："即从臣东南至蓬莱山，见芝城宫阙。""栏槛"即栏杆。"留情"，用情于某一事物。这两句是说，诗人曾经到甘露寺游览，觉得就像到了蓬莱仙宫一样，特别是宫殿的北轩，最使人难忘。这里没有直接描写宫殿美丽的词句，而是开头先用比喻，写出甘露寺犹如仙宫一般。接着用一个"最"，突出了"北轩"是最美、最好的地方，也交代了题诗于北轩的原因。

颔联、颈联，具体写出甘露寺北轩美妙诱人之处，也是回答了首联"最留情"的原因。"孤高"，特立高耸。"堪"，可，能。"弄"，玩，玩耍，嬉戏。"桓伊"，谯国人，字叔夏，历任淮南太守，豫州刺史，前秦南下攻晋时，伊与谢玄大败苻坚于淝水，因功封永修县侯。工音律，尤善吹笛，名满江左，藏有蔡邕柯亭笛。这一句是说，在这特立高耸之处，最可玩弄一下古代有名的桓伊笛。"缥缈"，隐隐约约，若有若无的样子。"子晋笙"，汉刘向《列仙传》说：王子乔即是周灵王的太子晋，他爱好吹笙，能吹出凤凰鸣般的音调，其周游伊、洛之间，由仙人浮丘公接上嵩高山修道。这诗的第四句是说，在这云雾缭绕似仙境的地方最适宜听一听仙人子晋吹的笙。这一联用"堪用桓伊笛"和"宜闻子晋笙"，来突出"北轩"的美妙、高雅。第三联具体写出在"北轩"能够见到的壮阔美景及和谐悦耳的钟声。"海门"，在今江苏镇江、扬州之间。"烟笼"，茫茫的雾气笼罩着。"隋苑"，一名西苑，即上林苑，隋炀帝时建，故址在今江苏江都西北。这一联是说，在这里向远处看，天和大江的入海口相接处，是一片秋水似的颜色，非常雄伟壮观，从那烟雾笼罩着的隋苑里不时传来傍晚时的悦耳钟声。诗人只用了 14 个字，就充分写出了此处的幽雅、和谐、神奇，真是让人神往的好地方。

尾联是诗人抒写自己的想法，以抒发自己的情感愿望作结。"他年"，指以后的时日。"荷衣"，用荷叶编制的衣服，也指隐者高士的衣着。如屈原《九歌》："荷衣兮蕙带，倏而来兮忽而逝。""山僧"，庾信《卧疾穷愁诗》："野老时相访，山僧或见寻。""不向山僧道姓名"，典出《论衡·书虚》："延陵季子出游，见路有遗金。当夏五月，有披裘而薪者。季子呼薪者曰：'取彼地金来！'薪者投镰于地，瞋目拂手而言曰：'何子居之高，视之下，仪貌之壮，语言之野也！吾当夏五月披裘而薪，岂取金者哉！'季子谢之，请问姓名。薪者曰：'子皮相之士也，何足语姓名！'遂去不顾。"这两句的意思是，将来可能有那么一年，我会身着高士的奇服到那里去隐居，若有山里的和尚问我姓名，是不值得我回答的。这个结尾抒写将来要到那里做隐士的愿望，进一步反衬甘露寺的神奇、优美，确是好地方。同时也曲折反映了诗人有雄心壮志而难以建功立业的苦闷心情。

这首诗从写景来说，能用最简单的语言写出最富有特色的事物，从抒情来说，不直接抒情，但却含蓄着最蕴藉的感情。（徐全太）

题桃花夫人庙

细腰宫里露桃新⁽¹⁾，脉脉无言几度春？

至竟息亡缘底事⁽²⁾？可怜金谷坠楼人⁽³⁾！

【毛泽东圈评等情况】

毛泽东读清沈德潜编选《唐诗别裁集》卷二十时圈阅了此诗。

[参考] 张贻玖：《毛泽东评点、圈阅的中国古典诗词》，

中国工人出版社 1992 年版，第 237 页。

【注释】

（1）细腰宫，即楚宫，宫名出自"楚王好细腰，宫中多饿死"（《后汉书·马廖传》）的传说。露桃，露井桃，即桃花。桃花多生于露井旁。《鸡鸣》："桃生露井上，李树生桃旁。"

（2）至竟，到底。

（3）金谷坠楼人，指绿珠，她是西晋豪富石崇的爱妾，住金谷园。据《晋书·石崇传》载："石崇有妓曰绿珠……遂坠楼而死。"

【赏析】

这首七言绝句大约作用于唐武宗会昌二至四年（842—844），杜牧任黄州（今湖北黄冈）刺史任上。桃花夫人庙，即息夫人庙，在湖北武汉黄陂东三十里。息夫人是春秋时陈国国君的女儿，息国国君的夫人，姓妫（guī），嫁于息，所以称息妫。楚文王听说息妫很美，于是灭掉息国，把息妫掳回楚国作夫人。息夫人生了两个儿子，但是她一直不开口讲话。楚王追问其故，她答道："吾一妇人而事二夫，纵弗能死，其又奚言？"息夫人的不幸遭际及她无言的抗议，在旧时一向被传为美谈，唐时还有祭祀她的"桃花夫人庙"。

诗的第一联用诗歌形象概括了息夫人的故事。这里没有叙述，事件是通

过描绘的语言和具体意象表现的。"细腰宫"即楚宫，它是根据"楚王好细腰，宫中多饿死"的传说翻造的，也就间接指刺了楚王的荒淫。这比直言楚宫自多一层含意。"露桃"，露井桃，即桃花。称露桃，因为桃花多生于露井（无盖的井）旁。"桃新"意味着春来，有年复一年的意思。"脉脉无言"，形象生动地表达了息夫人对故国故君之思及失身的悲痛。这两句诗的意思是：在这"楚王葬尽满城娇"的"细腰宫"里，桃花又开了。内心无限悲苦，只有用始终不开口说话以示反抗的桃花夫人的日子是多么难挨难熬啊，但还是度过了几个春天！写到这里似乎诗人也要为息夫人流下同情之泪了。

但第三句突然转折，"至竟（到底）息亡缘底事？"息亡不正为夫人的颜色吗？她的忍辱苟活，纵然无言，又岂能无咎无愧？这一问是对息夫人内心创伤的深刻揭示。末句从对面着墨，引出另一个女子来。"金谷坠楼人"，指绿珠。她是西晋豪富石崇的爱妾，住金谷园中。当时权贵孙秀因向石崇求绿珠被拒绝，便矫诏收崇下狱。石崇临捕时对绿珠叹道："我今为尔得罪。"绿珠含泪回答："当效死于君前。"遂坠楼而死。其事与息妫颇类，但绿珠对权势的反抗是那样刚烈，相形之下息夫人只见懦弱了。这里既无对绿珠的一字赞语，也无对息夫人的一字贬词，只是深情一叹，"可怜金谷坠楼人！"然而褒贬俱在此中，令人觉得语意深远。

沈德潜在《唐诗别裁集》此诗末批注道："不言而生子，此何意耶？绿珠之堕楼，不可及矣。"息妫和绿珠都是古代社会中同样有着不幸遭遇的妇女，杜牧在这首诗中表现了对她们的同情。但在歌咏息夫人的诗中，提出绿珠来和她相比，对息夫人有所责难，这是不够公平的。统治者把妇女当作掠夺的对象，息夫人不幸成为他们争夺中的牺牲品，息国的灭亡能由她负责吗？（徐全太）

【原文】

秋 夕

银烛秋光冷画屏⁽¹⁾，轻罗小扇扑流萤。
天阶夜色凉如水⁽²⁾，坐看牵牛织女星⁽³⁾。

【毛泽东圈评等情况】

毛泽东读《樊川外集》时圈阅了这首诗。

[参考] 张贻玖：《毛泽东评点、圈阅的中国古典诗词》，

中国工人出版社 1992 年版，第 237 页。

【注释】

（1）银烛，一作"红烛"。

（2）天阶，皇宫中的石阶。天，一作"瑶"。

（3）坐看，一作"卧看"。

【赏析】

这是一首宫怨诗，写一个失意宫女的孤独生活和凄凉心情，诗人不刻意雕饰，而是以白描的手法，描绘了两幅秋夜鲜明图景：在一个秋天的晚上，白色的烛光和此时的秋光一样暗淡和充满寒意，给屏风上的图画添了几分黯淡而幽冷的色调。这时一个孤单的宫女正用小扇扑打着飞来飞去的萤火虫。夜已深沉，寒意袭人，该进屋去睡了，可是宫女依旧坐在石阶上，仰视着天河两旁的牵牛织女星。全诗不着议论，不发感慨，怨情表现得异常深沉含蓄，余味悠然。

第一句描写幽闭宫女在后宫中的冷寂景象。诗人用一"冷"字，十分传神地描绘出那特定的时间（秋夜）和环境气氛。冷寂和秋夜有密切关系，但它和宫女寂寞的心境和环境更相一致。正因为宫内冷寂无聊，不堪久坐，她才执团扇而到庭中扑捉流萤，以排遣孤寂无聊的愁闷。第二句虽只是写女主人公"扑流萤"的行动，但她的内心世界却清晰地展现了出来，正见其落寞孤独，不但无人关心，且无人需要她关心，百般无聊，只得以追打流萤消遣。第三句写景已移至室外，而且偏重于感受。夜已深，宫中更加寂静，使她感到悲凉和凄苦。第四句又转向写人物的行动，而全诗的旨意在此显露了清晰的轮廓：时已深夜，天凉如水，主人公何以不思入眠，竟坐在台阶上，一味痴望着那牛女星呢？还不是因为她向往自由幸福的爱情生活吗？至此，主人公的孤单苦闷，无限期待，尽在不言之中。这些都是

隋唐五代诗

景内之景，言内之意。此外，主人公的形象也表现了诗人对宫女，扩而大之，对封建社会压迫下的妇女命运的同情，对造成她们悲惨遭遇的社会的不满。这首诗真正达到了"句中无其词，而句外有其意"的艺术境界。

此诗是否为杜牧作，亦有争论。宋周紫芝《竹坡诗话》云："此一诗杜牧之、王建集中皆有之，不知其谁所作？以余观之，当是建诗耳。盖二子之诗，其清婉大略相似，而牧多险侧，建多平丽。此诗盖清而平者也。"周氏从诗体风格上推定此诗为诗王建所作，可备一说。（徐全太）

【原文】

金谷园

繁华事散逐香尘⁽¹⁾，流水无情草自春。

日暮东风怨啼鸟⁽²⁾，落花犹似坠楼人⁽³⁾。

【毛泽东圈评等情况】

毛泽东读清蘅塘退士原编《注释唐诗三百首》"七言绝句"时在此诗题目上方画了一个大圈。

[参考]中央档案馆整理：《毛泽东评点诗词曲精选（下册）》，

中国档案出版社1998年版，第137—138页。

【注释】

（1）香尘，据王嘉《拾遗记》载："石崇屑沉水之香如尘末，布象床上，使所爱者践之，无迹者赐以珍珠。"

（2）东风，春风。张继《金谷园》："年年啼鸟怨东风。"

（3）坠楼人，指石崇的爱妾绿珠。

【赏析】

金谷园故址在今河南洛阳西北。

西晋时石崇曾在此建造豪华别墅，世称金谷园。《晋书·石崇传》记载：石崇有妓曰绿珠，美而艳。孙秀使人求之，不得，矫诏收崇。崇正宴于楼上，谓绿珠曰："我今为尔得罪。"绿珠泣曰："当效死于君前。"因自投于楼下而死。此诗作于文宗开成元年（836）春日，时杜牧在洛阳为监察御史，分司东都。

金谷园由晋到唐初盛极一时，但到晚唐已经荒芜。在暮春时节的一个傍晚，诗人来到金谷园，看到荒凉的景象，不禁触景生情，发而为吊古之思。面对荒园，首先浮现在诗人脑海的是金谷园的繁华、石崇的豪富，绿珠的香消玉殒亦如香尘飘去、云烟过眼，不过一时而已。可叹乎？亦可悲乎？还是观赏废园中的景色吧："流水无情草自春。"不管人世间的沧桑，流水照样潺湲，春草依然碧绿，它们对人事的种种变迁，毫无感触。这是写景，更是写情，感叹金谷园昔盛今衰，加深了吊古的今昔之感。第三句中一个"怨"字，使日暮、东风、啼鸟这些本是春天的一般景物，蒙上了一层凄凉感伤的色彩。这就不仅描绘了一幅日暮啼鸟的荒凉图景，而且好像连鸟雀也为金谷园如此冷落而哀怨。结句，诗人把特定地点（金谷园）落花飘然下坠的形象，与曾在此处发生过的绿珠坠楼而死联想到一起，寄寓了无限情思。一个"犹"字渗透着诗人多少追念、怜惜之情。绿珠，作为权贵们的玩物，她为石崇而死是毫无价值的，但她的不能自主的命运不是同落花一样令人可怜吗？诗人的这一联想，不仅使"坠楼"与"落花"在外观上有可比之处，而且揭示了绿珠这个人和"花"在命运上的相同之处。比喻贴切自然，意味隽永，使这一首凭吊古迹的诗篇更富于情韵。

此诗寓情于景，意在凭吊古人，落笔却飘逸自然。诗的前半阕刻画金谷园之荒芜，后半阕感叹人事之沧桑。诗中比喻巧妙，状往事如在目前，令人叹服。（徐全太）

【原文】

登乐游原

长空澹澹孤鸟没，万古销沉向此中。
看取汉家何事业[(1)]？五陵无树起秋风[(2)]。

【毛泽东圈评等情况】

毛泽东读清沈德潜编选《唐诗别裁集》卷二十时圈阅了这首诗。

[参考]张贻玖：《毛泽东评点、圈阅的中国古典诗词》，

中国工人出版社 1992 年版，第 237 页。

【注释】

（1）汉家，汉朝。《史记·秦楚之际月表》："拨乱诛暴，平定海内，卒践帝祚，成于汉家。"《汉书·元帝纪》："汉家自有制度。"

（2）五陵，长安五陵是西汉时一个皇帝的陵墓。无树，古代陵墓前必种树，无树指墓已遭破坏，一片荒凉。秋风，汉武帝刘彻《秋风辞》："秋风起兮白云飞……少壮几时兮奈老何！"

【赏析】

此诗乃登高怀古之作，作年未详。"乐游原"在长安朱雀门街第四街之南升平坊东北隅（今陕西西安城南），地势高旷，四望轩敞。因西汉宣帝建乐苑于此，故名。唐时为游览胜地。

诗的上联落笔恢宏，有包举一切之概。"澹澹"，隐隐约约地。"孤鸟"，失群的鸟。"没"，消失。第一句是说，一只失群的鸟儿隐隐约约地消失在辽阔的长空之中。"销沉"，磨灭、湮没的意思。第二句是说：从古以来的历史就是这样地在逐渐磨灭。首二句极豪宕，长空淡淡之中，不知消沉几许世代。今日登临但见孤鸟飞翔。此时诗人感慨已深，而语却豪宕。诗的下联写诗人登乐游原望五陵的感慨。"看取"，看得。"汉家"，指汉朝。这句是说，看看昔日汉朝是怎样壮阔的事业啊！"五陵"，长安五陵，是西汉时五个皇帝的陵墓，即高帝的长陵、惠帝的安陵、景帝的阳陵、武帝的茂陵、昭帝的平陵。西汉时每立一个陵墓，就要在附近设置一个县，并迁来富豪或外戚，该处的人民要负责供奉陵园，所以五陵成为当时奢侈繁华的地方。汉末三国兵乱，五陵都被挖掘。"无树"，古代陵墓前必种树，无树，指树已遭破坏，无人吊祭，一片荒凉。《三国志·魏书·文帝纪》："丧乱以来，汉氏诸陵，无不发掘。"清人沈德潜说："树起秋风，

已不堪回首，况无树邪？"

"秋风"，汉武帝刘彻曾作《秋风辞》："秋风起兮白云飞，草木黄落兮雁南归。兰有秀兮菊有芳，怀佳人兮不能忘。泛楼船兮济汾河，横中流兮扬素波。箫鼓鸣兮发棹歌，欢乐极兮哀情多。少壮几时兮奈老何！"这最后一句是说，如今看看那时最繁华的五陵，已经连可以兴起秋风的树木也没有了。

这首诗开头运用托物起兴的方法，从孤鸟没入长空，引出自古以来的世事业迹在逐渐消失的感慨。后两句以汉喻唐，直接抒发盛衰兴亡之感：试看今日汉家尚余何事可供凭吊。这里深一层的含意是，从汉朝的镜子里，不是可以照见我们大唐的影子吗？这就充分表达了诗人伤时忧国，对国家命运的关怀。显然，这首诗是借凭吊汉代的衰亡，慨叹唐王朝国运的江河日下，实际是一曲小小的挽歌。（徐全太）

【原文】

清　明

清明时节雨纷纷，路上行人欲断魂⁽¹⁾。
借问酒家何处有⁽²⁾，牧童遥指杏花村⁽³⁾。

【毛泽东圈评等情况】

毛泽东手书过此诗。

[参考] 中央档案馆编：《毛泽东手书选集·古诗词（下）》，
北京出版社 1998 年版，第 4 页。

【注释】

（1）断魂，犹销魂。

（2）借问，请问。

（3）杏花村，杏花深处的村庄。今安徽贵池城西一带，以产酒著名。

【赏析】

这首诗的作者是不是杜牧，学术界还有不同意见。唐人编《樊川文集》、北宋人编《樊川别集》《樊川外集》、清人编《全唐诗》中均无此诗，但南宋谢枋得所编《千家诗》中收有此诗，署名杜牧。由于旧时《千家诗》流传很广，所以此诗为杜牧所作也广为读者认可。毛泽东也是把它作为杜牧诗书写的。

诗题"清明"，本为节气名，是我国农历二十四节气之一，时在公历四月四、五或六日。我国古代有清明踏青、扫墓的风俗。清明后成为我国传统的节日。《逸周书·周月》："春三月中气，惊蛰、春分、清明。"朱右曾校释引孔颖达曰："清明，谓物生清净明洁。"

这首小诗，以通俗易懂的语言，平易自然的白描手法，为我们描绘了一幅生动的行旅图景，给人一种艺术的感染，是一首耐人寻味的好诗。

"清明时节雨纷纷"，首句描写，点出节候和氛围。因为我国北方在清明前后常常下雨，所以这句实是生活经验的结晶。但是雨下得不大，往往是纷乱飘洒的细雨，所以"纷纷"二字描状清明雨十分精彩。它不仅写出了春雨的氛围，也衬托出春雨中赶路行人的纷乱心绪。

"路上行人欲断魂"，次句叙事，点出人物。人物是"行人"，即出行的人，或出征的人。这些人或奔走国事，或忙于私务，长期在外奔波。又遇上了这样的节候和天气，其心情之不佳可想而知。"欲断魂"三字，传神地写出了此时此地雨中孤身行路者触景伤怀的复杂心情。在这个为祖先扫墓的日子里，自己不能回家扫墓尽孝，内心已很歉疚，偏又遇上纷纷细雨，把衣服也打湿了，更觉得丧魂落魄。"断魂"，意同"销魂"，哀伤之意。

"借问酒家何处有"，第三句一转，继续叙事，写诗人想找个酒店歇歇脚。也许是想避避雨，也许是想小饮几杯驱驱寒气，暖暖被雨淋湿的衣服，但恐怕最要紧的是，借此散散心头的愁绪。于是，诗人向人发问了。

"牧童遥指杏花村"，结句描写，指出他询问的对象是一个牧童。这牧童也很潇洒，他不曾说一句话，只是用手指着远处的杏花村。"遥"字用得极妙。倘若很远，则很难生发艺术联想；如果就在眼前，就不能产生含蓄不尽的兴味。妙就妙在不远不近之间。至于"行人"如何动作，都留给读者去想象。诗人只是把读者领进一个诗的境界。"杏花村"经诗人这么一用，后来便成了酒店的代名词，影响深远。至于究系何处，难以确指，不必细究。

总之，这首小诗，清新自然，启人联想，意味隽永，意境鲜明，极富艺术感染力，十分难能可贵，难怪它会成为千百年来脍炙人口的名作。

（毕桂发）

【原文】

寄扬州韩绰判官

青山隐隐水迢迢⁽¹⁾，秋尽江南草未凋⁽²⁾。
二十四桥明月夜⁽³⁾，玉人何处教吹箫⁽⁴⁾？

【毛泽东圈评等情况】

毛泽东曾两次手书这首诗全文，还曾手书"二十四桥明月夜，玉人何处教吹箫"二句。

[参考]中央档案馆编：《毛泽东手书选集·古诗词（下）》，北京出版社1996年版，第5—7页。

【注释】

（1）隐隐，隐约不清之状。迢迢，遥远之状。一作"遥遥"。

（2）未，或作"木"。

（3）二十四桥，扬州地名。一说扬州城里原有二十四座桥，宋沈括《梦溪笔谈·补笔谈》曾略记这二十四桥桥名；一说指扬州吴家砖桥，又名红药桥，因古时有二十四位美人吹箫桥上而得名，见清李斗《扬州画舫录》。

（4）玉人，美人，此处当指扬州的歌女。教，使。

【赏析】

扬州，今江苏扬州。唐代为淮南节度使所在地。韩绰，生平不详。判官，古代官名。唐代节度使、观察使、防御使皆置判官，为地方长官的僚属，辅理政事。当时韩绰似任淮南节度使僚属。唐文宗太和七年至九年（833—835），杜牧曾任淮南节度使牛僧孺幕中的推官，后转为掌书记，与韩绰是同僚。诗人另有《哭韩绰》一诗曰："平明送葬上都门，绋翣交横逐去魂。归来冷笑悲身事，唤妇呼儿索酒盆。"看来两人交往甚厚。

这首诗当是杜牧被任为监察御史，由扬州节度使幕府回京都长安供职后所作。

"青山隐隐水迢迢"，首句描写，大笔挥洒，画出远景：扬州一带青翠的山峦，隐隐约约，给人以迷离恍惚之感；江水滔滔，向东流去，给人以流动轻快的感受。"隐隐""迢迢"这一对叠字，不但写出了山清水秀、绰约多姿的江南风貌，而且还荡漾着诗人与友人之间山遥水长的友谊，以及诗人思念江南的似水柔情。

"秋尽江南草未凋"，次句仍用描写，想象江南虽到了深秋，但草木尚未完全凋零枯槁，风光依旧旖旎秀美。正由于诗人不堪长安秋天的萧条冷落，因而格外眷恋江南的青山绿水，越发怀念远在风景如画的扬州的友人了。诗的前两句是从山川物候来写扬州，为后二句询问韩绰别后的情况作铺垫。

"二十四桥明月夜"，第三句描写点出，扬州风物甚多，最使人不能忘怀的是明月照耀下的二十四桥。其故址在今扬州江都西郊。《方舆胜览》谓隋代已有二十四桥，并以城门坊市为名。宋韩令坤筑州城，别立桥梁，所谓二十四桥，或存或废，已难查考。宋沈括《梦溪补笔谈·杂志》："扬州在唐时最为富盛。旧城南北十五里一百一十步，东西七里三十步。可记者有二十四桥：最西浊河茶园桥……自驿桥北河流东出，有参佐桥，次东水门，东出有山光桥。"是指扬州城外西自浊河茶园桥起，东至山光桥止，沿途所有的桥。清李斗《扬州画舫录·冈西录》则以为："二十四桥即吴家砖桥，一名红药桥……《扬州鼓吹词序》云：是桥因古之二十四美人吹箫于此，故名。或曰即古之二十四桥，二说皆非。"但不管是说唐时扬州繁盛，城内共有二十四座桥，还是为一桥的专名，因二十四位美人于此吹箫而得名，都极引人遐思。

"玉人何处教吹箫",末句设疑,探问韩绰在清风明月之夜,是否还和歌伎们在二十四桥上吹箫取乐。"玉人",容貌美丽的人,本指风流俊美的男子。《晋书·卫玠传》:"(卫玠)年五岁,风神秀异……总角乘羊车入市,见者皆以为玉人,观之者倾都。"唐元稹《莺莺传》:"隔墙花影动,疑是玉人来。"后多用以称美丽的女子。此处"玉人",或指韩绰,或指扬州的歌伎,都讲得通。其差别仅在于是韩绰教歌伎吹箫,或是歌伎教韩绰吹箫。这也无关宏旨,因为不论是哪种情况,都是说韩绰和歌女们吹箫取乐。这不仅写出了韩绰的风流倜傥的才貌和风流韵事,也流露出诗人对自己"十年一觉扬州梦,赢得青楼薄幸名"的感喟,从而使此诗平添了许多风采。(毕桂发)

【原文】

赤　壁

折戟沉沙铁未销[(1)],自将磨洗认前朝。

东风不与周郎便[(2)],铜雀春深锁二乔[(3)]。

【毛泽东圈评等情况】

毛泽东曾手书这首诗。

[参考]中央档案馆编:《毛泽东手书选集·古诗词(下)》,

北京出版社1996年版,第8页。

1971年9月13日。林彪乘三叉戟飞机叛逃,飞机失事,摔死在蒙古人民共和国的温都尔汗。10月20日晚九时许,周恩来和叶剑英、姬鹏飞、熊向晖、章文晋等到毛泽东住处汇报接待将于十月下旬公开访华的基辛格一行的方案。毛泽东一见熊向晖,就笑眯眯地问:"那个'副统帅'呢?那个'参谋总长'哪里去了?"熊向晖也笑着说:"主席问我的时候,我确实不知道呀!"毛泽东打趣地说:"现在知道了吧?"熊向晖说:"现在当然知道了。"毛泽东幽默地说:"你什么也没嗅出来,是不是伤风了,感冒了?"他又连连地说："我的'亲密战友'啊！多'亲密'啊！"还念了唐朝杜牧的诗："折戟沉沙铁未销，自将磨洗认前朝。东风不与周郎便，铜雀春深锁二乔。"毛泽东接着说："三叉戟飞机摔在外蒙古，真是'折戟沉沙'呀！"

[参考] 熊向晖：《历史的注脚——回忆毛泽东、周恩来及四老师》，

中共中央党校出版社 1995 年版，第 37 页。

1971 年 11 月 3 日上午，毛泽东在北京中南海丰泽园游泳，他接见了女儿李讷和许志明。据许志明回忆，毛泽东在和他们散步时谈到了林彪。老人家步履稳健，边走边说："有人请示我，打不打？怎么好打呀？打下来，让我怎么向全国人民交代，怎么向全党交代呀！"稍停了一会儿，他老人家又吮吮下唇说："折戟沉沙铁未销，自将磨洗认前朝。东风不与周郎便，铜雀春深锁二乔。"毛泽东主席蔑视地挥动一下手臂说道："三叉戟飞机摔在外蒙古，真是'折戟沉沙'呀！"

[参考] 徐新民编：《在毛泽东身边》，中共中央党校出版社

1993 年版，第 255 页。

【注释】

（1）戟，古代兵器，上杆顶端有锐利枪头，旁有月牙形利刃，能直刺横击。销，毁坏。

（2）周郎，指周瑜。赤壁之战中的吴军统帅。

（3）铜雀，即铜雀台，曹操所建，上有高达一丈五尺的大铜雀，故址在今河北临漳。二乔，东吴乔氏姐妹，孙策之妻大乔和周瑜之妻小乔。

【赏析】

本篇一作李商隐诗。"赤壁"，在今湖北赤壁，地处长江南岸，耸立江边，山岩呈赭红色，故称"赤壁"，相传是三国吴、蜀联军火烧魏军之处。唐武宗会昌四年（844），作者经过赤壁这个著名的古战场有感而作。诗以地名为题，实是怀古咏史之作。

"折戟沉沙铁未销，自将磨洗认前朝。"诗的前两句叙事，借一件古物兴起对前朝人物和事迹的慨叹。"折戟"，断断的戟。戟是一种古代兵

器，上杆顶端有锐利枪尖，旁有月牙形利刃，能直刺，也能横击。"未"，一作"半"。"销"，消蚀。"将"，拿起。"认前朝"，辨认出是前朝的遗物。这两句是说，诗人曾在赤壁古战场的水底沙中，发现一把折断了的铁戟，经过600多年，还没有被销蚀掉。经过一番磨洗，鉴定它是赤壁大战的遗物。由这件小小的兵器，诗人联想到汉末那个分裂动乱的年代，想到那次大战的历史意义，想到那次生死搏斗中的主要人物。这便是诗人必感之由。

"东风不与周郎便，铜雀春深锁二乔。"后两句是议论，写诗人的感慨。"不与"，等于"若不与"。"周郎"，即周瑜。三国时的吴国大将，赤壁之战时孙刘联军的统帅。"铜雀"，台名，建安十五年（210）曹操建于邺城（今河北临漳西），以楼顶铸有大铜雀而得名。"二乔"，即大乔、小乔姐妹，分别嫁给了孙策和周瑜。《三国志·吴书·周瑜传》："（孙）策欲取荆州，以瑜为中护军，领江夏太守，从攻皖，拔之。时得桥公两女，皆国色也。策自纳大桥，瑜纳小桥。""桥"，后人讹作"乔"，称为"二乔"。后两句是说，赤壁之战，如果孙吴联军不是借助东风的力量，采用火攻，未必能够获胜。那么，如果曹军获胜，长驱直入，沿江东下，东吴国将不保，东吴的两个美女大乔和小乔，必然被曹操掳去，关在铜雀台上，供他享受了。这样论史，既不落俗套，又富于新意。仔细玩味，便不难体会其言外之意。曹操的天才武略，并不逊于周瑜；就双方军事力量而言，更是众寡悬殊。而赤壁一战，曹军竟大败，孙刘联军获胜，周瑜不过是有东风之助而侥幸成功，所以不能以一战而论成败，这正表现了诗人卓越的史识。（毕桂发　赵玉玲）

【原文】

泊秦淮

烟笼寒水月笼沙，夜泊秦淮近酒家。
商女不知亡国恨[1]，隔江犹唱《后庭花》[2]。

【毛泽东圈评等情况】

毛泽东曾手书这首诗。

[参考] 中央档案馆编:《毛泽东手书选集·古诗词(下)》,
北京出版社 1996 年版,第 9 页。

【注释】

(1)商女,指歌妓。

(2)江,指秦淮河。后庭花,即《玉树后庭花》,是南朝后主陈叔宝的作品,历来被视为亡国之音。

【赏析】

诗题《泊秦淮》,"泊"是停船靠岸之意。"秦淮",即秦淮河,源出今江苏溧水东北,流经今南京,入长江,是南京名胜之一。相传为秦始皇南巡会稽时所凿。秦始皇行至龙藏浦,发现有王气,于是凿方山,断长垄为渎入于江,以泄王气,故名秦淮河。东晋到宋、齐、梁、陈等王朝,都相继建都于金陵(今江苏南京),秦淮河一带成为豪门贵族、官僚士大夫寻欢作乐、纵情声色之地。唐王朝的都城虽然不在金陵,但秦淮河一带的繁华喧闹依然如旧。诗人夜泊秦淮河边,目睹灯红酒绿,耳闻笙歌艳曲,特别是听了《后庭花》的靡靡之音,触景生情,写下了这首千古传诵的名篇。

这首诗通过写诗人夜泊秦淮的所见所闻,寄寓自己的深沉感慨,揭露了晚唐统治集团的上流人物沉溺声色、醉生梦死的腐朽生活。

"烟笼寒水月笼沙",首句写景。诗人描绘的是一幅迷蒙月色、轻烟淡雾笼罩寒水和沙岸的图景。此句为互文见义的句法,即"月""烟"都笼罩着"水"和"沙"。烟、水、月、沙四者,被两个"笼"字和谐地融合在一起,仿佛一幅淡雅的水墨画。它是那样迷蒙凄清,又是那样柔和幽静,这就为全诗创造了一种氛围。

"夜泊秦淮近酒家",第二句叙事。此句以"夜泊秦淮"承上启下,既点明上句所描写景物的时间、地点,又以"近酒家"总述三、四两句,

并带出人物。由于"近酒家"，才引出"商女""亡国恨""《后庭花》"，
也由此才触动了诗人的情怀。所以，一、二两句的布局，可谓匠心独运。
如果按顺叙写法，应该第二句在前，第一句在后，就显得平直呆板。现在
诗人先以朦朦胧胧的秦淮月色创造氛围，使全诗笼罩着一种诗意，同时以
第二句承转，诗篇便显得起伏跌宕。

"商女不知亡国恨，隔江犹唱《后庭花》"，后二句抒情，是全诗的
重点所在。"商女"是卖唱的歌女。她们唱什么曲子是由听者的趣味决定
的，可见诗中说"商女不知亡国恨"，是一种曲笔，真正"不知亡国恨"
的是那些座中的听众——封建官僚、贵族、豪绅。《后庭花》，即乐曲《玉
树后庭花》。陈后主（陈叔宝）荒淫奢侈，耽于声色，终至亡国。人们便
把他所娱乐的《玉树后庭花》看作亡国之音。如《旧唐书·音乐志》引杜
淹对唐太宗语："前代兴亡，实由于乐。陈将亡也，为《玉树后庭花》；齐
将亡也，而为《伴侣曲》；行路闻之，莫不悲泣，所谓亡国之音也。"这
两句是说，"商女"只知唱歌，不知道唱的是"亡国之音"。诗人感慨良
深，而讽刺的矛头直指那些买唱享乐、醉生梦死的达官贵人。还不止此，
也许诗人记起了"玉树后庭花，花开不复久"的歌谶。宋郭茂倩《乐府诗
集》卷四七引《隋书·五行志》曰："祯明（陈后主年号）初，后主作新
歌，辞甚哀怨，令后宫美人习而歌之。其辞曰：'玉树后庭花，花开不复
久。'时人以歌谶，此其不久兆也。"一种感时忧国之情涌上心头。这正是
较为清醒的知识分子心境的写照，而这两个方面正是晚唐现实社会生活的
反映。（毕桂发）

【原文】

赠　别

娉娉袅袅十三余[(1)]，豆蔻梢头二月初[(2)]。
春风十里扬州路[(3)]，卷上珠帘总不如[(4)]。

【毛泽东圈评等情况】

毛泽东曾手书这首诗。

[参考]中央档案馆编：《毛泽东手书选集·古诗词（下）》，

北京出版社1996年版，第10页。

【注释】

（1）娉娉（pīng），形容美好的容貌。袅袅（niǎo），形容女子体态柔美。

（2）豆蔻（kòu），草本植物，春末开花，色淡红。豆蔻梢头，指豆蔻花含苞未开放，古时常用来比喻未成年女子的娇嫩美妙，称十三四岁的女子为豆蔻年华。

（3）春风十里，指扬州娼楼歌馆所在之地，即《扬州梦记》所谓"九里三十步街"。张祜《纵游淮南》："十里长街市井连，月明桥上看神仙。"

（4）"卷上"句，是说珠帘之下，没有能比美者。

【赏析】

此题绝句共二首，是诗人在唐文宗大（太）和九年（835）离开扬州回京都长安任职时，赠给扬州相好的妓女的。也有人认为是赠给扬州歌女张好好的。这是第一首。

"娉娉袅袅十三余"，首句写人，是说诗人所钟爱的女子年轻貌美，体态柔和。"娉娉袅袅"，形容女子姿态轻盈美好。"十三余"是女子的芳龄。全诗正面描写女子美丽的只此一句，七个字中既无一个人称，也无一个名词，却能使一个鲜明生动的形象，栩栩如生地站立在读者面前，不愧为写人高手。

"豆蔻梢头二月初"，次句写景，用豆蔻含苞未放来比喻钟爱女子的娇嫩明媚。"豆蔻"，又名草果，是我国南方的一种多年生草本植物，高丈许，秋季结果。南方人取其尚未大开的花蕾为含胎花，因其形如怀孕之身。古诗词中常用以比喻少女，称豆蔻年华。次句不再写女子，转而写春花，显然是用春花来比女子。这样的比喻不仅新颖，而且十分精妙，又似信手拈来，写出人似花美、花因人艳，可谓匠心独运。

"春风十里扬州路，卷上珠帘总不如"，三、四两句用夸张性的描写，赞美他所钟爱的女子在扬州歌妓中是最美的。"春风"句大笔挥洒，意兴酣畅，渲染出大都会的繁华气派，使人如睹十里长街、车水马龙。"卷上"句意谓歌楼酒肆，美女如云。唐张祜《纵游淮南》诗云："十里长街市井连，月明桥上看神仙。"末句中的"珠帘"，是珍珠缀成的帘子。语出《西京杂记》卷二："昭阳殿织珠为帘，风至则鸣，如珩佩之声。"这两句是说，扬州十里长街，珠帘卷起，所见的女子，都不如他所赠诗的那位美女漂亮。诗人用压低扬州所有美女来突出一人之美，收到了众星拱月的艺术效果。

这首诗重在赞扬意中人的美丽，引起惜别之意；第二首才重在惜别，诗是这样写的：

> 多情却似总无情，唯觉樽前笑不成。
> 蜡烛有心还惜别，替人垂泪到天明。

大意是说：在分别的时刻，诗人与他所钟爱的女子，本来彼此是多情的，但此时却默默相对，反倒像无情一样。二人面对分别的酒宴，离情难禁，想勉强笑也笑不出来。只有照明的蜡烛好像还有惜别之心，替人流着烛泪直到天明。无情无知的蜡烛尚且如此，那么情人之间绵绵话别，伤心落泪便不言自明了。最后两句借物言情，设想奇绝，脍炙人口，也是牡牧诗中的名句。（毕桂发）

【原文】

遣　怀

落魄江湖载酒行⁽¹⁾，楚腰纤细掌中轻⁽²⁾。
十年一觉扬州梦⁽³⁾，赢得青楼薄幸名⁽⁴⁾。

【毛泽东圈评等情况】

毛泽东曾手书这首诗。

[参考] 中央档案馆编：《毛泽东手书选集·古诗词（下）》，
北京出版社 1996 年版，第 11 页。

【注释】

（1）落魄，同"落泊"，一作"落拓"，失意潦倒。这里是漂泊之意。江湖，一作"江南"。载酒，携酒。

（2）楚腰，楚灵王好细腰，臣下都节食，饿得扶着墙才能站起来。《韩非子·二柄》："楚灵王好细腰，而国中多饿人。"这里指纤细腰身的江南女子。纤细，一作"肠断"。

（3）一觉，指醒悟。

（4）赢得，获得。一作"占得"。青楼，本指精丽的楼房，也指妓女的居处。刘邈《万山见采桑人》："倡妾不胜愁，结束下青楼。"薄幸，薄情。

【赏析】

诗题作"遣怀"。遣怀，又叫"遣兴"，是抒发情怀、解闷散心之意。

这首七言绝句，是杜牧追忆在扬州当幕僚时的生活之作。十年扬州生活恍惚若梦，令人不堪回首，有忏悔的意味。

杜牧本有匡时济世之志，关心朝政大事，但早年沉于下僚，多任幕职，抑郁不得志。他原本出身豪门，生活放荡。在"夜市千灯照碧云，高楼红袖客纷纷"（王建《夜看扬州市》）的扬州，喜好声色歌舞的杜牧，白天在幕府处理公务，夜晚到青楼寻欢作乐，节度使牛僧孺则派人暗中保护。后来杜牧将回京城长安任监察御史，牛僧孺在饯别时告诫他，要约束自己，不要恣意纵乐，并说明自己曾派人保护他。杜牧感到惭愧，又很感激，洒泪谢别。这首诗可能是惭悟而作。

"落魄江湖载酒行"，首句叙事，写自己仕途不得意而浪迹江湖。"落魄（pò）"，同"落拓"，放荡不羁。"江湖"，江河湖海，泛指四方各地。"载酒"，携酒。这句写杜牧扬州放荡生活的一个侧面，潦倒江湖，以酒为伴。

"楚腰纤细掌中轻"，次句用典。"楚腰纤细"，楚灵王好细腰，臣下都节食，饿得扶着墙才能站起来。见《墨子·兼爱》。又《韩非子·二柄》："楚灵王好细腰，而国中多饿人。"后因以"楚腰"泛称女子的细腰。此指扬州歌女。"掌中轻"，相传汉成帝之后赵飞燕体态轻盈，能为掌上舞。这里指扬州歌女。这句用两个典故来描写扬州歌妓体态苗条，舞姿轻盈，而诗人沉湎其间，酣饮作乐，就不奇怪了。这是诗人扬州生活的另一个侧面。

"十年一觉扬州梦"，第三句抒情。"觉"，睡醒，醒悟。《诗经·王风·兔爰》："尚寐无觉。"这是诗人发自内心的感叹：十年，在人生中不算短暂，更何况是诗人风华正茂之时呢？但现在看来"十年"扬州生活，好像睡了一觉醒来，发现自己往日的放浪形骸，沉湎酒色，表面上繁华热闹，内心却烦闷抑郁。这是痛苦的回忆，又有醒悟后的感伤，这就是诗人所"遣"之"怀"。

"赢得青楼薄幸名"，末句议论。"青楼"，青漆涂饰的豪华精致的楼房。此指妓院。"薄幸"，薄情，负心。末句是说，最后竟连自己曾经迷恋的青楼也责怪自己负心薄情。"赢得"二字，调侃之中含有辛酸、自嘲和悔恨之情。全诗在带有自责的议论中作结，耐人寻味。（毕桂发）

【原文】

边上闻笳三首之一

何处吹笳薄暮天⁽¹⁾？塞垣高鸟没狼烟⁽²⁾。
游人一听头堪白，苏武争禁十九年⁽³⁾！

【毛泽东圈评等情况】

毛泽东曾手书这首诗。

[参考] 中央档案馆编：《毛泽东手书选集·古诗词（下）》，
北京出版社1996年版，第16页。

【注释】

（1）笳（jiā），古管乐器，即胡笳。汉时流行于塞北和西域一带。传说为春秋时李伯阳避乱西戎时所造，汉张骞从西域传入，其音悲凉。后形制递变，名称各异。魏晋以后以笳、笛入军乐。

（2）狼烟，燃狼粪升起的烟。古时边防用作军事上的报警信号。《资治通鉴·后汉高祖天福十二年》："契丹焚其市邑，一日狼烟百余举。"胡三省注："陆佃《埤雅》曰：古之烽火用狼粪，取其烟直而聚，虽风吹之不斜。"

（3）苏武，汉武帝时人，曾出使匈奴被拘禁，始终坚贞不屈，在北海度过十九年，后回到长安。争禁，怎么经受得起。

【赏析】

《边上闻笳三首》首见于宋人田概编的《樊川别集》。清人沈德潜把它选入《唐诗别裁集》，系于杜牧名下。毛泽东喜读《唐诗别裁集》，可能是于此书中读到这首诗的。另外，毛泽东 1965 年 8 月 1 日给秘书写了一个便条："找唐人杜牧之全集给我为盼。"（《建国以来毛泽东文稿》第 11册，中央文献出版社 1996 年版，第 427 页）杜牧的全集为《樊川文集》，20 卷，是他外甥裴延翰所编。宋人又编有《樊川外集》《樊川别集》。所以毛泽东也可能是在《樊川别集》中读到这首诗的。但有人怀疑此诗不是杜牧的作品，理由是杜牧没有到过西北边防前线。

七绝《边上闻笳三首》具体描写了边塞上的荒凉，表现了诗人对当时边塞上武备松弛，边防空虚的担心与忧虑。"笳"，古代管乐器，即胡笳。汉时流行于塞北和西域一带。传说为春秋时李伯阳避乱西戎时所造，汉张骞从西域传入，其音悲凉。后形制递变，名称各异。魏晋以后的笳、笛为军乐。此是第一首。

"何处吹笳薄暮天，塞垣高鸟没狼烟"，前两句描写边塞武备，景象宛然如画。"薄暮"，傍晚，太阳快落山的时候。《楚辞·天问》："薄暮雷电，归何忧？""塞（sài）垣"，本指汉代为抵御鲜卑所设的边塞。后亦指长城、边关城墙。汉蔡邕《难夏育上言鲜卑仍犯诸郡》："秦筑长城，汉起塞垣，所以别内外异殊俗也。"《文选·鲍照〈东武吟〉》："始随张校尉，占募到河源；后逐李轻车，追虏穷塞垣。"张铣注："塞垣，长城也。"这里指长城或泛指边塞城墙皆可。"没狼烟"，淹没在狼烟之中。"狼烟"，燃狼粪升起的烟，古时边防用作军事上的报警信号。《资治通鉴·后汉高祖天福十二年》："契丹焚其市邑，一日狼烟百余举。"胡三省注："陆佃《埤雅》曰：'古之烽火用狼粪，取其烟直而聚，虽风吹之不斜。'"这两句是说，傍晚，不知从哪里传来吹奏的胡笳声，直上云天，只见那边城上空高飞的鸟儿，正消失在狼烟之中。诗人抓住边防前线的"笳声""塞垣""狼烟"等几个富有特征的景物，写出了诗人在边关所见所闻的荒凉景象。这种境况没有丝毫战争气氛，可见当时武备的松弛。

"游人一听头堪白，苏武争禁十九年"，后二句议论，写诗人对边防见闻的感喟。"游人"，游玩的人，旅游的人。"堪"，能够，可以。"苏武（？—前60）"，字子卿，西汉杜陵（今陕西西安东南）人。汉武帝天汉元年（前100），奉命出使匈奴，被扣。匈奴奴隶主贵族多方威胁利诱，又把他迁到北海（今俄罗斯贝加尔湖）边牧羊，坚持十九年不屈。汉昭帝始元六年（前81），因匈奴与汉和好，才被遣回朝。"争"，怎么。"禁"，忍受。这两句是说，来边关游玩的人，本来是为了散心，但他们听到这凄凉的笛声，也会把头发愁得变白，这是感叹边防松弛。诗人进而想到西汉的苏武，当时就是因为边防不固，以至于他出使匈奴被羁留十九年，才得以回朝。换句话说，如果汉朝边防巩固，哪里会发生苏武被扣的悲剧呢！在这里，诗人用游人愁得头白和苏武被拘的苦难作反衬，说明武备不修、边防不固给人民带来的灾难，发人深省。（毕桂发）

【原文】

题乌江亭

胜败兵家事不期⁽¹⁾，包羞忍耻是男儿⁽²⁾。
江东子弟多才俊⁽³⁾，卷土重来未可知⁽⁴⁾。

【毛泽东圈评等情况】

毛泽东曾两次手书这首诗，一幅题作《题项王庙》。

[参考]中央档案馆编：《毛泽东手书选集·古诗词（下）》，
北京出版社1996年版，第17—18页。

此说亦迂。

[参考]毛泽东读吴景旭《历代诗话》话五十二庚集七的批语，《毛泽东读文史古籍批语集》，中央文献出版社1993年版，第39页。

项羽是有名的英雄，他在没有办法的时候自杀，也比汪精卫、张国焘好得多。从前有个人作了一首诗，问他为什么要自杀，可以到江东去再召八千兵来打天下。我们要学习项羽的英雄气节，但不自杀，要干到底。

[参考] 转引自：陈曹《毛泽东的文化性格》，中国青年出版社
1991 年版，第 240 页。

【注释】

（1）兵家，一作"由来"。事不期，胜败的事难以预料。事不，一作"不可"。

（2）包羞忍耻，容忍着羞愧，忍受着耻辱。汉刘向《说苑》："蒙羞被好兮不訾诟耻。"

（3）江东，长江在安徽芜湖、江苏南京间作西南南、东北北流向，隋唐以前，是南北往来主要渡口的所在，习惯上称自此以下的长江南岸地区为江东。

（4）卷土重来，比喻失败之后重新组织力量反扑过来。卷土，卷起尘土，形容众多人马的奔跑。《汉书·项籍传》："羽遂引东，欲渡乌江，乌江亭长檥船待，谓羽曰：'江东虽小，地方千里，众数十万，亦足王也。愿大王急渡！今独臣有船，汉军至，亡以渡。'羽笑曰：'乃天亡我，何渡为？且籍与江东子弟八千人渡而行，今亡一人还，纵江东父兄怜而王我，我何面目见之哉？'"

【赏析】

这首诗作于唐文宗开成四年（839），是杜牧由宣州赴京城长安过乌江亭时所写。乌江亭，又称项亭、项王庙、楚庙、霸王庙，在和州（今安徽和县东北）乌江镇东南凤凰山上。相传为项羽兵败自杀的地方。

这是一首咏史诗。它所咏的对象，就是秦末农民起义军领袖项羽。项羽（前232—前202），名籍，字羽，下相（今江苏宿迁西）人，楚国贵族出身。秦二世元年（前209），从叔父项梁在吴（今江苏苏州）起义。项梁战死后，秦将章邯围赵，楚怀王任宋义为上将军，任他为次将，率军往

救。宋义到安阳（今河南安阳）逗留不进，项羽杀死宋义，亲率兵渡漳水救赵，在巨鹿之战中消灭秦军主力。秦亡后，项羽自立为西楚霸王，恢复分封制度，实行分裂割据。后在楚汉战争中为刘邦击败，最后从垓下（今安徽灵璧南）突围到乌江，亭长建议他渡江东去，他认为愧对江东父老，愤而自杀。这首诗针对项羽兵败身死的事实，批评他不能正确对待挫折、失败，惋惜他的英雄事业归于覆灭，同时不无讽刺之意。

"胜败兵家事不期"，首句议论，直截了当地提出兵家胜败这个大问题作为议论项羽兵败的理论基础，站得较高。"兵家"，古代对军事家和用兵者的通称。一作"由来"。《汉书·艺文志》："兵家者，盖出古司马之职，王官之武备也。""胜败"，胜利和失败。"事不期"，一作"不可期"。"期"，预料。首句说的就是俗话所说"胜败乃兵家之常事"这一普通常识。事实上没有什么常胜将军，因为作战是由敌我双方的各种条件决定的，一个英明的将军只能因势利导，夺取胜利，多打胜仗，少打败仗。言外之意是说，再优秀的将军，也可能打败仗。打败仗并不可怕，关键在于是否能正确对待。

"包羞忍耻是男儿"，次句强调指出，只有"包羞忍耻"，才称得起是个男子汉大丈夫。"包羞忍耻"，忍受耻辱，表示气量大。"包羞"，忍受羞辱。《易·否》："六三，包羞。《象》曰：'包羞，位不当也。'"孔颖达疏："位不当所包承之事，惟羞辱已。""男儿"，男子汉，大丈夫。《东观汉记·公孙述传》："男儿当死中求生，可坐穷乎？"这句虽还是从正面泛泛议论，实际已暗含对项羽的批评。因为项羽所为，正与之相反。他在楚汉战争中失败，从垓下突围至乌江亭，亭长备船以待，愿渡其过江东，重整旗鼓，他却死要面子，愤而自杀。项羽不能正确对待挫折和失败，不能忍受耻辱，算不上男子汉大丈夫。

"江东子弟多才俊，卷土重来未可知"，三、四句才正面评说项羽在乌江边的作为。"江东"，长江在安徽芜湖至江苏南京之间作西南南、东北北流向，是南北往来主要渡口的所在，习惯上称自此以下的长江南岸地区为江东。"才俊"，才能出众、才能出众的人。"卷土重来"，失败后重新恢复力量。

后二句是对项羽乌江自刎的评论。依据的史实是："于是项王乃欲东渡乌江。乌江亭长檥船待，谓项王曰：'江东虽小，地方千里，众数十万人，亦足王也。愿大王急渡。今独臣有船，汉军至，无以渡。'项羽笑曰：'天之亡我，我何渡为！且籍与江东子弟八千人渡江而西，今无一人还，纵江东父兄怜而王我，我何面目见之哉！纵彼不言，籍独不愧于心乎？'……乃自刎而死。"（《史记·项羽本纪》）该诗尖锐地批评了项羽乌江自刎，不能重返江东，卷土重来，借此讲明"败不馁"的道理，不落窠臼，让人耳目一新。

毛泽东很喜欢这首诗，不仅曾两次手书过，还用它说明革命道理。1939年4月8日，毛泽东在延安"抗大"的演讲中说："项羽是有名的英雄，他在没有办法的时候自杀，也比汪精卫、张国焘好得多。从前有个人作了一首诗，问他为什么要自杀，可以到江东去再召八千兵来打天下。我们要学习项羽的英雄气节，但不自杀，要干到底。"

清人吴景旭在《历代诗话》中认为，杜牧《题乌江亭》中"江东子弟多才俊，卷土重来未可知"两句说得不对，因为项羽在家乡招募的八千人马都战死了，他如果再回去招募，谁还肯跟他重新来打天下呢？毛泽东读到这里批注道："此说亦迂。"就是说，毛泽东认为吴景旭的这种看法太迂腐了，从而肯定了杜牧诗中所表现的观点。

早在1929年9月19日，毛泽东和红四军第四纵队司令员兼党代表傅柏翠，在刚解放的上杭临江楼上，谈论古代的菊花诗词。他们先谈论陶渊明和岑参的菊花诗，接着谈到李清照的菊花词。傅柏翠说："李清照有一首写到菊花的词：'莫道不销魂，帘卷西风，人比黄花瘦。'"毛泽东说："她的这首词叫人打不起精神来。我倒喜欢她的'生当作人杰，死亦为鬼雄'的诗句，可惜不是咏菊的。"（《党史文苑》2000年第1期）

李清照（1084—1155？年），号易安居士，济南（今山东济南）人，宋代女词人。著有（漱玉词）等。毛泽东喜欢她的两句诗见于其《夏日绝句》。其原诗是：

生当作人杰，死亦为鬼雄。

至今思项羽，不肯过江东。

此诗当写于作者晚年南渡以后，看到宋高宗与金人划江而治，偏安一隅，不图恢复，有感而作。诗人赞扬项羽这个失败的英雄，宁肯自刎，保其英名，而决不投降，或再到江东割据一方，实际是委婉地批评南宋小朝廷的妥协投降，因而受到毛泽东的赞誉。需要说明的是，当时是战争年代，特别需要发扬革命精神，所以毛泽东对赞扬项羽气节的两首诗都评价较高，而对于表现李清照日常生活的几句词不感兴趣。这几句词出自李清照的《醉花阴》，全文是：

> 薄雾浓云愁永昼，瑞脑消金兽。佳节又重阳，玉枕纱橱，半夜凉初透。　东篱把酒黄昏后，有暗香盈袖。莫道不销魂，帘卷西风，人比黄花瘦。

这首词是李清照的名作。她在词中塑造了一个多愁善感、为过去封建士大夫所欣赏的弱不禁风的闺阁美人形象，其实就是她自己的写照。"莫道不销魂"三句也是传颂千古的佳句。因为当时是战争年代，所以毛泽东觉得它"叫人打不起精神"，因而不太喜欢。然而文学欣赏往往因时因地而异，中华人民共和国成立以后，"毛泽东对这首词的喜爱，表现在他的藏诗中，凡载有这首词的集本，都留有他圈画的手迹（张贻玖编：《毛泽东评点、圈阅的中国古典诗词》，中国工人出版社1992年版，第185页）。（毕桂发）

【原文】

题青云馆

虬蟠千仞剧羊肠，天府由来百二强[1]。
四皓有芝轻汉祖[2]，张仪无地与怀王[3]。
云连帐影萝阴合[4]，枕绕泉声客梦凉[5]。
深处会容高尚者，水苗三顷百株桑[6]。

【毛泽东圈评等情况】

毛泽东手书过这首诗的"四皓有芝轻汉祖，张仪无地与怀王"两句。

[参考] 中央档案馆整理：《毛泽东评点诗词曲精选（下册）》，

北京出版社 1996 年版，第 19 页。

【注释】

（1）百二，喻地势险要。

（2）四皓，指商山四皓。晋皇甫谧《高士传》："四皓者……隐地肺山（商山）……汉高闻而征之，不至，深自匿终南山，不能屈已。"有芝，有紫芝可食。

（3）"张仪"句，典出《史记·屈原贾生列传》："秦惠王令张仪佯去秦事楚……张仪诈之曰：'仪与王约六里，不闻六百里。'"

（4）云连帐影，出自《宋书·乐志》"高峻与云连"，以及元稹诗《秋相望》"炉暗灯光短，床空帐影深"。

（5）客，指诗人自己。

（6）水苗，出自白居易《和三月三十日四十韵》"水苗泥易耨"。三顷，出自《魏书·高允传》："世祖……问允曰……方一里则为田三顷七十亩。"百株桑，出自《三国志·诸葛亮传》："亮自表后主曰：成都有桑八百株……"

【赏析】

此诗题为《题青云馆》，顾名思义，是写在青云馆墙壁上的一首诗。"青云馆"又称青云驿。在今陕西丹凤西北商洛。这里，古为商於之地，战国时期属于秦国，物产丰富，地势险固，为兵家必争之地。素喜论政谈兵的杜牧，在唐文宗开成四年（839）赴长安任职时，路经此地，夜宿青云馆驿，抚今追昔，写下了这首七言律诗。

"虬蟠千仞剧羊肠，天府由来百二强"，首联描写青云馆一带的地势险固，易守难攻。"虬蟠"，盘屈纠结之状。晋左思《吴都赋》："轮囷虬蟠。""千仞"，形容极高或极深。古以八尺（一说七尺）为仞。"剧"，艰难。"羊肠"，喻指狭窄曲折的小路，此指"羊肠坂"。古坂道名。因其萦曲如羊肠，故名。有两处：一在今山西壶关东南，一在今山西晋城南。三国魏曹操《苦寒行》："北上太行山，艰哉何巍巍！羊肠坂诘屈，车轮为之摧。"亦作"羊肠阪"。《史记·孙子吴起列传》："伊阙在其南，羊肠在其北。"裴骃集解引晋皇甫谧曰："壶关有羊肠阪，在太原晋阳西北九十里。""天府"，土地肥沃、物产丰富的地区。本是对四川的美称。《史记·留侯世家》："此所谓金城千里，天府之国也。""百二"，以二敌百，一说百的一倍，后以喻山河险固之地。语出《史记·高祖本纪》："秦，形胜之国，带河山之险，县隔千里，持戟百万，秦得百二焉。"裴骃集解引苏林曰："得百中之二焉。秦地险固，二万人足当诸侯百万人也。"上句写青云馆一带地势险固，下句写易守难攻，有二万足可当敌百万。这是把青云馆一带比作天府之国。

"四皓有芝轻汉祖，张仪无地与怀王"，颔联用典，追述发生在青云馆一带的两件往事。一件是四皓隐居商山，不奉汉高祖刘邦诏。"四皓"，指秦末隐居于商山的东园公、夏黄公、绮里季、甪里先生。四人须眉皆白，故称商山四皓。晋皇甫谧《高士传》："四皓者，……皆修道洁己，非义不动。秦始皇时，见秦政虐，乃退入蓝田山……乃共入商雒，隐地肺山……及秦败，汉高闻而征之，不至，深自匿终南山，不能屈已。""有芝"，有紫芝可食。汉祖，即汉高祖刘邦。"张仪（？—前310）"，战国时纵横家代表人物。"怀王"，即楚怀王（？—前296），熊氏，名槐。战国时楚国君，公元前328年—前299年在位。据《史记·屈原列传》记载："秦惠王令张仪佯去秦事楚，曰：'秦甚憎齐，楚诚能绝齐，秦愿献商於之地六百里。'楚怀王贪而信张仪，遂绝齐，使使如秦受地，张仪诈之曰：'仪与王约六里，不闻六百里。'"这两句是说，商山四皓有紫芝可食，轻视汉高祖的延请，不愿出来做官，受人约束；张仪不过是个政治骗子，本来就没有给楚怀王土地之意。诗人用此二典，有以四皓自喻之意，同时告诫执政者要警惕政治骗子，似有所指。

"云帐连影萝阴合，枕绕泉声客梦凉"，颈联写夜宿馆驿的见闻与心情。"云连帐影"出自《宋书·乐志》"高峻与云连"，以及元稹的《秋相望》："炉暗灯光短，床空帐影深。""萝"，指松萝，或叫女萝。蔓生植物，缘松柏或其他乔木而生，枝体下垂如丝状。这两句是说，帷帐设在萝阴笼罩的树下，枕头边不时传来泉水的叮咚声，颇富诗意。

"深处会容高尚者，水苗三顷百株桑"，尾联议论，有隐居商山之意。"高尚者"，指四皓，此是自指。"水苗"，指稻田。"顷"，旧制100亩。这两句是说，这大山深处能容纳高尚的隐士，有300亩稻田和100株桑树养蚕，足以自食其力，揭出归隐之意。（毕桂发）

【原文】

九日齐山登高

江涵秋影雁初飞，与客携壶上翠微(1)。

尘世难逢开口笑，菊花须插满头归。

但将酩酊酬佳节(2)，不用登临恨落晖。

古往今来只如此，牛山何必独沾衣(3)。

【毛泽东圈评等情况】

毛泽东在词《贺新郎·读史》中"人世难逢开口笑"，即化用此诗第三句"尘世难逢开口笑"。

[参考]中共中央文献研究室编：《毛泽东诗词集》，中央文献出版社1996年版，第145页。

【注释】

（1）客，指张祜。翠微，本指青翠的山色，这里代指山。又《尔雅》："山未及上曰翠微。"注云："近上旁陂。"

（2）酩酊，大醉之状。《水经注·沔水》："日暮倒载归，酩酊无所知。"

（3）牛山，在山东临淄南二十五里。此句是用春秋时齐景公牛山涕泣的故事。《韩诗外传》："齐景公游于牛山之上而北望齐曰：'美哉国乎！郁郁泰山！使古而无死者，则寡人将去此而何之？'俯而泣沾襟。"

【赏析】

这首七律是杜牧于唐武宗会昌年间任池州刺史时所作。九日，即重阳节，旧有登高饮菊花酒习俗。齐山，在今安徽贵池东南。此时张祜亦在池州。这对好朋友登山临水，吟咏唱和。张祜写了一首《和杜牧之齐山登高》作答。本篇以看破一切的旷达，来排解人生多忧、生死无常的悲哀，表现了封建社会知识分子人生观的一个侧面。

"江涵秋影雁初飞，与客携壶上翠微"，首联描写兼叙事，点出齐山登高题意。我国古代有重阳节登高的习俗。重阳佳节，诗人和"客"带着酒，登上池州东南的齐山。江南的山，到了秋天仍然是一片青缥色，这就是翠微。站在齐山极顶，俯视长江，天空的一切景色，包括初飞来的大雁，都倒映在碧波之中。诗人用"涵"来形容江水仿佛把秋景包容在自己的怀抱里，用"翠微"这样美好的词语来代替秋山，流露出对眼前景物的喜悦之情。诗人之所以要到齐山登高，还和他的一位"客"人有关。这位客人不是别人，正是诗人张祜，他比杜牧年长，而且诗名早著。穆宗时令狐楚赏识他的诗才，曾上表推荐，但由于受到元稹的排挤，未能见用。这次张祜从江苏丹阳特地来拜会杜牧。杜牧对他的被遗弃是同情的，所以特地陪他登山览胜以祛愁怀。

"尘世难逢开口笑，菊花须插满头归"，颔联用典，以旷达之情宽慰客人。上句语出《庄子·盗跖》："人上寿百岁，中寿八十，下寿六十，除病瘦（瘐）死丧忧患，其中开口而笑者，一月之中不过四五日而已矣！"说明在尘世之中顺心遂意的事少，烦心怫意的事多，所以人们难得无忧无虑地开口欢笑。下句暗用东晋诗人陶渊明等的典故。《艺文类聚》卷四引《续晋阳秋》："陶潜尝九月九日无酒，宅边菊丛中摘菊盈把，坐其侧，久望，见白衣至，乃王弘送酒也。即使就酌，醉后而归。"又《续神仙传》："许碏插花满头，把花作舞，上酒家楼醉歌。"下句是说，趁这难得的欢乐机会，应满头簪菊，饮酒尽醉，以畅快意。

"但将酩酊酬佳节，不用登临恨落晖"，颈联议论，进一步宽慰客人。上句暗用山简的故事。《晋书·山简传》："童儿歌曰：山公出何许？往至高阳池。日夕倒载归，酩酊无所知。"酩酊，醉得稀里糊涂之状。二句意谓斟起酒来尽情喝吧，只有喝得酩酊大醉才对得起这良辰佳节，无须在节日登临时为夕阳西下而感慨、怨恨。这中间四句给人一种感觉：诗人似乎想用极其难得的开心一笑、用节日的醉酒，来掩盖和化解长期郁积在内心的郁闷，但是谈何容易。

"古往今来只如此，牛山何必独沾衣"，末联议论，再次宽慰客人。上句语出《文选·潘岳〈西征赋〉》："古往今来，邈矣悠哉！"末句用齐景公牛山泣涕之典。《元和郡县志》："青州临淄县牛山，在县南二十五里。"齐景公泣牛山之事，除《韩诗外传》有记载外，《晏子春秋·内储谏上》亦有类似记载："（齐）景公游于牛山，北临其国域而流涕曰：'若何滂滂去此而死乎！'艾孔、梁丘皆从而泣。"诗人由眼前所登池州的齐山，联想到春秋时期的齐景公牛山堕泪的事，认为像"登临恨落晖"所感受到的那种人生无常，古往今来都一样。既然并非今世才有此恨，又何必像齐景公那样独自伤心流泪呢！清诗评家沈德潜在《唐诗别裁集》中评此二句曰："末二句影切齐山，非泛然下笔。"所论极是。杜牧翻用齐景公的故事，表达了放达的人生态度。这种态度既是对客人张祜的宽慰，也是诗人的自解。

毛泽东在 1964 年春写的《贺新郎·读史》一词中"人世难逢开口笑"，就是从杜牧《九日齐山登高》中"尘世难逢开口笑"点化而来，用以概指人类过去的历史充满了各种苦难，是一种革命的改造。（毕桂发）

令狐楚

令狐楚（776—837），字悫士，自号白云孺子。祖籍敦煌（今甘肃敦煌），后迁宜州华原（今陕西铜州耀州区东南）。唐德宗贞元七年（791）进士。宪宗时，累擢知制诰，敬宗时为尚书右仆射，历任诸镇节度使，卒于山南西道节度使任内。与白居易、刘禹锡等常相唱酬，乐府诗受人注意。《全唐诗》录存其诗一卷，共五十九首。

【原文】

少年行

弓背霞明剑照霜，秋风走马出咸阳[1]。

未收天子河湟地[2]，不拟回头望故乡。

【毛泽东圈评等情况】

毛泽东读清沈德潜编选《唐诗别裁集》卷二十时曾圈阅此诗。

[参考] 张贻玖：《毛泽东评点、圈阅的中国古典诗词》，

中国工人出版社1992年版，第238页。

【注释】

（1）咸阳，今陕西咸阳。

（2）河湟，指河南、陇右一带。安史之乱后为吐蕃所侵占，沦陷数十年没有恢复。河湟，原作"河源"，据《全唐诗》改。

【赏析】

《少年行》是乐府旧题，属《杂曲歌辞》，多述少年任侠轻生重义、

慷慨以立功名事。诗题一作《年少行》，共四首七言绝句，此是第三首，表现了一种志士公而忘私、立功边疆的豪情壮志。

"弓背霞明剑照霜"，首句描写，是说志士所佩强弓背上灿若明霞，刀剑白似冰霜，"弓"和"剑"这两种兵器都闪烁光芒。武器的精良，正表现了士气高昂。所以第二句接着写道："秋风走马出咸阳。"秋风，点明出征时令；咸阳，是将士的出发地。咸阳是秦王朝都城，这里指代国都。意谓这次出征是朝廷派遣，从国都出发，责任重大。走马，即跑马。将士离开都城时是快马加鞭，正见其斗志昂扬。

那么，这次出征的目的又是什么呢？三、四句写道："未收天子河湟地，不拟回头望故乡。"河湟，黄河和湟水。湟水，源出青海，东流入甘肃境内与黄河汇合。河湟，指湟水流域及黄河合流的一带地方。这里指吐蕃统治者从唐肃宗以来所侵占的河西、陇右之地。这些地方安史之乱后沦陷数十年没有恢复，直至宣宗大中三年（849），河湟才复归唐朝。这已是诗人死后的事了。所以，此次出征河湟当在此之前，虽然没有达到收复河湟的目的，但将士出征时是满怀信心的，不收复丢掉的天子的河湟地，不会回头望一下故乡。这两句诗就是西汉名将霍去病的"匈奴未灭，何以家为"的意思，充分表现了将士们立功边疆、报效朝廷的爱国主义思想和高昂的战斗意志。（毕桂发）

李 贺

李贺（约790—约816），字长吉，福昌（今河南宜阳西）人。唐皇室远支，因避家讳不得应进士科考试，仅官奉礼郎。其诗以乐府、歌行见长，想象奇特，熔铸词采，运用神话传说创造出新奇瑰丽的诗境，在诗坛别树一帜，有"长吉体"之称。

毛泽东喜读李贺诗，对其诗评价颇高。1965年，毛泽东在给陈毅有关诗的一封信中说："李贺诗很值得一读。"他在一则批注中称赞李贺是"英俊天才"，惋惜他的早夭。毛泽东在1958年5月8日中共八大二次会议上的第一次讲话中，主要讲了"破除迷信"的问题。他说："青年人打倒老年人，学问少的人打倒学问多的人，这种例子多得很。……唐朝诗人李贺，河南宜阳人，死的时候只有二十七岁。"毛泽东在他收藏的《李长吉歌诗集》《李长吉集》《李昌谷诗集》《李昌谷诗注》等书中，每本都有圈画。在李贺流传于世的240余首诗中，毛泽东圈画的有83首，有的圈画不下四五次。

【原文】

李凭箜篌引

吴丝蜀桐张高秋[1]，空山凝云颓不流[2]。江娥啼竹素女愁[3]，李凭中国弹箜篌[4]。昆山玉碎凤凰叫[5]，芙蓉泣露香兰笑[6]。十二门前融冷光，二十三丝动紫皇[7]。女娲炼石补天处，石破天惊逗秋雨[8]。梦入神山教神妪[9]，老鱼跳波瘦蛟舞[10]。吴质不眠倚桂树[11]，露脚斜飞湿寒兔[12]。

【毛泽东圈评等情况】

毛泽东曾多次圈画这首诗。

[参考] 张贻玖：《毛泽东评点、圈阅的中国古典诗词》，
中国工人出版社 1992 年版，第 134 页。

【注释】

（1）吴丝蜀桐，吴郡产蚕丝，蜀地产桐木，都是制造乐器的美材。这里是指箜篌的构造精良和名贵。张，演奏。高秋，就是暮秋，指阴历九月。

（2）空山，一作"空白"，指天空。颓，指堆积。云颓不流，犹言响遏行云的意思，形容乐声的美妙。

（3）江娥，即"湘娥"，指传说中溺死后成为水神的舜的二妃娥皇、女英。啼竹，相传二妃在舜死后痛哭，泪洒在竹子上，成为斑竹，又名湘妃竹。素女，传说中的霜神女，善弹瑟。《汉书·郊祀志上》："帝使素女鼓五十弦瑟。"

（4）中国，即国的中央，此指都城长安。

（5）昆山，即昆仑山，相传为产玉之地。玉碎凤凰叫，形容乐声清脆激越。

（6）芙蓉泣露，指荷花沾露似哭泣。香兰笑，指兰花盛开如含笑。这句是形容乐声时而低沉、时而轻快。

（7）十二门，当时长安城四面各有三座城门。融，销熔。紫皇，道教对天上最尊之神的称呼，这里指皇帝。

（8）逗，引出。女娲炼石补天的传说见《淮南子·览冥训》《列子·汤问》。

（9）神妪（yù），古代神话中说，女神成夫人爱好音乐，能弹箜篌。《搜神记》卷四："永嘉中，有神见兖州，自称樊道基。有妪，号成夫人。夫人好音乐，能弹箜篌。闻人弦歌，辄便起舞。"

（10）老鱼跳波瘦蛟舞，典出《列子·汤问》："瓠巴鼓瑟而鸟舞鱼跃。"

（11）吴质，疑即吴刚。《酉阳杂俎》卷一："月桂高五百丈，下有一人。常斫之，树创随合。人姓吴，名刚，西河人，学道有过，责令伐树。"

（12）露脚，古人认为露像雨一样降落，故以垂脚为喻。寒兔，指秋月。

【赏析】

音乐，这种美妙动听的声音，用现代化的录音器材录制下来，传之后世并不难。而古代没有录音设备，只有借助诗人们的艺术描绘。唐代有三位诗人是描写音乐的高手，这就是李贺、白居易和韩愈。李贺的《李凭箜篌引》、白居易的《琵琶行》、韩愈的《听颖师弹琴》都是描写音乐的杰作，被清人方扶南推许为"摹写声音至文"（见《李长吉诗集批注》卷一）。李凭是和李贺同时的梨园弟子，因善弹琵琶而名噪一时。"天子一日一回见，王侯将相立马前"，身价之高，可想而知。"箜篌引"，乐府旧题，属《相和歌·瑟调曲》。"箜篌"，是一种弦乐器，又名空侯或坎侯。箜篌有多种，形状不一，李凭弹的当是竖箜篌。这首诗是作者听了李凭弹箜篌而写的赞美之词，或许是赠李之作。

全诗可分为三节。开头四句为第一节。写弹箜篌的人物、时间和地点。首句中"吴丝蜀桐"，吴郡产蚕丝，蜀地产桐木，都是制造乐器的美材，这里是指箜篌的构造精良和名贵，借以衬托演奏者的技艺高超。"高秋"，就是暮秋，指阴历九月。这句说，在暮秋时节弹奏起箜篌来，点明时间。二、三句写乐声美妙动人。"江娥"，一作"湘娥"，指传说中溺死在湘江成为水神的舜之二妃。"素女"，也是传说中的神女。两句是说，山里的云"颓"然不能起飞，"凝"而不能流动，善于鼓瑟的江娥与素女，也被这乐声触动了愁怀，潜然泪下。能使无生命的行云凝滞不流，能使善解音律的神女深受感激，弹奏之美妙，自不待言。人们不禁要问，这么高明的演奏者是谁呢？第四句"李凭中国弹箜篌"，才点出了演奏者的姓名和演奏的地点。"中国"，国的中央。李凭在京城，所以用"中国"点明他的所在地，又和下文的"十二门""动紫皇"相连贯。前四句先写乐器、写乐声，再写演奏的人。突出了乐声，收到了先声夺人的艺术效果。

五、六两句是诗中仅有的正面写乐声的。"昆山"，是产玉之地。"玉碎"，形容箜篌声音的清脆。"凤凰叫"，形容声音的和缓。"芙蓉泣"，形容声音的惨淡。"香兰笑"，形容声音的艳丽。全用比喻，把李凭弹箜篌时各种美妙的声音具象化了，这是以形写声，意在渲染乐声的美妙动听。

从"十二门前融冷光"起到篇末，一连用了八句，从各个方面来写音响效果。七、八两句先写近处，"十二门"，长安城东西南北每一面各三门，故以"十二门"指代长安。"紫皇"，道教称天上最尊贵的神为"紫皇"，这里用来指皇帝。这两句是说，乐声使长安全城气候变得温暖，连最尊贵的皇帝也深受感动。李凭是宫廷供奉的乐人，诗人也顺便点明他的身份。以下六句，诗人从人间写到天上，从人写到神，极力渲染李凭弹箜篌的艺术效果。"女娲炼石补天处，石破天惊逗秋雨"，是本诗的警句，两句意谓乐声像惊天破石，引出一阵秋雨，与白居易《琵琶行》"银瓶乍破水浆迸"同义。前句妙在想象超奇，出人意料，后句"逗"字用得好，妙在炼句之工，历来为人们所称道。诗的末四句，写李凭在梦中将他的绝艺教给神仙，惊动了仙界。"神妪"，传说中善弹箜篌的仙人（见《搜神记》）。"吴质"，疑即吴刚，传说中月中砍树的人（见《酉阳杂俎》）。李凭那美妙绝伦的箜篌声传入神山，能使音乐高手神妪为之感动；乐声感物至深，致使羸弱无力的老鱼瘦蛟都腾跃起舞。乐声传到月宫，劳累了一天的吴刚还斜倚在桂树上倾听，蹲伏在一旁的玉兔也不顾露水湿毛而不肯离去。李凭箜篌声的美妙，感人至深，便可想见了。

这首诗是李贺的代表作之一，向来为人们所称道。究其原因，想象的奇特，形象的瑰丽，意境的壮美，形象的比喻，以及用效果写事物本身，都颇具特色。（毕桂发）

【原文】

梦 天

老兔寒蟾泣天色⁽¹⁾，云楼半开壁斜白⁽²⁾。
玉轮轧露湿团光⁽³⁾，鸾珮相逢桂香陌⁽⁴⁾。
黄尘清水三山下⁽⁵⁾，更变千年如走马。
遥望齐州九点烟⁽⁶⁾，一泓海水杯中泻。

【毛泽东圈评等情况】

1960年5月2日，毛泽东同山东委负责同志谈话时，当听说拥有渤、黄二海的山东缺水时，自然联想起李贺诗中所幻想的境界，随口念起李贺《梦天》中的句子："黄尘清水三山下，更变千年如走马。遥望齐州九点烟，一泓海水杯中泻。"这首诗还有前四句。李贺诗中的美丽而富有哲理的联想，引发了毛泽东的这种想法："能把海水变淡水，水就多了。""要想法研究"，利用海水。当有人提出李贺诗"不好懂"时，便纠正说："有些还是容易懂。"

[参考] 董学文：《毛泽东的文艺美学活动》，高等教育出版社
1995 年版，第 205 页。

毛泽东在一本黄陶庵评本《李长吉集》中，在"遥望"二句末画着圈；天头上编者评曰："论长吉每道是鬼才，而其为仙语，乃李白所不及，齐州二句，妙有千古。"毛泽东对这段评语每句都有圈点断句。

[参考] 张贻玖：《毛泽东评点、圈阅的中国古典诗词》，
中国工人出版社 1992 年版，第 134 页。

【注释】

（1）老兔寒蟾，神话传说月中有玉兔和蟾蜍，这里指月亮。泣天色，指天色不明朗，老兔寒蟾为此愁惨哭泣。

（2）云楼，高楼，指月宫。壁斜白，指月光斜照在楼壁上，泛出一片白色。

（3）玉轮，比喻圆月。轧露，从露水上辗过。团光，满月之光。

（4）鸾珮，形容佩玉声像鸾鸟的鸣声悦耳。桂香陌，飘着桂花香的路上。神话传说月中有桂树。

（5）黄尘，陆地。清水，海水。三山，即古代传说中的蓬莱、方丈、瀛洲。

（6）齐州，中州，即中国，古中国分为九州。

【赏析】

在中国诗歌的历史上，恐怕没有比李贺更具有奇特创作个性的诗人了。"其文思体势，如崇岩峭壁，万仞崛起"（《旧唐书·李贺传》），"鲸

吸鳌掷，牛鬼蛇神，不足为其虚荒诞幻也"（杜牧《李贺集序》）。笔涉人间鬼界，神游碧落黄泉，以艳丽幽冷、雄奇谲诡的语言，化平庸为奇异，幻奇境为常景，短短的一生中创造了许多富于浪漫主义色彩的艺术形象。《梦天》便是诗人梦游月宫，俯视人间的奇思妙想。

《梦天》，也许是诗人真的做过这样一个梦，也许纯是诗人浪漫主义的幻想，不管是哪种情况，都是诗人驰骋艺术想象的结果。从诗中描写的光怪陆离的艺术形象来看，朦胧的色彩十分强烈，便是这首诗的突出特点。

《梦天》诗的前四句，写诗人从人间仰望月宫。开篇入月："老兔寒蟾泣天色"。"老兔寒蟾"是"月"的代称。古代传说，月里有玉兔和蟾蜍（见《五经通义》），这当然是古人看到月中的阴影所产生的幻想。这句说，本来月色很明亮，突然阴云四合，下了一阵冷雨。天色的变幻，好像是月里的蟾蜍和玉兔突然哭泣起来一样。这就概括了月中的凄苦，兔是"老兔"，蟾是"寒蟾"。它们对月怅望，悲楚寂寞，那月色云雾，仿佛就是它们的泪水。次句"云楼半开壁斜白"，是说雨洒了一阵子，忽然又停了，黑云裂开，明灭相间，好像一座高耸的楼阁。月亮从云缝里穿出来，正好照射到那楼阁的墙壁上。这样诡奇的景色，自然引起诗人的兴趣，诗的三、四句写诗人进入月宫。这当然也是梦境、幻境，离不开诗人的想象。诗人梦游月宫，在丹桂飘香的小径上，与驾着玉轮车、环珮叮咚的仙女相遇了，这便是"玉轮轧露湿团光，鸾珮相逢桂香陌"的意思。月是圆的，皎洁如玉，故称"玉轮"。"鸾珮"，指雕有鸾凤的玉佩，以此代指系着鸾珮的仙女。"桂香陌"，飘着桂花香气的小路。《淮南子》云"月中有桂树"，唐代段成式《酉阳杂俎》又有吴刚砍桂之说。所以初唐诗人宋之问有"桂子月中落，天香云外飘"（《灵隐寺》）之句。李贺也在《李凭箜篌引》中说："吴质不眠倚桂树，露脚斜飞湿寒兔。"看来，在诗人的想望中，仙女所在的月中，必是尽善尽美的境界。如果一、二句是诗人从地上仰望天宫，那么，三、四句则是诗人自己进入了月宫。当然这天上的景都是想象，都是梦幻。

诗的后四句写诗人从月宫俯视人间。五、六句"黄尘清水三山下，更变千年如走马"。"黄尘清水"，与"沧海桑田"意近。"三山"，古代传说中海上的蓬莱、方丈、瀛洲三座仙山。三山都在海中，自天上望之，有时变为黄尘，有时变为清水。千年之间，时间变迁，在神仙看来，好像跑马之快。葛洪《神仙传》说："麻姑云：'接待以来，见东海三为桑田，向到蓬莱，水又浅于往日会时略半耳，岂将复为陵陆乎？'"这是说大地上沧海变为桑田，变化之快，千年之间，迅如奔马。我国有"山中方七日，世上已千年"的古话，是讲神仙境界与人世之间的时间观念差别。月宫的仙女当年也是如此。在想象奇丽的诗人笔下，又变得被动而渺小。"遥望齐州九点烟，一泓海水杯中泻。""齐州"，"齐"作"中"讲，"齐州"即中州，代表中国。"九点烟"，传说中国古代分为九州，《尚书·禹贡》载九州为冀、兖、青、徐、扬、荆、豫、梁、雍。从天上来看，九州渺小得好像九点烟尘。"一泓"，一汪水。这两句是说，九州辽阔，四海广大，而自天上视之，不过像几点烟尘、一汪清水。这两句诗，想象瑰奇，气魄超凡，深为后人敬赏。金代诗人元好问在其《范宽秦川图》诗中写道："西山盘盘天与连，九点尽得齐州烟。"明末清初朝鲜女诗人许景樊，在其《湘弦曲》中写道："蕉花泣露湘江曲，九点秋烟天外绿。"近代诗人黄遵宪在《哀旅顺》中也写道："海水一泓烟九点，壮哉此地实大险。"都是化用李贺的诗意。

这首诗中诗人驰骋想象，构筑奇特的意象，中心是梦游天宫，下视人间，觉得时间变化是那么迅速，空间变得是那样渺小，整个宇宙都在变化，没有什么东西是一成不变的。生灭变化，是人间固有的规律，神仙也是违背不了的。《梦天》中所反映的宇宙变化意识，是有着朴素的辩证法的积极因素的。对此人事沧桑，他充满了深沉的感慨。这种感慨，通过"梦天"的形式表现，会更自由。钱钟书先生在《谈艺录》中说："《梦天》则曰：'黄尘清水三山下，更变千年如走马。'皆深有感于日月逾迈，沧桑改换，而人事之代谢不与焉。他人或以吊古兴怀，遂尔及时行乐，长吉独纯从天运着眼，亦其出世法、远人情之一端也。所谓'世短意常多''人生无百岁，常怀千岁忧'者非耶。"评论中肯，可谓李长吉的千年知己。

《梦天》这首游仙诗，博得了毛泽东的喜爱，他在一本黄陶庵评本《李长吉集》中，对"遥望"二句末画着圈；天头上编者评曰："论长吉每道是鬼才，而其为仙语，乃李白所不及，齐州二句，妙有千古。"毛泽东对这段评语每句都圈点断句，非常重视。1960年5月，毛泽东在同山东省委负责同志谈话时，当得知拥有渤、黄二海的山东缺水时，自然想起李贺《梦天》中所写的境界，吟诵了诗的后四句，并提出海水淡化、服务人类的设想。（毕桂发）

【原文】

浩 歌

南风吹山作平地，帝遣天吴移海水⁽¹⁾。王母桃花千遍红⁽²⁾，彭祖巫咸几回死⁽³⁾？青毛骢马参差钱⁽⁴⁾，娇春杨柳含细烟。筝人劝我金屈卮⁽⁴⁾，神血未凝身问谁⁽⁶⁾？不须浪饮丁都护⁽⁷⁾，世上英雄本无主⁽⁸⁾。买丝绣作平原君⁽⁹⁾，有酒唯浇赵州土⁽¹⁰⁾。漏催水咽玉蟾蜍⁽¹¹⁾，卫娘发薄不胜梳⁽¹²⁾。羞见秋眉换新绿⁽¹³⁾，二十男儿那刺促⁽¹⁴⁾？

【毛泽东圈评等情况】

毛泽东读李贺诗集时多次圈阅了这首诗。

[参考] 张贻玖：《毛泽东和诗》，中央文献出版社1998年版，第45页。

【注释】

（1）帝，指宇宙的主宰。天吴，指水神。《山海经》："朝阳之谷神曰天吴，是为水伯。其为兽也，八首人面，八足八尾，背青黄。"

（2）王母，传说中的西王母。传说王母种的仙桃三千年开一次花，三千年结一次果。

（3）彭祖，即彭铿。巫咸，古代传说中的神巫。骢马，青白色的马，其纹作浅深斑驳。

（4）参差钱，指马毛色深浅斑驳，花纹参差如连钱。

（5）筝人，弹筝的女子。金屈卮（zhī），有曲柄的金质酒杯。

（6）神血未凝，精神和血不能凝聚，指不能长生。问，这里是献给的意思。

（7）丁都护，指刘宋高祖时的勇士丁旿（wǔ），官都护。又说歌乐府中《丁都护》之曲而侑觞，这里应指与诗人同饮的姓丁的都护府官员。

（8）本无主，指英雄难遇其主。

（9）平原君，赵胜，战国赵武灵王之子，封平原君，三次出任赵国丞相，喜好宾客，有食客三千人。

（10）赵州，指赵国。

（11）漏，即刻漏，古代计时器。玉蟾蜍，玉质的虾蟆，漏壶上的装饰物。

（12）卫娘，指汉武帝的皇后卫子夫，头发美。

（13）秋眉，指稀疏变黄的眉毛。换新绿，古人常用以形容浓黑的鬓发，这里指画眉。

（14）那，何。刺促，烦恼。

【赏析】

诗题《浩歌》本于《楚辞·九歌·少司命》："望美人兮未来，临风恍兮浩歌。"这里类似放歌或狂歌的意思。本篇提出人生难免于衰老、死亡，以及雄心壮志难以实现的感慨，归结到应该排除这些烦恼，把握现实，珍重少壮有为的时光。

"南风吹山作平地，帝遣天吴移海水"，诗的开头两句说山平海移，世上一切都会有变化。人生易老，任何人都免不了死亡。第二句中的"帝"，指宇宙的主宰。"天吴"，指水神。起笔大气磅礴，气势不凡，把沧海桑田的规律委婉曲折地表达出来了。三、四两句，一写仙界，一写尘世。"王母"，即传说中的西王母。传说王母种的桃树，"三千年一开花，三千年一生实"。"彭祖"，即彭铿，传说中活到八百岁还未见衰老的人。"巫咸"，传说中的古代神巫。诗人是说，当王母的桃树开花千遍的时候，世间寿命最长的彭祖和巫咸不知死了多少次了。两相对比，"人生几何"的含义见于言外。

五至八句写游春和听乐饮酒。"青毛骢"句写马。马的毛色青白相间，构成钱形花纹的马称为"连钱骢"。骑在这样名贵的马上，在这艳美的春天，观赏鹅黄嫩绿的杨柳笼着烟雾，是多么惬意呀！在芳林深处停下来后，喝着弹筝女子用有柄的酒盏奉献的美酒，酒醉时似形神分离，此身不知属谁，生死问题也就不纠缠在心上了。"神血未凝"，即精神和血肉不能长期凝聚，它是生命短促的委婉说法。这四句写人生苦短，应及时行乐。

"不须浪饮"四句，仍接饮酒说，借古讽今，指摘时弊，抒发怀才不遇的感慨。"丁都护"，旧说指刘宋时之都护丁旿，又说指歌乐府中《丁都护》之曲而助酒，都不当。丁都护应为与诗人同会的丁姓都护府官员。此句劝人，又是戒己。表面说丁都护呀，你不要狂饮烂醉，世上本来难以遇到可信任的主人。"本无主"有两层意思：一是英雄如果期望有一个爱贤士的帝王或权贵做主人，让他施展才能，那只是空想，因为这样的明主今世本来是没有的；二是英雄不必求"主"，就是说自己的命运应由自己主宰，不靠他人。"买丝绣作"二句接着说，如果向往招贤纳士的贵人，那只好为古代的平原君绣一幅丝像，或到他的墓上浇酒祭奠以示凭吊。"平原君"，赵国的公子，名胜，以好客著名。"赵州"，指赵国，诗人怀念平原君，渴望遇到像平原君那样的人，让自己施展才能。

最后四句抒写时光流逝、美人迟暮之感，极想在少壮时期及时奋发有为。"漏"，即刻漏，古代计时器。"玉蟾蜍"，玉质的虾蟆，漏壶上的装饰物。"卫娘"，指汉武帝的皇后卫子夫，头发美。"秋眉"，指稀疏变黄的眉毛。"换新绿"，指画眉。"刺促"，烦恼。在漏壶的滴水声中时间悄悄溜走了，连卫子夫那样的美发女子头发也梳不起来了，稀疏变黄的眉毛也只好用画眉来代替。这是说光阴荏苒，美人易老，而且用美人衰老比喻英雄迟暮。最后一句完全翻转过来，说二十岁的小伙子有什么烦恼不安呢？也就是说青年正是有所作为的时刻，用不着烦恼，应该及时进取，建功立业，态度还是积极的。

《浩歌》这首发奋抒情之作，表达了诗人渴望在少壮时期奋发图进的强烈心愿。毛泽东对此诗圈画过多次，说明毛泽东对此诗很欣赏。（毕桂发）

【原文】

秋　来

桐风惊心壮士苦，衰灯络纬啼寒素[(1)]。

谁看青简一编书[(2)]，不遣花虫粉空蠹[(3)]！

思牵今夜肠应直，雨冷香魂吊书客[(4)]。

秋坟鬼唱鲍家诗[(5)]，恨血千年土中碧[(6)]。

【毛泽东圈评等情况】

毛泽东多次圈画过此诗，并在1958年写的《送瘟神》七律二首中写下"万户萧疏鬼唱歌"的诗句。"鬼唱歌"显然是从"秋坟鬼唱鲍家诗"脱化而来。

[参考]中共中央文献研究室编：《毛泽东诗词集》，中央文献出版社1996年版，第104页。

【注释】

（1）络纬，莎鸡，虫名，秋天鸣声如纺线，俗称纺织娘。一说即蟋蟀，鸣则天寒而衣事起，故又名趣（促）织。

（2）青简，即竹简，古代用来写字的青竹片。一编书，古代用青竹片写书，编次成册，故称"一编书"。

（3）遣，驱逐。花虫，蛀书的蠹（dù）虫。粉空蠹，是白白地被蛀成粉末的意思。

（4）香魂，泛指古代诗人才士的魂。一作"乡魂"。

（5）鲍家诗，指南朝梁鲍照的《代蒿里行》。这里用鲍照来泛指古诗人。

（6）"恨血"句用了《庄子》中关于苌弘的传说。《庄子》："苌弘死于蜀，藏其血，三年化成碧。"碧，青色的宝石。

【赏析】

《秋来》写秋天来临时诗人的悲苦情怀。时光流逝，怀才不遇，诗人为之深深感叹以致悲恸欲哭。

全诗分两部分。诗的前四句，抒写诗人怀才不遇的激愤情怀。一、二句写景，融情入景，刻画诗人内心的凄苦。秋风飒飒，桐叶飘零，意谓着时光的流逝，所以，一种岁不我与的感慨使诗人惊心、愁苦。半暗不明的灯光下，"络纬"（俗名纺织娘）悲啼，这种凄凉的景象更衬托出诗人的愁苦之深之大。"寒素"，寒天的布。因纺织娘的叫声像织布的声音，所以用"啼寒素"来形容它的叫声。这两句暗点了题目"秋来"。

三、四句抒情，具体揭示惊秋悲秋的内容，是一、二句的直接发展。第三句正面提问，第四句反面补足。"青简"，即竹简，古代用来写字的青竹片。"一编书"，即一本书，"花虫"，蛀书的蠹虫。"粉空蠹"，是白白地被蛀成粉末的意思。这两句是说自己写出来的作品又有谁来阅读而不致被蠹虫白白地蛀成粉末呢？这便是文人的悲哀。

诗的后四句写诗人从鬼魂中得到的慰藉。五、六句紧接上两句的意思，自己心血的结晶不为人所知，自不免感慨万端，九曲回肠似乎也被拉直了。人们在形容人愁苦的时候，往往用"九曲回肠""愁肠百结"等字样，李贺却别出心裁，大胆地用了"肠直"二字。这"直"字是从"牵"字而来，愁思郁结心头，能把迂回曲折的心肠拉直，形象地写出了诗人愁思的深沉、强烈，这无疑是一个创造。诗人在人世间找不到知音，却在鬼魂的世界里遇到了知己。凭吊之事只见于生者对于死者，诗人却反过来说鬼魂前来凭吊自己这个不幸的生者，真是石破天惊之语。

第六句中的"香魂"，引出了末两句写"鬼"的形象："秋坟鬼唱鲍家诗，恨血千年土中碧。"二句用了两个典故。一个是南朝诗人鲍照的《代蒿里行》。《蒿里行》是一种挽歌，"代"，是拟作的意思。鲍照在《代蒿里行》中有"年代稍推远，怀旧日幽沦""赍我长恨意，归为狐鬼尘"等诗句，自伤自挽，全诗写得情真意切，感动得鬼亦能唱。李贺用鲍家诗代表鲍照《代蒿里行》一类抒发有志难志、抱恨泉下的思想感情的作品，同时也借以指代自己的作品。"鬼唱"是从鲍照《代蒿里行》之类鲍家诗的挽歌性质引申出来的，而"秋坟"又是对"鬼唱"的进一步引申发挥。由"鬼"而自然想到"坟"，而"鬼唱"的内容又极为沉痛，自然要把它安排在肃杀凄凉秋夜的坟上了。

另一个典故是《庄子》中关于苌弘的传说。据《庄子》记载："长弘死于蜀，藏其血，三年化为碧。"苌弘是春秋时人，又叫苌叔，在晋国的一次内乱中被人杀死。传说死后三年，他的血化为碧玉。李贺在采用这一典故时，在"血"前加了一个"恨"字，其抱恨九泉、积恨难消之意更加强烈。

结尾关于鬼魂的描写有两个作用：一是把幽冥世界与现实世界进行对比，表现现实世界的冷酷，突出了诗人愤世嫉俗的感情；二是说明从古到今，志士人才都是怀才不遇的。他们都只能抱恨泉下，遗恨千古。客观上，这又是对封建社会的控诉。

以毛泽东多次圈画此诗并化用"秋坟鬼唱鲍家诗"的情况看，他是十分欣赏这首诗的。（毕桂发）

【原文】

秦王饮酒

秦王骑虎游八极，剑光照空天自碧。羲和敲日玻璃声[(1)]，劫灰飞尽古今平[(2)]。龙头泻酒邀酒星[(3)]，金槽琵琶夜枨枨[(4)]。洞庭雨脚来吹笙[(5)]，酒酣喝月使倒行。银云栉栉瑶殿明[(6)]，宫门掌事报一更[(7)]。花楼玉凤声娇狞[(8)]，海绡红文声浅清[(9)]，黄蛾歌舞千年觥[(10)]。仙人烛树蜡烟轻[(11)]，青琴醉眼泪泓泓[(12)]。

【毛泽东圈评等情况】

毛泽东阅读李贺诗集时曾多次圈画这首诗。

[参考] 张贻玖：《毛泽东和诗》，中央文献出版社1998年版，第46页。

【注释】

（1）羲和敲日，说时间在前进。传说中的羲和是驾日车的神。

（2）劫灰，劫火的余灰。佛家称长时为"劫簸"，略称为"劫"。大水、大火、大风毁掉一切后重建，叫一劫。古今平，一作"今太平"，是指无古无今。

（3）龙头泻酒，唐太极宫正殿前有铜龙，长二丈。又有铜尊，容四十斛。大宴群臣时将酒从龙腹装进，由龙口泻到尊中（《北堂书钞》）。酒星，一名酒旗星，指赴宴的客人。

（4）金槽，琵琶上端架弦的地方嵌檀木一块，称檀槽，嵌金就称"金槽"。枨枨（chéng），琵琶声。

（5）雨脚，雨点。来吹笙，因吹笙而来。

（6）银云，月光照着的云成银色。栉栉，形容像梳子齿那样紧密地排列着。

（7）宫门掌事，指掌管内外宫门锁钥的宫门郎。

（8）花楼玉凤，指歌女。狞，应作"伫"，细弱。

（9）海绡红文，指舞衣。海绡，即鲛绡纱，出于南海（《述异记》）。

（10）黄蛾，黄衣美女。觥（gōng），角制酒器。千年觥，祝千秋的寿酒。

（11）仙人烛树，刻有仙人形状的蜡台。烛树，南宋叶延珪《海录碎事》说："仙人烛木似梧桐，其皮枯剥如筒桂，以为烛，可燃数十刻。"这里借指秦宫的烛火。

（12）青琴，古神女名，这里借指宫女。泪泓泓，犹泪汪汪。

【赏析】

古乐府中有《秦王卷衣》歌名，这篇是仿古乐府所制的新曲。"秦王"，指雄武创业的封建君主，此处应指秦始皇。诗中先写秦王的威武，后写秦王的宴乐，寓有成于艰辛、毁于安乐的讽刺意味。

这是一首七言古诗。全诗可分为两节，前四句为第一节，塑造了秦王骑虎挥剑、威震天下的雄武形象，正面歌颂秦始皇统一中国的武功。秦王骑着猛虎巡游八方极远之地，进行统一的战争，只要剑光一照，天空就会呈现一派碧色，实现了天下统一。"羲和敲日"，说时间在前进。传说中的羲和是驾日车的神。在这里作者的想象却是羲和赶着太阳走，好像鞭子打在马背上似的。因为太阳明亮，所以诗人便想象敲日之声如敲玻璃。这是视觉推知听觉，是"通感"。"劫灰"，劫火的余灰。佛家称长时为"劫簸"，略称"劫"。大水、大火、大风毁掉一切后，重建世界，叫作一劫。"劫灰飞尽"，则古无遗迹。"古""今"如经铲而相"平"，也就是无古无今。这是以时间当作空间，也是一种通感。奇特的想象，大胆的夸张，通感手法和神话故事的运用，使作品带上了一种神秘的浪漫主义色彩。

五句以下至篇末为第二节，写秦王纵情歌舞宴饮的场面。通过太平盛世的欢乐，完成秦王形象的塑造。先用四句写丝竹作乐的歌舞场面。"龙头泻酒"，唐太极殿正殿前有铜龙，长二丈。又有铜尊，容四十斛。大宴群臣时将酒从龙腹装进，由龙口泻到尊中（见《北堂书钞》）。"酒星"，一名酒旗星，指赴宴的客人。龙头为人们倾注着美酒，一个"泻"字，写出了酒流如注的样子，饮宴是何等痛快淋漓！写音乐只用了两句，写琵琶，是以声拟声，直接描绘出"怅怅"声响；写笙却用了一个比喻，其声如洒落在洞庭湖面的细密雨线。把音乐这种听觉形象写得有形有声，视觉与听觉通感。酒酣耳热，急管繁弦，热闹非凡，一直喝到皓月东兴。因为还在半醉半醒之中，所以才命令月亮倒转回来。月光照着云成白色映照得宫殿一片明朗，掌管内外宫门锁钥的宫门郎报告说才一更天。饮宴时间之长，气势之盛，把秦王纵情享乐、无休无止的态势写得淋漓尽致，又揭示了他的暴戾。"报一更"有作"报六更"的，旧时一夜分为五更，六更似不好解。"报一更"，也许已到深夜，而掌事宫人深知秦王心意，出于讨好，也出于畏惧，谎报才至一更，更富讽刺意味。"花楼玉凤声娇狞"三句写歌舞。花楼玉凤，指歌女。以凤为此，言其歌声婉转。"狞"，应作"佇"，细弱。"海绡红文"，指舞衣。"海绡"，即鲛绡纱，出于南海（见《述异记》）。"黄蛾"，黄衣美女。"觥"，角制酒器。这三句写歌声之婉转，舞姿之婆娑，歌舞杂进，又有黄衣美女捧杯舞蹈献寿，盛极一时。"仙人烛树"二句以烛尽烟轻、宫女泪眼作结。"烛树"，南宋叶廷珪《海录碎事》说："仙人烛木似梧桐，其皮枯剥如筒桂，以为烛，可燃数十刻。"诗人用来借指秦宫的烛火。"青琴"，古神女名，这里借指宫女。"泪泓泓"，就是泪汪汪。诗以冷语作结，显得跌宕多姿，流露出一种惋惜、哀怨、讥讽的复杂感情，使读者感到余味无穷。（毕桂发）

【原文】

金铜仙人辞汉歌　并序

魏明帝青龙元年八月[(1)]，诏宫官牵车西取汉孝武捧露盘仙人[(2)]，欲立置前殿。宫官既拆盘，仙人临载，乃潸然泪下[(3)]。唐诸王孙李长吉遂作《金铜仙人辞汉歌》[(4)]。

茂陵刘郎秋风客[(5)]，夜闻马嘶晓无迹。画栏桂树悬秋香，三十六宫土花碧[(6)]。魏官牵车指千里[(7)]，东关酸风射眸子。空将汉月出宫门[(8)]，忆君清泪如铅水[(9)]。衰兰送客咸阳道[(10)]，天若有情天亦老。携盘独出月荒凉，渭城已远波声小[(11)]。

【毛泽东圈评等情况】

毛泽东多次圈画《金铜仙人辞汉歌》。他在 1949 年写作《七律·人民解放军占领南京》，还直接把"天若有情天亦老"引入诗中："天若有情天亦老，人间正道是沧桑。"毛泽东在《采桑子·重阳》的开头也化用李贺诗意："人生易老天难老，岁岁重阳。"

　　　　[参考]中共中央文献研究室编：《毛泽东诗词集》，中央文献出版社 1996 年版，第 77、23 页。

1958 年 3 月，毛泽东在成都会议上讲破除迷信时说：中国的儒学家，对孔子就是迷信，不敢称孔丘。唐朝李贺就不是这样，对汉武帝直写其名，曰刘彻、刘郎，称卫夫人为卫娘。

　　　　[参考]张贻玖：《毛泽东评点、圈阅的中国古典诗词》，中国工人出版社 1992 年版，第 133 页。

【注释】

（1）魏明帝，指三国时魏国君主曹睿。青龙元年，应作五年。青龙五年（237）三月，明帝改元，为景初元年四月。迁徙长安仙人承露盘就在这一年。

（2）牵车，领车。捧露盘仙人，汉武帝曾在汉建章宫外立了根铜柱，高二十丈，上有仙人承露盘，据说收取铜盘中的露水调玉屑吞服，可长生不老。

（3）潸（shān）然泪下，《三国志·魏书·明帝纪》裴注引《汉晋春秋》："帝徙盘，盘拆，声闻数十里。金狄（铜人）或泣，因留于霸城。"潸然，流泪之状。

（4）长吉，李贺的字，他是唐宗室郑王的后代，故自称唐诸王孙。

（5）茂陵，汉武帝刘彻陵墓，在今陕西兴平东北。刘郎，指刘彻。秋风客，就是悲秋之人。刘彻曾作《秋风辞》："欢乐极兮哀情多，少壮几时兮奈老何。"

（6）三十六宫，张衡《西京赋》："南宫别馆三十六所。"土花，指地上的青苔。

（7）牵车指千里，铜人被装车送往魏都邺城（今河北临漳）。

（8）汉月，指汉宫的铜盘。

（9）君，指汉武帝刘彻。铅水，铜人流下来的眼泪。

（10）衰兰，凋零的兰花。客，指铜人。咸阳，秦代都城咸阳，在今陕西西安北，唐人常借指长安。

（11）渭城，秦都咸阳，汉改为渭城，这里用来代指长安。

【赏析】

《金铜仙人辞汉歌》咏魏明帝从长安迁移汉宫铜人到魏都的故事，抒写诗人兴亡盛衰的感慨。曹丕的儿子魏明帝在青龙五年（237），派官员到长安去，拆卸汉代遗留下来的金铜仙人和承露盘，准备运回京都，在宫殿前竖立起来。承露盘即汉建章宫外铜柱，汉武帝所立，高二十丈，上有仙人承露盘，目的在于承接天上的仙露，让他喝了长生不老。魏明帝拆承露盘或许亦有此意，也或许为了装饰，不得而知。据说，魏国的官员是把盘拆下来了，因为铜人庞大笨重，无法运走，便把它丢在霸城。还传说，拆卸的时候，铜人因悲伤而落泪。诗前小序叙述这个故事，交代了李贺写这首诗的原因，是抒发盛衰感慨的基础。

　　诗的正文可分三段。前四句描写汉武帝死后迷离恍惚的凄凉景象，创造了一个怪异而凄恻艳丽的神奇境界。诗是从汉武帝写起。首句"茂陵刘郎秋风客"，交代了故事发生在秋天。"茂陵"，汉武帝刘彻陵墓，在今陕西兴平东北。"茂陵刘郎"，指刘彻。"秋风客"，就是悲秋之人。刘彻曾作《秋风辞》说："欢乐极兮哀情多，少壮几时兮奈老何。""刘郎"一出场，不在他的皇宫里，而是在他的葬身之地茂陵，换句话说，也就是变成了幽灵。次句"夜闻马嘶晓无迹"，写汉武帝的魂魄出入汉宫，在夜中有人听到马嘶，到天明便不见踪迹了。"画栏桂树悬秋香，三十六宫土花碧。"这两句写汉宫的荒废，应是武帝鬼魂所见。"桂树悬秋香"，点明八月。"三十六宫"，张衡《西京赋》："离宫别馆三十六所"。"土花"，指地上的青苔。在前四句诗里，刘汉王朝已经被曹魏王朝所取代，这层意蕴，在景物中便暗示出来了。

　　诗的中间四句描写铜人被移出汉宫的情况。"魏官"二句，是说魏朝的官员千里迢迢跑到长安的东门，迎面而来的强劲西风，吹得他们的眼睛酸溜溜的。"牵车指千里"，铜人被装车送往魏都邺城（今河北临漳）。"眸子"，眼泪。"酸风射眸子"先为下文"清泪如铅水"作铺垫。"空将"二句转到铜人身上来说，铜人被移出宫门，只有天上一轮明月照着他，回忆起塑它的汉武帝便潸然泪下。"君"，指汉武帝刘彻。"铅水"，铜人流下的眼泪。

　　诗的末四句描写铜人被移送魏都途中的情况和诗人兴衰的感慨。"衰兰"二句是说，金铜仙人已经来到长安城外的大道上，路旁深秋衰落的野生泽兰，也显出感伤的样子。这样悲惨凄凉的景象，要是老天爷也有感情的话，它也会悲痛得衰老了。"衰兰"，是秋天景物，和不老的"天"衬托，是说人事有代谢，草木有盛衰，而天却不老。"客"，指铜人。"天若有情天亦老"，真是石破天惊之语！因为从来人们就认为天是不老的，而诗人忽发奇想，加上"若有情"三字，把天（宇宙）拟人化，赋予它人的感情，设想天看到这眼前发生的事实，也会感伤衰老的。末两句设想铜人抛下"三十六宫"，独自带着铜盘入魏。渐行渐远，渭水的波声也就渐渐地听不见了。"渭城"，秦都咸阳，汉改为渭城县。这里用来代指长安。

毛泽东在不同版本的李贺诗集中，曾多次圈点《金铜仙人辞汉歌》，并在自己的诗词中两次化用此诗句意。他在 1949 年写的《七律·人民解放军占领南京》诗中，直接把"天若有情天亦老"引入诗中说："天若有情天亦老，人间正道是沧桑。"指出人民解放战争的胜利，是符合历史发展规律的，赋予了旧句新意。他在 1923 年写的《采桑子·重阳》的开头也化用李贺诗意说："人生易老天难老，岁岁重阳。"意思是说，人容易衰老，大自然（天）都不容易变化（衰老），每年都有一个重阳节，岁岁如此。他以此抒发以革命为乐、以斗争为荣的豪情。另外，毛泽东对李贺在诗中对汉武帝直呼"刘郎"，认为是破除迷信、精神振作的表现，也是值得赞赏的。（毕桂发）

【原文】

致酒行

零落栖迟一杯酒[1]，主人奉觞客长寿。主父西游困不归[2]，家人折断门前柳。吾闻马周昔作新丰客[3]，天荒地老无人识。空将笺上两行书[4]，直犯龙颜请恩泽。我有迷魂招不得[5]，雄鸡一声天下白。少年心事当拏云[6]，谁念幽寒坐呜呃[7]。

【毛泽东圈评等情况】

毛泽东曾多次圈阅此诗，在 1950 年写《浣溪沙·和柳亚子先生》一词时，化用"雄鸡一声天下白"为"一唱雄鸡天下白"。

[参考] 中共中央文献研究室编：《毛泽东诗词集》，中央文献
出版社 1996 年版，第 88 页。

【注释】

（1）零落，草木的凋零飘落，这里指作者的潦倒。栖迟，游息，一作"恓惶"。

（2）主父，主父偃，汉武帝时临菑（今山东临淄）人，早年游长安不

得用，后得志为齐王相。《汉书·主父偃传》："主父偃西入关见卫将军，卫将军数言上，上不省。资用乏，留久，诸侯宾客多厌之。"

（3）马周，唐太宗时茌平（今山东茌平）人，早年西游长安，宿于新丰（今陕西临潼东）旅店，遭店主冷遇，后得中郎将常何引荐，官中书令、监察御史。

（4）笺，指呈给皇帝的奏折之类。

（5）迷魂招不得，《楚辞注》："《招魂》者，宋玉之所作也……宋玉哀怜屈原忠而斥弃，愁满山泽，魂魄放佚，厥命将落，故作《招魂》。"

（6）挛，拿。挛云，高远的意思。

（7）呜呃，气急上涌发出的悲叹声。

【赏析】

李贺出身于家道中落的唐王宗室，父亲早死，生活困顿，也曾游历长安，希图进取。《文苑英华》录本诗时，题下有"至日长安里中作"，说明它是宦游京都长安时所作。诗中描绘了诗人在仕途失意、怀才不遇的逆境中，蒙好心的客店主人置酒款待宽慰，精神一下子振作起来的情形。

全诗可分为三段。开头"零落栖迟"二句，叙述主客欢饮的事实，开门见山点题。"栖迟"，游息。"觞"，古代盛酒器具。"奉觞"，就是向人敬酒。客人困顿，宦游滞留长安，主人善解人意，置酒进行款慰。两句形成鲜明对照，令人倍感温暖。

主人善意置酒，当然是对客人同情，自然要说些宽慰的话。"主父"以下六句为第二段，客店主人讲了两个先穷困后腾达的古人安慰诗人。《汉书·主父偃传》记载主父偃西入函谷关资用匮乏遭人白眼，后来得志为齐王相。"家人折断门前柳"，是说攀柳而望征人回归，直到折断而尚未归，可见在外滞留时间之长。《旧唐书·马周传》载，马周少家贫，西游长安，宿于新丰（今陕西临潼东北新丰镇）遭店主人冷遇，后得中郎将常何引荐，受到唐太宗赏识，官中书令、监察御史，然而在当初也是"天荒地老无人识"。但马周为了求得功名富贵，冒着欺君之罪，代常何上书陈二十余事，果然受到唐太宗的重用。以上引古论今，既表现了客人的穷困潦倒，又表现了主人的殷切希望和勉励。两件古事，一略一详，在章法上也颇费匠心。

末四句为第三段，抒写诗人的建功立业的豪情壮志。李贺一生都盼望着朝廷的赏识重用，长期没有结果，已经心灰意懒——"迷魂"当指此。如今听主人一番开导，真是"如听仙乐耳暂明"，重新唤起了那长期压抑在心中的壮志豪情，"雄鸡一声天下白"，是说心中豁然开朗，好像雄鸡一叫黑夜变成白天一样，由原来的心灰意冷，到现在的再振雄风，真好像"山重水复疑无路，柳暗花明又一村"（陆游语），心中燃起了希望，眼前一片光明。诗的最后两句说，青年人应该志存高远施展自己的才华，怎么能因一时生活困顿而哀怨抽泣呢！"拏云"，比喻高远。诗的结尾直抒胸臆式的表白，消极之气为之一扫，代之以积极进取的激情，给诗篇笼罩上一片明朗的色彩。

《致酒行》发挥乐府诗比较自由的传统，采用主客对白的方式叙事抒情，灵活地运用两个典故，塑造了两个性格鲜明的人物，艺术上的成就是很值得称道的。其中表现的诗人积极进取的精神、昂扬的调子、开阔的意境，一向为人们所赞许。毛泽东在阅读李贺不同版本的诗集时，曾多次圈阅这首诗。他在1950年写《浣溪沙·和柳亚子先生》一词时，化用"雄鸡一声天下白"为"一唱雄鸡天下白"，形容全国解放后，由黑暗走向光明，非常贴切自然。这也说明毛泽东对这首诗非常欣赏和喜爱。（毕桂发）

【原文】

自昌谷到洛后门

九月大野白⁽¹⁾，苍岑竦秋门⁽²⁾。寒凉十月末，露霙濛晓昏⁽³⁾。澹色结昼天，心事填空云。道上千里风⁽⁴⁾，野竹蛇涎痕。石涧冻波声，鸡叫清寒晨。强行到东舍⁽⁵⁾，解马投旧邻。东家名廖者，乡曲传姓辛⁽⁶⁾。杖头非饮酒，吾请造其人⁽⁷⁾。始欲南去楚，又将西适秦⁽⁸⁾。襄王与武帝⁽⁹⁾，各自留青春⁽¹⁰⁾。闻道兰台上，宋玉无归魂⁽¹¹⁾。缃缥两行字⁽¹²⁾，蠹虫囊秋芸⁽¹³⁾。为探秦台意⁽¹⁴⁾，岂命余负薪⁽¹⁵⁾？

【毛泽东圈评等情况】

《鲁迅诗集》中有一首《湘灵歌》……毛泽东读后，在此诗最末一句处批注："从李长吉来。"

[参考] 张贻玖：《毛泽东和诗》，中央文献出版社1998年版，第82页。

【注释】

（1）大野，广大的旷野，田野。唐李邕《石赋》："植杖大野，周目层岩。"

（2）苍岑，青山。《文选·张协〈七命〉》："寒山之桐，出自太冥。含黄钟以吐干，据苍岑而孤生。"张铣注："苍岑，青山也。"

（3）霰霰（xiàn），霜露和雪珠，亦偏指雪。又作霰雪。《楚辞·九章·涉江》："霰雪纷其无垠兮，云霏霏而承宇。"濛，弥漫笼罩。晓昏，朝夕。

（4）千里风，从远方刮来的风，指大风。

（5）东舍，李贺在洛阳的旧居。

（6）东家，指东邻。《孟子·告子下》："逾东家墙而搂其处子，则得妻。"乡曲，古代居民组织的基层单位，亦指乡亲，同乡。《三国志·吴志·孙静传》："坚始举事，静纠合乡曲及宗室五六百人，以为保障。辛廖，《左传》：毕万筮仕于晋，遇《屯》之《比》，辛廖占之曰："吉。屯固，比入，吉孰大焉……公侯之子孙，必复其始。"杜预注："辛廖，晋大夫。"后献公赐毕万魏，以为大夫。及春秋之后，三家分晋，而魏为诸侯。后人以为筮之验也。"

（7）杖头非饮酒，典出《晋书·阮脩传》："尝步行，以百钱挂杖头，至店，便独酣畅。"后因以"杖头钱"称买酒钱。造，造访、拜访、访问。

（8）去楚，到楚地去。适秦，往秦地去。

（9）襄王，即楚顷襄王，楚怀王子，名横，战国时期楚国国君，公元前298年至前263年在位。继位七年，迎妇于秦，秦楚复平，各自称帝，月余复归帝为王。既欲和齐、韩连横伐秦，后为秦所败，质太子于秦。武帝，汉武（前156—前87）帝刘彻，西汉皇帝，公元前140—前87年在位。汉武帝颁行"推恩令"，使诸侯封国名存实亡；实行盐、铁、贸易等买卖，充实了封建国家经济力量；派张骞出使西域，加强了对西域的统治；任用卫青、霍去病为大将，解除了匈奴的威胁；采纳董仲舒"罢黜百家，独尊儒术"的建议，使儒家思想成为主流。汉武帝统治下的西汉王朝成为我国封建社会中最强大的时期。

（10）青春，指春天。春季草木茂盛，其色青绿，故称。也可指青年时期。《文选·潘尼〈赠陆机出为吴王郎中令〉》："予涉素秋，予登青春。"此喻美好的时光、珍贵的年华。

（11）兰台，战国楚台名，故址传说在今湖北钟祥东。《文选·风赋》："楚襄王游于兰台之宫，宋玉、景差侍。"李周翰注："兰台，台名。"宋玉，战国楚辞赋家。后于屈原，或称是屈原弟子，曾事顷襄王。《楚辞》中《招魂》一篇，据认为是宋玉作品，是宋玉哀怜屈原忠而被斥，而为其招魂的所作。

（12）缃缥，浅黄色与浅青色，亦指这两种颜色的织物。古人常用浅黄或浅青色布帛做书衣，故以指书卷。南朝梁简文帝《大法颂》："诗书乃陈，缃缥所备。"

（13）蛰（zhé）虫，藏在泥土中过冬的虫豸。《礼记·月令》："（孟春之月）冬风解冻，蛰虫始振。"秋芸，古人于秋日常采芸草置书中以驱蠹虫，故借指书卷。芸，香草名，即芸香。《礼记·月令》："（仲冬之月）芸始生。"郑玄注："芸，香草也。"

（14）秦台，秦地王朝中央政府，秦朝廷。台，古代中央政府的官署，常指御史台。

（15）负薪，背负柴草，指从事樵采之事，亦借以指贫困的生活处境。南朝宋鲍照《拜侍郎上疏》："束菜负薪，期与相毕。"

【赏析】

　　毛泽东在读鲁迅诗《湘灵歌》末句"太平成象盈秋门"时批注"从李长吉来"。李长吉即唐代诗人李贺，长吉是他的字。李贺是毛泽东喜读的唐代诗人"三李"之一。鲁迅《湘灵歌》全诗是：

昔闻湘水碧如染，今闻湘水胭脂痕。湘灵妆成照湘水，皎如皓月窥彤云。高丘寂寞竦中夜，芳荃零落无余春。鼓完瑶瑟人不闻，太平成象盈秋门。

据《鲁迅日记》载，这首诗是 1931 年 3 月 5 日书赠日本友人片山松元的，后收入《集外集》。湘灵，古代传说中的湘水女神。帝舜南巡逝于苍梧。舜妃娥皇、女英追舜不及，乃投湘水而死，是为湘夫人。此诗隐喻并表达自己对国民党反动派血腥镇压共产党人和革命群众的愤怒控诉，因在白色恐怖之下，乃借神话典故出之。

诗中"太平成象"从"太平无象"变化而来。《资治通鉴·唐文宗太和六年》："会上御延英，谓宰相曰：'天下何时当太平，卿等亦有意于此乎？'僧孺对曰：'太平无象。今四夷不至交侵，百姓不至流散，虽非至理，亦谓小康。陛下若别求太平，非臣等所及。'"后以太平无象，即太平盛世没有一定标准，来讽刺反动统治者粉饰太平。秋门，李贺《自昌谷到洛后门》："九月大野白，苍岑竦秋门。"明代曾益注："《洛阳故宫记》云：'洛阳有宜秋门、千秋门。'"认为是洛阳后门。洛阳是唐朝的东都，鲁迅诗中借指中华民国首都南京。毛泽东读鲁迅的《湘灵歌》时随手在末句旁批注"从李长吉来"，说明了他对李贺这首诗的熟知和喜爱。

现在让我们看一下李贺这首《自昌谷到洛后门》。这是一首纪行诗，叙述了诗人自家乡昌谷到东都洛阳旧居的所见所感。昌谷，在今河南宜阳西南洛河之北三乡镇东，为李贺所居之地。

全诗二十六句，分为三节。前十句为第一节，写诗人从原籍昌谷到洛阳后门。昌谷与洛阳相距 150 多华里，诗人在两地都有房舍，来往当很频繁，绝非一二次。开篇两句为写景：意谓农历九月间在昌谷家乡的旷野里，已草木零落，大地一片皆白，而此时的洛阳宜秋门外，有山耸峙，仍然郁郁葱葱。首联分写两地不同景色，点醒题目，笼罩全诗。接下来八句，方具体写从昌谷到洛阳后门的过程。此次赴洛时间是在十月末，方式是骑马，一百多里路程，清晨鸡叫出发，傍晚到达，可谓朝发夕至。一路上雪霰杂下，昏晓朦胧，惨淡之色，结而不解，而诗人的心事，亦如空气中阴云，填塞而不能解。路上遇上大风，野竹沾雨而冻，其痕有似蛇涎，石涧之中流淌着结冰的河水。诗句叙述清晰，描写生动，天气的阴晦与心绪的黯淡和谐一致。此次赴洛所为何事？

接下来"强行到东舍"六句为第二节，写诗人求人问筮。道路之中，雪霰风冷若此，然不得不勉强而行。来到洛阳的旧居以后，诗人下了马便去找他过去的一个邻居。接下二句用春秋时晋大夫辛廖的典故，说明他的东邻住着一位算命的先生。"杖头"二句，用晋人阮脩的典故，是说杖头之钱并不是为了买酒喝，而是用来付卜筮者的酬金的。诗人有什么疑难要算命先生为他拿主意呢？

后十句为第三节，写诗人去秦适楚难以抉择，故而问卜。"始欲南去楚"四句，是说去楚适秦诗人举棋不定。因为南方的楚地有楚顷襄王，西方的秦地有汉武帝，他们都是古代爱好文士的帝王。他们的声名今日尚存，其人至今如在。清王琦注云："襄王喻当时藩镇，武帝喻时君，意中不决，故造筮者卜之。"这说明诗人是为找生活出路而问卜的。

以下六句再申前意："闻道兰台上"四句言去楚之意，末二句为适秦之意。意谓兰台之上，已无宋玉之流，所存书册，大抵半坏蠹鱼，其地并无爱好文士的显贵。楚地之行，可以绝想。今将西适秦地，必将有所遇合，岂令余穷困潦倒，而至于负薪自给乎？诗人作为唐室远支，家室早已衰落，生活困顿。但他仍寄希望于唐王朝，而唐王朝并没有重用他。他做过很小的官，可谓终生困顿，27岁便死去，这不能不说是一个悲剧。

（毕桂发）

【原文】

出城寄权璩、杨敬之

草暖云昏万里春，宫花拂面送行人。
自言汉剑当飞去⁽¹⁾，何事还车载病身⁽²⁾。

【毛泽东圈评等情况】

毛泽东读李贺诗集曾圈阅此诗。

[参考] 张贻玖:《毛泽东评点、圈阅的中国古典诗词》,
中国工人出版社1992年版,第234页。

【注释】

(1)"自言汉剑当飞去"是用典。《异苑》载:"晋惠帝太康五年,武库火,烧汉高祖斩白蛇剑、孔子屦、王莽头等三物。中书监张茂先惧难作,列兵陈卫,咸见此剑穿屋飞去,莫知所向。"汉剑,即汉高祖斩白蛇的宝剑,这里是诗人以宝剑自喻。

(2)还车,即乘车回家。

【赏析】

诗题中的"出城",是离开京城长安之意。权璩(qú)、杨敬之是李贺的两位朋友。权璩,字大圭,元和初擢进士,历监察御史,有美称。宰相李宗闵荐为中书舍人,贬阆州刺史。杨敬之,字茂季,元和初擢进士第,累迁屯田户部郎中。因是李宗闵党,贬连州刺史。文宗向儒术,以敬之为国子祭酒,不久兼太常少卿,转大理寺检校工部尚书兼祭酒,卒。敬之曾写《华山赋》示韩愈,韩愈极为称赏,一时流传很广。据《旧唐书·李贺传》记载,李贺每有新作,常被二人取去,可见其交情之密。这首七言绝句是李贺不得志离京返乡、出城后感寄之作。诗中诗人以宝剑自喻,托物言志,寄寓壮志未酬的感慨,反映了他对当时政治黑暗、压制人才的不满和愤慨。

"草暖云昏万里春,宫花拂面送行人。"一、二句写景,点明题意。"宫花",从皇宫里随风飘出的花片。"行人",诗人自称。草暖云昏,春色万里,状写暮春远景,生动传神。俗话说,一年之计在于春。春暖花开,景色宜人,能激发人们的青春和活力,使人们想干一番事业。可是诗人却在从皇宫中飘飞出来的花片拂拭下,悄然离开京城,抱病转回故乡。前两句直接入题,首句点时间,次句点地点,"送行人"揭示"出城"题意。但草暖日昏,宫花拂面,描摹春景,已带几分哀愁。

"自言汉剑当飞去，何事还车载病身。"三、四句寄慨。三句是用典，《异苑》载，晋惠帝太康五年，武库火烧汉高祖斩白蛇剑、孔子履、王莽头等三物。中书监张茂先惧难作，列兵陈卫，咸见此剑穿屋飞去，莫知所向。句中"汉剑"，即汉高祖刘邦斩白蛇的宝剑。这里是诗人以宝剑自喻，是说自己的聪明才智应该得到发挥，直接抒写强烈理想。末句中的"还车"，即乘车回家，是说不知为什么自己要抱病乘车返回家乡。篇末揭出冷酷现实，充分写出诗人内心的矛盾与痛苦，便是寄友本意。

李贺屡以剑自比。《赠陈商》有"天眼何时开？古剑庸一吼。"《走马引》有"我有辞乡剑，玉锋堪截云"。本诗第三句也是以汉剑自喻。清姚文燮《昌谷集注》评此句曰："飞腾神物，应自有期。"朱自清先生说，此"皆不甘居人下之意"。所说极为中肯。（毕桂发）

【原文】

示 弟

别弟三年后，还家一日余。
醁醽今夕酒(1)，缃帙去时书(2)。
病骨犹能在，人间底事无(3)！
何须问牛马，抛掷任枭卢(4)。

【毛泽东圈评等情况】

毛泽东读李贺诗集时曾圈阅此诗。

[参考]张贻玖：《毛泽东评点、圈阅的中国古典诗词》，
中国工人出版社1992年版，第234页。

【注释】

（1）醁醽（lù líng），美酒名，据说是用渌水和醽湖水酿成的酒。左思《吴都赋》："飞轻轩而酌绿醽。"李周翰注："绿醽，酒名。"

（2）缃帙，浅黄色的包书的布。萧统《文选序》："飞文染翰，则卷盈乎缃帙。"吕尚注："缃，浅黄色也；帙，书衣也。"

（3）底事，何事。

（4）"牛马"和"枭卢"，是古代赌具"五木"上的名色，赌博时按名色决定胜负。

【赏析】

李贺失去了通过科举进入仕途的机会后，在长安当奉礼郎三年，看到元和年间官场的黑暗和人间怪事，厌恶那种"臣妾气态间"的生活，因而托病辞官，回到家乡，写了这首和弟弟谈心的诗。这首五言律诗作于唐宪宗元和八年（813）。

"别弟三年后，还家一门余。"首联二句点明了归家的时间。宦海沉浮，失意归来，不免悲伤哀怨，可是久别归来，和亲人团聚畅饮，又是感到欣喜宽慰的。

"醽醁今夕酒，缃帙去时书"，颔联二句正表现了诗人这种悲喜交织在一起的复杂心情。"醽醁"，美酒名，据说是用渌水和酃湖水做成的酒。"缃帙"，是浅黄色的包书的布。这两句是说，事业无成，带回来的书还是去长安时所带的书，落魄归来。弟弟与我手足情深，没因我的落魄而态度冷淡，仍以美酒为我接风洗尘。兄弟互诉衷肠，自然有一种无法用言语表达的乐趣。这里虽未明写悲，对官场的失意也只字未提，然而"缃帙去时书"已经委婉地把这种情绪表露出来了。

后四句抒发了作者对人生世事的无限感慨。颈联首句"病骨犹能在"，写自己事业无成，但留得一身"病骨"，仍能活着回来，已经是不幸中的大幸了。次句"人间底事无"写世事，是对当时腐败政治的概括和愤怒控诉。"底事"，何事、啥事。这句意思是说，在那种黑暗社会里什么怪事、什么卑鄙龌龊的勾当没有呢？！诗人一方面顾影自怜，一方面又指责时弊。怀才不遇与愤世嫉俗两种感情交织在一起，显得异常沉痛、悲愤。

尾联二句是回答弟弟关于考试得失的问话。古代有掷五木的博戏，类似后来的掷骰子。"牛马"和"枭卢"是古代赌具"五木"上的名色，赌博时按名色决定胜负。"何须问牛马，抛掷任枭卢"，意思是说，何必问是牛是马，抛掷出去，任它是枭是卢吧！这里把应试作文比作赌博，是成是败，听之任之，不必过问。其实失败已成定局，只是表面上装得"冷静""达观"，这正是悲极无泪的一种表现，悲愤的情怀就越发显得深沉激越。同时流露出自己的心愿：不管社会多么污浊，世路多么艰险，仍要不计利害，向命运挑战，闯自己的道路。

全诗写得平淡朴实，如谈家常。音韵和谐，对仗工稳。各联出句与对句表面意思相对或相反，其实相辅相成。一则显悲，一则表欣慰，既自我解嘲，流露出隐藏在内心深处的极大痛苦，又将自己顽强执着的追求蕴藏其中。（毕国民）

【原文】

七 夕

别浦今朝暗⁽¹⁾，罗帷午夜愁。

鹊辞穿线月⁽²⁾，花入曝衣楼⁽³⁾。

天上分金镜⁽⁴⁾，人间望玉钩⁽⁵⁾。

钱塘苏小小⁽⁶⁾，更值一年秋。

【毛泽东圈评等情况】

毛泽东在读清沈德潜编选《唐诗别裁集》卷十二"五言律诗"时圈阅了这首诗。

[参考] 张贻玖：《毛泽东评点、圈阅的中国古典诗词》，中国工人出版社 1992 年版，第 234 页。

【注释】

（1）别浦，指天河。因是牛郎、织女二星隔绝之地，故称"别浦"。

（2）鹊，乌鹊。《淮南子》："乌鹊填河以成桥而渡织女。"

（3）花，指五彩花线。《荆楚岁时记》："七月七日为牛郎织女聚会之夜。是夕，人家妇女结彩缕，穿七孔针，陈瓜果于庭中以乞巧。"曝（pù）衣楼，《初学记》引崔实《四民月令》："七月七日曝经书及衣裳。"

（4）分金镜，是说七夕之月状如半镜，暗示牛、女暂时欢会，仍要别离，如镜的分破不能常圆。

（5）玉钩，指弯月。

（6）苏小小，南朝齐人，钱塘有名的倡女。这里以苏小小借指诗人所爱之人。更，一作"文"。

【赏析】

七夕，我国传统节日，即农历七月初七日的晚上。古代神话，七夕牛郎织女在天河相会。南朝梁宗懔《荆楚岁时记》："傅玄《拟天问》云：'七月七日牛郎织女会天河。'"

这首诗写旅居在外的诗人在七夕之夜怀念家中妻子的感情。

"别浦今朝暗，罗帷午夜愁。"起首二句叙事。"别浦"，指天河。因其是牛郎、织女二星隔绝之地，故称"别浦"。俗传七月七日天河隐，故说暗。"罗帷"，罗帐。"午夜"，半夜。"愁"，诗人自谓。二句是说，七夕之夜，天上牛郎、织女也能聚会，诗人却客居在外，罗帐独卧，能不愁吗？开端切题，点出"愁"意。

"鹊辞穿线月，花入曝衣楼。"三、四句写乞巧。"鹊"，乌鹊。《淮南子》："乌鹊填河以成桥而渡织女。""鹊辞"句是说乌鹊辞别妇女们穿针引线的月夜去搭桥渡织女，是写天上。"花入"句写人间乞巧。"花"，指五彩花线。《荆楚岁时记》："七月七日为牛郎织女聚会之夜。是夕，人家妇女结彩缕，穿七孔针，或以金银石为针，陈瓜果于庭中以乞巧。"乞巧就是七夕之夜妇女向织女星乞求智巧。"曝（pù）衣楼"，《初学记》引崔实《四民月令》："七月七日曝经书及衣裳。"《太子御览》载宋卜子阳《园苑疏》："太液池西有武帝曝衣阁，常至七月七日，宫女出后衣登楼曝之。"二句写天上搭桥、人间乞巧二事，进一步写"七夕"之意。

"天上分金镜，人间望玉钩。"五、六句写景。"分金镜"，是说七夕之月状如半镜，暗示牛、女暂时欢会，仍要别离，如镜的分破不能常圆。"玉钩"，指弯月。南朝宋鲍照《玩月城西门廨中》诗："蛾眉蔽珠栊，玉钩隔琐窗。"天上、人间，明白分写，天上月不常圆，人间人不常好，已暗启下文。

"钱塘苏小小，更值一年秋。"末二句抒情。苏小小，南齐时人，钱塘（今浙江杭州）有名的倡女。古乐府有《苏小小歌》："妾乘油壁车，郎骑青骢马。何处结同心？西陵松柏下。"李贺另有《苏小小墓》诗。这里以苏小小借指诗人所爱之人。这两句是说，我的苏小小啊，又是一年的七夕了。细玩末二句，"愁"字之意自见。所以此诗是李贺在七夕之佳期怀念所爱之人而作，抒发了诗人真挚而美好的感情，读来情思绵绵，给人以美好的艺术享受。

全诗语言朴素，风格清朗，突出的特点是运用对比手法，前八句一路分写，一句天上，一句人间，句句不离七夕之旨，末二句绾合一处，抒发怀人情思，彰明题旨，结构完美。（毕桂发）

【原文】

过华清宫

春月夜啼鸦，宫帘隔御花。

云生朱络暗[1]，石断紫钱斜[2]。

玉碗盛残露[3]，银灯点旧纱[4]。

蜀王无近信[5]，泉上有芹芽[6]。

【毛泽东圈评等情况】

毛泽东读李贺诗集时曾圈阅此诗。

[参考] 张贻玖：《毛泽东评点、圈阅的中国古典诗词》，中国工人出版社1992年版，第234页。

【注释】

（1）朱络，挂在宫檐下防鸟雀的红色网纱。

（2）紫钱，指紫色钱形的苔藓。

（3）残露，指喝剩下的酒。

（4）旧，一本作"绛"。

（5）蜀王，指唐玄宗。安史之乱后，唐玄宗逃入蜀地，所以诗人称他为蜀王，寓讥讽意。

（6）芹芽，水芹的幼芽。当唐玄宗远幸蜀地之日，泉上已有芹生；况今日久不复巡幸，其风景之荒凉宜矣。

【赏析】

华清宫，唐太宗时建，初名温泉宫。唐玄宗天宝六年（747）改为华清宫，在今陕西临潼南骊山上。山有温泉，即华清池。唐玄宗李隆基常同妃子杨玉环在这里玩乐。诗人偶过华清宫，看到当年李隆基同杨玉环寻欢作乐的地方，如今冷落荒凉，因而对那个在安史之乱中束手无策、仓皇奔蜀的唐玄宗进行了嘲讽。

"春月夜啼鸦，宫帘隔御花。"起首二句是远看华清宫。在春天的夜里，朦胧月色下，昏鸦不时啼叫；隔着宫殿的窗帘，隐隐约约可以看到皇帝御花园里的花。先从听觉写，再从视觉上写，月色不明，乌啼凄凉，花色昏暗，给人一种悲凉的感觉。全诗紧扣题意，营造了一种凄凉的氛围。

"云生朱络暗，石断紫钱斜。"三、四句是近看华清宫。"朱络"，是挂在宫檐下防鸟雀的红色网纱。"紫钱"，指紫色钱形的苔藓。这两句是说，原来是月明之夜，不久天上起了云，遮住了月光，又加上挂在宫檐下的红色网纱的遮护，华清宫内更昏暗了，只见宫殿的阶级石的断裂处生满了紫色钱形的苔藓。试想，如果是昔日，入夜是灯火一片辉煌，如同白昼，如今却是一片昏暗；如果在过去，人来人往，络绎不绝，台阶的石块应该是溜光的，如今却生了苔藓。诗人抓住宫中灯火和台阶这两种最能表现宫廷生活特点的事物来写，表现了华清宫的荒凉冷落。

"玉碗盛残露，银灯点旧纱。"五、六句写宫殿内景。"盛"，装着。"残露"，指喝剩下的酒。这两句是说，虽然主人已经不在了，但玉碗里还盛着他们喝剩下的酒，银灯中还残留着他们点燃的旧油纱（灯捻）。过去皇帝和妃子们所用的玉碗、银灯等器皿还在，酒当然是美酒，纱也应为上乘，只是都是过去残留下来的。两个典型细节，更突出了如今华清宫的荒凉。

以上六句一路写来，先写宫外，再写宫内，再写宫中，层层递进，华清宫一派荒凉败落景象，已经写得很足。人们不禁要问，是谁把个大好的华清宫弄成这个样子呢？"蜀王无近信"作了回答。"蜀王"，指唐玄宗。安史之乱爆发后，唐玄宗仓皇出逃，行至马嵬坡，六军不发，逼这个不爱江山爱美人的风流皇帝赐杨贵妃自缢而死，只身逃往蜀地（成都）。诗人称他为"蜀王"，是对他进行辛辣的讽刺。旧时代的注家认为："以本朝帝王而称之曰蜀王，终是长吉欠理处。"其实，诗人敢于嘲笑本朝帝王，正表现了他的勇气和可贵之处。末句"泉上有芹芽"，泉，温泉，即华清池。"芹芽"，水芹的幼芽。这是说昔日杨贵妃"洗凝脂"的华清池已经长出了芹芽。再点荒凉衰败之象，揭示题旨。（毕桂发）

【原文】

送沈亚之歌 并序

文人沈亚之，元和七年，以书不中第，返归于吴江。吾悲其行，无钱酒以劳，又感沈之勤请，乃歌一解以送之。

吴兴才人怨春风[1]，桃花满陌千里红。
紫丝竹断骢马小[2]，家住钱塘东复东。
白藤交穿织书笈，短策齐裁如梵夹[3]。
雄光宝矿献春卿[4]，烟底蓦波乘一叶[5]。
春卿拾才白日下[6]，掷置黄金解龙马[7]。
携笈归江重入门，劳劳谁是怜君者？
吾闻壮夫重心骨，古人三走无摧捽[8]。
请君待旦事长鞭[9]，他日还辕及秋律[10]。

【毛泽东圈评等情况】

毛泽东读李贺诗集时曾圈阅此诗。

[参考]张贻玖：《毛泽东评点、圈阅的中国古典诗词》，
中国工人出版社1992年版，第234页。

【注释】

（1）吴兴才人，指沈亚之。怨春风，唐代科举考试在春天发榜，这里暗指落第。

（2）紫丝竹，指马鞭。骢马，青白色的马。古乐府："青骢白马紫丝缰。"

（3）短策，短的竹简，指书籍，即后代所谓白折子。梵（fàn）夹，指佛经。宋元之际胡三省《通鉴注》："梵夹者，贝经也，以板夹之，谓之梵夹。"

（4）宝矿，指金银璞石。雄光宝矿，比喻沈亚之的文才。春卿，礼部主考官。《白帖》："礼部亦曰春卿。"

（5）蓦（mò），超越。一叶，指小船。《湘川记》："绕川行舟，远望若一树叶。"

（6）拾才，选取人才。白日下，指天子脚下。白日，喻君王。

（7）解龙马，放走好马。《周礼》："马八尺以上为龙。"

（8）"古人"句，暗用管仲三仕三见逐之事。摧捽（zuó），即挫折。

（9）待旦，俟明也。事长鞭，言着鞭策马归去。

（10）还辕，言复至京师。秋律，古时以十二音律配合十二个月，秋律即秋天。《通典》："大抵选举人以秋初就路，春末方归。"

【赏析】

沈亚之，字下贤，吴兴（今浙江湖州）人，有《沈下贤集》。唐宪宗元和七年（812）赴长安应进士不第，李贺写了这首诗来为他送行。诗中对沈亚之进行安慰，劝他不要灰心，同时大胆抨击了选取人才的不公正。

诗前小序，叙述了沈亚之之落第还乡，诗人很同情，又没有钱设宴为他饯行，应沈亚之的再三要求，写了这首诗来为他送行，简明扼要地交代了写这首诗的原因。

全诗十六句，分四层意思来写。起首四句开门见山，直接入题，写沈亚之落第还乡。"吴兴才人"，指沈亚之。"怨春风"，唐代科举考试在春天发榜。沈亚之因进士落第而产生埋怨情绪是理所当然的。"吴兴才人怨春风"，说得平直些，就是沈亚之落第了。现在说"怨春风"而避免落第字样，而且还称之为"才人"，诗人的同情已寄寓其间了。次句再继之以

"桃花满陌千里红"，绚丽的春色映衬得沈亚之不致太落寞。"紫丝竹"，指马鞭。"骢（cōng）马"，青白色的马。"钱塘"，今浙江杭州。"紫丝竹断骢马小，家住钱塘东复东。"二句是说，沈亚之返乡骑的是一条瘦小的青白马，连马鞭子也断了，可他的家住在钱塘的东面。钱塘已远隔千里，他的家乡却比钱塘还远，其断鞭弱马，将怎么能胜任？无限同情已渗透在平实的叙事当中。

"白藤交穿"以下四句，追叙沈亚之前来应考情形。"书笈（jí）"，书籍。"短策"，短的竹简，也指书籍。"梵夹"，指佛经。宋元之际胡三省《通鉴注》："梵夹者，贝叶经也，以板夹之，谓之梵夹。"宝矿"，指金银璞石。"雄光宝矿"，比喻沈亚之的文才。"春卿"，指礼部主考官。"蓦"，超越。"一叶"，指小船。《湘川记》："绕川行舟，远望若一树叶。"这几句是说，沈亚之之来应考时用白藤编的书箱盛书，他的书籍裁得整整齐齐，看起来就像贝叶经。沈亚之的文才好像金银宝矿，光彩闪耀，不可掩遏，献之于礼部主考官，应无不收之理。他来时乘一叶扁舟，凌波穿雾而至，信心十足。诗人写沈亚之应试时书如佛贝，才如金银璞玉，乘舟飘然而至，给人的印象是其才学神态都应及第无疑，与前四句写落第返乡映照，更见诗人思想之倾向。

"春卿拾才白日下"以下四句，抨击礼部选才不公。"拾才"，选取人才。"白日下"，指天子脚下。白日，喻君。"解龙马"，放走好马。《周礼》："马八尺以上为龙。"这四句是说，主考官在天子脚下选拔人才，但他们对沈亚之这样的人才，像抛弃黄金、放走龙马一样，不予录取。你只有带着书箱重返家门，有谁来怜惜你一路的劳苦奔波呢！抨击主考官没有眼光，选拔人才，去取不当，也是对沈亚之的最好宽慰。

末四句勉励沈亚之再来应考。诗人说，我听说大丈夫以有志向、有骨气为重，应能经受"摧挫"，即挫折。劝勉沈亚之应该像古人管仲那样有"三走"精神：春秋时齐国的管仲，曾三次做官，三次被逐，后来得到齐桓公的重用。李贺用这个故事鼓励沈亚之不要灰心，劝他暂且回家，等到秋季再来应考。"秋律"，古时以十二音律配合十二个月，秋律即秋天。《通典》："大抵选举人以秋初就路，春末方归。"此诗写友将归之景，则云"满陌桃花";望良友之来,则云"还辕秋律",正与《通典》相合。沈亚之果然不负诗人厚望,唐宪宗元和十年(815)中进士,累迁殿中侍御史内供奉,终郢州掾。亚之以文辞得名,尝游韩愈门下,为当时许多名辈所称许。(毕桂发)

【原文】

咏怀二首

其一　长卿怀茂陵

长卿怀茂陵[1],绿草垂石井。

弹琴看文君,春风吹鬓影[2]。

梁王与武帝,弃之如断梗[3]。

惟留一简书[4],金泥泰山顶[5]

【毛泽东圈评等情况】

毛泽东读李贺诗集时圈阅的《咏怀二首》中有这首诗。

[参考]张贻玖:《毛泽东评点、圈阅的中国古典诗词》,

中国工人出版社 1992 年版,第 234 页。

【注释】

(1)长卿,司马相如,字长卿,西汉著名文学家。事孝景帝,为武骑常侍。茂陵,汉武帝陵墓,在今陕西兴平东南。

(2)"弹琴"两句写夫妻和乐之好。司马相如善鼓琴,卓王孙之女文君"心悦而好之,夜亡奔相如"。(《史记·司马相如列传》》

(3)梁王,指梁孝王刘武。武帝,指汉武帝刘彻。断梗,断开的草梗。

(4)一简书,指司马相如写的《封禅书》。古代的书用漆写在竹简上,所以称"一简"。

(5)金泥,是用水银挽和金屑为泥以涂封玉牒。《史记·司马相如列传》:"相如既卒五岁,天子始祭后土。八年,而遂先礼中岳,封于泰山,至梁父，禅肃然。"《汉书·武帝纪》："武帝元封元年（前110），登封泰山。"

【赏析】

这首诗借司马相如的遭遇，抒发诗人闲居的苦闷和不被任用的感慨。

全诗八句，可分前后两段，前四句为前段，写司马相如赋闲家居的生活情趣。"长卿怀茂陵，绿草垂石井。"首联写司马相如辞官家居及家庭环境的清悠。"长卿"，司马相如，字长卿，西汉著名文学家。事孝景帝，为武骑常侍。"会景帝不好辞赋，是时梁孝王来朝，从游说之士齐人邹阳、淮阴枚乘、吴庄忌夫子之徒，相如见而悦之，因病免，客游梁。梁孝王令与诸王同舍。孝王卒，相如归。……既病免，家居茂陵。"（事见《史记·司马相如列传》）首句"长卿怀茂陵"是说，司马相如因不满于做些闲散小官，终于回到长安附近的茂陵家中。"茂陵"，汉武帝陵墓。一个"怀"字，写出其对闲居生活的向往，也流露出对统治者不能量才使用的不满。次句"绿草垂石井"，碧绿而修长的青草，从石井栏杆上披拂下来，静静地低垂着。一幅清新淡雅的图画，远离尘嚣，安静极了。这就是司马相如家居的生活环境。

在这样清幽的环境中生活，自然有无限的生活情趣。"弹琴看文君，春风吹鬓影。"三四句写夫妻和乐之好，司马相如善鼓琴，一次鼓琴时，被卓王孙之女文君听到，"心悦而好之，夜亡奔相如。相如与卓氏婚，饶于财，其进仕宦，未尝肯与公卿国家之事，称病闲居，不慕官爵。"（《史记·司马相如列传》）司马相如因为得到卓文君这位情投意合的妻子，连官都不做了；而且卓文君也是弹琴高手。所以，在日常生活中，二人以弹琴来互通心曲，有时司马相如边弹琴边看着文君那在春风吹拂下微微晃动的美丽鬓影，夫妻生活是多么富有情趣呀！

后四句写感慨。"梁王与武帝，弃之如断梗。"五、六句写司马相如生前不被重用。"梁王"，指梁孝王刘武。刘武与汉景帝刘启是同母兄弟。"武帝"，指汉武帝刘彻。司马相如虽然才智过人、抱负很大，但梁孝王和汉武帝都不重视他，把他当作断开的草梗而弃置不用。形象的比喻，揭露了统治者不重视人才的行径。"惟留一简书，金泥泰山顶。"末二句写其死后的虚荣。"一简书",指司马相如写的《封禅书》,相如死后,汉武帝派使取回,并且躬行实践。"相如既卒五岁,天子始祭后土。八年,而遂先礼中岳,封于泰山,至梁父,禅肃然。"《史记·司马相如列传》《汉书·武帝纪》载:"武帝元封元年(前110),登封泰山。"过去,皇帝认为功成治定,就要封禅。武帝把司马相如的《封禅书》奉为至宝,到处封禅,在封禅泰山时,举行了隆重的仪式,刻石纪号,金策玉函,就连封玉牒(祭告天地的文章)的"金泥"都是用水银搀和金屑做成的,真是隆重肃穆极了。从表面上是写《封禅书》派上了用场,皇帝躬行实践,显示了《封禅书》的巨大威力与价值,当然是作者的殊荣。但稍加思索便不难生疑,难道才华横溢的司马相如的价值就在于这篇《封禅书》吗?回答当然是否定的。这从"惟留一简书"的"惟"字上也流露了诗人的态度,司马相如那学富五车的天才与这笔少得可怜的精神遗产是多么不相称呀!生前的落寞与死后的虚荣形成了强烈的对比,强化了题旨。诗人借司马相如的遭遇抒发自己的怨愤之情,正所谓借他人之酒杯,浇自己之垒块。

(毕桂发)

【原文】

咏怀二首
其二　日夕著书罢

日夕著书罢,惊霜落素丝⁽¹⁾。
镜中聊自笑,讵是南山期⁽²⁾。
头上无幅巾⁽³⁾,苦檗已染衣⁽⁴⁾。
不见清溪鱼,饮水得相宜。

【毛泽东圈评等情况】

毛泽东读李贺诗集时曾圈阅的《咏怀二首》中有这首诗。

[参考] 张贻玖:《毛泽东评点、圈阅的中国古典诗词》,
中国工人出版社 1992 年版,第 234 页。

【注释】

（1）霜，素丝，皆指白发。

（2）讵（jù），岂，难道。南山期，寿比南山之意。

（3）幅巾，古人家居时所戴的一种轻便软帽。汉末王公儒士多着正服，以幅巾为雅。

（4）苦檗（bò），又称黄檗，是一种可作染料的黄色树皮，田野人家多穿这种黄褐色的衣服。

【赏析】

这首咏怀诗具体地描述了诗人赋闲家居的生活和思想，抒发了叹老嗟贫的忧伤情绪。

"日夕著书罢，惊霜落素丝。"一、二句叙事，写诗人的呕心沥血写诗情况。首句中的"著书"即指写诗。诗人从早到晚艰苦地创作诗歌，惊异地发现自己头上像下了层霜一样生出了白发。《新唐书·李贺传》："每旦日出，骑弱马，从小奚奴，背古锦囊，遇所得，书投囊中。未始先立题然后为诗，如他人牵合程课者。及暮归，足成之。非大醉、吊丧已率如此。过亦不甚省。母使婢女探囊中，见所书多，即怒曰：'是儿要呕心乃已耳！'"这个故事记载了李贺成天苦吟，艰苦写诗的过程。由于用心过度，以至未老先衰，正在青春年少已生了白发，令人叹息。

"镜中聊自笑，讵是南山期？"三、四句写诗人产生疑虑。"讵"，岂，难道。"南山期"，寿比南山之意，即寿命可以与终南山那样长久。《诗经·小雅·天保》："如月之恒，如日之升，如南山之寿，不骞不崩。"三、四句是说，诗人这样苦吟，白发早生，揽镜来照，自笑用心过度，不是养生长寿之道，应当自悔。这是看到白发后的反应。

"头上无幅巾，苦檗已染衣。不见清溪鱼，饮水得相宜。"后四句写乡居的贫苦生活及感受。"幅巾"，古人不戴帽子，用一幅布裹头，比较便适。汉末王公士子多着正服，以幅巾为雅。"苦檗"，黄檗木皮，其味苦，故叫苦檗。可以染黄色，田野人家多用以染布做衣。这是说李贺家居生活很苦，头上不戴帽子，也不裹包头布（幅巾），身上穿着用黄檗染成的黄色衣服，与乡间普通老百姓一样。便装野服，随意自适，如清溪之鱼，饮水从容，非常适宜，为什么要竭尽心力而老死于文字之间呢？当然诗人不是真的不愿写诗了，而不过是对他不幸遭遇的抗议，是对愁苦情怀的旷达说法。诗人这种超然的态度，比直抒苦闷来得更有力量。（毕桂发）

【原文】

春坊正字剑子歌

先辈匣中三尺水[1]，曾入吴潭斩龙子[2]。隙月斜明刮露寒，练带平铺吹不起。蛟胎皮老蒺藜刺[3]，鸊鹈淬花白鹇尾[4]。直是荆轲一片心[5]，莫教照见春坊字[6]。挼丝团金悬簏觫[7]，神光欲截蓝田玉。提出西方白帝惊，嗷嗷鬼母秋郊哭[8]。

【毛泽东圈评等情况】

毛泽东读李贺诗集时圈阅了这首诗。

[参考] 张贻玖：《毛泽东评点、圈阅的中国古典诗词》，中国工人出版社 1992 年版，第 234 页。

【注释】

（1）先辈，即前辈，这里是对春坊正字的尊称。《演繁露》："唐世举人呼已第者为先辈。"匣，剑鞘。三尺水，指宝剑。《汉书·高帝纪》："吾以布衣提三尺剑取天下。"水是比喻宝剑明亮。

（2）吴潭斩龙子，是暗用周处斩蛟的故事。

（3）蛟，通"鲛"，鲨鱼。蛟胎，用鲨鱼皮制成的剑鞘。蒺藜，植物名，果实上有刺，这里以"蒺藜刺"形容鲨鱼皮剑鞘有纹理。

（4）鸊鹈（pì tí），水鸟名，用它的脂肪制成膏涂抹刀剑，刃不生锈。淬花，即淬火，即铸造刀剑时把刀剑烧红浸入水中，使其坚刚。白鹇（xián），鸟名，雄鸟有白的长尾巴，红颊、赤嘴、丹爪。

（5）直是，一作"真是"，就是，即是。荆轲，战国末年著名侠客，曾为燕太子丹行刺秦始皇，未遂被杀。

（6）春坊字，镌刻在剑鞘上的"春坊正字"的字样。莫教，一作"分明"。

（7）挼（ruó）两手摩搓。丝团金，用金丝裹扎成的团形穗子。簏簌（lù sù），下垂的样子。

（8）"提出"两句用典。《史记·高祖本纪》："高祖被酒，夜行泽中……有大蛇当径……乃前，拔剑击斩蛇。蛇遂分为两……妪曰：'吾子，白帝子也，化为蛇，当道，今为赤帝子斩之。'"西方白帝，古代神话中西方的神，五天帝之一。鬼母，一作"鬼姥"。班彪《王命论》："始起沛泽，则神母夜号，以彰赤帝之符。"此诗用"鬼母"，正从"神母"字化出。

【赏析】

"春坊正字"，唐代太子宫中掌校正经史文字的官员，隶属于左春坊，所以称为"春坊正字"。《唐书·百官志》："东宫官，左春坊，司经局，有正字二人，从九品上。""剑子"，即剑。诗题《春坊正字剑子歌》，是说这首诗是为一位春坊正字官员收藏的一把宝剑作的诗，所以这是一首咏剑诗。诗以物喻人，慨叹宝剑落入文官手中，不能发挥其作用，从而谴责了物不能尽其用、人不能尽其才的社会现象。

这首诗共十二句，可分前后两部分，各六句。清人沈德潜评这首诗说："从来咏剑只形其利，此并传其神。"前六句写形，后六句传神，层次分明。

"先辈匣中三尺水，曾入吴宫斩龙子。""先辈"，即前辈。这里是对春坊正字的尊称。《演繁露》："唐世举人呼已第者为先辈。""匣"，剑鞘。"三尺"，指宝剑。《汉书·高帝纪》："吾以布衣提三尺剑取天下。""水"，比喻宝剑明亮。"吴潭斩龙子"是用典。据《世说新语·自新》记载，晋朝人周处在吴地义兴（今江苏宜兴）长桥下斩蛟为民除害。这开篇二句直接入题，说在太子宫中担任正字的老前辈的剑鞘中，装着一把光芒四射明如秋水的宝剑。这柄宝剑，曾入水斩蛟，来历不凡。诗一开端，就引起读者注意。下面接着写道："隙月斜明刮露寒，练带平铺吹不起。""隙月斜明"，从云隙斜射下来的月光。"刮"，是由月光照射在锋利的剑刃上联想出来的，形容宝剑寒光闪闪。"练带"，白色的绢带。《礼记》："士练带。"《正义》曰："士用熟帛练为带。"这两句是说，远远看去，这柄宝剑像是从云隙中射下来的一抹月光，寒气袭人，又像一条平铺着的风吹不起的洁白绢带。两句两重设喻，写其锃明发亮，锋利无比，是写其形。"蛟胎皮老蒺藜刺，鸊鹈淬花白鹇尾。""蛟"，通"鲛"，鲨鱼。"蛟胎"，用鲨鱼皮制成的剑鞘。郭璞《山海经注》："鲛鱼皮有珠纹而坚，尾长三四尺，末有毒螫人，皮可饰刀剑。""蒺藜"，植物名，果实上有刺，这里以"蒺藜刺"形容鲨鱼皮剑鞘有纹理。"鸊鹈"，水鸟名，用它的脂肪制成膏涂抹刀剑，刃不生锈。"淬花"，即淬火，即铸造刀剑时把刃烧红浸入水中，使其坚刚。"白鹇"，鸟名，雄鸟有白色的长尾巴。这两句是说，这柄宝剑的剑鞘用鲨鱼皮制成，其珠纹历落，好像蒺藜般光彩明艳。剑身上涂抹着一层厚厚的鸊鹈膏像雄鹇鸟的尾巴一样明亮，永不生锈。以上六句从剑刃、剑鞘，特别是讲其非凡的经历，重点是在"形其利"。

后六句重点则转向"传其神"。"直是荆轲一片心，莫教照见春坊字。""直是"，就是，即使。"荆轲"，战国末年卫国人，著名侠客，曾为燕太子丹行刺秦始皇，未遂被杀。"春坊字"，镌刻在剑鞘上的"春坊正字"的字样。这两句是说，这柄宝剑不仅精美绝伦，锋利无比，像荆轲那样的大侠见了，必然惜宝如心肝；如有机遇，必当为国解忧，为人赴难，再试锋芒。如今，它却落在一个九品文官春坊正字手中，除了供其剪纸，将无有用场。言外之意，未免为此剑有不遇知己之感，承上启下，由写剑转到写人，成为全诗的灵魂。故王琦评曰："通篇供剑以抒不遇知己之感。"可谓一语中的。接着诗人又写道："挼丝团金悬簏簌，神光欲截蓝田玉。""挼"，两手摩搓。"丝团金"，用金丝裹扎成的团形穗子。"簏簌"，下垂的样子。"蓝田玉"，蓝田（今陕西）蓝田山出产的美玉。这两句是说，这口剑柄上悬挂着金色的圆形穗子，其神异的光芒可以切割蓝田出产的美玉。"提出西方白帝惊，嗷嗷鬼母秋郊哭。"末二句用典。"西方白帝"，古代神话中西方的神，五天帝之一。"嗷嗷"，哀鸣声。"鬼母秋郊哭"，据《史记·高祖本纪》载，刘邦酒醉夜行，挥剑斩了挡道的大蛇。后有人经过这里，见一老妇在哭，问她为什么哭，她说："我的儿子是西方白帝的儿子，化成蛇，现在被赤帝的儿子（指刘邦）杀了。"诗人借用这个典故说明宝剑的威力。以上四句，赞美这柄宝剑可以切玉、斩蛇，能使"白帝惊""鬼母哭"，说明它确是一把斩妖除害的宝剑。末句斩蛇与前"斩龙"遥相呼应。

　　全诗采用多种明喻、暗喻手法，以斜射的隙月、平铺的练带、"刮露寒"、"白鹇尾"来写剑的光芒；用斩龙子、截蓝田玉和斩蛇，形容它的锋利；用"白帝惊""鬼母哭"写其威力，把这把宝剑的形象写得十分生动逼真，给人以新颖的感觉。又以物喻人，揭示人不得尽其才的题旨。结构严谨，设想新奇，比喻奇妙，有很高的艺术性，不愧为咏剑的佳作。

（毕桂发）

【原文】

雁门太守行

黑云压城城欲摧⁽¹⁾，甲光向日金鳞开⁽²⁾。

角声满天秋色里，塞上燕脂凝夜紫⁽³⁾。

半卷红旗临易水⁽⁴⁾，霜重鼓寒声不起⁽⁵⁾。

报君黄金台上意⁽⁶⁾，提携玉龙为君死⁽⁷⁾。

【毛泽东圈评等情况】

　　毛泽东曾多次圈阅此诗。

[参考]张贻玖：《毛泽东评点、圈阅的中国古典诗词》，中国工人出版社1992年版，第133页。

【注释】

（1）黑云，黑色的云。

（2）金鳞，指铠甲上金属制的鱼鳞般的甲片。日，一作"月"。

（3）燕脂，即胭脂，这里是形容边塞土地的颜色。西晋崔豹《古今注》："春筑长城，土色皆紫，故曰紫塞。"夜紫，指黄昏后天空的紫色霞光。上，一作"土"。

（4）易水，源出今河北易县，东流入海。荆轲《易水歌》云："风萧萧兮易水寒，壮士一去兮不复还。"

（5）声不起，指鼓声低沉。

（6）黄金台，故址在今河北易县东南，战国时燕昭王所筑，昭王曾置千金于台上，以表示不惜用最高价招聘人才。黄金台上意，就是指君王的深思厚意。

（7）玉龙，剑的代称。传说晋初雷焕于丰城县得玉匣，内藏二剑，后入水变为龙。

【赏析】

"雁门"，古雁门占有今山西西北部一带地方。《雁门太守行》是古乐府曲调名，为《相和歌·瑟调曲》三十八曲之一。汉古辞今有咏洛阳令王涣的一篇。六朝和唐人的拟作都是咏征戍之苦。本篇写一次戍边将士边城保卫战，歌颂了他们为国捐躯的壮志。唐张固《幽闲鼓吹》说李贺把这卷诗送给韩愈看，第一篇就是《雁门太守行）为韩愈称赏，时在唐宪宗元和二年（807）。

诗的首联"黑云压城城欲摧，甲光向日金鳞开"，写戍边将士傍晚出击的整肃阵容。浓云密布好像要把边城压垮一样，是当时实景，也是抒情，隐含着形势险峻之意。云开处透露出一抹斜阳，照射在出征战士的铠甲上好像金鳞一样。"金鳞"，指铠甲上金属制的鱼鳞般的甲片。这句是写景，景中含情，是说尽管形势险峻，但守边将士同仇敌忾、斗志高昂。开头两句就写得色彩浓厚，气势非凡。

三四句写战斗的时间、地点和规模。"角"，古代军中的一种乐器。"角声满天"，使我们似乎听到了满山遍野的呜呜声，状战争规模之大。"秋色""夜"，点明战斗是在秋夜进行的。"塞上"，边塞上。"燕脂"，同"胭脂"，这里形容边塞土地的颜色。西晋崔豹《古今注》："春筑长城，土色皆紫，故曰紫塞。""塞上燕脂"就是"紫塞"。"夜紫"，指黄昏后天空的紫色霞光。这两句是说，军队的号角声回荡在秋天的夜空，用胭脂般的泥土筑成的长城和天边晚霞凝聚成一片紫色。上句写军中之所闻，下句写军中之所见，从听觉和视觉两个方面，侧面写出了战争的时间、地点和规模，可以想见战争将非常激烈。

"半卷红旗临易水，霜重鼓寒声不起。"五、六句紧承上文，写轻兵出击的情况。"半卷红旗"，指行军途中为了减小风的阻力，卷起红旗好快步前进，可见轻兵夜进之捷。"易水"，源出河北易县，东流入海。荆轲有《易水歌》："风萧萧兮易水寒，壮志一去兮不复还。"所以，既是实指其地，又可以引起联想，和本篇的悲壮气氛相吻合。"霜重鼓寒"，写冒寒将战之景。"声不起"，指鼓声低沉。这句是写临战前的军容整肃、气氛悲壮，与秋寒霜重、鼓声不扬的景色相一致。

"报君黄金台上意，提携玉龙为君死。"诗的末二句写参战将士的报国誓言，以报答君王重士的厚意。这里用了两个典故。一个是战国时燕昭王在易水东北（今河北易县东南）筑了一座高台，上面放了千金，用来招揽天下贤才，故称黄金台。所以，"黄金台上意"，就是指君王的深恩厚意。另一个是"玉龙"，剑的代称。"玉龙"代剑也是一个典故，传说晋初雷焕于丰城县得玉匣，内藏二剑，后入水变为龙（见唐郭震《古剑篇》注二）。"提携玉龙为君死"，就是提着宝剑甘愿为君王死战，抒写将士们的报国决心和壮志。

这首诗赞颂了将士忠勇报国的意志，表现了削平藩镇、维护国家统一的精神，全诗短短八句，有声有色地描写了出兵捣敌的过程，并运用了"黑""红""金""紫""胭脂"等色调浓重的字眼，不仅诗中景物形象鲜明，而且渲染了战斗的气氛，给人一种战斗惨烈的实感，从而突出了出征将士浴血奋战的勇武形象。全诗意境苍凉而壮烈，风格悲壮而昂扬，洋溢着浓郁的浪漫主义精神。

杜牧盛赞李贺的诗为"骚之苗裔"，《雁门太守行》被誉为"胎息《楚辞》"，其风格很像屈原《九歌》中的《国殇》。

毛泽东多次圈阅过这首诗，对李贺的这类诗流露出喜爱之情。（毕桂发）

【原文】

天上谣

天河夜转漂回星，银浦流云学水声[1]。玉宫桂树花未落，仙妾采香垂珮缨。秦妃卷帘北窗晓[2]，窗前植桐青凤小[3]。王子吹笙鹅管长[4]，呼龙耕烟种瑶草。粉霞红绶藕丝裙，青洲步拾兰苕春[5]。东指羲和能走马[6]，海尘新生石山下。

【毛泽东圈评等情况】

毛泽东读李贺诗集时曾圈阅这首诗。

[参考] 张贻玖：《毛泽东评点、圈阅的中国古典诗词》，
中国工人出版社 1992 年版，第 234 页。

【注释】

（1）银浦，天河。

（2）秦妃，指秦穆公的女儿弄玉。

（3）青凤，鸟名，又名桐花凤，鸟大如指，羽毛五色斑斓，头有冠似凤，桐树开花时即飞来，花落即飞去。

（4）王子，指王子乔。鹅管，指笙上的玉管，其形状像鹅管。

（5）青洲，即青邱。《十洲记》："长洲一名青邱，在南海辰巳之地，地方五千里，去岸二十五万里，上饶山川及多大树，树乃有二千围者。一洲之上专是林木，故一名青邱。"兰苕，兰秀。苕，草木特别鲜艳秀丽。

（6）能走马，是说太阳的行动像马在奔驰。羲和，古代神话中的人物，此指驾日车的神。战国楚屈原《离骚》："吾令羲和弭节兮，望崦嵫而勿迫。"

【赏析】

这是首游仙诗。诗人通过描写想象中的天上尽善尽美的神仙世界，用以揭露和批判现实生活中唐宪宗好神仙、希望长生的种种荒诞行为。

全诗十二句，可分成三节。开头两句写天河，为第一节；中间八句具体描述天庭的景象，为第二节；末尾两句写由仙景所见，为第三节。

开头两句："天河夜转漂回星，银浦流云学水声。""天河"，指天上的银河。"漂"，漂流转动。"银浦"，也指银河。学水声，这里形容云气流动像水的流动，但水流有声，云气流动无声，所以说是学水声。这两句是说：夜间，天上银河在转动着，各种星宿在银河中漂浮回荡，泛起缕缕银光。银河中的云气飘动，似水流淌，仿佛发出潺潺水流声。这两句是作者立足地面仰望星空的所见所感。

中间八句是具体描述天上景象的部分，又分别写了四个各自独立的画面。画面之一是："玉宫桂树花未落，仙妾采香垂珮缨。"月宫中桂树花开不败，香气袭人；仙女们正在采摘桂花，把它们装饰在玉照、彩带之上。这里的玉宫指月宫，桂树、仙妾都是传说的月中、桂树和嫦娥。

画面之二是："秦妃卷帘北窗晓，窗前植桐青凤小。""秦妃"指秦穆公的女儿弄玉。《列女传》所载，春秋时萧史善吹箫作凤鸣，秦穆公以女弄玉妻之，萧史遂教弄玉吹箫，以后弄玉萧史乘龙凤飞升。"青凤"，鸟名，又名桐花凤，鸟大如指，羽毛五色斑斓，头有冠似凤，桐树开花时即飞来，花落即飞去。画面是秦妃在天亮时卷起窗帘眺望，只见窗前的梧桐上立着一只小巧的青凤，显然就是当年引导他们夫妇升天的那只神鸟。

画面之三是："王子吹笙鹅管长，呼龙耕烟种瑶草"。这两句是写王子乔吹着细长的笙管，驱使神龙翻耕烟云，播种瑶草。"王子"，指传说中的仙人王子乔。《列仙传》载，王子乔是周灵王的太子晋，好吹笙，作凤凰鸣。"鹅管"，指笙上的玉管，其形状像鹅管。"瑶草"，指传说中的仙家种的灵芝等仙草。

画面之四是："粉霞红绶藕丝裙，青洲步拾兰苕春。"这两句写穿着各种色彩服装的仙女，漫步青洲，寻芳拾翠。青洲是传说中的仙洲，那里山川秀丽，林木繁茂，始终保持着春天的景象。粉霞、红绶、藕裙，粉红、淡紫等各种色彩。"步拾"，每一步都能遇到。"兰苕"，兰秀。"苕"，草木特别鲜艳秀丽。

第三部分是后两句，写在天上俯视所见。"东指羲和能走马，海尘新生石山下"。羲和驾着日车像马在奔驰，海上新生成的石山上，扬起了千丈尘埃。

　　全诗极力描写了神仙境界的美好与快乐，目的是说明神仙的虚无。诗的首尾部分前后连接、照应，使结构完整统一，前两句写诗人在地上仰视星空所见，后两句从幻想世界回到现实世界，用现实社会时光流逝、沧海桑田的自然变化，批判神仙境界的虚妄，揭示好神仙求长生的谬误。（毕晓莹）

【原文】

帝子歌

> 洞庭明月一千里[(1)]，凉风雁啼天在水[(2)]。
> 九节菖蒲石上死[(3)]，湘神弹琴迎帝子[(4)]。
> 山头老桂吹古香[(5)]，雌龙怨吟寒水光[(6)]。
> 沙浦走鱼白石郎[(7)]，闲取真珠掷龙堂[(8)]。

【毛泽东圈评等情况】

毛泽东读李贺诗集时曾圈阅此诗。

　　　　　　[参考]张贻玖：《毛泽东评点、圈阅的中国古典诗词》，
　　　　　　　　　　　中国工人出版社1992年版，第235页。

【注释】

　　（1）明月，一作"帝子"。洞庭，《山海经》："洞庭之山，帝之二女居之。"

　　（2）帝子，指天帝之女。天在水，天光下映水中。

　　（3）九节菖蒲，古诗"石上生菖蒲，一寸八九节。仙人劝我餐，令我好颜色"。

　　（4）湘神，即湘水之神，屈原《九歌》中所谓湘君、湘夫人。湘神弹琴，即《楚辞》中湘灵鼓瑟之意。

　　（5）老桂，是言桂老，故其香为古香。香，指月光。

（6）雌龙，因帝子是女神，故龙是雌龙。

（7）白石郎，《乐府诗集》载：《白石郎曲》："白石郎，临江居，前导河伯后从鱼。"指水中小神。

（8）闲取，即姑且拿的意思。龙堂，水神河伯所居的殿堂。"闲取"句，犹《楚辞·湘君》："捐余玦兮江中，遗余佩兮澧浦"之意。

【赏析】

"帝子"，《楚辞·九歌·湘夫人》："帝子降兮北渚"。王逸注："帝子，谓尧女也。……言尧二女娥皇、女英随舜不返，没于湘水之渚，因为湘夫人。"《山海经》说："洞庭之山，帝之二女居之。"郭璞注："天帝之女。"本篇中的"帝子"，即指天帝之女。与《楚辞》所说帝子，意思不同。这首诗写湘神迎帝子的故事，是李贺采取古老而美丽的关于湘水女神的神话传说改写而成的。诗中抒发了凄凉哀怨和惆怅失意之情，但仍然抱有恳切的期望和执着的追求。

"洞庭明月一千里，凉风雁啼天在水。"开头两句渲染迎候帝子的氛围：明月高照，秋风袅袅，千里洞庭，雁叫声声，波光渺渺。天光月色倒映在碧波荡漾的水中，一幅多么光洁明丽的图画，很适合天神帝子的下降，这就为写迎帝子降临准备了条件。此二句用白描手法，从视觉、触觉、听觉等几个方面状写洞庭月夜秋色十分成功。

"九节菖蒲石上死，湘神弹琴迎帝子。"三、四句写湘水女神弹琴恭迎帝子。"九节菖蒲"，晋葛洪《神仙传》记汉武帝登嵩山，夜忽有仙人曰："吾九疑之神也，闻中岳石上菖蒲一寸九节，可以服之长生，故来采耳。"古诗："石上生菖蒲，一寸八九节。仙人劝我餐，令我好颜色。"可见食菖蒲可以成仙得道，长生不老。现在嵩山上九节菖蒲已死，无可取食，故转求帝子下降。帝子是非常尊贵的神，不容易请到，故请湘神鼓琴去迎，望其必来。所谓"湘神"，即湘水之神，屈原《九歌》中所谓湘君、湘夫人。"湘神弹琴"，即《楚辞》中湘君鼓瑟之意。二句写欲食菖蒲而不可得。转求湘神弹琴恭迎帝子。都是为了长生，这便是迎请帝子的本意。

"山头老桂吹古香，雌龙怨吟寒水光。"山头桂老，故其香为古香。湘神为女性，故是雌龙，即湘夫人。迎帝子不至而发出幽怨之声，故称"怨吟"。此二句写帝子不来，景象十分寂寥。

"沙浦走鱼白石郎，闲取真珠掷龙堂。""白石郎"，水神。古乐府《白石郎曲》："白石郎，临江居，前导河伯后从鱼。"是说尊贵的帝子不来，唯有水中小神白石郎带着沙浦的鱼儿来回奔忙。"闲取真珠掷龙堂"，写以真珠抛向水府。"龙堂"，水神河伯所居的殿堂，《楚辞·九歌·河伯》："鱼鳞屋兮龙堂。"王逸注："以鱼鳞盖屋，堂画蛟龙之文。"以真珠投入水府，与《楚辞·九歌·湘君》的捐玦遗佩一样，是说自己的珍宝不敢爱惜，以求神之明察衷情，望帝子终毕降临，表现了对帝子的虔敬期待，对帝子的降临抱有热切希望。（毕桂发）

【原文】

走马引

我有辞乡剑⁽¹⁾，玉峰堪截云⁽²⁾。
襄阳走马客⁽³⁾，意气自生春。
朝嫌剑花净，暮嫌剑光冷。
能持剑向人，不解持照身⁽⁴⁾。

【毛泽东圈评等情况】

毛泽东读李贺诗集时曾圈阅此诗。

[参考] 张贻玖：《毛泽东评点、圈阅的中国古典诗词》，
中国工人出版社 1992 年版，第 234 页。

【注释】

（1）辞乡剑，离开故乡飞来的剑。传说宝剑能化龙而飞。

（2）玉锋，言剑锋之色，白净如玉。截云，一作"裁云"，用了《庄子·杂篇·说剑》"上决浮云"的意思，这里用来形容剑的锋利。

（3）襄阳走马客，指游侠少年。襄阳，一作"长安"，地名，今湖北

襄阳。客，一作"使"。

（4）"能持剑向人"两句是对走马客的批评，也是批评一般剑客、豪侠只能用剑去杀人，却不知用剑照一照自己。不解持照身，一作"解持照身影"。

【赏析】

"走马引"，乐府古题，一名"天马引"，属《琴曲歌》。西晋崔豹《古今注》："《走马引》，樗里牧恭所作也。为父报怨杀人，亡匿山下。有天马夜降，围其室而鸣。觉，闻其声以为吏追，乃奔去。旦观乃天马迹。因惕然大悟曰：'吾所居之处将危乎？'遂荷杖去入沂泽中，援琴而鼓之，为天马声，曰《走马引》。"这首诗写一个意气骄矜的走马客（剑客或豪侠之类）。唐代诗人写豪侠的很多，大都是赞美之词，此诗对豪侠只知为人报私恩私怨的鲁莽行为提出了批评，表现了诗人独到的眼光。

"我有辞乡剑，玉锋堪截云。"起首二句是走马客夸耀其宝剑的锋利。"辞乡剑"，离开故乡飞来的剑。传说宝剑能化龙而飞。"玉锋"，指剑锋白净如玉。"截云"，是用《庄子·杂篇·说剑》有"上决浮云"的话，用来说明剑的锋利。首句说其宝剑是酒醉后神志不清的状态中化龙飞来的宝剑，说剑的神奇。次句说剑刃能裁割云霞，锋利无比，完全是侠士炫耀自夸的口吻。

"襄阳走马客，意气自生春。""襄阳"，地名，在今湖北襄阳。"走马客"，侠客自称。第三句自报家门，亮明身份。"意气自生春"，状其神态，形容走马客态度骄傲，得意扬扬。

"朝嫌剑花净，暮嫌剑光冷。"宝剑本为君子防身之器，不得已而用之，而豪侠之士，专以报怨杀人为能事，当其闲置不用时，朝暮怨恨，不能以试其技，表现他的勇武，使剑锋冷净，深感可惜。说明这位侠士虽身怀绝艺而并不清醒，不过是一介武夫而已。

"能持剑向人，不解持照身。"末二句是对走马客的批评，也是对一般剑客、豪侠只能用剑去杀人，却不知道用这宝剑照一照自己。言外之意是说，作为宝剑的主人，应该有思想有头脑，是一位志向高洁、深明大义的英雄，而不能是一味杀人的莽汉，才能做出惩恶扬善、利己利国之事。这便是作者对这位走马客的劝告和提醒。唐代另一位诗人贾岛有一首很有名的诗《剑客》说："十年磨一剑，霜刃未曾试。今日把试君，谁为不平事？"就是一般剑客的鲁莽口吻。李贺此篇内容出新，提高了作品的思想价值，确是高人一筹，值得称赏。（毕桂发）

【原文】

湘　妃

筠竹千年老不死(1)，长伴秦娥盖湘水(2)。
蛮娘吟弄满寒空(3)，九山静绿泪花红(4)。
离鸾别凤烟梧中(5)，巫云蜀雨遥相通(6)。
幽愁秋气上青枫(7)，凉夜波间吟古龙(8)。

【毛泽东圈评等情况】

毛泽东读李贺诗集时曾圈阅此诗。

[参考]张贻玖：《毛泽东评点、圈阅的中国古典诗词》，
中国工人出版社1992年版，第235页。

【注释】

（1）筠竹，这里指斑竹。筠，《说文》："筠，竹皮也。"

（2）秦娥，一作"神娥"。汉扬雄《方言》："秦晋之间美貌谓之娥。"这里指湘妃的神灵。

（3）蛮娘，南方姑娘，古称南方居民为南蛮。

（4）九山，九疑山，又名苍梧山，因山有九峰皆相似，故名九疑，又名九嶷。在今湖南宁远南。《山海经》载，舜死后葬于九疑山。

（5）离鸾别凤，鸾凤指鸾鸟和凤凰，旧时比喻夫妇。舜葬苍梧，二妃死于湘水，故云离鸾别凤。这里指舜和二妃。烟，云。烟梧，苍梧山的云气。

（6）巫云蜀雨，借巫山神女的传说，旧称男女欢合为"云雨"，典出

宋玉《高唐赋序》。这里指舜和二妃的神魂互相欢合。

（7）"幽愁秋气"句，化用《楚辞·招魂》："湛湛江水兮上有枫……魂兮归来哀江南"和杜甫《梦李白》"魂来枫林青"诗意，写舜和二妃灵魂之地苍梧、湘水满含幽愁秋气。青枫，一作"青峰"。

（8）吟，古人称龙鸣为"吟"。

【赏析】

《博物志》载："尧之二女、舜之二妃曰湘夫人。舜崩，二妃啼，以泪挥竹，竹尽斑。"舜死，二妃自投湘水，因称湘妃。这首诗通过湘妃故事的描写，抒发了一种幽思哀怨、缠绵悱恻的情思。

"筠竹千年老不死，长伴秦娥盖湘水。""筠竹"，竹子，这里指斑竹。"秦娥"，一作"神娥"。汉扬雄《方言》："秦晋之间美貌谓之娥。"此指湘妃的神灵。这两句是说，自湘妃死后，始有斑竹，迄今已有数千年之久，其种相传不绝，长伴二妃之灵，映盖湘水之地。

"蛮娘吟弄满寒空，九山静绿泪花红。""蛮娘"，南方姑娘。古称南方居民为南蛮。"九山"，九疑山，又名苍梧山，因山有九峰，皆相似，故名九疑，在今湖南宁远南。据《山海经》记载，舜死，葬于九疑山。这两句是说，舜葬之地，唯有南国姑娘的吟唱，声满寒空；九疑山上，一片碧绿之中，只有红花点点。这红花，就是当年湘妃哭舜时的眼泪所化。

"离鸾别凤烟梧中，巫云蜀雨遥相通。""离鸾别凤"，鸾凤指鸾鸟和凤凰，旧时比喻夫妇。离鸾别凤，指舜和二妃的生离死别。"烟梧"，苍梧山的云气。舜葬苍梧，二妃死于湘水，神灵各在一方，虽相距不远，仅可借云气往来，遥相通情达意，终不能常常会合。云雨而称巫云蜀雨，是借巫山神女的传说，所谓"旦为行云，暮为行雨"，旧称男女欢合为"云雨"，典出宋玉《高唐赋序》。这里指舜和二妃的神魂互相欢合。这两句诗人由九疑山红泪写到舜死葬苍梧和死于湘水的二妃的离鸾别凤的幽恨，又想象他们的灵魂恍如巫云蜀雨遥遥相通。

"幽愁秋气上青枫，凉夜波间吟古龙。"前句化用《楚辞·招魂》："湛湛江水兮上有枫……魂兮归来哀江南"和杜甫《梦李白》诗"魂来枫林青"诗意，写苍梧、湘水为舜和二妃灵魂往来之地，满含幽愁秋气。后句说，凉夜波间，古龙怨吟，以幽怨凄凉、缠绵悱恻的情韵结束全篇。

全诗一、二句写妃死，三、四句写舜葬，五、六句写神交，七、八句抒感伤，层次清晰，结构严整。诗人采用神话传说，驰骋艺术想象，叙事写人，描景状物，笔尖常带感情，形成一种哀怨感伤的风格，意趣极似《楚辞·九歌》中的《湘君》《湘夫人》。李贺的此首《湘妃》，被后人誉为"胎息《楚辞》"。（毕桂发）

【原文】

南园十三首
其一　花枝草蔓眼中

花枝草蔓眼中开，小白长红越女腮[1]。
可怜日暮嫣香落[2]，嫁与春风不用媒。

【毛泽东圈评等情况】

毛泽东读李贺诗集时曾多次圈阅这首诗。

[参考] 张贻玖：《毛泽东和诗》，中央文献出版社 1998 年版，第 45 页。

【注释】

（1）小白长红，就是白少红多的意思。越女，春秋时越国的美女西施。梁萧统《十二月启》："莲花泛水，艳如越女之腮。"

（2）嫣（yān），娇艳芳香，亦指娇艳芳香的花。

【赏析】

这是李贺《南园》十三首中的第一首。南园是李贺故乡昌谷附近的花园，与北园相对。《南园十三首》是他辞官家居时写的一组写景咏怀诗。从不同的角度描述了他当时的思想和生活状况。本首《南园》是一首咏落花诗，描写了春浓花开、日暮花落的景象。在古典诗歌中，暮春景物的吟咏是最频繁的题材之一。古往今来，很多诗人都写过咏落花诗，很多诗都是借落花来表现所谓"美人迟暮"之感的。但李贺的这首《南园》不同于一般的咏落花诗，诗人以奇特的幻想和独创的造语能力，使人读后，耳目一新。

"花枝草蔓眼中开"，诗的首句写南园花草繁茂可爱。草蔓，指草木的花。"眼中开"三个字，从诗人观赏者的角度来写，花枝草蔓"眼中开"，告诉读者，花开了，随着春深，绿草绿叶渐渐多了，万紫千红逐渐会被"绿肥红瘦"的景象代替。"小白长红越女腮"，用一个比喻形容花朵的娇艳。"越女"，春秋时越国的美女西施，这里美女的"小白长红"，就是白少红多的意思，也就是偏于红的粉红色。"小白长红越女腮"，表面上写红多白少的美女脸蛋，在这里是用美女红白相映的脸蛋来比喻花瓣色泽的鲜嫩。首句和第二句描绘了动人春景：翠绿的枝叶和美丽的鲜花映入眼帘，比比皆是。各色花朵犹如美人的脸腮一样，红白相映，互相扶衬。

"可怜日暮嫣香落"，本句写花落。"可怜"，可惜，可悯，也可作可爱讲。在本诗中，联系后句，"可怜"应作可爱讲。"嫣香"，指花的娇艳和芳香。"日暮嫣香落"，虽日暮、花落，但仔细体味，字里行间没有感伤的气氛，而显示出一种轻快、亲切的情调。

"嫁与春风不用媒。"末句写出了日暮嫣香落的去向，既不是委弃尘土，也不是随逐流水。这句承上句的美女的比喻，把落花比成一个成熟的姑娘，不经媒妁之言，就自己随着情郎"春风"一起出奔了。

这首诗，作者摆脱了一般咏落花诗的低沉伤感的情感，以奇特的幻想，把落花比作一个新嫁娘，是对旧题材的翻新，化平庸为神奇。

诗的独特之处还在于语句的创新。诗人创造了一个新的词语：小白长红。一般人们都用深、浅来形容色彩的程度，而作者独出匠心，用了"长""小"二字来形容颜色，这是古人前所未有的先例，显示了作者有意避熟就生、不落俗套的创新精神。（毕晓莹）

【原文】

南园十三首

其二　宫北田塍晓气酣

宫北田塍晓气酣⁽¹⁾，黄桑饮露窣宫帘⁽²⁾。

长腰健妇偷攀折，将喂吴王八茧蚕⁽³⁾。

【毛泽东圈评等情况】

毛泽东读李贺诗集时曾多次圈阅这首诗。

[参考] 张贻玖：《毛泽东和诗》，中央文献出版社 1998 年版，第 45 页。

【注释】

（1）宫，指连昌宫，在昌谷附近，唐代皇帝行宫之一，唐高宗显庆三年（658）建，故址在今河南宜阳西。塍（chéng），田间小路。

（2）黄桑，指初生的微带嫩黄色的桑叶。窣（sū），桑叶拂拭宫帘发出的声响。

（3）八茧蚕，南方天热，一年可以养八次蚕，结八次茧。《文选·左思〈吴都赋〉》："乡贡八蚕之绵。"李善注引刘欣《交州记》曰："一岁八蚕茧，出日南。"

【赏析】

这首诗采用以小见大的手法，通过描写一个农妇"偷攀折"宫桑叶喂蚕的描写，揭示了统治阶级与劳动人民的尖锐对立，表现了诗人对劳动人民苦难生活的同情。

"宫北田塍晓气酣，黄桑饮露窣宫帘。"一、二句写景。"宫"，指连昌宫，在昌谷附近。唐代皇帝行宫之一。唐高宗显庆三年（658）建，故址在今河南宜阳西十九里。"塍"，田间小路。"窣"，桑叶拂试宫帘发出的声响。这两句是说，清晨连昌宫北的田间小路上，雾气弥漫，饱饮露水的桑叶拂拭宫帘，发出窣窣的响声。两句写景，全用白描，"晓气酣"状清晨浓雾弥漫，"黄桑"写桑叶初生之色。桑叶摩擦宫帘窸窣作响，可谓声态并作，生动异常。

"长腰健妇偷攀折，将喂吴王八茧蚕。"三、四句叙事。"八茧蚕"，南方天热，一年可以养八次蚕，结八次茧。《文选·左思〈吴都赋〉》："乡贡八蚕之绵。"李善注引刘欣《交州记》曰："一岁八蚕茧，出日南。"《永嘉记》："永嘉有八辈蚕：蚖珍蚕三月绩，柘蚕四月初绩，蚖蚕四月末绩，爱珍蚕五月绩，爱蚕六月末绩，寒珍七月末绩，四出蚕九月初绩，寒蚕十月绩。"诗人摄取了一个蚕妇"偷攀折"宫桑的小镜头，形象地反映了当时社会生活的一个侧面。皇家圈地及豪门世族的兼并，使农民大都丧失了赖以生存的土地，为了交纳沉重的赋税，蚕妇们不得不增加养蚕的次数。她们无地植桑，只得趁着晨雾弥漫的时候，"偷"采废弃行宫的宫桑叶子。一件小事，把皇帝和大地主阶级对劳动人民的残酷剥削及劳动人民的贫困生活，揭示得很深刻。（毕桂发）

【原文】

南园十三首
其四 三十未有二十余

三十未有二十余，白日长饥小甲蔬[(1)]。
桥头长老相哀念，因遗戎韬一卷书[(2)]。

【毛泽东圈评等情况】

毛泽东读李贺诗集时曾圈阅这首诗。

[参考] 张贻玖：《毛泽东评点、圈阅的中国古典诗词》，中国工人出版社1992年版，第234页。

【注释】

（1）甲蔬，蔬菜的外壳。

（2）遗（wèi），赠送。戎韬，兵书，这里指《太公兵法》。此处用汉张良事。

【赏析】

这首诗写一个为饥饿困扰的青年，希望有机会一展才干，为国效力。当是诗人自况。

"三十未有二十余，白日长饥小甲蔬。"一、二句叙事。"甲蔬"，菜壳。"未有"，一作"未满"。这两句是说，有一个20多岁的青年，整天受饥挨饿，只好用小菜皮充饥。20多岁的小伙子年轻力壮，正是奋发有为的时期，却整天饥肠辘辘，不能自养，实在可怜！叙事中已寓感情，这是其窘迫处境的写照。

"桥头长老相哀念，因遗戎韬一卷书。"三、四句寄慨。"长老"，老人的通称。《史记·五帝纪》太史公曰："余尝西至空峒，北过涿鹿，东渐于海，南浮江淮矣，至长老皆往往称文者近似。""遗"，赠送。"戎韬"，兵书，这里指《太公兵法》。据《史记·留侯世家》记载，秦朝末年张良在下邳（今江苏邳州东）圯桥上遇到黄石公老人。黄石公送给张良一部《太公兵法》。后来，张良运用这部兵法，帮助刘邦指挥战争，夺得天下。这两句说，在那样的困境中，诗人并没有自暴自弃，他渴望能像张良那样遇到一位高人，传给他一部兵书，让他施展才华，为国家的事业贡献力量，表现了诗人不甘寂寞，渴望建功立业的思想。李贺这样想，可能有现实的生活依据，因为唐宪宗元和年间，频频征讨，一时文士受藩镇辟召，投笔从戎，效力行伍，获得显达者往往有之，故诗人心驰神往是很自然的。连下三首读之，皆是弃文就武，其用意是显而易见的。（毕桂发）

【原文】

南园十三首
其五　男儿何不带吴钩

男儿何不带吴钩[1]？收取关山五十州[2]。
请君暂上凌烟阁[3]，若个书生万户侯[4]？

【毛泽东圈评等情况】

毛泽东读李贺诗集时，曾多次圈画此诗，在清沈德潜编选的《唐诗别裁集》卷二十中也加以圈阅。

[参考] 张贻玖：《毛泽东和诗》，中央文献出版社1998年版，第45页。

【注释】

（1）吴钩，刀名，因其刀形稍弯，形状似钩，又出产于吴地，故名"吴钩"。

（2）关山五十州，指当时藩镇割据控制的黄河南北地区。

（3）凌烟阁，唐朝殿阁名，在长安，唐太宗贞观十七年（643）在阁上画开国功臣二十四人图像，表彰他们的功绩。

（4）若个，哪个。万户侯，食邑万户的侯爵，泛指很高的爵位。

【赏析】

这首诗以问起，以问结，描写了作者弃文从武、为国尽力、建立功业的雄心壮志。

诗的前两句就以问开启："男儿何不带吴钩？收取关山五十州。"这两句是说，堂堂的男子汉，为何不带上吴钩宝剑，为收复藩镇割据的关山五十州而战呢？"吴钩"，刀的名字，因其刀形稍弯，形状似钩，又出产于吴地（今江苏南部一带），故名之曰"吴钩"。关山五十州，指当时藩镇割据控制的黄河南北地区。

《资治通鉴·唐纪五十四》载，唐宪宗元和七年（812），宰相李绛上书说："今法令所不能制者，河南、北五十余州。"李贺此诗所言五十州正指此五十余州。诗中以"何不"起问，明显包含有"应该"的意思，前两句正写男子汉应该佩带武器，去为国拼杀，为民除患，去"收取关山五十州"。这才是男子汉应该具备的志向和勇气！

"请君暂上凌烟阁，若个书生万户侯？"凌烟阁，唐朝殿阁名，唐太宗贞观十七年（643），在阁上画开国功臣二十四人图像，表彰他们的功绩。"若个"，哪个。"万户侯"，食邑万户的侯爵，泛指很高的爵位。这两句是说：请你先到凌烟阁去看看，阁上所画的那些功臣名将，哪一个是文弱书生得到万户侯爵的大名书在金匾上呢？这两句读来，似乎易被人们理解为是作者的不满，讽刺当朝或历来统治者只重武不重文，是同"寻章摘句老雕虫"一样慨叹文人的无用。细读全诗，联系上下几句，我们会发现诗人除了要表明在建功立业、保家卫国时文不如武的观点外，主要是在抒发自己要弃文从武、投笔从戎、为"收取关山五十州"而建功立业的雄心壮志。

以问起，以问收，是本诗最大的特点。诗的首句以"何不带吴钩"问起，说明应该带，自己正因为没带而自责。第二句写"带吴钩"的目的，是为了国家的统一，"收取关山五十州"，是出于对国家命运的关心。这一问，把诗人以国家统一为己任的高贵品质和强烈的爱国主义精神充分地表达了出来，也就给全诗定下了主题与格调：它是积极向上的，是作者爱国主义精神的体现。第三句转入凌烟阁，提出建功立业的问题。最后一句以"若个书生万户侯"作结，提出一问，也是向读者提问，让人们自觉地总结出历史的规律：历史上书生不易，极少是能够建功封侯的！书生要想封万户侯，只有弃文从武，投笔从戎。这表现了他关心国家命运，愿为国家统一而建功封侯的急切心情和强烈的爱国精神。

全诗的语言明快，风格豪放，形象鲜明。（毕晓莹）

【原文】

南园十三首
其六　寻章摘句老雕虫

寻章摘句老雕虫(1)，晓月当帘挂玉弓。
不见年年辽海上(2)，文章何处哭秋风？

【毛泽东圈评等情况】

毛泽东读几个版本的李贺诗歌专集时曾多次圈阅此诗。清沈德潜编选的《唐诗别裁集》卷二十也载有这首诗。

[参考] 张贻玖：《毛泽东和诗》，中央文献出版社 1998 年版，第 45 页。

【注释】

（1）寻章摘句，指作文的谋篇琢句、讲究辞藻等形式上的功夫。语出《三国志·孙权传》裴松之注："不效书生寻章摘句而已。"老，指终身从事于某种事业。雕虫，小技巧，原指写作辞赋，这里泛指写诗作文。

（2）辽海，指辽东，辽河流域南临渤海，故称。古时那里常有战事，这里泛指边地战场。

【赏析】

李贺的南园诗，从内容上分可以大体分两类：一类是抒写家乡的田园景物；一类是因仕途失意，慨叹文章无用。本首南园诗属后类。

首句"寻章摘句老雕虫"。"寻章摘句"，指作文的谋篇琢句、讲究辞藻等形式上的功夫。语出《三国志·孙权传》裴松之注："不效书生寻章摘句而已。""老"，指终身从事于某种事业。"雕虫"，小技巧，原指写作辞赋，这里泛指写诗作文。扬雄《法言·吾子》："或问：'吾子少而好赋？'曰：'然。童子雕虫篆刻，壮士不为也。'"这一句的意思是说自己夜以继日不停地摘句寻章，花费了一生的精力和时光，功夫全花在写诗作文这雕虫小技上。

"晓月当帘挂玉弓"。"帘"，窗帘。"玉弓"，下弦的残月形状像弓形。天欲亮未明时，残月映在窗帘上，像挂着一张玉弓。那时，我仍在苦吟诵读与写作。可是，这样的用功钻研，会带来什么样的成绩呢？

"不见年年辽海上，文章何处哭秋风？""辽海"，即辽东，我国辽河流域南临渤海，因此称为辽海。古时那儿经常发生战争，所以，这里的辽海是泛称，泛指边地战场。"哭秋风"，指宋玉的长诗《九辩》，诗中有"悲哉秋之为气也"，悲叹秋季万物凋落，抒发他政治失意的悲伤。这两句是说，难道你没有看到，年年都是战争，边地战火更是连年不息，即使你有如宋玉一般的文才，又有什么地方需要你那悲秋的文章呢？中唐时期，藩镇割据，又加上西北部少数民族的侵扰，使得当时崇尚武力。武力就是一切，文章再好，也是无用的。

在李贺生活的年代里，严重的政治危机和封建统治者的昏庸无能，使得国家内祸外患频起，诗人深深地感到"寻章摘句"的"老雕虫""悲秋风"的文章都是无用的。一方面他感到怀才不遇的痛苦，另一方面他深感武力的重要。尽管他政治上不得志，他却为国家着想。国难危急，边疆战紧，只管"哭秋风"是无济于国家的，而应奔赴战场、建功立业，这也表达了作者关心国家命运的深切之情。

全诗因事有感，因景生情，言短意赅，感情深沉。用"年年辽海"上的战火和"哭秋风"的文章，形成强烈的对比，不仅抒发了诗人怀才不遇的感慨，更写出自己要奔赴边疆为国建功立业的远大抱负。（毕晓莹）

【原文】

南园十三首
其七　长卿牢落悲空舍

长卿牢落悲空舍(1)，曼倩诙谐取自容(2)。
见买若耶溪水剑(3)，明朝归去事猿公(4)。

【毛泽东圈评等情况】

毛泽东读李贺的诗集时曾多次圈阅这首诗。

［参考］张贻玖：《毛泽东和诗》，中央文献出版社1998年版，第45页。

【注释】

（1）长卿，指汉代大文学家司马相如，字长卿。牢落，指不得意。空舍，室中空空荡荡，指生活困苦。

（2）曼倩，东方朔的字。晋夏侯湛《东方朔画赞》："大夫讳朔，字曼倩，平原厌次人也。……明节不可以久安也，故诙谐以取容。"

（3）见买，准备买。若耶溪，在越州会稽（今浙江绍兴）东南若耶山下，相传这里出产名剑。

（4）猿公，传说中善于击剑的人。《吴越春秋》："越有处女出于南林……道逢一翁，自称袁公……袁公则飞上树为白猿。"

【赏析】

这是一首述怀之作。诗人借古人以抒写文人不为时所重之情。

"长卿牢落悲空舍"，首句写司马相如穷愁潦倒的境况。"长卿"，指汉代大文学家司马相如。相如字长卿，蜀郡成都（今四川成都）人，以写作辞赋出名。"牢落"，指不得意。"空舍"，室中空空荡荡，指生活困苦。《汉书·司马相如传》："相如家徒四壁立。"注："但有四壁，更无资产。"

"曼倩诙谐取自容"，次句写东方朔。"曼倩"，东方朔的字。东方朔，汉代平原厌次（今山东阳信东南）人。他是一个很有才能的人，见世道险恶，在宫廷中，常以开玩笑的形式进行讽谏，以避免直言悖上。结果汉武帝不看重他，只把他当作俳优看待，政治上不予信任。"诙谐"，幽默滑稽。"取自容"，取得自身立足的地位。本句诗出晋夏侯湛《东方朔画赞》："以为傲世不可以垂训也，故正谏以明节；明节不可以久安也，故诙谐以取容。"东方朔有才能而不能施展，只能诙谐取容；司马相如才气纵横，只落得家徒四壁。回顾历史，瞻望前程，不能不令人感到抑郁不安。

诗的后两句就直抒胸怀，要弃文从武。

"见买若耶溪水剑"是第三句。"见买"，准备买，拟买。"若耶溪"，在越州会稽（今浙江绍兴）东南，相传这里出产名剑。语见《越绝书》："薛烛对越王曰：'若耶之溪涸而出铜也，古欧冶子铸剑之所。'"这句是说，我准备买一把锋利无比的若耶剑。那么，买若耶剑干什么呢？诗的末句给我们做了回答："明朝归去事猿公。"也就是说，明朝回去拜猿公为师，学习剑术，学得一身好武艺。猿公，传说中善于击剑的人，此一说法源于《吴越春秋》："越有处女出于南林，越王聘之。处女北行见于王，道逢一翁，自称袁公。问处女："闻子善剑，愿一见之。"女曰："妾不敢有所隐，唯公试之。"于是袁公杖箖簬（lín yú）竹……操其本而刺处女。处女应即入之。因举杖击袁工，袁公则飞上树为白猿。

诗的前两句写古人，后两句写自己，把古人与自己糅合在一起，把历史与现实糅合在一起，把记叙与抒情糅合在一起，条理清晰，新奇巧妙。诗人善于用典，所用典故与现实作比，意味深长。（毕晓莹）

【原文】

南园十三首

其八　春水初生乳燕飞

春水初生乳燕飞，黄蜂小尾扑花归。

窗含远色通书幌[(1)]，鱼拥香钩近石矶[(2)]。

【毛泽东圈评等情况】

毛泽东读几个不同版本的李贺诗集时均圈阅了这首诗。

[参考] 张贻玖：《毛泽东评点、圈阅的中国古典诗词》，
中国工人出版社 1992 年版，第 234 页。

【注释】

（1）书幌，书房的帷幔。

（2）香钩，香饵。石矶，近水石崖。

【赏析】

这首诗通过诗人坐在书房里观看春景，展现了一幅春天绚丽的图画，表现了诗人的闲适心情和审美情趣。

"春水初生乳燕飞，黄蜂小尾扑花归。"一、二句写远景。春水初生，冬天雨少水浅，春日雨多水涨，故曰"生"。杜甫《春水生二绝》："二月六夜春水生，门前小滩浑欲平。"春水初生，百花盛开，乳燕掠水而飞，黄蜂采蜜而忙。几样景物，略一点缀，便春意盎然，确是写生高手。景物皆取动态——水生、燕飞、蜂扑、花摇，化静为动，死景作活，尤为不易。

"窗含远色通书幌，鱼拥香钩近石矶。"三、四句写近景。"书幌"，

是书房的帷幔。"香钩",带着香味食饵的鱼钩。"石矶",露出水面的石块。透过书房帏幔,可以欣赏远处美丽的景色,书房里也因此充满了春意。窗外石矶上有人垂钓,游鱼正簇拥着香钩争食,溅起阵阵水花。"书幌",点出诗人身份。"窗含远色"又将远景与近景绾合在一起,构成一幅完整的绚烂图画。后二句与杜甫"窗含西岭千秋雪,门泊东吴万里船"(绝句四首)同一机杼,工力悉敌。(毕晓莹)

【原文】

南园十三首
其十一　长峦谷口倚谢家

长峦谷口倚嵇家[1],白昼千峰老翠华。
自履藤鞋收石蜜[2],手牵苔絮长莼花[3]。

【毛泽东圈评等情况】

毛泽东读李贺诗集时圈阅了这首诗。

[参考] 张贻玖:《毛泽东评点、圈阅的中国古典诗词》,
中国工人出版社1992年版,第234页。

【注释】

(1)嵇家,指南园外的一个嵇姓邻居。峦,郭璞《尔雅》注:"山形长狭者,荆州谓之峦。"

(2)石蜜,高山岩穴间野蜂所酿的蜜,也叫崖蜜。色青,味微酸。

(3)苔絮,水中青苔,其丝乱如棉絮,水草被它所网不能生长,所以牵去令莼菜生长。莼(chún),蔬菜名,多年生水生草木,叶椭圆形,浮生在水,夏季开花,嫩叶供食用,老株可作饲料。

【赏析】

这首七言绝句通过对南园外一位姓嵇的人家倚山而居、收蜜养莼生活的描写，表现了对其自食其力、悠然自得生活的羡慕，流露出诗人依恋田园的情感。

"长峦谷口倚嵇家，白昼千峰老翠华。"一、二句写嵇姓人家山居环境。"长峦"，狭长的山。郭璞《尔雅注》："山形长狭者，荆州谓之峦。""嵇家"，一个姓嵇的人家。"翠华"，指山色苍翠。这两句是说，在昌谷附近，狭长的山口处一个姓嵇的人家倚山而居，这里群山环抱，白天看来总是一片苍翠。"嵇家"，点出诗中主人。"长峦谷口"，指出所居之地。"千峰""翠华"，见其居处在众山围绕之中，已得胜地。这是写其居处环境。

"自履藤鞋收石蜜，手牵苔絮长莼花。"三、四句写其所务之业。这位嵇姓男子穿着自己编织的藤鞋每天爬上悬崖峭壁去收石蜜，还拨开水中厚厚的青苔去放养莼菜。"石蜜"，高山岩穴间野蜂所养的蜜，也叫崖蜜，色青，味微酸。《本草纲目》引陶宏景曰："石蜜即崖蜜也，在高山岩石间作之，色青，味小酸，其蜂黑色似虻。""苔絮"，水中青苔渐长厚，其丝乱如棉絮，水草被它网罩不能生长，所以牵去令莼菜生长。长，使植物生长。"莼"，蔬菜名，多年生水生草本，叶椭圆形，浮生在水，夏季开花，嫩叶供食用，老株可作饲料。这两句写嵇姓人家所务之业，上山采蜜，唾手而得；下水养菜，俯拾皆是。所务皆有惊无险，极饶情趣，让人不觉起羡慕之情，表现了诗人热爱田园的美好情思。（毕桂发）

【原文】

南园十三首
其十三　小树开朝径

小树开朝径，长茸湿夜烟。

柳花惊雪浦，麦雨涨溪田。

古刹疏钟度[1]，遥岚破月悬[2]。

沙头敲石火，烧竹照渔船。

【毛泽东圈评等情况】

毛泽东读李贺诗集时曾多次圈阅这首诗。

[参考] 张贻玖:《毛泽东和诗》,中央文献出版社1998年版,第45页。

【注释】

(1)疏钟度,传来缓慢的钟声。刹,僧寺。

(2)破月,指不圆的月亮。岚,山气。

【赏析】

这是一首优美动人的山水诗,也是一幅天明到日落的风景画。

这首五言律诗的前两句写晨景:"小树开朝径,长茸湿夜烟。""朝",清晨。"茸",初生的小草。"长茸",形容野草繁茂的样子。"夜烟",夜晚的雾气。夜雾随着黎明的到来渐渐而去,翠绿的小树林中,一条蜿蜒盘旋的小路这时也同晨光苏醒,展露在面前。路边,小草们喝饱了露水,显得更加青翠可爱。

"柳花惊雪浦,麦雨涨溪田。"三、四句写白日的景色。"浦",水滨。"涨",充满。这两句是说,在水边的浅滩上,铺满了白花花的柳絮,看上去就像白雪一样,不禁使人大为吃惊。再看旁边的溪水和两岸的田地,因为前不久刚下过一场大雨,溪水上涨了,田里的水也满满的,春水丰足,预示明年将是一个好年景。

诗的前四句,由林间小径写到含露小草,又转到溪边柳絮、春水,由晨露初开的早晨写到风和日丽、水暖花漂的日中,由清幽、翠绿写到雪一样洁白、明净的景象,这些视角的转变,也是随着时间的转化而组织在一起。前四句以写自然景物为主,只有第三句一个"惊"字点出了人,也就是观景人。

诗的后四句是写夜景。

"古刹疏钟度,遥岚破月悬。"五、六句写月夜钟声。"刹",庙宇。"疏钟度",传来缓慢的钟声。"度",动词,度过。"岚",山中云气。"破月",指不圆的月亮。"古刹疏钟度",从古刹传来缓慢的敲钟声。"遥岚破月悬"，遥望天上，一轮残月似悬在远方的云雾之上。这两句，前句写声，后句写形，有形有声，古刹建造时间离现在久远，遥岚则表示山与人相距甚远。两者都含有远的意思，又是在夜色中所闻所见，不能不给人以悠远娴静之感。

"沙头敲石火，烧竹照渔船。"末二句是写船家夜渔的景象。"敲石火"，敲击石取火。在沙滩水边，夜晚，打鱼人在河滩击石取火，点燃竹枝扎成火把为渔船照明。夜间，鱼一见光亮就会慢慢靠近，这时渔人就可以轻而易举地把它们抓到了。这两句虽没明写打鱼人捕鱼的事，但字里行间已作了交代，启发读者自己去想象补充。同时，不直接写人打鱼，而只写敲石火、烧竹照渔船，更富有意味，更能打动人心。

整首诗描绘了从早到晚一天中所见到的不同景象，把它们有机地组合起来，从形象、色彩、声音等不同的角度，表现了春天生机勃勃的景象。

（毕晓莹）

【原文】

古悠悠行

白景归西山⁽¹⁾，碧华上迢迢⁽²⁾。
今古何处尽？千岁随风飘。
海沙变成石⁽³⁾，鱼沫吹秦桥⁽⁴⁾。
空光远流浪⁽⁵⁾，铜柱从年消⁽⁶⁾。

【毛泽东圈评等情况】

毛泽东读李贺诗集时曾圈阅此诗。

[参考]张贻玖：《毛泽东评点、圈阅的中国古典诗词》，
中国工人出版社1992年版，第235页。

【注释】

（1）白景，指白日。景，日光。
（2）碧华，皎洁的月亮，一说碧色的夜云。

（3）"海沙"句，暗用沧海变桑田的典故。

（4）"鱼沫"句是引用秦始皇的故事。《三齐记》："青城山，秦始皇登此山筑城，造石桥，入海三十里。"

（5）空光，即阳光。

（6）"铜柱"句，用汉武帝建承露盘的典故。铜柱，即支撑仙人承露盘之柱。

【赏析】

《古悠悠行》，"悠悠"，久远不尽之意。"行"，歌行，古代一种诗体。题目之意是说，自古以来时间就是永无尽头的。这首五言律诗借咏时间的无穷无尽，对秦始皇、汉武帝等封建帝王妄求长生的愚蠢行为作了含蓄的嘲讽。

"白景归西山，碧华上迢迢。"一、二两句写景。"白景"，指太阳。"景"，日光。"碧华"，玉华，指月亮，"迢迢"，遥远。这两句是说，每天太阳从西山落下，月亮升起在遥望的天边，给人以日月轮回、年复一年、自古而然、永无止休的感觉，直切自古"悠悠"题意，用人们所熟知的日月升落来表示时间流逝，把抽象的时间概念形象化，通俗易懂。

"今古何处尽？千岁随风飘。"三、四句议论，紧承一、二句来说，今来古往，哪里有穷尽呢？千年时间虽长，然而流失也很快，就像物体随风飘去一样。形象化的议论更加深了题意。

"海沙变成石，鱼沫吹秦桥。"五、六句用典。前句暗用沧海变桑田的典故。李贺诗屡写此意，如《梦天》："黄尘清水三山下，更变千年如走马。"《天上谣》："东指羲和能走马，海尘新生石山下。"《浩歌》："南风吹山作平地，帝遣天吴移海水。"都是沧海桑田的说法。同一意思，诗人能用多种不同的生动说法说出，可见诗人表现功力之深。后句"鱼沫吹秦桥"，则是引用秦始皇的故事。《初学记》引《三秦记》："青城山，秦始皇登此山筑城，造石桥，入海三十里。"这句意思是说，当年秦始皇造的石桥已不存在，只见游鱼在那里吹着泡沫。

"空光远流浪，铜柱从年消。""空光"，即阳光。前句是说，时光像水一样悠悠不断地流着，是比喻手法。后句是用汉武帝的典故。据《汉书·武帝纪》载：武帝作柏梁、铜柱、承露仙人掌之属，盖在建章宫中，高二十丈，大七围。其下为铜柱，柱上有铜仙人舒掌捧铜盘，盘中置玉杯以承云表之露，取露和玉屑服之，以求长生。末句的意思是，汉武帝所建的铜柱，也随着年代的变迁而消失了。

昼夜更替，今古无尽，沧海桑田，变化无穷。千年之久，如风飘之迅疾。秦皇造桥之处，又见群鱼吹沫其间。汉武所立铜柱，也已化为乌有。以秦皇汉武的雄才大略，欲求长生且不可得，而况他人呢？诗作不仅讽刺了封建帝王妄求长生的荒唐，同时也提醒世人莫作这种愚蠢之举。（毕桂发）

【原文】

马诗二十三首
其一　龙脊贴连钱

龙脊贴连钱[(1)]，银蹄白踏烟。

无人织锦鞯[(2)]，谁为铸金鞭。

【毛泽东圈评等情况】

毛泽东读李贺诗集时曾多次圈画这首诗。

[参考] 张贻玖：《毛泽东和诗》，中央文献出版社 1998 年版，第 45 页。

【注释】

（1）龙，指龙马。古称身长八尺以上的马为龙马，是一种骏马。脊贴连钱，指马背上的斑点像贴上去的一连串铜钱。《南史·梁记下·简文帝》："项毛左旋，连钱入脊。"

（2）鞯（chàn），即障泥，垂覆在马腹两侧用以遮挡泥土。

【赏析】

马诗二十三首，是一组以马为题材的诗。这组诗为五言绝句，继承了杜甫咏马诗"各有寄托，各有议论，各见精彩"的艺术传统，以马喻人，托物咏怀，首首寓意，极尽变化之法，抒发了有才能而不得重用的感慨，抨击了当时"任人唯亲"的政治现象。这一首是这组马诗的第一首。

"龙脊贴连钱，银蹄白踏烟。"这两句是说骏马体态漂亮，奔跑如飞，银蹄闪闪扬起团团白色的烟云，极言马的优美。此为赞马，为后两句描写良马未为人所识埋下伏笔，形成鲜明对比。"龙"指龙马。古称身长八尺以上的马为龙马，是一种骏马。"贴连钱"，马背上的斑点像贴上去的一连串铜钱。"银蹄"，白色的马蹄。

"无人织锦韂，谁为铸金鞭。"韂，也叫障泥，垂覆在马腹两侧，用以遮挡泥土。"金鞭"，指贵重的马鞭。这两句是说，没有人给它编织护马腹的锦韂，还有谁能为它铸造马鞭、能够使用它呢？诗的后两句写此马无人识，以致无人织配锦韂，铸造马鞭，比喻马不被人使用重用，写出了马的"怀才不遇"的凄凉。

这首诗，前两句极写马的雄健，体态的英俊，奔跑如飞，绝对是良马、骏马。后两句急转，由写马转到写人，写人不识马，没人看得上它，没人为它配鞍策鞭。通过前后两联的对比，写出了此马的遭遇：徒有一身好材，却没有人重用它，抒发了作者对骏马不该有的遭遇的同情与不满。

借马喻人是马诗的一大写作特点，本诗也一样，以骏马不被用来喻指有才能的人不被重用的遭遇，抒发了作者对有才能的人得不到重用的愤懑心情，谴责世人、统治阶级不会用人，任人唯亲而不看是否有真才实学的腐败现象。（毕晓莹）

【原文】

马诗二十三首
其二　腊月草根甜

腊月草根甜⁽¹⁾，天街雪似盐⁽²⁾。
未知口硬软，先拟蒺藜衔⁽³⁾。

【毛泽东圈评等情况】

毛泽东读李贺诗集时多次圈阅的《马诗二十三首》中有这首诗。

[参考] 张贻玖：《毛泽东和诗》，中央文献出版社 1998 年版，第 45 页。

【注释】

（1）草根甜，草到腊月，枝叶枯槁，根藏土中，既经霜雪，亦含甜味。

（2）天街，指京城里的街道。雪似盐，语出《世说新语·言语》："谢太傅寒雪日内集，与儿女讲论文义，俄而雪骤，公欣然曰：'白雪纷纷何所似？'兄子胡儿曰：'撒盐空中差可拟。'"

【赏析】

这首马诗描绘了一个特定环境下的骏马饥不择食的场景，读后让人久久不能平静。

"腊月草根甜"，首句点明时间是腊月，即阴历十二月，这时我国北方早已是叶落草枯，地面之上很难寻到马可食之物。"草根甜"是说，草到腊月，枝叶枯槁，唯有根在，马无物可食，这时即使是吃草根，也觉得它是甜的，可见马食物之匮乏。

"天街雪似盐"。"天街"，京城里的街道。"雪似盐"，语出《世说新语·言语》："谢太傅寒雪日内集，与儿女讲论文义，俄而雪骤，公欣然曰：'白雪纷纷何所似？'兄子胡儿曰：'撒盐空中差可拟。'"这句又写出了马想求食而艰难的另一情况，偏偏又是大雪天，本来就没有多少可吃的，只有些草根供它聊以充饥，可又偏偏老天与它作对，又下起大雪，遮掩草根，使之欲食更难。

"未知口硬软""未知"也作"不知"，不知道自己的口的软硬。"先拟蒺藜衔"。蒺藜，植物的名字。果皮上有刺，一年生草本植物，茎横生在地面上，果实也叫蒺藜，上有刺，草枯藤死，果实落于地，埋在雪下，故马可能会吃到。后两句写马为饥困所迫，不顾自己口的软硬，于雪中掏摸而食，正好遇上蒺藜，反而受到蒺藜的伤害。"先拟蒺藜衔"句说明马饥困难耐，即使是蒺藜也要尝一尝，极写马的饥不择食的急切之情。

本诗全写一马饥不择食的景象。作者以马喻人，形容人的困顿遭遇，包含作者沉痛的意味，抒发了作者的同情与感慨。

这首诗立意新奇的特色很为后人称道，刘辰翁评这首诗时就说："赋马者多矣，此独取不经人道者。"（毕晓莹）

【原文】

马诗二十三首
其四　此马非凡马

此马非凡马，房星本是星[(1)]。

向前敲瘦骨[(2)]，犹自带铜声。

【毛泽东圈评等情况】

毛泽东读李贺诗集时多次圈阅的《马诗二十三首》中有这首诗。

[参考] 张贻玖：《毛泽东和诗》，中央文献出版社 1998 年版，第 45 页。

【注释】

（1）房星，星名，二十八星宿之一。《瑞应图》："马为房星之精。"本是星，一作"是本星"。

（2）瘦骨，写马形，是良马征状。村甫诗："胡马大宛名，锋棱瘦骨成。"良马多半瘦骏。

【赏析】

这首诗通过对一匹瘦骨刚劲、敲击自带铜声的马的描写，对这匹良马予以热情的赞美，同时以物喻人，也是对当时有志之士坚强不屈性格的颂扬。

"此马非凡马"，是说这不是一匹一般的马，言外之意是骏马，是神马。首句以议论发端，开门见山，一言论定，不容置疑，看似平易，实则奇崛。正如宋代诗人王安石所说："看似寻常最奇崛，成如容易却艰辛。"

（《病起荆江亭即事》）起得有力，是个很好的开端。

"房星本是星"，"房星"，星名。《瑞应图》："马为房星之精"。"本是星"，一作"是本星"。这句是说，房星就是这匹马的本星。过去星相学认为，杰出的人物、非凡的马匹都上应星，而一般的凡人、凡马是不应星相的，因而说这匹马上应房星，便表明它不是一匹凡马，而是一匹非常好的骏马、神马。至此，写马的不凡已进了一步。它不是第一句的简单重复。诗写到这里，这匹马是匹好马，给人的印象已经很深。但这匹马到底是什么样的，还有待进一步描写。

"向前敲瘦骨，犹自带铜声。"三、四句对马的形象进行具体描绘。诗人的描绘很特别，他不写马的毛色和风姿，而只抓住它的"瘦骨"来写，写骨也不具体写骨架如何，而是别出心裁地去敲击"瘦骨"，"瘦骨"铮铮有声就好像敲击铜一样。"瘦骨"写形，是良马征候。因为骏马异于常马，在于它奔跑疾速有力，所以一般都很瘦。王琦注《李长吉诗歌汇解》："杜子美诗：'胡马大宛马，锋棱瘦骨成。'知马之骏者，多瘦而不甚肥。"所以说"瘦骨"并不是写马营养不良、处境不好，而是说从骨相看它是一匹好马。但作者偏不从视觉上写，而是从触觉上写，写它敲击有声，而且声如铜音，清越入耳。"铜声"是写质，反映马的素质。"铜声"二字，读来浑厚凝重，有立体感。三、四句用散文句法入诗，联系紧密，更有力地刻画了这匹骏马的形象，显示了它的内在美质。如此良马，不获世用，甚为可惜。作者以此马自况，托物喻人之意甚明。（毕桂发）

【原文】

马诗二十三首
其五　大漠沙如雪

大漠沙如雪[1]，燕山月似钩[2]。
何当金络脑[3]，快走踏清秋。

【毛泽东圈评等情况】

毛泽东读李贺诗集时曾多次圈阅的《马诗二十三首》中有这首诗。

[参考] 张贻玖：《毛泽东和诗》，中央文献出版社 1998 年版，第 45 页。

【注释】

（1）大漠，沙漠。班固《封燕然山铭》："经碛卤，绝大漠。"李周翰注："大漠，沙漠也。"

（2）燕山，即燕然山，指今蒙古国境内的杭爱山。

（3）何当，何时。金络脑，指用金装饰的马络头。

【赏析】

本诗描写的是一匹具有雄心壮志、渴望在沙场上建功立业的骏马，以之比喻有才能的人希望能得到任用，能够按照他们的专长发挥作用，使他们有所成就，也表现作者自己想替国家建功立业的决心。

"大漠沙如雪，燕山月似钩。"诗的开头两句展现出一幅边地壮阔的自然景象：广袤的原野之上，黄沙万里，漠漠如雪的不毛之地；燕然山的山头升起一轮新月，像金钩一样悬挂在天空，照耀着这一片旷野。"大漠"，大沙漠。班固《封燕然山铭》："经碛卤，绝大漠。"燕山，即燕然山，指今蒙古国境内的杭爱山。汉将军窦宪曾大破匈奴，登燕然山，刻石铭功。"燕山月似钩"中的"钩"，是一种弯刀，打仗用的武器，作者由明晃晃的月牙联想到武器的形象，也就包含了思战之意。这场景，为骏马驰骋万里、施展才能提供了背景，它就是英雄的用武之地。前两句的写景开启后两句的抒情。

"何当金络脑，快走踏清秋。""何当"，何时，什么时候才能够。"金络脑"，指用金装饰的马络头。"走"，在古代专指跑的意思。"清秋"，清爽的秋天。"踏"，飞奔的状态。这两句是说，什么时候才能戴上金络头，在秋高气爽的疆场驰骋，为国建立功勋呢？这两句表面看来，似在写骏马渴望放蹄奔驰在清秋辽远的疆场上，效命于万里沙场之中。实际上，是作者以马喻人，借马抒情言志，抒发自己急欲为国家有所作为的豪迈气概。

那么，作者为什么会有这种想法呢？这跟他所处的时代背景是分不开的：中唐时期，唐王朝的势力已不比盛唐。在西面，吐蕃的势力一直伸展到今四川、甘肃一带，北面又有回纥、奚、契丹的兴起。而国内藩镇割据，争权夺利，各霸一方。在这种情况下，李贺也禁不住要以驰骋沙场的骏马自居，想替国家立功了。

这首诗语言明快，风格清丽健爽，艺术手法上的主要特点是比喻。诗中以雪喻沙，以钩喻月，又以骏马自喻。"踏清秋"三字，声调铿锵，词语搭配新奇，"踏"字用得好，使人仿佛听到了骏马奔腾的声音，又仿佛看到战马风驰电掣般的雄姿，不仅形象鲜明，而且立体感强。（毕晓莹）

【原文】

马诗二十三首
其六 饥卧骨查牙

饥卧骨查牙⁽¹⁾，粗毛刺破花⁽²⁾。
鬣焦朱色落⁽³⁾，发断锯长麻⁽⁴⁾。

【毛泽东圈评等情况】

毛泽东读李贺不同版本的诗集时曾多次圈阅的《马诗二十三首》中有这首诗。

[参考] 张贻玖：《毛泽东和诗》，中央文献出版社 1998 年版，第 46 页。

【注释】

（1）查牙，错乱不齐的样子。这里指瘦骨突露。

（2）花，指马的斑斓的毛片。杜甫有诗"五花散作云满身"。

（3）鬣（liè），马颈上的长毛。《山海经》："犬戎国有文马，缟身朱鬣。"朱鬣二字即本此。

（4）发，额上之毛。南朝宋颜延之《赭白马赋》："垂稍植发。"李善注："发，额上毛也。"

【赏析】

这首诗极写马的饥饿不堪之状，在《马诗》中属于讽刺之作。

全诗四句。"饥卧骨查牙，粗毛刺破花"两句写马因饥饿站立不稳而卧倒在地，更显得瘦骨嶙峋，粗劣的毛把身上的花纹也破坏了。查牙，错出不齐之状，此指瘦骨突露。花，花纹图案或颜色错杂。《西京杂记》卷三："自是长安始盛饰鞍马，竞加雕镂……皆以南海白蜃为珂，紫金为华，以饰其上。"李白《将进酒》："五花马，千金裘，呼儿将出换美酒，与尔同销万古愁。"杜甫诗："五花散作云满身。"都是指马之毛色错杂，斗作花文之意。这匹马骨露花破的原因是饥饿，僵卧在地便是必然了。

"鬣焦朱色落，发断锯长麻"两句重点写马的鬣毛和额毛。马之长毛在颈上者谓之鬣，在额上者谓之发。鬣然者，因朱色之退而见其为焦；发断者，因长麻为络头粗劣不堪，额发被其磨落，好像被锯断一样。王琦云："咏马至此，盖其困顿摧挫，极不堪言者矣。"以马喻人，这是诗人对统治者摧残人才的揭露和讽刺。（毕桂发）

【原文】

马诗二十三首
其八　赤兔无人用

赤兔无人用[(1)]，当须吕布骑[(2)]。
吾闻果下马[(3)]，羁策任蛮儿[(4)]。

【毛泽东圈评等情况】

毛泽东读李贺诗集时曾多次圈阅的《马诗二十三首》中有这首诗。

[参考] 张贻玖：《毛泽东和诗》，中央文献出版社1998年版，第45页。

【注释】

（1）赤兔，骏马的名字，三国时名将吕布的坐骑。《后汉书·吕布传》："吕布常御良马，号曰赤兔，能驰城飞堑。"《三国志·魏书·吕布传》裴松之注引当时谣谚曰："人中有吕布，马中有赤兔。"

（2）吕布，字奉先，东汉时九原（今内蒙古包头西）人，因参与汉末的分裂割据活动，被曹操所杀。

（3）果下马，东汉时涔（wéi）地出产的一种体高三尺的矮马，能在果树下行走，故称之。

（4）蛮儿，古人对南方少数民族的蔑称。

【赏析】

李贺的这首马诗同样是以马喻人。他嘲弄了那些趋炎附势、唯命是从的"果下马"，寄托了对朝廷能重用"赤兔"的期望。

"赤兔无人用，当须吕布骑。"诗的前两句是引用三国时名将吕布与其坐骑的故事。"赤兔"，骏马的名字。"吕布"，字奉先，东汉时九原（在今内蒙古包头西）人，因参与汉末的分裂割据活动，被曹操所杀。据《三国志·魏书·吕布传》裴松之注引当时谣谚曰："人中有吕布，马中有赤兔。"《后汉书》中有："吕布常御良马，号曰赤兔，能驰城飞堑。"可见历史上对吕布、赤兔的好评，李贺在这里也对之采取极其称赞的态度，良马没有人能用，只应当由真正的猛将英雄使用。

"吾闻果下马，羁策任蛮儿。""果下马"，东汉时涔地出产的一种体高三尺的矮马，能在果树下行走，故称之为"果下马"。《桂海虞衡志》："果下马，土产小驷也，以出德庆之泷水者为最。高不逾三尺，骏者有两脊骨，故又号'双脊马'，健而善行。"此言奇隽之马，非猛健之人不能驾驭，若其下乘，则蛮儿亦能驱使。以见逸才之士，必不受凡庸之笼络。"羁策"，驱使驾驭的意思。"蛮儿"，古代封建统治阶级对南方少数民族的蔑称，这里指当时的宦官头子吐突承璀、刘贞亮等人，因为他们正是南方少数民族。这两句是说，我听说那些低等无能的果下马是随便能被人驱使鞭策的。

诗人对比"赤兔"和"果下马"，一个是只须吕布——英雄、健将骑，一个是任人摆布的。通过对比，作者把笔锋直指当时宦官擅权的黑暗政治，鞭挞了排挤贤能、网罗死党的宦官头子，嘲弄了那些趋炎附势、唯命是从的"果下马"，寄托了对朝廷能重用"赤兔"的期望，同时，也表

明了自己倔强的性格。（毕晓莹）

【原文】

马诗二十三首
其十　催榜渡乌江

催榜渡乌江[(1)]，神骓泣向风[(2)]。

君王今解剑[(3)]，何处逐英雄[(4)]。

【毛泽东圈评等情况】

毛泽东读李贺诗集时曾多次圈阅的《马诗二十三首》中有这首诗。

[参考] 张贻玖：《毛泽东和诗》，中央文献出版社 1998 年版，第 45 页。

【注释】

（1）榜，船桨，代指船。《楚辞·九章·泸江》："乘舲船余上沅兮，齐吴榜以击汰。"王逸注："榜，船棹也。"乌江，在今安徽和县东北的乌江镇附近，项羽自刎地。一作"江东"。

（2）神骓（zhuī），指项羽的坐骑乌骓马。

（3）君王，也作"吾王"，指项羽解其佩剑自杀而亡。

（4）逐，追随。

【赏析】

这首《马诗》写的是英雄项羽的坐骑——乌骓马的事，抒发了作者怀才不遇的悲哀。

乌骓马，项羽曾夸赞它说："吾骑此马五岁，所当无敌，常日行千里。"在垓下战役中，项羽战败，连夜突围到乌江岸边。乌江亭长给项羽准备了一条船，对他说："江东虽小，地方千里，众数十万人，亦足王也。愿大王急渡！"但项羽拒绝了。他为感谢亭长的好意，把乌骓马送给了亭长。自己自刎而死。

诗人李贺有感于这段史事，设身处地地替这匹曾经"所当无敌"的"千里马"着想，写下了这首诗。

"催榜渡乌江，神骓泣向风。"诗的前两句是说，乌江亭的亭长把乌骓马拉到船上，要渡过江去，可是乌骓马见项羽没有上船，就在惨烈的北风中禁不住痛哭起来。在这里，诗人用了一个人格化的动词"泣"，把马恋故主的这种常情人格化，谓之"泣"。那么，让我们不能不问，它悲的是什么呢？它悲的是主人死后，不可能再找到像项羽这样的英雄和它一起驰骋在战场上了。

"君王今解剑，何处逐英雄？"这两句是说，君王他今日拔剑自杀了，到什么地方再能找到像他这样的英雄，随他一起驰骋在疆场上呢？

诗人借乌骓马的故事来比喻怀才不遇的悲哀。历史上有过许多有志之士，他们追随领袖人物多年，建立丰功伟业，一旦这位领袖人物逝去，人们会痛感到一种无法弥补的损失。乌骓马纵有"日行千里"之能，"所当无敌"的功勋，可是识它、用它的人不在了，它怎样才能施展才华呢？诗人以乌骓马自喻，暗示自己也如同这乌骓马一般，虽有满腹爱国心，满腹才华，可有谁能识呢？到哪里去寻觅识才的英雄呢？

全诗描写项羽死后乌骓马的去向与动作，首写突出一个"渡"字，其后突出一个"泣"字，把马人格化了。马为何"泣"呢？后两句"君王今解剑，何处逐英雄？"才写出了马泣的原因。这样写，耐人寻味，让人深思，作者怀才不遇的悲哀也就融入了马的悲痛之中。（毕晓莹）

【原文】

马诗二十三首
其二十三　武帝爱神仙

武帝爱神仙[(1)]，烧金得紫烟[(2)]。
厩中皆肉马，不解上青天。

【毛泽东圈评等情况】

毛泽东读李贺诗集时曾多次圈阅的《马诗二十三首》中有这首诗。

[参考] 张贻玖：《毛泽东和诗》，中央文献出版社 1998 年版，第 45 页。

【注释】

（1）武帝，即汉武帝刘彻。《刘武帝内传》："汉孝武皇帝景帝子也……及即位，好神仙之道。"

（2）烧金，指汉武帝使方士炼丹砂为金丹。《太平广记》卷九《李少君》："（李少君）乃以方上帝，云：丹砂可成黄金（金丹），金成服之升仙。"

【赏析】

这是一首耐人寻味的讽刺诗。诗人借古喻今，借写马讽刺汉武帝求神仙，借汉武帝讽刺当时最高统治者昏庸迷信，不会用人。

"武帝爱神仙，烧金得紫烟。"这两句写汉武帝炼丹求仙的故事：汉武帝一心想长生不老变神仙，就命方士炼丹砂为金。可炼丹不成，得到的却是一缕紫烟。《太平广记》卷九《李少君》："（李少君）乃以方上帝，云：丹砂可成黄金（金丹），金成服之升仙。""烧金"，指炼丹砂成为金丹。"得"字在这里看似平常，却极有分量，它写出了作者对妄图炼丹求仙的荒诞行为的讽刺与蔑视。

诗的后两句才直接开始写到了马："厩中皆肉马，不解上青天。""厩"，马棚。"解"，懂，明白。这两句是说汉武帝马棚里的马都成了膘肥肉多的凡马，没有作为，是不懂得上青天的，说明汉武帝求天马上青天迷梦的幻灭。据《史记·大宛列传》载：武帝好大宛马，拜李广利为贰师将军伐大宛，取其善马数十匹，中马以下牡牝三千余匹。那么，汉武帝这样派人远征讨伐得来的好马，他怎样重用了呢？"厩中皆肉马"，这一句就给我们交代出它们的优遇：作为"御马"，它们吃得好，住得好，条件自然比在大宛时优越得多，结果一个个被喂得膘肥体壮。想想，这样的马即使在平地上奔跑都有困难，汉武帝怎样骑它上青天呢？

李贺的二十三首《马诗》，首首都采用设喻的形式，本诗也一样，也是以马来喻人，借"天马"（大宛的"汗血马"）被捕来后喂得膘肥体笨、不能上青天，来比喻当时有才有识之士不被重用，而平庸无能之辈却当高官、居高位。这样就产生了问题，凭他们这些人怎样才能使国家繁荣昌盛呢？

设喻是本诗的一个特点，其实最根本的还在于作者的用意是在借汉武帝讽刺唐宪宗。唐代的好几个皇帝也都迷信，他们都是吃了大量仙丹而得病不可救药的。唐宪宗也好神仙，听信方士的鬼话，幻想长生不老。作者写作此诗的目的就在于借汉武帝讽刺唐宪宗，告诫他求仙是不可能的，要趁早收起这个幻想。（毕晓莹）

【原文】

申胡子觱篥歌

申胡子，朔客之苍头也[1]。朔客李氏，本亦世家子，得祀江夏王庙[2]，当年践履失序，遂奉官北郡[3]。自称学长调短调[4]，久未知名。今年四月，吾与对舍于长安崇义里，遂将衣质酒，命予合饮，气热杯阑，因谓吾曰："李长吉，尔徒能长调，不能作五字歌诗，直强回笔端[5]，与陶谢诗势相远几里[6]！"吾对后，请撰《申胡子觱篥歌》，以五字断句。歌成，左右人合噪相唱[7]。朔客大喜，擎觞起立，命花娘出幕，徘徊拜客。吾问所宜[8]，称善平弄[9]，于是以敝辞配声，与予为寿。

颜热感君酒[10]，含嚼芦中声[11]。花娘篸绥妥[12]，休睡芙蓉屏。谁截太平管[13]？列点排空星。直贯开花风，天上驱云行。今夕岁华落[14]，令人惜平生。心事如波涛，中坐时时惊。朔客骑白马，剑弝悬兰缨[15]。俊健如生猱，肯拾蓬中萤[16]？

【毛泽东圈评等情况】

毛泽东读李贺诗集时曾多次圈阅此诗。

[参考] 张贻玖：《毛泽东和诗》，中央文献出版社1998年版，第48页。

【注释】

（1）朔客，北方人，古时北方又称朔方，此指北方边地的将领。苍头，奴仆。《汉书·鲍宣传》："使奴从宾客浆酒霍肉，苍头庐儿皆用致富。"颜师古注引孟康曰："汉名奴为苍头，非纯黑，以别于良人也。"

（2）江夏王，名道宗，初封任城王，太宗时以战功封江夏。得祀，指得从祭于庙。朔客可能是江夏王的支属。

（3）践履失序，指行为失检。北郡，指古北匈奴所居之地。

（4）长调短调，唐人称七字句为长调，五字句为短调。

（5）直，但。强回笔端，指姑且收敛笔锋，作五言诗。

（6）陶谢，指晋陶潜和南朝宋诗人谢灵运，二人均工五言诗。

（7）噪，群呼声。合噪相唱，言群呼同唱。

（8）所宜，所长。

（9）平弄，古人谓歌吟为弄。平弄即平声慢歌的意思。

（10）颜热，因酒酣而面部发热。

（11）含嚼，唇含齿嚼而吹之，形容吹觱篥最是恰当。

（12）花娘，歌女。篸（zān），同"簪"，首饰的一种。绥，指簪头珠翠下垂的样子。妥，平妥。

（13）截，斫，这里指制作。太平管，吹奏的乐器，类似觱篥。

（14）岁华落，说明时间过得很快。

（15）剑犯（bà），剑柄。兰缨，剑柄上所悬之缨。

（16）蓬中萤，蓬草中的萤火虫。《晋书·车胤传》：车胤"家贫不常得油，夏月则练囊盛数十萤火以照书，以夜继日焉。"

【赏析】

申胡子是唐宗室江夏王李道宗后代的仆人，善吹觱篥。觱篥，我国古代北方少数民族的一种吹奏乐器。李颀《听安万善吹觱篥歌》："南山截竹为觱篥，此乐本是龟兹出。"《文献通考》："觱篥，一名悲栗，一名笳管，羌、胡、龟兹之乐也。以竹为管，以芦为首，状类胡笳而九窍，所法者角音而甚悲栗，胡人吹之，以惊中国马焉。"

从诗前的序我们知道，诗人与李氏子在长安对门而居，李氏子典衣换酒，请诗人共饮。饮宴中说诗人只擅长写七字的长律，而不能写五言诗，李贺即席撰写了这首《申胡子觱篥歌》。这个故事不仅交代了写这首诗的原因，而且表现了李贺与朔客的真挚情谊，也反映出李贺在诗歌创作上自负和当时五言诗的衰微。这首诗表现了申胡子吹觱篥的高超技艺和强烈的艺术魅力。

李贺这首《申胡子觱篥歌》写得好，朔客置酒祝贺，首句"颜热感君酒"，承序末"与予为寿"而来，衔接自然，"颜热"，因酒酣而面部发热。喝酒而至于颜热，说明是酒逢知己，连连举杯，喝得痛快，叙事中透出二人的友情。次句"含嚼芦中声"写申胡子开始吹觱篥。"含嚼"，唇含齿嚼而吹之，摹写毕真。"花娘篸绥妥，休睡芙蓉屏"，两句写申胡子吹觱篥的魅力。"花娘"，指歌女。"篸"，同"簪"。首饰的一种。"绥"，下垂的样子。"妥"，平妥。"芙蓉屏"，画有芙蓉的屏风。这两句是说，歌女的簪子下垂而又安妥，听到觱篥声而睡意全消。着墨不多，却写出了申胡子吹觱篥的魅力。

接下来"谁截太平管？列点排空星。""截"，听，这里指制作，"太平管"，类似觱篥的乐器。这两句形容觱篥制作精巧，觱篥上排列的按孔，好像天空中的星星。此二句为设问自答方式，用了一个巧妙的比喻，就把觱篥做工的精巧表现出来了。"直贯开花风，天上驱行云"二句，描写乐声之美，有如催开百花的春风，又好像在天上驱赶行云。古称声音之妙能"响遏行云"，此借其说而反用之，曰"天上驱行云"，更善点化。以上八句是写申胡子吹觱篥。

"今夕岁华落，令人惜平生。心事如波涛，中坐时时惊。"这四句是说，今天晚上时光即将消失，令人叹息平生无所作为。诗人虽然同在座的人一起听音乐，但心潮起伏，时时感到心惊。"岁华落"，说明时间过得快，不知不觉地流逝"如波涛"。从诗人和他人的感受方面讲则令人"时时惊"，进一步渲染申胡子吹觱篥的技巧高明。

"朔客骑白马，剑弽悬兰缨。俊健如生猱，肯拾蓬中萤？"末四句则由申胡子写到他的主人。"剑弽"，剑柄。"生猱"，野猴，形容朔客的灵敏健捷。"蓬中萤"，蓬草中的萤火虫。晋时有个穷书生车胤，"博学多通。家贫不常得油，夏月则练囊盛数十萤火以照书，以夜继日焉"。事见《晋书·车胤传》。后来便用为刻苦读书的典故。这四句是说，朔客骑白马，腰中悬挂的宝剑柄上挂着兰缨，英姿飒爽好像矫健敏捷的猿猴，哪里肯作拾萤夜读的穷书生呢？俗话说，强将手下无弱兵，这里反用其意，以主人的英姿豪爽来衬托申胡子的风姿，以主衬宾，完成对申胡子形象的塑造。此外，从李贺结尾忽然赞扬朔客的尚武精神，表现出诗人对骑马悬剑生活的向往，这和《南园》诗中"男儿何不带吴钩，收取关山五十州"所表现的、希望建功立业的思想是一致的。（毕桂发）

【原文】

老夫采玉歌

采玉采玉须水碧⁽¹⁾，琢作步摇徒好色⁽²⁾。

老夫饥寒龙为愁，蓝溪水气无清白⁽³⁾。

夜雨冈头食蓁子，杜鹃口血老夫泪⁽⁴⁾。

蓝溪之水厌生人⁽⁵⁾，身死千年恨溪水。

斜山柏风雨如啸，泉脚挂绳青袅袅⁽⁶⁾。

村寒白屋念娇婴⁽⁷⁾，古台石磴悬肠草⁽⁸⁾。

【毛泽东圈评等情况】

毛泽东读李贺诗集时曾多次圈画这首诗。

[参考] 张贻玖：《毛泽东和诗》，中央文献出版社1998年版，第48页。

【注释】

（1）水碧，碧玉名，系水晶一类矿物，又名碧玉。《山海经·东山经》："耿山无草木，多水碧。"郭璞注："亦水玉类。"

（2）步摇，古代贵族妇女的一种发饰，上面镶翠玉、垂珠花，行步摇动。好色，这里是美容的意思。

（3）蓝溪，在今陕西蓝田蓝田山下，产碧玉，名蓝田玉。

（4）杜鹃，鸟名，又名子规，啼声凄苦，口常流血。

（5）厌，通"餍"（yàn），饱食。生人，活人。

（6）泉脚，指风雨中崖石上流下一道道的水。袅袅，摇摆不定的样子。

（7）白屋，指不施彩色露出本材的房屋，一说以白茅覆盖的房屋，为古代平民所居。《尸子·君治》："人之言天下者瑶台九累，而尧白屋。"《汉书·王莽传上》："开门延士，下及白屋。"

（8）石磴，指山上有石级的道路。悬肠草，蔓生植物，有"思子蔓""离别草"等别名。

【赏析】

中唐时期，贵族阶级为了满足其骄奢淫逸生活的需要，驱使老百姓到环境恶劣的蓝溪中去采玉，供其享用。这种弊政，许多人反对过，许多诗人还写入过自己的诗篇之中。早于李贺的另一位唐代诗人韦应物写过一首《采玉行》，也是取材于采玉的民工生活，开头两句写道："官府征白丁，言采蓝田玉。"可见那些采玉工人都是被官府强征去的。李贺的《老夫采玉歌》，以深挚真切的感情和特异的艺术手法，描绘了蓝溪老人的悲惨生活，是诗人为数不多的现实主义力作之一。

全诗可分为三层。"采玉采玉须水碧，琢作步摇徒好色。"起首二句为第一层，写老夫被迫采玉。"水碧"，碧玉名。"步摇"，古代贵族妇女的一种发饰，上面镶翠玉、垂珠花，行步摇动，故称"步摇"。这两句说当时役夫采玉为的是官家需要水碧，水碧的用处是雕琢妇人的首饰，把美女打扮得更美一些罢了。首句叠用"采玉"二字，是说采了又采，没完没了地采，表现了老夫采玉的辛苦，渗透着诗人的无限同情，也成了笼罩全诗的基调。玉工们费尽千辛万苦采来的碧玉，仅供给贵妇们做首饰，并无多大用处，一个"徒"字，既慨叹玉工们的劳力白费，又批评了贵族们的骄奢，表明了诗人的态度。

从第三句开始，以下六句为第二层，专门写一个采玉的老汉在饥寒交迫中辛勤采玉。"老夫饥寒龙为愁，蓝溪水气无清白。""蓝溪"，在今陕西蓝田山下，产碧玉，名蓝田玉。这两句是说，采玉者饥寒交迫，为了糊口，不得不下蓝溪。他们翻来搅去，把溪水都搅得浑浊不堪，永无澄清，连水中的龙也因此烦恼。从这种描写可见采玉是经常的，役夫是众多的，当然最辛苦的当数这位老夫了。这里，"龙为愁""无清白"都是衬托老夫"饥寒的"。接着具体写老夫的"饥寒"。"夜雨冈头食蓁子，杜鹃口血老夫泪。""蓁"，同"榛"，榛树的子像小栗，可食。"杜鹃"，又名子规、杜宇。啼声凄苦，每年从春至夏，日夜号深林中，口常流血。这两句是说在风雨之夜，老夫在山冈上的工棚里啃食榛子充饥，他哭出的眼泪带着血，也像杜鹃口中所吐的血。"夜雨冈头"写其"寒""食蓁子"写其"饥""杜鹃口血"写其"苦"，。此二句写老夫的生活和心态，有很强的艺术概括力。这么繁重的劳动，这么艰苦的生活，玉工死伤自然是在所难免的，所以诗人接着写道："蓝溪之水厌生人，身死千年恨溪水。""厌"，通"餍"，饱食。"生人"，活人。这两句是说，蓝溪水吞食了无数采玉的人，他们身死千年，还怨恨着溪水。诗人实则是说溪水和玉工互相怨恨。清王琦《李长吉歌汇解》评此二句说："夫不恨官吏而恨溪水，微词也。"意思是说，这种写法虽然很委婉，但对官府的恨也含蕴在字里行间了。

末四句为第三层，写老玉夫思乡怀亲的感情。"泉脚"，指风雨中崖石上流下的一道道水。"袅袅"，摇摆不定的样子。"白屋"，茅草屋。"磴"，石级。"悬肠草"，蔓生植物，有"思子蔓""离别草"等别名。这四句是说，山冈上柏林里被风吹得歪歪斜斜呼啸而下的小瀑布，在泉脚之间还挂着采玉人的绳子（采玉者系在腰间，从山上垂入水中）。老玉夫看着古台石磴边的悬肠草，触景生情，惦念起家里娇弱的幼儿。这段描写极为生动，简直像一个个电影镜头：山崖瀑流而下，远景；一根根长绳在悬崖下摇曳，近景；老玉夫在看着石磴边的悬肠草，思念起家中茅屋中的娇儿，百感交集，泪如雨下，特写。出色的白描，把一幅幅生动的图画展现在我们面前。在这些描写中，诗人融情入景，借景抒情，深刻地揭示了老玉夫的凄苦心情。这样作结，含蓄深沉，令人回味不已。

《老夫采玉歌》构思新颖，想象丰富，艺术风格洒脱奇丽，表现手法多样，通过老夫采玉这个生活侧面，概括地反映了人民的苦难生活，表现了诗人同情人民疾苦的进步思想，具有一种震撼人心的艺术力量。

毛泽东多次圈画过这首诗，说明他对此诗非常欣赏。（毕桂发）

【原文】

黄家洞

雀步蹙沙声促促[1]，四尺角弓青石镞。黑幡三点铜鼓鸣[2]，高作猿啼摇箭箙[3]。彩巾缠踍幅半斜[4]，溪头簇队映葛花[5]。山潭晚雾吟白鼍[6]，竹蛇飞蠹射金沙[7]。闲驱竹马缓归家[8]，官军自杀容州槎[9]。

【毛泽东圈评等情况】

毛泽东读李贺诗集时圈阅了这首诗。

[参考]张贻玖：《毛泽东评点、圈阅的中国古典诗词》，

中国工人出版社1992年版，第234页。

【注释】

（1）雀步，指黄家洞人行走轻促，步伐像雀跃。蹙（cù），同"蹴"，踏。

（2）幡（fān），旗帜之类。点，指点、挥动示意。铜鼓鸣，古代我国西南兄弟民族有事时击铜鼓聚众。

（3）箙（fú），箭袋。郑玄《周礼注》："箙，盛矢器也，以兽皮为之。"

（4）踍（qiāo），应作"骹"，小腿。

（5）葛，葛草，茎细长，蔓生，秋天开紫红色花。

（8）鼍（tuó），俗称猪婆龙，鳄鱼的一种。

（7）竹蛇，指竹根蛇，又名青蝰（kuí）蛇，剧毒，皮色与竹相似。飞蠹（dù），害虫名，疑即传说中能含沙射人的"蜮"。

（8）竹马，用竹竿当马骑，是一种儿童游戏。

（9）容州，在今广西北流、容县一带。槎（chá），南方人称呼老百姓的方言。

【赏析】

中唐时期，唐宪宗元和十一年（816）后数年，唐王朝对邕州（在今广西南宁邕宁区一带）、容州等地少数民族黄家洞人实行了残酷的剥削和压迫，迫使他们多次起义。唐王朝派去的军队，无法战胜满腔怒火的黄家洞人，便任意屠杀无辜的老百姓，谎报军情，邀功请赏，充分暴露了他们的残暴和腐败。这首七言古诗没有描写战争场面，而是通过对黄家洞人集队自卫、反抗官军情景的描写，表现了对少数民族的同情。这在当时，是非常难能可贵的。

全诗十句，前八句写黄家洞人服饰、武器的奇异，行动的迅速。"雀步蹙沙声促促，四尺角弓青石镞。"首二句先写其兵器和动作，为黄家洞人造象。"雀步"，像雀跃一样的步伐，喻其快速灵活。"蹙"，同"蹴"，踏。"促促"，指走在沙地上的脚步声。"角弓"，饰有兽角的弓。"青石镞"，用青石磨成的箭头。这两句是说，黄家洞人走在沙地上像雀跃一样促促作响，他们身佩四尺长的角弓，腰悬盛有青石箭头的袋子。二句一动一静，一比喻，一白描，初展黄家洞人的飒爽英姿。"黑幡三点铜鼓鸣，高作猿啼摇箭箙。"三、四句写军事行动。"幡"，旗帜之类。"点"，指点，挥动示意。"铜鼓鸣"，古代我国西南兄弟民族有事时击铜鼓聚众。"箙"，箭袋。这两句是说，这些黄家洞人平时散居各处，各干其事，只要黑旗摇动三下，铜鼓齐鸣，他们便高声呼叫着像猿一样摇着手中的箭袋从四面八方跑来，写出其有令则行，动作迅猛，有很好的军事素质。"彩巾缠蹲幅半斜，溪头镞队映葛花。"五、六句写其装束。蹲"，疑是"骹"的误字，小腿。"葛"，葛草，茎细长，蔓生，秋天开紫红色花。这两句是说，黄家洞人用彩色布斜缠小腿，立在溪头，簇立成队，与葛花相映。写其缠腿、列队，显示军事素质很好，又以葛花点染，用笔游刃有余。"山潭晚雾吟白鼍，竹蛇飞蠹射金沙。"七、八句写其生活环境恶劣。"鼍"，俗称猪婆龙，鳄鱼的一种。"竹蛇"，可能指竹根蛇，又名青蝰蛇，剧毒，皮色与竹相似。"飞蠹"，害虫名。疑即传说中能含沙射人的"蜮"，所以接着说"射金沙"。二句描写黄家洞人居住地区景物奇异，环境恶劣，尚且自守度日，更无向外骚扰之心，官军讨伐，实在不该，字里行间有诗人态度在。

末二句把黄家洞人与官军对照着写："闲驱竹马缓回家，官军自杀容州槎。""竹马"，用竹竿当马骑，是一种儿童游戏。"容州"，在今广西北流、容县一带。"槎"，南方人称呼老百姓的方言。这两句是说，训练有素的黄家洞人打了胜仗，像儿童骑竹马玩耍一样从从容容回家，官军只得杀了容州的老百姓去谎报军功。二句对比强烈，既流露出对黄家洞人的赞扬，又揭露出官军的暴行。褒贬之间，表现了诗人对兄弟民族的正确态度，具有进步的思想意义。

唐代另一位文学家韩愈在唐宪宗元和十五年（820）《上黄家贼事宜状》的奏折中谈到此事说，黄家洞人"亦无城可居，依山旁险，自称洞主……寻常亦各营生，急则屯聚相保"，也肯定黄家洞人自保家乡是对的，与诗人的态度正同，可见这是有识之士的共识。（毕桂发）

【原文】

罗浮山人与葛篇

依依宜织江雨空⁽¹⁾，雨中六月兰台风⁽²⁾。

博罗老仙时出洞⁽³⁾，千岁石床啼鬼工⁽⁴⁾。

蛇毒浓凝洞堂湿，江鱼不食衔沙立。

欲剪湘中一尺天⁽⁵⁾，吴娥莫道吴刀涩⁽⁶⁾。

【毛泽东圈评等情况】

毛泽东读李贺诗集时曾多次圈画此诗。

[参考] 张贻玖：《毛泽东和诗》，中央文献出版社1998年版，第48页。

【注释】

（1）依依，形容葛布质地柔软。江雨空，葛布织得像密雨空蒙一样疏密有致。

（2）兰台风，宋玉《风赋》："楚襄王游于兰台之宫……有风飒然而至，王乃披襟而当之曰：'快哉此风，寡人所与庶人共者耶！'"这里用来泛指南方。

（3）博罗老仙，指罗浮山人。博罗即罗浮之异名，山中有朱明、黄龙、蝴蝶、夜乐诸洞。老仙，即山人。

（4）千岁石床，指织布机，一说指洞中之石床。鬼工，即鬼斧神工，形容葛布织得技艺高超、精妙。

（5）湘中一尺天，比喻葛布的洁白像湘水一样天光一色。

（6）吴娥，吴娘，指吴中的妇女。吴刀，吴地所产之剪刀。涩，钝。

【赏析】

《艺文类聚》说："罗浮者，盖总称焉。罗，罗山也；浮，浮山也。二山合体谓之罗浮。"罗浮山在今广东增城境内。"山人"，隐士。一位住在广东罗浮山的朋友，给李贺捎来一匹葛布。这首诗就是赞美这种葛布质地优良和织工的精致，字里行间流露出对罗浮山人的深情厚谊。

全诗一共八句，前四句极力描写葛布织工的精细，后四句表示在暑天里诗人正急需这种葛布裁制衣服。

"依依宜织江雨空，雨中六月兰台风。""依依"是形容葛布质地柔软。"江雨空"是说葛布织得像密雨空蒙一样，疏密有致。"兰台风"是一个典故。宋玉《风赋》说："楚襄王游于兰台之宫……有风飒然而至，王乃披襟而当之曰：'快哉此风，寡人所与庶人共者耶！'"在这两句中，作者开门见山，赞美了葛布的疏而且细，想象穿上葛衣，迎着清凉的风，就像楚襄王在兰台宫中被清风吹拂一样，爽快极了。这不仅写出葛布穿起来非常凉爽，也显出葛布的柔软。

"博罗老仙时出洞，千岁石床啼鬼工。""博罗老仙"是用夸张笔墨比喻那位罗浮山人。"时出洞"是说这位老织工葛布织得又快又多，还供不应求。"千岁石床"指织布机。这里不说织机而说"千岁石床"，便蒙上了一层神秘色彩，既切合山人身份，又与"啼鬼工"相一致。"鬼工"，即鬼斧神工，形容葛布织得技艺高超、精妙。这样好的葛布却持之与人，难免惋惜而啼泣了，又引出下文。

"蛇毒浓凝洞堂湿，江鱼不食衔沙立。"五、六句极写山人织葛之辛苦，直承"啼鬼工"而来。南方天气炎热，洞中又潮湿，山人织葛工作条件之苦可想而知。如果直接这样说，就缺乏形象。诗人就选择了两种不怕热的动物——蛇和鱼来描写。蛇是冷血动物，是不怕热的，但却被热得直喘气，喷出来的浓液把整个山洞都弄湿了。鱼是水中动物，该也不怕热吧，如今也热得头钻到沙里，来避水中蒸腾的热气，看起来就像衔沙倒立一样。连最不怕热的动物都热得受不住，辛勤的老织工将如何忍受？极写织工工作条件之艰苦，流露出深厚的同情和怜悯。

"欲剪湘中一尺天，吴娥莫道吴刀涩。"写到织女暑热难熬，诗人仿佛顿感热不可耐，手头正有罗浮山人馈赠的葛布，还不快剪裁衣服。转折幅度大，却又自然，真是神来之笔。"湘中一尺天"，比喻葛布的莹白如湘水清深，中含天光，与之一色。用法与杜甫"焉得并州快剪刀，剪取吴淞半江水"同。"吴刀"，吴地所产的剪刀，以快驰名。"涩"，钝的意思。二句是说，吴娘啊，快把那又白又细的葛布裁剪衣服，你不要推说剪刀不锋利呀，东吴正是出产好剪刀的地方啊！以裁葛制衣作结，便戛然而止。（毕桂发）

【原文】

杨生青花紫石砚歌

端州石工巧如神，踏天磨刀割紫云⁽¹⁾。佣刓抱水含满唇⁽²⁾，暗洒苌弘冷血痕⁽³⁾。纱帷昼暖墨花春⁽⁴⁾，轻沤漂沫松麝薰⁽⁵⁾。干腻薄重立脚匀⁽⁶⁾，数寸光秋无日昏⁽⁷⁾。圆毫促点声静新⁽⁸⁾，孔砚宽硕何足云⁽⁹⁾！

【毛泽东圈评等情况】

毛泽东读李贺诗集时圈阅了这首诗。

[参考] 张贻玖：《毛泽东评点、圈阅的中国古典诗词》，
中国工人出版社1992年版，第235页。

【注释】

（1）紫云，即紫石。端溪产石的地方叫砚岩，唐代采石以岩顶上的

龙岩石为最好。

（2）佣刓（wán），琢磨平整。佣，齐。刓，雕刻成形。抱水，指砚中聚水。唇，砚唇，盛水处。

（3）苌弘冷血痕，指砚上的青花。《庄子》云："苌弘死于蜀，藏其血，三年而化为碧。"

（4）纱帷，轻纱制作的帷帐。墨花，端砚使用时间长了墨渍出来的色彩。

（5）沤，沫，皆水泡。轻沤漂沫，指蘸少许水以磨墨。松麝，松脂和麝香，这里指墨中的香料。薰，香气。

（6）干腻薄重，指墨的干和润、淡和浓。立脚匀，磨墨时墨的下端平稳。

（7）数寸，指砚池。光秋无日昏，指磨出的墨汁光色皎洁。

（8）圆毫，指毛笔。

（9）孔砚，孔丘的砚。《初学记》："伍缉之《从征记》曰：'孔子床前有石砚一枚，作甚古朴，盖孔子平生时物。'"宽硕，大而粗笨。

【赏析】

这是一首咏物诗。杨生，可能是作者的一位朋友。他有一方端州（今广东肇庆）产的青花紫石砚，诗人见而爱之，为其写下了这首赞美的七言古诗。

全诗共十句，先看开头两句："端州石工巧如神，踏天磨刀割紫云。"两句是写矿工采石。采石这种笨重的劳动，在平庸作者笔下也许毫无诗意可言。而在李贺笔下却诗意盎然，首句说端州砚工技艺之巧，鬼使神差，巧夺天工，开门见山，总赞一句，已经力透纸背。紧接着"踏天磨刀割紫云"，便是写砚工采石活动了。"踏天"，不是登高山，而是下洞底，踏的是水中天，灯光闪烁于水面，岩石倒映于水中，好像凝云。开石用锤凿，李贺既以石为"云"，当然只好用"刀割"了。两种采石的描写，流露出诗人对劳动人民的热爱和赞颂。

"佣刓抱水含满唇，暗洒苌弘冷血痕。"三、四句写制砚。"佣"是把石块磨制整齐，"刓"是把石块雕刻成型。"唇"，是砚唇，盛水处。砚唇蓄水故说"抱水"。"暗洒"句写砚之色。紫石上有青花。唐人吴淑《砚赋》说："有青点如筋头大，其点如碧玉晶莹。"这就是人们所看重的砚上的眼——"鸲鹆（qú yù）眼"，即石上的圆形晕纹，形状像八哥的眼睛，可以把紫砚点缀得更美观。《砚谱》说："端石有眼者最贵，谓之鸲鹆眼。""苌弘冷血痕"，指砚上的青花。《庄子·外物》云："苌弘死于蜀，藏其血，三年而化为碧。"所以此句既写了紫石，也写了青花。

"纱帷昼暖墨花春，轻沤漂沫松麝薰。"五、六句写用砚，是说置砚于书房之中，试墨于日暖的时候。"沤""沫"，皆水中细泡。轻沤漂沫，是说蘸少许水以磨墨。古墨以松香加麝香制造，故磨几下，便墨香满屋了。

"干腻薄重立脚匀，数寸光秋无日昏。"七、八句继写端砚的质地和光泽。上句是写这砚虽干而细腻，虽薄而厚重，砚足不偏不倚，放置平稳。下句说砚体不大，而又极有光彩。《砚谱》说："惟斧柯山出者，大不过三四指，一雨呵津汗满沥，真难得之物。"两句意谓墨磨砚上，则干处、腻处、薄处、重处，墨脚都很匀静。数寸小砚光洁如秋阳之镜，白无纤毫昏翳，是说其容易发墨。

"圆毫促点声静新，孔砚宽硕何足云！"九、十两句议论。上句赞美石质细致，以笔试之，其声细而静，不伤笔毫。一般来说，砚石发墨，多损笔。上文既说其发墨，此句又说其不损毫，极言砚石之美。以上对杨生青花紫石砚赞美备至，而意有未尽，下句又有神来之笔——"孔砚宽硕何足云"。《初学记》载伍缉之《从征记》说："孔子床前有石砚一枚，作甚古朴，盖孔子平生时物。"孔子被尊为"圣人"，其砚宝贵可知，然与杨生青花紫砚相比，又算得了什么呢！对杨生之砚的赞美无以复加了。（毕桂发）

【原文】

苦昼短

飞光飞光[1]，劝尔一杯酒。吾不识青天高，黄地厚，唯见月寒日暖，来煎人寿[2]。食熊则肥，食蛙则瘦。神君何在？太一安有[3]？天东有若木[4]，下置御烛龙[5]。吾将斩龙足，嚼龙肉，使之朝不得回，夜不得伏⁽⁶⁾。自然老者不死，少者不哭。何为服黄金，吞白玉⁽⁷⁾？谁似任公子，云中骑白驴⁽⁸⁾？刘彻茂陵多滞骨⁽⁹⁾，嬴政梓棺费鲍鱼⁽¹⁰⁾！

【毛泽东圈评等情况】

毛泽东读李贺诗集时曾多次圈阅此诗。

[参考] 张贻玖：《毛泽东和诗》，中央文献出版社1998年版，第46页。

【注释】

（1）飞光，指阳光和月光，一说指飞逝的光阴。南朝梁沈约《宿东园》："飞光忽我遒，岂止岁云暮。"张铣注："飞光，日月光也。"

（2）煎人寿，消磨人的生命。

（8）神君，汉武帝时有长陵女子死后被她的姒娌奉为神，武帝将她供奉在宫内，称为"神君"。太一，有寿宫神君，其中最尊贵的称为"太一"，见《史记·封禅书》。

（4）若木，《山海经》中的"神木"之一，青叶赤华（花），生在日出入处。

（5）烛龙，屈原《天问》："日安不到，烛龙何照？"御烛龙，指驾驭太阳车子的六龙。御，一作"衔"。

（6）回，转动。伏，藏。

（7）黄金、白玉，古代方士说，吃了金丹和玉屑可以长寿。

（8）"谁似"两句，对传说中骑驴上天的仙人任公子提出了疑问。谁似，一作"谁是"。

（9）滞骨，指枯骨。刘彻，汉武帝姓名，死葬茂陵。

（10）嬴政，秦始皇姓名。此句用秦始皇死后赵高、李斯以鲍鱼充填枢车典故。

【赏析】

《苦昼短》慨叹光阴易逝、人生短促，讽刺迷信神仙、服药求长生的人。当时唐宪宗李纯好神仙，诗也许是为了借古讽今。

全诗分前后两部分。从开头至"太一安有"为前一部分。"飞光",飞逝的光阴。"煎人寿",消磨人的生命。开头诗人就举杯向"飞光"(时光)劝酒,是借酒浇愁,酒中求乐,为全诗笼罩上了一种悲观情调。这和他在《赠陈商》中所说"人生有穷拙,日暮聊饮酒"是同一机杼。联系李贺一生困顿的经历,更可以理解他产生这种消极思想是必然的,所以接着说我不知道青天高广、黄地厚阔,意谓没有感受到人间的美好感情和恩德,只看到时光来消耗人的生命。诗人为什么产生这样的感受呢?原来是"只今道已塞,何必须白首"。"来煎人寿"道出了诗人仕途无望、报国无门的苦闷心情和对人生的痛苦感受。一个"煎"字把诗人的人生苦况表现得淋漓尽致!"食熊"二句是说,人有肥有瘦是由于生活的贫富差别造成的。熊掌、熊肉是富贵人家的佳肴,蛙肉是穷人的食品。字里行间流露出对人们贫富不均的愤慨。但不管穷人也好,富人也罢,都不免一死,成仙得道是不可能的,所以诗人问:"神君何在,太一安有?""神君",汉武帝时有长陵女子死后被她的妯娌奉为神,相传有灵异。武帝将她供奉在宫内,称为"神君"。"太一",有寿宫神君,其中最尊贵的称为"太一"。这两句通过对古代两个有灵异神仙的质问,表现出诗人对人生规律的认识,字里行间闪耀着唯物主义的光芒。

基于对人生规律的基本看法,所以在诗的后半部分,诗人对沉湎于神仙道教企图长生不老的皇帝进行了辛辣的讽刺。"若木",据《山海经·大荒北经》说是一种"青叶赤华(花)"的植物。"烛龙",屈原《天问》:"日安不到,烛龙何照?"王逸注:"天之西北有幽冥无日之国,有龙衔烛而留照之。""衔烛龙"如日月轮流照,消磨人的生命一样,所以杀龙可以使人不死。因而诗人说,我若杀龙挽留时光,令人长生不老,解除生死之忧,为什么还要"服黄金,吞白玉"呢?道教迷信餐金服玉可以延长寿命。《玉经》说:"服金者寿如金,服玉者寿如玉也。"封建帝王迷信长生不老的虚妄之说,然而有谁摆脱了生死的自然规律呢?没有。诗的末尾一连举三个例子加以证明。"谁似任公子,云中骑白驴?"诗人对传说中骑驴上天的仙人任公子提出了疑问。紧接着诗人又以汉武帝和秦始皇这两个好求仙、信方士、妄求长生的皇帝仍不免一死作为佐证。"武帝爱神仙,烧金得紫烟"，调甘露、服玉屑求仙好道的汉武帝刘彻，到头来也落得个葬身茂陵。遍求方士以求长生不老的秦始皇（嬴政）也不免一死，而且因为他死在出外巡视途中，丞相李斯恐天下变乱秘不发丧。时值暑天，尸臭，"令车载一石鲍鱼，以乱其臭。"（《史记·秦始皇本纪》）"梓棺"，古制天子的棺用梓木，叫作"梓官"。诗人对仙人和封建皇帝妄求长生的愚蠢行为进行了淋漓尽致的揭露和嘲讽，读来痛快之至！（毕桂发）

【原文】

巫山高

碧丛丛⁽¹⁾，高插天，大江翻澜神曳烟⁽²⁾。

楚魂寻梦风飔然⁽³⁾，晓风飞雨生苔钱⁽⁴⁾。

瑶姬一去一千年⁽⁵⁾，丁香筇竹啼老猿⁽⁶⁾。

古祠近月蟾桂寒⁽⁷⁾，椒花坠红湿云间⁽⁸⁾。

【毛泽东圈评等情况】

1958 年 3 月，在成都会议期间，毛泽东圈阅的《诗词若干首》（唐宋明朝诗人写的有关四川的一些诗和词）中收有这首诗。

[参考] 刘开扬注释：《诗词若干首》（唐宋明朝诗人咏四川），

四川人民出版社 1998 年版，第 141 页。

【注释】

（1）丛丛，指巫山十二峰簇拥的样子。

（2）神，指巫山神女。曳烟，行云。烟，云。

（3）楚魂寻梦，指楚襄王梦见巫山神女之事。飔（sī），一作"飒"，凉。《说文》："飔，凉风也。"

（4）苔钱，青苔圆如钱。

（5）瑶姬，巫山神女名。《文选·高唐赋》李善注引《襄阳耆旧传》："赤帝女曰瑶姬，未行而卒，葬于巫山之阳，故曰巫山之女。"楚怀玉游于高唐，梦与神遇，自称是巫山神女，遂为置观于巫山之阳。

（6）丁香，树名，蜀地产紫丁香。筇（qióng）竹，古邛国（今四川西昌）所产竹，竹节高而实心，可作手杖。

（7）古祠，指巫山神女祠。蟾桂，蟾蜍和桂树。

（8）椒花坠红，即无人花自落之意。红，实指红实。

【赏析】

自从宋玉写《高唐赋》《神女赋》以来，巫山神女的传说便成了文人墨客的热门题目。汉乐府《鼓吹曲·饶歌》中就有《巫山高》一题，专门描写巫山神女之事。巫山，在今重庆巫山东，位于长江沿岸，风景秀丽。这首诗沿用乐府旧题，描绘巫山的景色中揉入巫山神女的神话传说，写得幽冷缥缈，对幻想成仙、追求长生的统治者们进行讽谕。

李贺一生并没有到过巫山，他是凭着艺术想象来描绘巫山的。开头三句写景，带出巫山神女。"丛丛"，指巫山十二峰簇拥的样子。"澜"，大波。"神"，指巫山神女。诗人下笔突兀，气势不凡。神女峰是碧青秀美的，与巫山群峰一起高耸入云；在波涛滚滚的长江岸边的巫山群峰上空，神女飞翔，长裙带着云彩。前两句既写出山的高耸，又写出神女的秀美形象。据宋玉《高唐赋》说，神女在这一带"旦为朝云，暮为行雨"，她"振绣衣，披袿裳""婉若游龙乘云翔"（《神女赋》）。神女身后自然是曳着片片云烟。山色的秀美和神女的飘逸，曾不仅使楚怀王、楚襄王生前梦想不已，乃至他们死后还在寻寻觅觅。当然，神女是虚无缥缈的，楚魂们见到的不过是山石上布满苔钱。"飔（sī）"，凉。接下去"瑶姬"二句，仍写楚魂巫山所见。"瑶姬"，巫山神女名。

《文选·高唐赋》注引《襄阳耆旧传》："赤帝女瑶姬……葬于巫山之阳，故曰巫山之女。""丁香"，树名，蜀地产紫丁香。"筇竹"，古邛国（今四川西昌东南）所产竹，竹节高而实心，可做手杖。这两句是说，巫山神女离开人间已经1000年了，楚魂自然无从得见，他们看到的不过是老猿在竹林树丛中啼唤罢了。

结尾二句写神女祠笼罩在凄凉的月色中，山上椒花纷坠，被云雾浸湿。诗人由对古人的玄想回到对现实的描绘，使画面更加完整，思想更加深刻，同时把全篇推向高潮。水声、风声、雨声、猿声都没有了，一片寂静，有"此时无声胜有声"之妙！（毕桂发）

【原文】

江南弄

江中绿雾起凉波，天上叠巘红嵯峨[(1)]。水风浦云生老竹[(2)]，渚暝蒲帆如一幅[(3)]。鲈鱼千头酒百斛，酒中倒卧南山绿[(4)]。吴歈越吟未终曲[(5)]，江上团团贴寒玉[(6)]。

【毛泽东圈评等情况】

毛泽东读李贺诗集时曾圈阅此诗。

[参考] 张贻玖：《毛泽东评点、圈阅的中国古典诗词》，
中国工人出版社 1992 年版，第 234 页。

【注释】

（1）叠巘（yǎn），重叠的山峰。巘，小山，一说上大下小的山。《诗经·大雅·公刘》："陟则在巘。"毛传："巘，小山别于大山也。"嵯峨，高峻。

（2）浦，《广韵》引《风土记》曰："大水有小口别通曰浦。"

（3）渚，水中小洲。暝，日暮。

（4）酒中，饮酒方半。倒卧，酒酣倒地而卧。南山绿，悠然见南山之色。

（5）吴歈（yú），吴歌。

（6）寒玉，指月亮初出。

【赏析】

《江南弄》为梁武帝萧衍所制，宋郭茂倩《乐府诗集》属"清商曲辞"。"弄"在这里是"乐曲"的意思。

《江南弄》的内容大多是"美芳辰丽景，嬉游得时"。这首诗遵循了这个规则，前四句写"丽景"，后四句写"嬉游"，描绘了一幅泛舟饮酒、醉中赏景的奇妙图画，笔意清新，构思奇巧，读来令人陶醉。

先看前四句所写的江南丽景。开头两句写泛舟江中仰视所见。诗以江雾起笔，除茫茫一片，似无丽景可言，诗人却别出心裁，抓住江雾的特色——绿来写，这就与众不同。"绿雾"映衬江水之深。"凉波"带来秋天寒意。已是傍晚时分，水中先起雾气，天上云气被落日返照，变成红霞，那高峻叠起的红霞，就像重叠的山峦一样。在这里，红霞是实景，叠嶂是虚幻，虚实结合，再加绿雾映衬，更加奇妙壮观。

三、四句写诗人远眺所见。前两句是由江水仰视天空，这两句是由江心平视远方。视角发生了变化，景观也自不同。风云与岸竹交织，好像从岸上竹林中生出，天色渐晚，洲渚渐暝，远方江船上用蒲苇编织成的风帆不甚分明，好像是一幅而已。

江景实佳，仰视远望皆悦目，后四句写嬉游，美酒佳肴，轻歌曼舞。五、六两句写诗人醉中赏景。"鲈鱼"，是天下的美味，江浙名产。千头、百斛形容酒宴之丰盛。"酒中"，饮酒方半。"倒卧"，酒酣倒地而卧。这两句是说诗人和一群朋友泛舟饮酒、赏景取乐，酒喝到半道便酩酊大醉，悠然见南山一片葱绿。酒醉还不忘赏景，风景之美可想而知。

最后两句写舟中歌舞，直到明月东升。吴歈，吴歌。"寒玉"，比喻月亮初升。朋友欢游，赏心乐事，又有吴歌越吟助兴，忘记了夜幕的降临，反映了诗人乐而忘返的愉快心情，浸透着诗人对江南风光的挚爱和对伟大祖国的深情。（毕桂发）

【原文】

北中寒

一方黑照三方紫[1]，黄河冰合鱼龙死。三尺木皮断文理[2]，百石强车上河水[3]。霜花草上大如钱，挥刀不入迷濛天。争漽海水飞凌喧[4]，山瀑无声玉虹悬[5]。

毛泽东读李贺诗集时曾圈阅这首诗。

[参考] 张贻玖:《毛泽东评点、圈阅的中国古典诗词》,

中国工人出版社 1992 年版,第 235 页。

【注释】

（1）一方黑,言北方天空黑。《周礼注》:"北方以立冬,谓黑帝之精。"《金丹清真元奥》:"太阳南明,太阴北黑。"古时认为北方是黑帝的方位,黑是北方的象征。

（2）"三尺"句,《汉书·晁错传》:"胡貉之地,阴积之处,木皮三寸,冰厚六尺。"本是木皮三寸,诗人写作"三尺",是夸张的手法。

（3）百石强车,载重百石的大车。石（dàn）,古代重量单位。《汉书·律历志上》:"三十斤为钧,四钧为石。"

（4）争濴（yíng）,波涛激荡回旋的样子。凌,指凝结的冰块。

（5）玉虹,虹本七彩,瀑布冰冻,只是银白,故称之为"玉虹"。

【赏析】

诗题中的"北中",即北部、北方之意,指中国北方广大地区。《北中寒》,顾名思义,这首诗是描写中国北方的寒冷的,是首风物诗。中国地处北温带,幅员辽阔,南方温暖,北方寒冷,温差极大。过去科学不发达,没有寒暑表作科学测定,即使有寒暑表测定,那也是科学记录,而不是艺术描写。艺术描绘则是文学家的事。说到中国北方寒冷,我们很容易想到李白的"燕山雪花大如席"（《北风行》）和岑参"瀚海阑干百丈冰"（《白雪歌送武判官归京》）等著名诗句,但那些诗篇就整体来看是写人的活动的,诗句描绘的我国北方的严寒气候和景色只是诗中人事活动的背景。而《北中寒》则把北国风光本身作为审美观照的对象,又驰骋丰富的艺术想象,运用强烈厚重的字眼,着意刻画北方酷寒,从而写成了富于奇光异彩的风景诗,表现了李贺写诗的创造精神。

"一方黑照三方紫",首句写北方天空晦暗（黑）,映照得其他三方

（东、西、南）都成了紫色。诗人所本是《周礼注》："北方以立冬，谓黑帝之精。"《金丹清真元奥》："太阳南明，太阴北黑。"古时认为北方是黑帝的方位，黑是北方的象征，故说"一方黑照三方紫"。黑、紫都是色彩浓重的字眼，给人一种神秘感和威压感，这就渲染了气氛，为全诗奠定了基调。

下面七句，一气而下，一句一种景观，构成一种北方奇寒画卷。次句"黄河冰合鱼龙死"，冰冻则鱼藏水底，这是一般常识；除非实冻，则鱼龙不至于冻死。如今说"鱼龙死"，可知冰冻之厚、天之寒。三句"三尺木皮断文理"，《汉书·晁错传》："夫胡貉之地，阴积之处也，木皮三寸，冰厚六尺。"本是木皮"三寸"，诗人写作"三尺"，是夸张的写法。这是说，由于冰冻，三尺厚的木皮纹理都断裂了。"百石强车上河水"，写大河冰封，载得起百石强车。"百石强车"，载重百石的大车，"谓车所载百石强耳"（何焯批语）。这句是说河冰坚厚，虽以百石重车行其上，也不碎陷。五句"霜花草上大如钱"，是说霜花凝结草上，像钱那么大。六句"挥刀不入迷濛天"，寒雾迷蒙，充塞天地，刀砍不入，是砍而复合之意。其写法与李白的名句"抽刀断水水更流"正同，而"挥刀不入迷濛天"则更给人以神奇之感，意在强调北国雾的稠密，七句"争潩海水飞凌喧"，"争潩"，形容水波激荡回旋。南朝梁顾野王《玉篇》："潩，音营，水洄也。""凌"，积冰。北海近岸浅水处，至十月即冻，而天气喧和，有时冰释，其碎冰被波涛激荡，发出喧闹声音。末句"山瀑无声玉虹悬"，山中瀑水激流而下，如挂白练，天寒而冻，寂然无声，像白虹悬挂涧中。虹本七彩，瀑布冰冻，只是银白，故曰"玉虹"，也是别出心裁所造。这一连串的描写，形象地画出了北中国的严寒景象，表现了诗题《北中寒》应有之意。八句诗，无一句中有"寒"字，但无句不寒，句句奇寒，方能写出北方奇特景观。用不平的诗句，写不凡的事物，凿险追幽，惨淡经营，终于写成了描写北国风光的名篇。（毕桂发）

神弦曲

西山日没东山昏，旋风吹马马踏云⁽¹⁾。画弦素管声浅繁，花裙缀缞步秋尘⁽²⁾。桂叶刷风桂坠子⁽³⁾，青狸哭血寒狐死⁽⁴⁾。古壁彩虬金帖尾⁽⁵⁾，雨工骑入秋潭水⁽⁶⁾。百年老鸮成木魅⁽⁷⁾，笑声碧火巢中起⁽⁸⁾。

【毛泽东圈评等情况】

毛泽东读李贺诗集时曾圈阅这首诗。

[参考]张贻玖：《毛泽东评点、圈阅的中国古典诗词》，
中国工人出版社1992年版，第235页。

【注释】

（1）旋风，旋转而吹的风。古代认为旋风中有鬼神。这里指神来时的旋风。

（2）缀缞（cuì cài），象声词，形容花裙歌舞时的声音。《汉书·孝成班婕妤传》："纷缀缞兮纨素声。"颜师古注："缀缞，衣声也。"

（3）刷，刮，拂。

（4）狸，野猫，昼伏夜出，掠食家禽，性狡猾。狐，习性与狸相近。《尔雅·翼》载："狸者，狐之类。狐口锐而尾大，狸口方而身文，黄黑彬彬，盖次于豹。"狐，狐狸。

（5）彩虬（qiú），彩色的龙。金帖尾，用贴金工艺绘制的尾巴。

（6）雨工，传说中行雨的神。

（7）木魅（mèi），鬼魅，妖精。《说文》："魅，老物精也。"鸮（xiāo），猫头鹰。

（8）笑声，指火焰的声音。碧火，绿色的鬼神之火。

【赏析】

《神弦曲》，即神弦歌，乐府古题。郭茂倩《乐府诗集》："《古今乐录》曰，《神弦歌》十一曲：一曰宿阿，二曰道君，三曰圣郎，四曰娇女，

五曰白石郎，六曰清溪小姑，七曰湖就姑，八曰姑恩，九曰采菱童，十曰明下童，十一曰阿生。"所以，神弦曲是祭神弦歌以娱神的歌曲。李贺借用这一形式，加以改造，写了《神弦曲》《神弦》《神弦别曲》等，与屈原利用楚地祀神民歌创作《九歌》相类似。

这是一首七言古诗。"西山日没东山昏，旋风吹马马踏云。"意思是说，太阳从西山落下，夜幕降临，东山一片昏暗。就在这时，神骑着马，在旋风的吹送下，乘云而降。开头两句写日没天昏，旋风忽起，是神降的景象。"旋风"，旋转而吹的风，其中必有鬼神凭驾。

"画弦素管声浅繁，花裙綷縩步秋尘。""画弦"，有彩画的弦乐器。"素管"，素色的管乐器，"綷縩"，象声词，形容花裙歌舞时的声音。《汉书·孝成班婕妤传》："纷綷縩兮纨素声。"这两句是说，神既至，于是作乐以歌之，女巫起舞以娱之。急管繁弦，一齐鸣奏，花裙起舞，窸窣有声，舞步轻快，罗袜生尘。这是写歌舞娱神。

"桂叶刷风桂坠子，青狸哭血寒狐死。""刷"，刮。"狸"，野猫。昼伏夜出，掠食家禽，性狡猾。"狐"，习性与狸相近。故今人混而称之叫狐狸，实则有别。《尔雅·翼》："狸者，狐之类。狐口锐而尾大，狸口方而身文，黄黑彬彬，盖次于豹。"这两句是说，神将作法驱除妖邪，故猛风飙起，而树叶刮落，桂子坠地。狸哭狐死，恶物都被驱除。这是写神的威力。

"古壁彩虬金帖尾，雨工骑入秋潭水。""彩虬"，彩色画的虬龙。"金贴尾"，用贴金工艺绘制的尾巴。"雨工"，传说中行雨的神。这两句是说，古壁上画的龙有作孽的，而雨工骑在它身上并把它放在秋天的潭水中。这也是为民除害。

"百年老鸮成木魅，笑声碧火巢中起。""鸮"，猫头鹰，古人认为是一种不祥之鸟。"木魅"，鬼魅，精妖。旧时迷信以为物老则成魅。鲍照《芜城赋》："木魅山鬼，野鼠城狐，风嗥雨啸，昏见晨趋。""碧火"，绿色的鬼神之火。"笑声"，火焰四出，声音如笑。末二句是说，有成精的百年老猫头鹰，神则驱之而焚其巢穴。以上六句均写神的威力，使各种妖物鬼怪无不慑服。恶物驱除，世界清平，给人们带来和平安定的生活，这是人们迎神的目的。这类诗作，作为唐代社会尚巫风气的艺术记录，和描写狐仙鬼怪的唐人小说一样，有一定的价值；而在李贺的诗中，也有一定的代表性。（毕桂发）

【原文】

神　弦

　　女巫浇酒云满空，玉炉炭火香咚咚。海神山鬼来座中，纸钱窸窣鸣旋风。相思木帖金舞鸾[1]，攒蛾一啑重一弹[2]。呼星召鬼歆杯盘[3]，山魅食时人森寒[4]。终南日色低平湾[5]，神兮长在有无间。神嗔神喜师更颜[6]，送神万骑还青山[7]。

【毛泽东圈评等情况】

毛泽东读李贺诗集时曾圈阅这首诗。

[参考] 张贻玖：《毛泽东评点、圈阅的中国古典诗词》，中国工人出版社 1992 年版，第 234 页。

【注释】

　　（1）相思木，指用相思木制的琵琶。金舞鸾，金色的舞鸾图形。相思木的材理竖斜，斫之有文，可作器。

　　（2）攒蛾，紧锁双眉。啑（dié），多话。

　　（3）星，星宿。歆（xīn），鬼神享用祭品。《说文》："歆，神食气也。"

　　（4）山魅，山中精怪，为神所收，役以为仆从者。

　　（5）终南，终南山，在今陕西西安长安区一带。

　　（6）师，指女巫。

　　（7）万骑，指送神时所烧的纸马。

【赏析】

　　这是一首祭神歌曲，诗中具体描述了迎神祭神的过程，表现了唐代盛行的巫风习俗，对了解我国祭神民俗的发展有一定意义。

诗共十二句，每四句为一节，共三节，按迎神、祭神、送神的过程来写，条理清晰。

"女巫浇酒云满空，玉炉炭火香咚咚。海神山鬼来座中，纸钱窸窣鸣旋风。"开头四句写迎神。"女巫"，巫婆。"纸钱"，烧化给鬼神当钱用的纸锭之类的迷信用品。《新唐书·王屿传》载："汉以来丧葬皆有瘗钱，后世里俗，稍以纸寓钱，玙乃用于祠祭。""窸窣"，轻微细小的声响，指烧化纸钱的声音。这四句是说，在熊熊炉中火，鼓声咚咚；香烟缭绕中女巫洒酒在地，向神致意。于是海神山鬼相继降临，烧化的纸钱窸窣作响，不时吹起阵阵旋风。写人们击鼓焚香，烧纸奠酒，对神十分虔敬。祭堂中连烧纸的细小声响都能听到，气氛十分肃穆。

"相思木帖金舞鸾，攒蛾一啑重一弹。呼星招鬼歆杯盘，山魅食时人森寒。"中间四句写祭神。"相思木"，指用相思木制造的琵琶。"金舞鸾"，金色的舞鸾图形。"攒蛾"，紧皱双眉。"啑"，多话。"星"，星宿。"歆"，鬼神享用祭品。"魅"，精怪。这四句是说，女巫手里拿着相思木制成的琵琶，双眉紧锁，口中念念有词，边弹边唱，每唱念一次就重弹一次，招呼鬼神来享用祭品。鬼神享用只闻闻气味，它的仆从山魅享食时令人毛骨悚然。祭神场面写得十分严肃。

"终南日色低平湾，神兮长在有无间。神嗔神喜师更颜，送神万骑还青山。"末四句写送神。"终南"，即终南山，在今陕西西安南。"平湾"，山凹。"兮"，语气词，相当于现代汉语中的"啊"。"嗔"，生气。"万骑"，这里指送神时所烧的许多纸马。这四句是说，祭神活动一直持续到夕阳落入终南山的山坳里，鬼神来享，或有或无，人不能知。今忽而说神怒，忽而说神喜，只能从巫师脸色的变化去揣测，也难以确信，人们只有虔敬地烧化许多纸人纸马把神送回青山中去。

这首诗在艺术上的突出特点是叙述与描写相结合。诗依时间顺序，写迎神、祭神、送神的全过程，条理清晰。祭神情状，全用工笔细描，摹写生动。女巫浇酒，神鬼来降，终南日落，万骑送神，皆从视觉入手；鼓声咚咚，纸钱窸窣，一啑重一弹，则从听觉上着笔；鬼神有无，神嗔神喜，又从感觉上着想。从不同角度状写，描摹生动，使这首诗具有一种民俗的

价值，同时也表现了诗人高超的艺术功力。（毕桂发）

【原文】

高轩过

韩员外愈、皇甫侍御湜见过⁽¹⁾，因而命作。

华裾织翠青如葱⁽²⁾，金环压辔摇玲珑。马蹄隐耳声隆隆⁽³⁾，入门下马气如虹。云是东京才子，文章巨公。二十八宿罗心胸⁽⁴⁾，元精耿耿贯当中⁽⁵⁾。殿前作赋声摩空⁽⁶⁾，笔补造化天无功。庞眉书客感秋蓬⁽⁷⁾，谁知死草生华风⁽⁸⁾。我今垂翅附冥鸿⁽⁹⁾，他日不羞蛇作龙。

【毛泽东圈评等情况】

毛泽东读李贺诗集时曾圈阅这首诗。

[参考] 张贻玖：《毛泽东评点、圈阅的中国古典诗词》，
中国工人出版社 1992 年版，第 235 页。

【注释】

（1）皇甫湜（shí），字持正，睦州新安人，唐代诗人。

（2）翠、青，指韩愈、皇甫湜官服的颜色。唐代六、七品官服绿，八、九品官服青。韩愈当时官阶该服绿，皇甫湜服青。

（3）隐，一作"殷"，盛多。一作"隐隐"。《西都赋》："粲乎隐隐。"

（4）宿，星宿，我国古代天文学家对天上某些星集合体的称呼。二十八宿，是古人观测日月运行的坐标和测定岁时季节的观测对象。

（5）元精，指天地的精气。《后汉书·郎顗传》："元精所生，王之佐臣；天之生固，必为圣汉。"李贤注："元为天精，谓之精气。"

（6）殿前作赋，指韩愈上《论佛骨表》一事。这里代指韩、皇甫二人的文章。声摩空，声价接天。

（7）庞眉书客，是李贺自称。庞眉，指眉毛又厚又长。秋蓬，蓬到秋季即枯萎。下句"死草"也指秋蓬。

（8）华风，好风。

（9）垂翅，斗败的禽鸟垂翅逃走，此是比喻自己处境不佳。冥鸿，飞翔于高空的鸿雁。语出西汉扬雄《法言·问明》："鸿飞冥冥，弋人何慕焉。"这里指韩愈、皇甫湜。

【赏析】

"轩"是古代大夫所乘的车。"高轩"，高大华贵的车子。"过"，拜访。关于《高轩过》的写作有一个有趣的故事。据唐末五代王定保《唐摭言》记载："贺，字长吉……七岁能辞章，名动京邑。韩愈、皇甫湜览其作，奇之而未信，曰：'若是古人，吾曹或不知，是今人，岂有不识之理？'遂相过其家，使赋诗。贺总角荷衣而出，欣然承命，旁若无人，援笔题曰《高轩过》。二公大惊，以所乘马命联镳而还，亲为束发。"但诗前小序称"韩员外愈、皇甫侍御湜"，韩愈于唐宪宗元和四年（809）任国子祭酒分司东都；皇甫湜于唐宪宗元和三年（808）以陆浑尉应贤良方正，任侍御史当在之后。二人同在洛阳才能"联镳"拜访李贺。其时李贺应为20岁。《唐摭言》说韩愈、皇甫湜造访时，李贺才7岁，显然是错的。

这是一首七言古诗，全诗分为三层意思来写。诗的前六句写韩愈、皇甫湜拜访李贺的经过。首句"华裾织翠青如葱"，这是描写韩愈、皇甫湜两人的官服之盛。据《旧唐书·舆服志》记载，官服颜色因品级不同而异，六品、七品服绿，八品、九品服青。韩愈当时的官阶正该服绿，皇甫湜服青。次句"金环压辔摇玲珑""辔"，马笼头。"玲珑"，清越的声音。这句说，为他们驾车的马笼头上装满了金环，马头摇动发出清越的声响。第三句"马蹄隐耳声隆隆"，"隐"，通"殷"，盛多。这句说，盛多的马蹄声和隆隆的车声传入耳中。四句"入门下马气如虹"，"气如虹"，气宇轩昂。语出曹植《七启》："慷慨则气成虹霓。"这句说，进了家门他们从马车上跳下来，气宇轩昂。五、六句"云是东京才子，文章巨公"，互文见义，点出韩愈、皇甫湜两人都是著名的诗人和文学家。以上六句先写韩愈、皇甫湜两人服饰、车马华贵，气宇轩昂；再用散文句法点出二人身份，显得气势非凡，分外有力。

中间四句，称颂韩愈、皇甫湜的学识和文名。"二十八宿罗心胸"，"宿"，星宿。我国古代天文学家对天上某些星的集合体的称呼。"二十八宿"，是古人观测日月运行的坐标和测定岁时季节的观测对象。按东、南、西、北四个方向组成四象，每方七宿，分别合称为苍龙、朱雀、白虎、玄武。这句是形容二人学识渊博。"元精耿耿贯当中""元精"，指天地的精气。东汉王充《论衡·超奇》："天禀元气，人受元精。"这句是说，天地的精气明亮地贯注在胸中，形容二人思想奇伟。"殿前作赋声摩空，笔补造化天无功。""殿前作赋"，疑指韩愈上《谏佛骨表》，震动朝野一事。代指二人之文，"声摩空"，声价接天，形容二人文章声价极高。"造化"，大自然的创造化育。《庄子·大宗师》："以天地为大炉，以造化为大冶。"这句说他们的笔力可以补充大自然创造化育的不足，使得大自然本身也显工力不够，极力形容他们诗歌创作的非凡功力。平常说一个文学家功力之高为"笔补造化"，即可以补大自然的不足，而诗人又翻进一层，说他们的功力可以补充大自然而使大自然本身的创造显得不够完美。以上四句盛赞韩愈、皇甫湜的才学和文名。

　　末四句则是表示希望得到他们的援引。"庞眉书客"，是李贺自称。"庞眉"，眉毛又厚又长。李商隐《李长吉小传》："长吉细瘦通眉。""庞眉书客感秋蓬，谁知死草生华风。""秋蓬"，秋蓬至秋枯萎，下句"死草"也指秋蓬。"华风"，好风。这两句是说，我这个粗眉毛的小书生，感到自己像秋天快要枯死的蓬草，恰恰又遇到了你们二位的好风。所以末二句说："我今垂翅附冥鸿，他日不羞蛇作龙。""垂翅"，斗败的禽鸟垂翅逃走，这里比喻自己处境不佳。"冥鸿"，飞翔于高空的鸿雁，语出西汉扬雄《法言·问明》："鸿飞冥冥。"比喻高才之士，这里指韩愈、皇甫湜。这两句意谓，我今日虽失意，如能攀附二位，抬高身价，自能变化飞腾于异日，直言希望得到他们的援引。

　　全诗气势雄放，想象超奇，语言峭拔。"殿前作赋声摩空，笔补造化天无功"，是为人们传颂的名句，其风格直追韩愈的雄豪奇崛的诗风。唐宋诗人，常常用对方所喜欢的诗风写作赠诗，这自然会博得对方的赏识。《高轩过》正是这样。（毕桂发）

【原文】

将进酒

琉璃钟⁽¹⁾，琥珀浓⁽²⁾，小槽酒滴真珠红⁽³⁾。烹龙炮凤玉脂泣⁽⁴⁾，罗帏绣幕围香风。吹龙笛⁽⁵⁾，击鼍鼓⁽⁶⁾，皓齿歌⁽⁷⁾，细腰舞⁽⁸⁾。况是青春日将暮，桃花乱落如红雨。劝君终日酩酊醉，酒不到刘伶坟上土⁽⁹⁾！

【毛泽东圈评等情况】

毛泽东 1958 年 7 月 1 日写的《七律二首·送瘟神》中"红雨随心翻作浪"即由此诗中"桃花乱落如红雨"点化而来。

[参考] 中共中央文献研究室编：《毛泽东诗词集》，中央文献出版社 1996 年版，第 105 页。

【注释】

（1）琉璃，一种矿石质的有色、半透明的材料。《晋书》："汝南王亮（司马亮）尝以琉璃钟行酒。"

（2）琥珀，地质时代中植物树脂的化石，色蜡黄至红褐，一般透明。此指酒的颜色。

（3）真珠红，酒名。

（4）烹龙炮凤，极言菜肴的珍异。泣，指煎烹的声响。三国魏曹植《七步诗》："萁在釜下燃，豆在釜中泣。"

（5）吹龙笛，唐虞世南《琵琶赋》："凤箫辍吹，龙笛韬吟。"

（6）击鼍鼓，傅玄《正都赋》："吹凤箫，击鼍鼓。"陆玑《诗疏》："鼍形似蜥蜴，四足，长丈余，生卵大如鹅卵……其皮坚厚，可以冒鼓。"

（7）皓齿歌，《楚辞·大招》："朱唇皓齿，嫭（美）以姱（好）只。"

（8）细腰，指女子。《墨子·兼爱中》："昔者楚灵王好士细腰，故灵王之臣皆以一饭为节。"

（9）刘伶，字伯伦，晋代沛国（今安徽亳州）人，嗜酒，著《酒德颂》一篇，死葬光州（今河南光山）。

【赏析】

《将进酒》是乐府旧题,《宋书》载《汉鼓吹铙歌》十八曲有《将进酒曲》,古词说:"将进酒,乘大白。"大都以饮酒歌舞为题材,抒发饮酒放歌时的情怀。这首诗也是借饮酒乐事,抒发人生短暂、及时行乐的感情。

全诗分两部分。从开头到"细腰舞"为前一部分,诗人以绚丽多彩的笔触描写了饮酒歌舞的盛况。"琉璃",一种矿石质的有色、半透明的材料。"琥珀",地质时代中植物树脂的化石,色蜡黄至红褐,一般透明,这里是指酒的颜色。"真珠红",酒名。"鼍鼓",傅玄《正都赋》:"吹凤箫,击鼍鼓。""鼍",即扬子鳄,皮可蒙鼓。"细腰",指女子。《墨子·兼爱中》:"楚灵王好士细腰。"几句诗描写出一幅生动的图画,我们仿佛看到罗帏绣幕之中,灯红酒绿,香气缭绕,美女在"龙笛"的伴奏下,随着鼍鼓的节拍载歌载舞,好一派富丽堂皇的景色。"琉璃钟""琥珀浓""真珠红""皓齿歌""细腰舞",是眼见;"玉脂泣""吹龙笛""击鼍鼓",是耳闻;"罗帏绣幕围香风",是鼻嗅。诗人从视觉、听觉、嗅觉等几个方面为我们勾勒出一幅色彩斑斓的图画,表现了歌舞场面的奢华。

最后四句为后一部分,抒发了诗人及时行乐的思想。"青春",指春天,不是指人的青年时代。因为下句"桃花乱落",正是暮春景色。刘伶,字伯伦,晋代沛国(今安徽亳州)人,喜放情嗜酒。琼浆玉液,美味佳肴,轻歌曼舞,自然是神仙过的日子,然而"对酒当歌,人生几何"(曹操诗),一年之计在于春,你看桃花纷纷飘落,像下了一阵红雨,春天很快就过去了。这表面上指季节变迁,实则语义双关,人的青春年少不也是如此吗?所以劝君有酒就赶快尽情享用,因为人死坟冷,再也喝不到酒了,以酒为命的刘伶不是明证吗?倾吐了诗人人生易老、及时行乐的悲观消极情绪。这首诗前面先写人间乐事,后面再叹青春易逝,于一扬一抑中取得了相反相成的艺术效果。

毛泽东于1958年7月1日写的《七律二首·送瘟神》中"红雨随心翻作浪"一句,即由此诗中"桃花乱落如红雨"点化而来,说明他对这首诗十分欣赏。(毕桂发)

【原文】

官街鼓

晓声隆隆催转日，暮声隆隆呼月出。汉城黄柳映新帘⁽¹⁾，柏陵飞燕埋香骨⁽²⁾。碓碎千年日长白⁽³⁾，孝武秦皇听不得⁽⁴⁾。从君翠发芦花色，独共南山守中国⁽⁵⁾。几回天上葬神仙⁽⁶⁾，漏声相将无断绝⁽⁷⁾。

【毛泽东圈评等情况】

毛泽东读李贺诗集时曾圈阅此诗。

[参考] 张贻玖：《毛泽东评点、圈阅的中国古典诗词》，中国工人出版社1992年版，第235页。

【注释】

（1）汉城，指汉代京城长安，即今陕西西安。

（2）柏陵，指皇家陵墓。皇家陵墓多植松柏，故称"柏陵"。飞燕，汉成帝皇后赵飞燕，这里泛指后妃。

（3）碓（duī）碎，敲碎，这里是消磨的意思。

（4）孝武，汉武帝刘彻。

（5）中国，指京城长安。南山，终南山，在今陕西西安南一带。

（6）天上葬神仙，极言长生不死的虚妄。

（7）将，将要，就要。

【赏析】

"官街鼓"，俗称"咚咚鼓"，唐代的一种报时信号。京城各主要街道都置鼓，每天早晚，用鼓声来报时，代替旧时传呼。《旧唐书·百官志》载："日暮，鼓八百声而门闭。五更二点，鼓自内发，诸街鼓承振，坊市门皆启，鼓三千挝，辨色而止。共制盖始于马周。……周上书令金吾每街隅悬鼓，夜击以止行李，以备窃盗，时人呼曰咚咚鼓，公私便焉。

这首七言古诗题作《官街鼓》，通过千百年来鼓声不断的描写，表示时间的流逝，官街鼓成了时间的象征。自古以来，鼓声不绝，人事已非，对秦皇汉武等统治者妄求长生不老进行了讽刺。据史书记载，唐宪宗元和五年（810），唐宪宗和宰相们谈论神仙，他问："果真有神仙吗？"宰相们告诉他只要看看秦始皇、汉武帝学仙求长生的结果如何，就知道了。李贺的这首诗是对于唐宪宗的巧妙回答，看来是有针对性的。

"晓声隆隆催转日，暮声隆隆呼月出。"开头入题，写京城早晚鼓声不断。清晨隆隆的鼓声，催太阳飞转；黄昏隆隆鼓声，叫明月升起。诗句由鼓表现日月运转，时光飞逝，使抽象的时间概念得到了具体生动的体现。三、四句转入人间图景的描绘："汉城黄柳映新帘，柏陵飞燕埋香骨。""汉城"，指京城长安。"柏陵"，指皇家陵墓，皇家陵墓多植松柏，故称"柏陵"。"飞燕"，汉成帝皇后赵飞燕，这里泛指后妃。"香骨"，指后妃们的尸骨。这两句是说，在咚咚的鼓声中，只见京城里柳枝长出鹅黄的嫩芽，影子映在新帘上；又见皇家陵墓，常有后妃们的尸骨埋葬。第五、六句用对比手法再写鼓声："碾碎千年日长白，孝武秦皇听不得。""碾碎"，敲碎，这里是消磨的意思。"孝武"，汉武帝刘彻。"秦皇"，秦始皇嬴政。这两句是说，千年人事被鼓声敲碎，而"日长白"——宇宙是永恒的，秦始皇、汉武帝这些官街鼓的设置者却再也听不到鼓声了。时间能敲碎，是李贺的奇思异想。值得玩味的是，官街鼓是唐代所设，与秦汉毫无关系。而诗人却独提秦皇汉武，从写法上是以秦汉喻唐，还因为秦皇汉武这两位封建帝王曾企求长生，结果也在鼓声中早已死去，再也"听不得"了。用语冷峻，讽刺尖锐。

"从君翠发芦花色，独共南山守中国。""从"，听凭。"君"对人的敬称。"南山"，即终南山，在今陕西西安南一带。"中国"，指京城长安。这两句是说，在鼓声中，任凭人们由少到老，乌黑的头发已经变得如芦花花白，人人如此；而有人独欲长生，寿比南山，守卫着京城长安而不死。前句写人生易老，后句写鼓声永存，又以万古不变的终南山作比照，是再从常人来写鼓声，进一步突出了人生的有限与时间的无限的矛盾。

"几回天上葬神仙，漏声相将无断绝。"末二句再从神仙着笔，来写时光的永恒。神仙不死之说本是虚妄之辞，虽或可以祛病延年，但终有死期。天上葬神仙已经数见，岂能如漏声与鼓声日夜相继而持续不断！诗人对神仙难逃一死的想象，可谓奇思妙想，古今绝伦，而且闪耀着诗人对世界、对人生的深沉感叹和真知灼见。

这首诗想象奇特，构思巧妙，本要写人事匆匆、时间永恒，却借"官街鼓"这一具体事物来表现。先以日月运行领起全篇，继写后妃们在鼓声中埋葬，再写皇帝们听不到鼓声，续写常人更容易变老，最后写天上神仙也在劫难逃，只有鼓声不绝，时间永恒。一切妄求长生者戒，这个题旨就表现得十分突出了。（毕桂发）

【原文】

有所思

去年陌上歌离曲，今日君书远游蜀。帘外花开二月风，台前泪滴千行竹[1]。琴心与妾肠[2]，此夜断还续。想君白马悬雕弓，世间何处无春风？君心未肯镇如石，妾颜不久如花红。夜残高碧横长河，河上无梁空白波。西风未起悲龙梭[3]，年年织素攒双蛾。江山迢递无休绝，泪眼看灯乍明灭。自从孤馆深锁窗[4]，桂花几度圆还缺[5]！鸦鸦向晓鸣森木[6]，风过池塘响丛玉[7]。白日萧条梦不成，桥南更问仙人卜[8]。

【毛泽东圈评等情况】

毛泽东读李贺诗集时曾圈阅此诗。

[参考] 张贻玖：《毛泽东评点、圈阅的中国古典诗词》，中国工人出版社 1992 年版，第 235 页。

【注释】

（1）此句暗用娥皇、女英的故事。

（2）琴心，即琴里的音调。这句是用司马相如与卓文君相爱的故事。

（3）龙梭，《异苑》载：陶侃尝钓于山下，得一织梭，还挂壁上。有顷，雷雨，梭变成赤龙凌空而去。这是用织女思念牛郎来衬托己之思夫。

（4）深锁窗，一作"锁深窗"。

（5）桂花，月中桂树，指代月亮。

（6）鸦，乌鸦，象声词。唐元稹《西州院》："感怆正多绪，鸦鸦相唤惊。"森木，丛生的灌木。

（7）丛玉，即风铃之类。古以玉石制造，悬于房檐下，因风相触成声，自谐宫商，叫作风马。后改用铜、铁制造，叫铁马。

（8）桥，一作"城"。

【赏析】

《有所思》，古乐府旧题，属于《鼓吹曲辞·饶歌》。在《饶歌》十八曲中有《有所思》曲，写女子欲与情人断绝关系，但忆及当初情会，又难下决心，故云待天明再作决定。后人多有拟作，以咏离思之苦。这首诗写一个女子对外出不归的丈夫的思念。

全诗可分为两部分。从开头到"此夜断还续"为第一部分，写丈夫远游不归，引起思妇的怀念，是全诗的引子。"去年陌上歌离曲，今日君书远游蜀"。去年在小路上的分别历历在目，如在昨日，倏忽一年过去了。别后思念之情尽皆避而不提，却直接今日得书。"家书抵万金"，得到丈夫书信自然是好事，不断报告的却是"远游蜀"的消息，就是说不但不归家，反而走得更远了。严酷的现实与期待的心理形成了巨大的反差，难怪思妇在早春二月鲜花初开的季节，泪如雨下、涕泪千行了。"泪滴千行竹"，即泪滴挥于竹上，暗用湘妃娥皇、女英去洞庭湖找舜，得知舜死苍梧，挥泪于竹上竹尽斑的故事，说明思妇极其悲痛，不由想起当初欢会的甜蜜，所谓"琴心与姜肠，此夜断还续"。"琴心"句用司马相如与卓文君相爱的故事。《史记·司马相如列传》记载："是时卓王孙有女文君新寡，好音，故相如缪与令相重，而以琴心挑之。"二人私奔，成就婚姻，因用以指爱情的表达。今人隔两地，不能互通心曲，故说"断"；而女子又无法摆脱这种感情的纠缠，思夫之情不可遏制，这便是"续"。此句逗起下文，"此夜"领至篇末。

　　"想君白马悬雕弓"至篇末，是女子所思，为本篇的主体。又分四层来写。"想君白马悬雕弓"以下四句写青春易逝。从"白马悬雕弓"来看，思妇的丈夫是个游侠。豪侠之士往往身怀绝技，建功立业，风光一番，思妇当然也不反对，但又认为"世间何处无春风"？即什么地方没有建功立业的机遇呢？言外之意是家乡也有这种机会，何必远游呢？这话也许思妇向游子讲过许多遍了，可游子心坚如磐石就是不听，坚持远游，可是花不常开，人不常好，所以说"妾颜不久如花红"。这是一层。思妇百思不解，却也无可奈何，不由昂首望天，此时已经"夜残"，天气高远而色碧，一条银河横卧九霄，河上无桥梁不可渡，西风未起而七夕尚远，可织女却早已执龙梭而悲。"龙梭"，《异苑》载：陶侃尝钓于山下，得一织梭，还挂壁上。有顷，雷雨，梭变成赤龙从空而去。这是用织女思念牛郎来衬托己之思夫，二层。"江山迢递"，是说路远。与前"远游蜀"相应。"桂花"，月中桂树，指代月亮。江山阻隔，迢迢千里，无由得见；可思念之情与日俱增，泪眼看灯乍明乍暗，永无休止。自从你孤馆客居在外，月亮缺了又圆，圆了又缺，不知道多少次了！此为三层。末四句为第四层，写天明问卜。乌鸦"向晓"说明天快亮了，这就是说整整想了一夜。"森木"，丛生的灌木。"丛玉"，即风铃之类。古以玉石制造，悬于房檐下，因风相触成声，自谐宫商，叫作风马。后改用铜、铁制造，叫作铁马。"风过池塘响丛玉"，是说风一吹过池塘，房檐下铁马叮咚作响。这时天已亮了，思妇连一个梦也做不成，只好到桥南那位神机妙算的算卦先生那儿去问卦。

　　这首诗以时为线索，由去年写到今日，由今日写到此夜，再到"夜残"，再到"向晓"，最后到了"白日"，即第二天。条理清楚，结构完整，有力地表现了女子的思念之苦，读来感人至深。（毕桂发）

【原文】

龙夜吟

　　鬈发胡儿眼晴绿，高楼夜静吹横竹[(1)]。一声似向天上来，月下美人望乡哭[(2)]。直排七点星藏指[(3)]，暗合清风调宫徵[(4)]。蜀道秋深云满林，湘江半夜龙惊起⁽⁵⁾。玉堂美人边塞情，碧窗皓月愁中听⁽⁶⁾。寒砧能捣百尺练⁽⁷⁾，粉泪凝珠滴红线。胡儿莫作《陇头吟》⁽⁸⁾，隔窗暗结愁人心。

【毛泽东圈评等情况】

毛泽东读李贺诗集时曾多次圈阅此诗。

[参考]张贻玖：《毛泽东和诗》，中央文献出版社1998年版，第46页。

【注释】

（1）横竹，指笛子。笛用竹制造，而横执以吹，故曰横竹。

（2）"月下"句，是说笛声好像美人于月下思乡哀哭。

（3）直排七点，言笛子有七个发声孔，排列像七颗星。

（4）暗合清风，吹笛需要口吹指按，运气发声。调宫徵（zhǐ），指定调。宫徵是宫、商、角、徵、羽五声的省称。

（5）"蜀道"句，是写笛声的萧条。"湘江"句，是写笛声的激烈。

（6）"玉堂"两句，是写笛声的哀婉。

（7）"砧"，捣衣石。

（8）《陇头吟》，唐吴兢《乐府古题要解》："《陇头吟》一曰《陇头水》，属《乐府横吹曲》。"今汉乐府诗中有《陇水歌三首》抒写行役思乡之苦。

【赏析】

音乐是声音的艺术，如果用现代化的录音器材录制，是极其简单的事。但对于以语言为手段的文学家来说，则无论古今，都不是容易的事。杰出的文学家总是知难而进，从而创造出奇迹。唐代诗人在描写音乐这种题材上，可谓各显神通。诸如李颀的《听董大弹胡笳弄兼寄语房给事》，韩愈的《听颖师弹琴》，白居易的《琵琶行》，等等，状写不同乐器演奏，各呈异彩。一生戛戛独创的李贺也不甘示弱，他的《李凭箜篌引》《申胡子觱篥歌》早为人们所赏识，其实这首《龙夜吟》写吹笛也很出色。吹笛在唐代诗人中不乏描写，如李白"黄鹤楼中吹玉笛，江城五月落梅花"（《与史郎中钦听黄鹤楼吹笛》），王之涣"羌笛何须怨杨柳，春风不度玉门关"（《凉州词》），都写得很出色，但笛声在整首诗中只是作为背景渲染的。而李贺的这首《龙夜吟》则是专门描写吹笛的，而且描写得生动逼真，置之描写音乐的名篇之中，毫不逊色。汉马融《长笛赋》："近世双笛从羌起，羌人伐竹未及已。龙吟水中不见己，伐竹吹之声相似。"此篇写夜中吹笛，故题以《龙夜吟》。

全诗可分为前后两部分。从开头到"暗合清风调宫徵"为第一部分，写胡儿吹笛的准备。这首诗写一个胡人吹笛，所以先从吹笛者着笔。"鬈发胡儿眼睛绿"，首句点明吹笛者是一位胡人，"鬈发"、绿"眼睛"，状写其外貌特征极其生动。"高楼夜静吹横竹"，次句点出吹笛，醒明题意。"高楼"是吹笛地点，"夜静"是吹笛时间，兼渲染气氛。"横竹"指笛子。笛子用竹制造，横执以吹，故"吹横竹"指吹笛。此二句叙事。"一声似向天上来，月下美人望乡哭"，三、四句写试笛。吹笛起音往往很高，所以好像从天上飞来，接着便呜呜咽咽吹出各种调子，以便定音，听起来就好像月光之下美人思乡哀哭。两个形象化的比喻便把试笛时吹出的各种音阶描写出来，身手确实不凡。接下来，"直排七点星藏指，暗合清风调宫徵"，五、六句写定调。"直排七点星"是说笛子上有七个发声孔，一行排列，好像七颗明星，手指隐藏其间，交代笛子构造。吹笛需要口吹指按运气发声，故说"暗合清风"。"调宫徵"，指定调。宫徵是宫、商、角、徵、羽的省称，称为五声。"调宫徵"是说吹出五音以定基调。以上六句介绍吹笛人及其所作的吹笛准备。

"蜀道秋深云满林"以下至篇末为第二部分，才是吹笛正文。这部分运用各种具体事物来描摹笛音的奇妙，写得非常出色。"蜀道秋深云满林，湘江半夜龙惊起"，蜀道之难，令人望而兴叹，又兼秋深云满，落叶纷飞，比喻声音之萧条；湘江夜半潜龙惊起，翻腾飞舞，以喻声音之激烈。一萧条，一激烈，对比鲜明，落差极大，动人心弦。接下来四句皆以美人活动为喻，又分两层来写。"玉堂美人边塞情，碧窗皓月愁中听"，是说笛声哀婉。唐代统治者多次对外用兵，征发青年男子戍边，往往长期不归。夫妻分别，女子空闺独守，往往当窗望月兴叹，以喻笛声哀婉，"寒砧能捣百尺练，粉泪凝珠滴红线"，是从思妇另一常做的事——捣衣来写，每逢秋至，思妇往往捣布缝衣，以寄征人。此事也常常在月夜进行，思妇边捣边哭，泪水淋漓而下如断线之珠，喻其笛声凄切。"胡儿莫作《陇头吟》，隔窗暗结愁人心"，末二句写诗人所感。"《陇头吟》"，唐吴兢《乐府古题要解》："《陇头吟》，一曰《陇头水》，属《乐府横吹曲》。"今汉乐府诗中有《陇水歌三首》，抒写行役思乡之苦。其一曰："陇头流水，鸣声呜咽。遥望秦川，肝肠断绝。"写行役之人闻陇水呜咽，回首家乡秦川平坦之地，悲哀得不能出声，悲痛到了极点。末二句转换角度，不从思妇来写，而从征夫落墨，且是诗人口吻，是说思妇们听你吹的笛子已经够悲伤，你不要再吹《陇头吟》那类征夫思乡、悲不自胜的声调了，以免再触动隔窗思妇那愁肠百结的心了。诗在悲痛难抑中结束。

此诗运用多种物事来比拟笛声，使抽象的笛声具象化，成为具有美感意义的审美对象，读了让人得到很好的艺术享受，这是我们应该感谢诗人的。（毕桂发）

【原文】

昆仑使者

昆仑使者无消息，茂陵烟树生愁色(1)。

金盘玉露自淋漓(2)，元气茫茫收不得(3)。

麒麟背上石文裂(4)，虬龙鳞下红肢折(5)。

何处偏伤万国心(6)，中天夜久高明月。

【毛泽东圈评等情况】

毛泽东读李贺诗集时曾多次圈阅此诗。

　　[参考] 张贻玖：《毛泽东和诗》，中央文献出版社1998年版，第46页。

【注释】

（1）茂陵，汉武帝陵墓，在今陕西兴平东南。《汉书·武帝纪》："后元二年二月丁卯，帝崩于五柞宫，三月甲申，葬茂陵。"

（2）金盘，指汉武帝为求长生而铸的铜人承露盘。

（3）元气，指天地中元始之气，这里指方士说的长生不老之气。

（4）麒麟，《封氏见闻记》："秦汉以来，帝王陵前有石麒麟、石辟邪、石象、石马之属。"

（5）虬龙，指丹漆柱上及碑上所雕琢的龙。红肢，即虬龙之肢足而染以丹朱者。

（6）万国，万邦，天下。《易·乾》："首出庶物，万国咸宁。"

【赏析】

《汉书·张骞传》："汉使穷河源，其山多玉石，采来。天子按古图书，名河所出山为昆仑云。"汉武帝好大喜功，贪求长久，曾派张骞出使西域，探黄河之源，登昆仑山。另外，我国古代神话传说《西王母》中说，西王母居住在昆山，有三只青鸟为她取食送信。诗题《昆仑使者》当指为西王母做信使的青鸟。《汉武故事》有西王母遣使见汉武帝，约期相会，武帝曾向王母请求不死之药等事。《汉书·张骞传》中也有汉武帝派张骞探黄河之源登昆仑山的记载，也与他妄求长生有关。这首七言古诗借汉说唐，以汉武帝求仙的徒劳，讽刺封建帝王追求长生的愚蠢行为。

"昆仑使者无消息，茂陵烟树生愁色。""茂陵"，汉武帝刘彻陵墓，因陵墓在茂乡，故称茂陵，在今陕西兴平东北。这两句是说，汉武帝为求长生请青鸟向西王母求不死之药，青鸟一去，便杳无音讯，而汉武帝自己早已死了，茂陵的烟云树木平添了几重愁色而已。首句入题，青鸟本为信使，一去却无消息，武帝求药愿望自然落空，难逃一死，是自然的事。此句求药事已见结果，其荒诞愚妄已表现出来，起得可谓严峻。

"金盘玉露自淋漓，元气茫茫收不得。""金盘"，指汉武帝为求长生而铸的铜人承露盘。"玉露"，白露。汉武帝轻信方士的胡言，认为服用和着玉屑的露水，能长生不老，因此派张骞登昆仑采玉，并在建章宫造神明台，上有金铜仙人，手捧承露盘，高二十丈，大七围，承接空中的露水。事见《汉书·武帝纪》颜师古注引《三辅故事》。"元气"，精神，生气，这里指方士胡说的长生不老之气。这两句是说，金盘中的玉露虽仍在流滴，但却收不得茫茫的元气，所以，汉武帝还是死了。但并不是说如果收得元气，就可长生不死。诗人认为，元气是一种"茫茫收不得"的东西，所以人们不能长生。清代诗评家王夫之在评本诗时说："长吉于讽刺，直以声情动今古……'元气茫茫收不得'，说出天人之际无干涉处。"他认为诗句笑尽仙佛家的愚妄，韩愈等人终年大声疾呼，但"何曾道得此一句在？"（《船山遗书·唐诗评选》）王夫之对本诗篇的讽刺意义及其诗句所体现的天人相分的思想，作了高度评价。"麒麟背上石文裂，虬龙鳞下红肢折。"《封氏闻见记》："秦汉以来，帝王陵前有石麒麟、石辟邪、石象、石马之属。""虬龙"，亦指柱上及碑上所琢之龙也。"红肢"，即虬龙之肢足而染以丹朱者。这两句是说，武帝墓前的石麒麟背上已有裂纹，石虬龙鳞下肢爪也已残缺了，而昆仑使者还是没有消息。诗意再推进一层。

所以，末二句说："何处偏伤万国心？中天夜久高明月。""万国"，即万邦，指中国各地。"中天"，天中，指茂陵上空。这两句是说，哪里最使人们感到伤心呢？是茂陵上空高照的明月。这和开头的"茂陵烟树"句相呼应，言外之意，是说月色依然，而英武的刘彻，只不过落得一抔黄土而已。正所谓纵使千年铁门槛，终须一个土馒头（坟墓）。可以说是对妄求长生者的当头棒喝。

此诗以汉武帝为表述对象，以昆仑使者为线索来状写，始写使者未还而陵木已拱；继写仙掌露盘仍淋漓纵横，奈元气已耗；再写坟前刻兽，久而颓败；末写中天月满，一抔徒存。步步深入，层层推进，仙药不可得，长生是妄想，把题旨揭示得很明确，对人很有启发。（毕桂发）

【原文】

竹

入水文光动，抽空绿影春。

露华生笋径⁽¹⁾，苔色拂霜根。

织可承香汗，栽堪钓锦鳞。

三梁曾入用，一节奉王孙⁽²⁾。

【毛泽东圈评等情况】

毛泽东读李贺诗集时曾圈阅此诗。

[参考] 张贻玖：《毛泽东评点、圈阅的中国古典诗词》，

中国工人出版社 1992 年版，第 234 页。

【注释】

（1）生，一作"垂"。

（2）三梁，《太平御览》引《周书》：成王将加玄服，周公使人来零陵取文竹为冠。徐干《舆服志杂注》："天子杂服，介帻五梁进贤冠，太子、诸王三梁进贤冠。"帽子里面硬的横衬称作"梁"。

【赏析】

这首五言律诗是吟咏竹子的。

全诗八句，可分为前后两部分。前四句为第一部分，摹写竹子的形态："入水文光动，抽空绿影春。"一二句一俯一仰，一下写竹子入水之态，一上写竹笋抽空之影，这是直接写竹。"露华生笋径，苔色拂霜根。"三、四句写笋经露化、霜根苔色，是以笋、苔衬竹，是间接写竹。但不管是直接描写还是间接描写，都来自诗人置身其境的细心观察。他低头看见了水中的文竹，微光摇曳，斑驳可爱，抬头望见了绿色的竹影凌空而上，洋溢着春天的勃勃生机。一个春天的早晨，诗人从竹林掩映的小路走过，竹笋上还挂着亮晶晶的露珠儿，带着粉霜的竹根也快要被青青的苔藓遮盖了。

这四句诗不但写出了竹子的劲直潇洒，也写出了环境的优雅迷人。

诗的后四句为第二部分，写竹子的功用，并寄寓感慨。"织可承香汗，裁堪钓锦鳞。"五、六句是说，竹子编成席子，可以承接香汗；斫裁成竹竿，可以用来钓鱼（锦鳞）。但这还是最普通的用途，算不得奇特。所以末二句道："三梁曾入用，一节奉王孙。"最值得夸耀的是竹子曾被朝廷采用，制作朝冠上的横梁。天子的平天冠有五根竹梁，太子、诸王的冠上有三个竹梁，不是神圣之至嘛！竹子那潇洒的风度，劲直的气节，重要的作用，一路写来，显然，诗人是有所寄托的。诗人作为唐朝皇帝王孙，只做过从九品的奉礼郎，以奉朝会祭祀之礼，终无能为。其情其志，咏物之中连类而及，也就不奇怪了。（毕桂发）

【原文】

后园凿井歌

井上辘轳床上转⁽¹⁾，水声繁，弦声浅⁽²⁾。情若何？荀奉倩⁽³⁾。城头日，长向城头住。一日作千年，不须流下去⁽⁴⁾。

【毛泽东圈评等情况】

毛泽东读李贺诗集时曾圈阅此诗。

[参考]张贻玖：《毛泽东评点、圈阅的中国古典诗词》，中国工人出版社1992年版，第235页。

【注释】

（1）辘轳，圆转木，即今井上圆木转绳悬汲器以取水的工具。床，指安装辘轳的木架。一说床为井栏。

（2）弦，指吊桶的绳索。

（3）荀奉倩，《世说新语·惑溺》："荀奉倩（荀粲）与妇至笃，冬月妇病热，乃出中庭，自取冷，还以身熨之。妇亡，奉倩后少时亦卒。"

（4）"城头日"四句是写愿夫妇天长地久。流，犹言落。

【赏析】

本篇为"歌",即句法、音律都属拟古歌谣的散体歌行。《晋书》收《拂舞歌诗》的《淮南王篇》云:"淮南王,自言尊。百尺高楼与天连。后园凿井银作床,金瓶素绠汲寒浆。汲寒浆,饮少年,少年窈窕何能贤?扬言悲歌音绝天,我欲渡河河无梁。愿化双黄鹄还故乡。还故乡,入故里,徘徊故乡,苦身不已。繁舞寄歌无不泰,徘徊桑梓游天外。"本诗题目即取于此,但诗的命意却与原诗不同。诗中以辘轳和井架比喻夫妇的谐合依倚,抒发了一种夫妇和好、长相依倚的感情。

全诗九句,分三层来写。"井上辘轳床上转,水声繁,弦声浅。"前三句为第一层,描写用辘轳从井中汲水的过程:后园的水井上,一架辘轳正在转动不停地汲水,哗哗啦啦的水声越来越频繁,轧轧的绳索声离井口越来越近。诗句不仅把用辘轳汲水的过程写得声情并茂,而且紧扣题目。接下二句写:"情若何?荀奉倩。"两句用典,为第二层。诗人说,感情怎么样?像荀奉倩吧!荀奉倩何许人也?《三国志》裴松之注云:"荀粲,字奉倩。常以妇人者,才智不足论,自宜以色为主。骠骑将军曹洪女有美色,粲于是聘焉。容服帏帐甚丽,专房欢宴。历年后,妇病亡,傅嘏往吊粲,粲不病而神伤。嘏问曰:'妇人才色并茂为难。子之娶也,遗才而好色,此自易遇。今何衰之甚?'粲曰:'佳人难再得。顾逝者不能有倾城之色,然未可谓之易遇。'痛悼不能已,岁余亦亡。"后遂以"荀令伤神"为悼念爱妻的典实。至此,我们方才明白诗人为什么先描写辘轳与井架的和谐转动、吊桶与绳索的相互联系,原来是用水声与弦声相和而成音,来比喻男女相配而成好合,非常贴切。

辘轳汲水与荀奉倩本来无涉,而一个"情"字却把二者贯穿起来,这"情"不是一般的感情,而是生死不渝的爱情。诗人赞扬荀奉倩的这种爱情,为这种美好的爱情急剧破灭而惋惜不已。于是面对着东上西下的太阳发出停止不转的奇想:"城头日,长向城头住。一日作千年,不须流下去。"后四句议论,抒写自己的感慨。四句意思是说,只要城头上的太阳永远不落,普照人间,一天的光阴像一千年长久,人世间将永无昏暮,世上美好的爱情也就能长葆,人也就能永葆其美妙之青春。也许青年诗人有一种稍纵即逝的爱情体验埋藏在心底，看到辘轳汲水这种生活现象，便打开了记忆的阀门，无限圣洁的感情便奔涌而出，从而追忆和享受一种青春美好、爱情永存的极大愉悦。（毕桂发）

【原文】

黄头郎

　　黄头郎，捞拢去不归[(1)]。南浦芙蓉影[(2)]，愁红独自垂。水弄湘娥珮，竹啼山露月。玉瑟调青门[(3)]，石云湿黄葛[(4)]。沙上蘼芜花[(5)]，秋风已先发。好持扫罗荐[(6)]，香出鸳鸯热[(7)]。

【毛泽东圈评等情况】

毛泽东读李贺诗集时曾圈阅此诗。

[参考] 张贻玖：《毛泽东评点、圈阅的中国古典诗词》，中国工人出版社 1992 年版，第 235 页。

【注释】

（1）捞拢，指摇船荡桨。

（2）南浦，南面的水地。古人送别之地多称"南浦"，犹今之言江边。《楚辞·九歌·河伯》："子交手兮东行，送美人兮南浦。"王逸注："愿河伯送己南至江之涯。"后常用称送别之地。

（3）瑟，一作"琴"，拨弦乐器。青门，曲名。

（4）石云，云气由石上生出，故云。

（5）蘼芜，一种香草，多年生植物，野生，茎高尺许，叶为羽状，夏月开小花五瓣，色白。

（6）罗荐，以罗为荐席，指今簟褥。

（7）鸳鸯，一作"鸳笼"，一作"薰笼"，指鸳鸯形的熏香炉。

【赏析】

黄头郎是汉代掌管船舶行驶的官员，后泛指船头。《史记·佞幸列传》："（邓通）以濯船为黄头郎。"裴骃集解："徐广曰：'着黄帽也。'《汉书音义》曰善濯船池中也。一说能持棹行船也。土，水之母，故施黄旄于船头，因以名其郎为黄头郎。"《汉书·佞幸传·邓通传》引此文，颜师古注："土胜水，其色黄，故刺船之郎皆着黄帽，因号曰黄头郎也。"这首诗题曰《黄头郎》，并不是写船夫，而是写船夫外出，经年不归，其家中妻子对其思念之情的。

全诗分三层来写。"黄头郎，捞拢去不归。南浦芙蓉影，愁红独自垂。"起首四句叙事，为第一层，写黄头郎划船，一去不归。在家日日悬念的妻子，不由自主地到送别之地眺望。南浦，指送别之地。南朝梁江淹《别赋》云："春草碧色，春水渌波，送君南浦，伤如之何？"这里指妻子送别船夫的码头。芙蓉，即荷花。妻子送别船夫时正值春末夏初，正是"接天莲叶无穷碧，映日荷花别样红"；如今已届初秋，"留得残荷听雨声"。"芙蓉影"又可谐音为"夫容影"，即丈夫的形影。"愁江独自垂"又可为女子见不到丈夫回来、垂头丧气的写照，二句可谓语义双关。

接下来的四句为："水弄湘娥珮，竹啼山露月。玉瑟调青门，石云湿黄葛。"此是第二层，描写女子南浦望夫的情绪。湘娥，指湘妃。《文选·张衡〈西京赋〉》："感河冯，怀湘娥。"李善注引王逸曰："言尧二女，娥皇、女英随舜不及，堕湘水中，因为湘夫人。"此处以湘娥指船夫妻子。四句是说这位女子听水声之玲珑，观月下竹风之幽静，手抚丝桐，目瞻云树，可谓佳境。但怀人不见者处之，反成愁境，这是以乐景写哀之法，使人倍感悲哀。水曰"弄"，竹曰"啼"，山月初上曰"露"，云气触石而出故曰"石云"，云本润气，故草木沾之而湿，用词都十分准确。黄葛，葛的一种。茎皮纤维可织葛布或做造纸原料。《乐府诗集·清商曲辞二·前溪歌七》："黄葛先烂漫，谁能断葛根。"李白《黄葛篇》："黄葛生洛溪，黄花自绵幂。"

"沙上蘼芜花，秋风已先发。好持扫罗荐，香出鸳鸯热。"末四句为第三层，写到盼船夫来归的心情。蘼芜花发，已及秋期，知郎（船夫）不久当归，于是女子拂拭罗荐，焚香薰炉以待夫君来归，揭出本诗题旨，赞

扬了这位普通船家女子对丈夫的真挚爱情。诗人讴歌劳动人民的纯真质朴的爱情，是十分可贵的。（毕桂发）

【原文】

酒罢张大彻索赠诗（时张初效潞幕）

长鬣张郎三十八[1]，天遣裁诗花作骨[2]。

往还谁是龙头人[3]？公主遣秉鱼须笏[4]。

太行青草上白衫[5]，匣中章奏密如蚕[6]。

金门石阁知卿有[7]，豸角鸡香早晚含[8]。

陇西长吉摧颓客[9]，酒阑感觉中区窄[10]。

葛衣断碎赵城秋[11]，吟诗一夜东方白。

【毛泽东圈评等情况】

毛泽东读李贺诗集时曾圈阅此诗。

[参考] 张贻玖：《毛泽东评点、圈阅的中国古典诗词》，中国工人出版社 1992 年版，第 234 页。

【注释】

（1）鬣（liè），长而硬的胡须。《左传·昭公七年》："楚子享公于新台，使长鬣者相。"杜预注："鬣，须也。"

（2）裁诗，写诗。杜甫《江亭》："故林归未得，排闷强裁诗。"花作骨，锦心绣肠之意。

（3）龙头人，指最杰出的人。三国魏鱼豢《魏略》："华歆与北海邴原、管宁俱游学，三人相善，时人号三人为一龙。歆为龙头，原为龙腹，宁为龙尾。"王琦注解："往还谁是龙头人，言往还之人，无有能出其上者。"

（4）秉，持。笏（hù），古代朝见皇帝时所用的手板，俗称朝笏板。鱼须笏，以鲛鱼须装饰边的笏。

（5）太行，太行山，在今河南、山西、河北境内。潞州在太行山区，此是指潞州幕府而言。"太行青草"句，指初入仕途。唐时没有做官的人穿白衣，八、九品官穿青衣。

（6）密如蚕，言起草的奏章很多。

（7）金门，汉武帝时皇宫有金马门，东方朔等文人曾在此待诏。石阁，西汉时皇宫有石渠阁，是皇帝藏书的地方。

（8）獬（zhì），兽名，一角，性忠，传说它喜用角顶不正直之人。汉代御史的帽子作獬角形。鸡香，鸡舌香，又叫丁香，芳香植物。汉代尚书郎在皇帝面前奏事时口里要含鸡舌香。

（9）陇西，郡名，今甘肃东南部一带。摧颓，光阴抛掷，此是不遇于时的意思。

（10）中区窄，犹言心事不舒。

（11）葛，植物名，纤维可织布。断碎，破烂。赵城，地名，在今山西霍州南。李贺和张彻就在此饮酒。

【赏析】

这首七言古诗大约作于唐宪宗元和九年（814）。张大，即张彻，大文学家韩愈门人、侄女婿。张彻于元和四年（809）中进士，累官至范阳府监察御史，长庆年间迁殿中侍御史。此时张彻初次做官，任潞州（今山西长治）节度使属官。酒后应张彻要求，作者写此诗相赠。诗中赞扬张彻文才出众，前途无量，抒发了诗人怀才不遇的愤懑。

全诗十二句，四句一层，分三层来写。"长鬣张郎三十八，天遣裁诗花作骨。往还谁是龙头人？公主遣秉鱼须笏。"起首四句为第一层，叙事而兼议论，赞扬张彻善写诗，是个杰出的人物。张彻是个美髯公，长着一把长而硬的大胡子，年方三十八岁，天赋极高，写起诗来，仿佛锦心绣口，率而成章。这是说张彻文采出众。不仅如此，"往还谁是龙头人"用典，说他就像汉代的华歆，"往还之人，无有能出其上者"，是位最杰出的人物。"公主遣秉鱼须笏"，言其以外戚荐引入仕。开头四句从写诗和做官两个方面来写张彻的杰出不凡，紧扣题目。

"太行青草上白衫，匣中章奏密如蚕。金门石阁知卿有，獬角鸡香早晚含。"中间四句为第二层，写张彻的入仕和前途的不可限量。唐朝时平头百姓穿白衣，八品九品小官着青衣。"青草上白衫"，是说张彻初入仕途。"匣中章奏密如蚕"，是说张彻富有韬略，匣中写就的奏章多如匾中之蚕。言外之意是说张彻不久当登皇帝侍从之班，晋升御史之秩。四句中的"金门""名阁""豸角""鸡香"皆用典。金门，即金马门，汉代宫门名，学士待诏之处。《史记·滑稽列传》："金马门者，宦署门也。门傍有铜马，故谓之曰'金马门'。"亦省称"金门"。《三辅黄图》："武帝得大宛马，以铜铸象立于署门，因以为名。东方朔、主父偃、严安、徐乐皆待诏金马门，即此。"石阁，即石渠阁，西汉皇家藏书之处，在长安未央宫殿北。《三辅黄图·阁》："石渠阁，萧何造。其下砻石为渠以导水，若今御沟，因为阁名。所藏入关所得秦之图籍。至于成帝，又于此藏秘书焉。"亦写作"石阁""石渠"。豸角，獬豸的角。獬豸，古代传说中的神兽，生一角，能别曲直，触邪佞。《初学记》引《汉官仪》："獬豸兽性触不直，故执宪者以其角形为冠。"杜佑《通典》："法冠，一名獬豸冠，一角为獬豸之形，御史台监察以上服之。"鸡香，即丁香。古代尚书上殿奏事，口含此香。《初学记》卷一一引汉应劭《汉官仪》："尚书郎含鸡舌香伏奏事，黄门郎对揖跪受，故称尚书郎怀香握兰，趋走丹墀。"亦省作"鸡舌""鸡香"。以上四句连用四典，意思是说张彻将平步青云，置身台阁，待诏金马，阅书石阁，上殿奏对，是御史、尚书一流人物，将成为皇帝的股肱之臣，前途不可限量。后来张彻果然做到殿中侍御史，虽有溢美之意，也算被诗人言中了。

"陇西长吉摧颓客，酒阑感觉中区窄。葛衣断碎赵城秋，吟诗一夜东方白。"末四句为第三层，诗人自抒感慨，并归结赠诗题意。李贺尝自称陇西人，是指李姓的郡望而言。李贺系皇族，已失谱系，不能以王孙身份做官；父名晋肃，又不能考进士。通过科举步入仕途，一再遭受挫折，所以自谓是"摧颓客"。这种怀才不遇的牢骚，在酒酣耳热之际，在朋友面前不吐不快，偶有吐露，便适可而止。末二句点明二人会饮之处在河东道平阳郡的赵城县，重在写诗人勤苦为诗。在凉气袭人的秋夜，身着褴褛葛衣的诗人，为给张彻写赠诗直到东方发白。说明他诗不苟为，也是对朋友的尊重，回到诗题上来，结束此诗，首尾圆合，无懈可击。（毕桂发）

【原文】

画角东城

河转曙萧萧，鸦飞睥睨高(1)。

帆长摽越甸(2)，壁冷挂吴刀(3)。

淡菜生寒日(4)，鲕鱼潠白涛(5)。

水花沾抹额(6)，旗鼓夜迎潮。

【毛泽东圈评等情况】

毛泽东读李贺诗集时曾圈阅此诗。

[参考] 张贻玖：《毛泽东评点、圈阅的中国古典诗词》，

中国工人出版社 1992 年版，第 235 页。

【注释】

（1）睥睨（pì nì），城墙上的小墙，俗称城墙垛子。《释名》："城上垣曰睥睨，言于其孔中睥睨，非常也。亦曰陴，陴，裨也，言裨助城之高也；亦曰女墙，言其卑小，比之于城，若女子之于丈夫也。"

（2）摽（biào），高举的样子。越甸，指越地郊外之地。杜预《左传注》："郭外曰郊，郊外曰甸。"

（3）壁，军中营垒，军营。冷，指军令严肃。

（4）淡菜，海中介虫，蚌蛤类。寒日，指海上的太阳。

（5）鲕（ér）鱼，鱼名。《吕氏春秋》："鱼之美者，洞庭之鳟，东海之鲕。"潠（sùn），喷出。白涛，涛头汹涌色白。

（6）抹额，军士扎巾。

【赏析】

这是首题画的五言律诗，显示了军令的森严和画面的生动活泼。曾益注："全首与画角无涉，'角'字误，当是画甬东城，犹'画江潭苑'之意也。"《左传集解》："甬东，越地，会稽勾章县东海中洲也。"《元和郡县

志》："明州鄮县：翁洲，入海二百里，即《春秋》所谓甬东地也。越灭吴，请吴王居甬东，其洲周环五百里，有良田湖水，多麋鹿。"清王琦按：今浙江之定海县是其处。

"河转曙萧萧，鸦飞睥睨高。"首联描写。河，河汉，即天河。萧萧，风雨声。睥睨，城上女墙。二句是说河汉运转，天晓之时，一阵风雨之声，惊起的乌鸦飞得比城上女墙还高。曙色初露，天色欲晓，朦胧之中愈显得甬东东城之雄壮高险，起笔不凡。

"帆长摽越甸，壁冷挂吴刀。"次联叙事，写海舟帆大，军令严肃。甬东为海中边城，自然离不了海船，而且这里海船之帆较之内地江湖之帆更为长大，越地郊外之地长帆高举，十分雄壮；东城又是沿海城市，边防重镇，自然少不了驻扎军队。军营中挂着吴地产的战刀，军令严肃，不许喧扰，这是一支号令严明的队伍。此二句进一步写出东城作为海上军事要塞的特点。

"淡菜生寒日，鲥鱼溅白涛。"三联写东城物产之盛。淡菜是海中介虫，属蚌蛤类。胡三省《通鉴注》："淡菜状如而小，黑壳，唇有须如茸。"鲥则是"鱼之美者"。寒日点明冬令，南方本不寒，冬季犹有淡菜出产，鲥鱼在白色惊涛骇浪中出没。这是南方水城甬东特色。

"水花沾抹额，旗鼓夜迎潮。"尾联描写水花是水波相激而溅起的水点。抹额是军士扎巾。《中华古今注》："昔禹王集诸侯于涂山之夕，忽大风雷震，云中甲马及卒士千余人，中有服金甲及铁甲；不服甲者，以红绡抹其首额。禹王问之，对曰：'此抹额盖武士之首服，皆佩刀以为卫从，乃是海神来朝也。秦始皇巡狩至海滨，亦有海神来朝，皆戴抹额，绯衫，大口袴，以为军容礼，至今不易其制。迎潮者舟行海中，遇潮至，则操舟者正其舟首，触涛而进，虽颠荡于层波叠浪之中，终不覆没；不迎潮则舟为软浪所拍，多遭沉溺。'"此诗言曙，言鸦飞，言寒日，皆是晓景。末联乃说夜中事，此乃倒插法。见军士抹额之上为水花沾湿，而知其旗鼓夜迎潮也；迎潮而用旗鼓，是水军习战之事，进一步写出了甬东城作为海防前哨的重要地位。

此诗虽是一首题画诗，但诗人从城高险峻、帆长船多、军营严格、号

令严明、物产丰富和水军习战等诸多方面落墨，写出甬东城作为海防前哨城市的特色，生动形象，令人耳目一新。（毕桂发）

【原文】

溪晚凉

白狐向月号山风[(1)]，秋寒扫云留碧空。

玉烟青湿白如幢[(2)]，银湾晓转流天东。

溪汀眠鹭梦征鸿，轻涟不语细游溶[(3)]。

层岫回岑复叠龙[(4)]，苦篁对客吟歌筒[(5)]。

【毛泽东圈评等情况】

毛泽东读李贺诗集时曾圈阅此诗。

[参考] 张贻玖：《毛泽东评点、圈阅的中国古典诗词》，中国工人出版社 1992 年版，第 235 页。

【注释】

（1）白狐，白色狐狸。《本草纲目》："狐有黄、黑、白三种，白色者尤稀。"

（2）玉烟，指炊烟。幢，旌幡。

（3）游溶，水缓动之状。

（4）岫，有穴的山。回岑，山势转曲回翔者也。岑，小而高的山。复叠龙，复叠起伏如龙行。

（5）苦篁，苦竹。歌筒，歌管，指笛、箫而言。

【赏析】

这首诗写晚上溪边纳凉时的情景和情趣。

全诗八句，从各个角度写秋夜在溪边纳凉时的感受与情景。"白狐向月号山风。"首句用典，鲍照《芜城赋》云："木魅山鬼，野鼠城狐。风嗥雨啸，昏见晨趋。"狐号风，当本此。"月"字暗点晚凉。这是诗人从听觉写。"秋寒扫云留碧空"句则从视觉写，仰视天宇，浮云敛尽，一碧如洗，更透出丝丝寒意，加重了"晚凉"之意。

"玉烟青湿白如幢，银湾晓转流天东。"三、四两句仍着眼于视觉，但仰视角度高低又有变化：上句说白烟直上，青润不散，状如幡幢，这是低空所见；下句说银河在天将破晓时转为东西方向，这是高天所睹；"晓转"二字暗点夜深，银湾流天东，着一"流"字，分外生动。

"溪汀眠鹭梦征鸿，轻涟不语细游溶。"鹭眠鸿梦，见水中禽鸟皆已安息，故波水轻涟，静而安流。不语，言水无声。游溶，言水缓动。五、六两句又分别从视觉与听觉交替来写，至此方点出题目中的"溪"字之意。

"层岫回岑复叠龙，苦篁对客吟歌筒。"末二句是说，曲折回旋的山岭复叠起伏，状如游龙；苦竹被风一吹而发声，犹如箫、笛齐鸣。二句分别从视觉和听觉着笔，又连用"复叠龙""吟歌筒"两个比喻，使纳凉所见所闻生动如绘，韵味盎然。总之，这首溪边晚上纳凉的诗，俯仰多变的视角，比喻、拟人等多种手法的运用，把诗人秋夜纳凉所见所闻尽纳笔底，情景与趣味迭现层出，是一首写景佳作。（毕桂发）

【原文】

白虎行

火乌日暗崩腾云[1]，秦皇虎视苍生群[2]。烧书灭国无暇日[3]，铸剑佩玦呼将军[4]。玉坛设醮思冲天[5]，一世二世当万年[6]。烧丹未得不死药[7]，挐舟海上寻神仙[8]。鲸鱼张鬣海波沸，耕人半作征人鬼。雄豪猛焰烈烧空，无人为决天河水[9]。谁最苦兮谁最苦，报人义士深相许[10]。渐离击筑荆卿歌[11]，荆卿把酒燕丹语[12]。剑如霜兮胆如铁，出燕城兮望秦月。天授秦封祚未终[13]，衮龙衣点荆卿血[14]。朱旗卓地白虎死[15]，汉王知是真天子。

【毛泽东圈评等情况】

毛泽东读李贺诗集时曾圈阅此诗。

[参考] 张贻玖：《毛泽东评点、圈阅的中国古典诗词》，

中国工人出版社1992年版，第235页。

【注释】

（1）"火乌"句，《史记·周本纪》："武王渡河，中流，白鱼跃入王舟中，武王俯取以祭。既渡，有火自上复于下，至于王屋，流为乌，其色赤，其声魄云。"南朝宋裴骃《史记集解》："郑玄曰：'《书说》云乌有孝名。武王卒父大业，故乌瑞臻。赤者，周之正色也。'后以火乌指代周朝的国运。"

（2）虎视，言秦王像老虎一样虎视眈眈，比喻秦王的暴虐。班固《西都赋》："周以龙兴，秦以虎视。"吕延济注："虎视喻暴。"

（3）烧书灭国，都是秦始皇所干。《史记·秦始皇本纪》："史官非秦记皆烧之，非博士官所职，天下敢有藏诗书百家语者，悉诣守尉杂烧之。"

（4）铸剑佩珙，指秦始皇决心施行暴政，黩武好战。

（5）玉坛，指祭祀用的法坛。设醮，《隋书·道经》："夜中于星辰之下陈设酒脯、饼饵、币物，历祀天皇太一，祀五星列宿，为书如上章之仪，名之为醮。"即俗称打醮。

（6）一世，《史记·秦始皇本纪》："朕为始皇帝，后世以计数，二世、三世至于万世，传之无穷。"

（7）烧丹，指烧炼丹药。《史记·秦始皇本纪》："使韩终、侯公、石生求仙人不死之药。"

（8）挐舟，驾驶着小船。《史记·秦始皇本纪》：二十八年，"齐人徐市等上书言海中有三神山，名曰蓬莱、方丈、瀛洲，仙人居之。请得斋戒，与童男女求之。于是遣徐市发童男女数千人，入海求仙人。"

（9）猛焰烈烧空，指秦始皇的气焰熏天。决，打开。"无人"句指无人能制止。

（10）报人义士，指荆轲。

（11）《史记·刺客列传·荆轲传》："高渐离击筑，荆轲和而歌于市中。"唐司马贞《史记索隐》："筑似琴，有弦，用竹击之，取以为名。"

（12）燕丹，指燕太子丹。

（13）天授，上天所授，《左传》："晋楚唯天所授。"祚（zuò），福。未终，没有到头。

（14）"衮龙"句，事见《史记·刺客列传》，指荆轲刺秦始皇未中而身亡。衮龙衣，即衮龙袍，古代皇帝的朝服，上有龙纹，故称。

（15）朱旗，红旗。多指战旗。汉代旗帜。汉因自称为赤帝子，所以旗帜均用红色。卓，特立。白虎死，指秦的灭亡，秦尚白而暴虐如虎，所以称白虎。

【赏析】

《白虎行》是首新题乐府。乐府《平调曲》有《猛虎行》。《乐府诗集》题解中载其古辞四句："饥不从猛虎食，暮不从野雀栖。野雀安无巢？游子为谁骄？"似尚非全篇。后人作此题者，或写客行，或写功业未建的苦闷，或以猛虎比喻封建社会的贪暴苛政，题旨不尽相同。这篇《白虎行》是讽刺秦始皇的暴虐和迷信求仙而最终导致亡国的。

全诗可分为前后两部分。从开头至"无人为决天河水"共十二句为第一部分，写秦始皇的暴虐和迷信求仙活动。火鸟，指代周朝国运。汉班固《西都赋》云："周以龙兴，秦以虎视。"起首二句，上句言周之亡，下句言秦之兴。"秦王虎视苍生群"，是说秦始皇立国以后对老百姓不行仁政，实行残暴统治。"烧书灭国"二句中说的烧诗书，即"焚书坑儒"，扫灭六国，统一全国，皆始皇实事，二者有功有过，但在诗人看来却全是罪过。"铸剑佩玦"是比喻。"铸剑"谓其好凶威之器，不修文治；"佩玦"谓其刚暴自任，独断专行，无所迟疑。"呼将军"，谓其所用者悉武健严酷、好杀伐之人。"玉坛设醮"两句是说秦始皇这样残暴不仁，却祈祷上天保佑他开创的秦王朝能代代相传。不仅如此，他还在盼自己长生不老，在请炼丹师烧丹未能得到不死药后，又派齐人徐市率童男女数千人入海求仙。世上本无仙人，徐市自然请不来，就骗秦始皇说，蓬莱岛本来有不死药可得，只是大鲸鱼作怪不得靠近，于是秦始皇便加派船只，结果征人大半死于海中，徐市也东逃日本不归。"雄豪猛焰"二句比喻秦始皇暴虐之甚，没有人能制止消灭他。但历来是压迫越甚，反抗越烈。

秦始皇的暴政终于激起人民群众的反抗，这种反抗最终导致秦王朝的灭亡。这便是第二部分的内容。"谁最苦兮谁最苦？"当然是处于社会底层的平民百姓。但诗人囿于时代局限，看不到人民的力量。他看到的只是侠客义士的暗杀活动，如荆轲之流。燕太子丹募得著名侠客荆轲，并在易水边为他饯行，高渐离击筑，荆轲悲壮地唱道："风萧萧兮易水寒，壮士一去兮不复还！"荆轲抱着必死的决心以献图为名去刺杀秦始皇。"图穷匕乃见"，他在殿上追得秦始皇绕殿柱而走，结果被蜂拥而上的武士乱剑砍死，鲜血溅湿了秦始皇的龙袍而功亏一篑，抱恨千古，但也留下万古英名。这是"天授秦封祚未终"，换句话说是秦始皇的气数未尽。但时隔不久，秦始皇死后，便爆发了轰轰烈烈的全国农民大起义。刘邦顺应历史的潮流，利用人民群众的力量，推翻了秦王朝，建立了西汉王朝。朱旗，汉旗。汉刘邦以赤帝子自命，故旗帜皆尚赤。白虎死，谓秦国破灭。这是秦二世胡亥时的事了。秦始皇建立秦土朝时，本欲传之万世的，结果是二世而亡，这不能不说是个绝妙的讽刺。（毕桂发）

【原文】

神仙曲

碧峰海面藏灵书(1)，上帝拣作神仙居。清明笑语闻空虚，斗乘巨浪骑鲸鱼(2)。春罗书字邀王母(3)，共宴红楼最深处。鹤羽冲风过海迟(4)，不如却使青龙去。犹疑王母不相许，垂雾妖鬟更传语(5)。

【毛泽东圈评等情况】

毛泽东读李贺诗集时曾圈阅此诗。

[参考] 张贻玖：《毛泽东评点、圈阅的中国古典诗词》，中国工人出版社1992年版，第235页。

【注释】

（1）碧峰，暗指蓬莱、方丈等海上仙山。灵书，仙书。《云笈七籤》："灵书八会，字无正形，其趣宛奥，难可寻详。"

（2）鲸鱼，晋崔豹《古今注》："鲸鱼者，海鱼也，大者长千里，小者数十丈，鼓浪成雷，喷沫成雨，水族惊畏，皆逃匿莫敢当者。"清明，《乐府诗集》作"晴时"。

（3）春罗，丝织品的一种。《唐书·地理志》："镇州常山郡贡春罗。"王母，指西王母，古代传说中的神仙名。

（4）"鹤羽"，指鹤。冲风，即衔风、暴风，猛烈的风。《楚辞·九歌·河伯》："与女游兮九河，衔风起兮横波。"青龙，即苍龙，四灵之一，古时以为祥瑞之物。《淮南子·览冥训》："凤凰翔于庭，麒麟游于郊。青龙进驾，飞黄伏皂。"

（5）垂雾，垂发。转语，转达诚意。妖，一作"娃"。转，一作"传"。

【赏析】

这首诗是描写海上神仙活动的情景和乐趣。

这是一首游仙诗。游仙诗是描述"仙境"以寄托作者思想感情的诗歌。游仙诗中诗人虽然尽情地抒写得道成仙的乐趣，但实际上反映了诗人企图逃避现实而又不可能超脱的矛盾心境。诗人是借抒写邀游虚无缥缈的仙境来抒发现实苦闷。这首诗也不例外。

全诗共十二句，可分为前后两部分。"碧峰海面藏灵书，上帝拣作神仙居。清明笑语闻空虚，斗乘巨浪骑鲸鱼。"前四句为第一部分，写仙人的住处环境及生活乐趣。碧峰，碧绿的山峰。"碧峰海面"，即"海面碧峰"之倒语，此指传说中的海上三座神山。晋王嘉《拾遗记·高辛》："三壶，即海中三山也。一为方壶，即方丈也；二曰蓬壶，则蓬莱也；三曰瀛壶，则瀛洲也。"灵书，仙书。上帝，天帝。清明，清澈明朗。空虚，即天空。"斗乘巨浪骑鲸鱼"，即"乘骑鲸鱼斗巨浪"之倒语。四句是说在辽阔的大海上有几座碧绿的山峰，山洞里藏着仙书，这便是天帝为神仙们选拣的住所。在清澈明丽的天空中可以听到仙人们的欢声笑语，可以看到仙人们骑着鲸鱼在滔天巨浪的大海上嬉戏。碧峰海面的优美，洞藏灵书的神秘，长空传语的奇幻，骑鲸斗浪的耸听，把虚无缥缈的神仙境界和仙人生活写得趣味无穷，令人神往。

这样神仙们还不满足，还要邀请西王母饮宴。这便是后六句的内容。王母，又称西王母，是古代神话传说中地位崇高的女神。《穆天子传》卷三："吉日甲子，天子宾于西王母。"晋郭璞注："西王母，如人，虎齿，蓬发，戴胜，善啸。"《史记·司马相如〈大人赋〉》："吾乃今目睹西王母曤然白首。戴胜而穴兮，亦幸有三足鸟为之使。"《后汉书·张衡传》引《思玄赋》："聘王母于银台兮，羞玉芝以疗饥。"唐李贤注："王母，西王母也。"旧题汉班固《汉武帝内传》："闻云中箫鼓之声，人马之响，半食顷，王母至也……王母上殿，东向坐，着黄金褡，文彩鲜明，光仪淑穆。带灵飞大绶，腰佩分景之剑，头上太华髻，戴太真晨婴之冠，履玄璃凤文之舄，视之可年三十许，修短得中，天资掩蔼，容颜绝世，真灵人也。"王母在古代神话中是女仙，其形象旧说近于怪物，稍后，描述为美丽的中年女子。唐诗中常用作咏仙家的典故。所以诗中说，仙人们欲用名贵的春罗写信，邀请王母造访，并在红楼设宴款待她。想叫仙鹤冲过风浪送信又怕太慢，不如让苍龙腾云驾雾前往。还担心王母不接受邀请，便央求王母身边的侍女转达诚意，期其必来。诗人为什么写仙人们迫切求西王母呢？因为西王母是一位地位崇高的女神，她还和周天子、汉武帝有交往，并受帝王们的敬重，在唐诗中她还喻指杨贵妃——深得皇帝宠爱的后妃。联系诗人的仕途坎坷，通过神仙生活的描写，抒发自己内心的忧愁和苦闷，当是情理之中的事。《神仙曲》也表现了李贺诗的浪漫主义特色。（毕桂发）